"十四五"职业教育河南省

U0498109

国际贸易实务

主编／邢学杰

产教融合 校企合作
工学结合 知行合一

西南财经大学出版社

中国·成都

图书在版编目（CIP）数据

国际贸易实务/邢学杰主编.—成都:西南财经大学出版社,2023.9
ISBN 978-7-5504-5915-1

Ⅰ.①国… Ⅱ.①邢… Ⅲ.①国际贸易—贸易实务 Ⅳ.①F740.4

中国国家版本馆 CIP 数据核字（2023）第 160451 号

国际贸易实务
GUOJI MAOYI SHIWU
主编 邢学杰

策划编辑:王　琳
责任编辑:周晓琬
责任校对:肖　翀
封面设计:墨创文化
责任印制:朱曼丽

出版发行	西南财经大学出版社（四川省成都市光华村街 55 号）
网　　址	http://cbs.swufe.edu.cn
电子邮件	bookcj@swufe.edu.cn
邮政编码	610074
电　　话	028-87353785
照　　排	四川胜翔数码印务设计有限公司
印　　刷	郫县犀浦印刷厂
成品尺寸	185mm×260mm
印　　张	23.5
字　　数	551 千字
版　　次	2023 年 9 月第 1 版
印　　次	2023 年 9 月第 1 次印刷
印　　数	1— 2000 册
书　　号	ISBN 978-7-5504-5915-1
定　　价	49.80 元

国际贸易实务是一门专门研究国际商品交换具体过程的学科，是一门理论与实践紧密结合，并具有鲜明涉外经济活动特点的、实践性很强的应用型科学。党的二十大报告指出："教育、科技、人才是全面建设社会主义现代化国家的基础性、战略性支撑。""我们要办好人民满意的教育，全面贯彻党的教育方针，落实立德树人根本任务，培养德智体美劳全面发展的社会主义建设者和接班人。"本教材是根据高职院校人才培养特点新编的，以国际贸易交易流程为主线，系统地介绍了国际贸易各环节的基础知识，并对国际贸易各环节中的理论基础和实务操作进行了详细的阐述。本教材做到岗课赛证融通，突出实用性，服务于对外开放，整体体现出"三全"育人，每一章节做到课课有思政，提升高等职业院校国际经济与贸易专业人才培养质量，培养具有中国特色的社会主义高等应用型建设人才。

本教材以国际贸易交易的环节为主线。

（1）本书主要内容依次为：国际贸易术语及常用惯例、《2020年国际贸易术语解释通则》中的各种贸易术语、合同的标的、国际货物运输、国际货物运输保险、进出口商品的价格、国际货款的收付、商品的检验、争议的预防与处理、国际货物买卖合同的商订、出口合同的履行、进口合同的履行、常见的国际贸易方式。本书内容涵盖了国际贸易的所有交易环节。

（2）课证融合，进一步丰富了教学资源。

（3）本书附录部分收录了较为实用的资料，并通过二维码呈现。

本教材力求突出以下几个特色。

（1）价值观培养：突出课堂思政，培养学生具备国际视野、严谨的工匠精神、良好的职业素养、诚信意识、法治意识和爱国情怀。

（2）知识能力培养：贯穿了国际贸易应遵循的国际贸易惯

例和法规，特别注重最新国际贸易惯例的变化，如详细阐述了《2020 年国际贸易术语解释通则》的最新修订内容，附录增加了票据、《中华人民共和国民法典·第三编合同》《联合国国际货物销售合同公约》《跟单信用证统一惯例（UCP600）》《跟单信用证统一惯例关于电子交单的补充规则》《跟单托收统一规则》第 522 号、教学资源推荐等，要求学生学会运用国际贸易惯例和国际贸易法律知识。

（3）实践技能培养：注重互动式教学内容设计和应用型特色，力求与外贸工作的实际岗位业务紧密相连。书中穿插的课堂案例、知识链接、条款示例等模块，要求学生必须全面掌握进出口业务专业知识和技能，提升解决实际问题的能力。

（4）课证融合培养：与各种贸易类资格考试密切联系。每章结束后均附有知识小结和复习思考题，做到课证融通，利于学生参加与国际贸易相关的岗位水平资格考试。

全书共有十三章，环环相扣，通俗易懂。每章设置了引导案例及课堂案例。本书不仅能让使用者学习国际贸易的相关理论知识，更重要的是能让使用者在学习国际贸易实务的过程中熟练掌握国际贸易实务的实用技能。全书结构安排合理，语言通俗易懂，各章配有习题，适合于高等职业院校国际贸易专业及相关专业的本科学生和外贸专业人员使用。

全书由邢学杰教授主编，本书在编写过程中参考了大量资料，借鉴了不少专家学者的研究成果，在此一并向有关作者致以最诚挚的谢意！

由于编者水平有限，书中难免存在不足之处，敬请广大读者批评指正。

编者

2022 年 11 月

本书各章的学时分配

本书各章的学时分配建议如下：

章目	讲课	实践	合计
导论	2		2
第一章　国际贸易术语及常用惯例	2		2
第二章　《2020 年国际贸易术语解释通则》中的 11 种贸易术语	6	2	8
第三章　合同的标的	4	2	6
第四章　国际货物运输	4	2	6
第五章　国际货物运输保险	4	2	6
第六章　进出口商品的价格	6	4	10
第七章　国际货款的收付	6	4	10
第八章　商品的检验	2	2	4
第九章　争议的预防与处理	2	2	4
第十章　国际货物买卖合同的商订	2	2	4
第十一章　出口合同的履行	2	2	4
第十二章　进口合同的履行	2	2	4
第十三章　常见的国际贸易方式	2	0	2
合计	46	26	72

每章节课程思政映射点

章目	课堂思政映射点
绪论	国际视野、爱国情怀
第一章 国际贸易术语及常用惯例	国际视野、良好的职业素养、法治意识、爱国情怀
第二章 《2020 年国际贸易术语解释通则》中的 11 种贸易术语	严谨的工匠精神、良好的职业素养、法治意识、爱国情怀
第三章 合同的标的	良好的职业素养、法治意识、爱国情怀
第四章 国际货物运输	严谨的工匠精神、法治意识、爱国情怀
第五章 国际货物运输保险	严谨的工匠精神、爱岗敬业精神、爱国情怀、法治意识
第六章 进出口商品的价格	严谨的工匠精神、爱国情怀
第七章 国际货款的收付	严谨的工匠精神、爱岗敬业精神、爱国情怀
第八章 商品的检验	法治意识、爱岗敬业精神、爱国情怀
第九章 争议的预防与处理	良好的职业素养、法治意识、爱国情怀
第十章 国际货物买卖合同的商订	良好的职业素养、法治意识、爱国情怀
第十一章 出口合同的履行	良好的职业素养、法治意识、诚信意识、爱国情怀
第十二章 进口合同的履行	良好的职业素养、法治意识、诚信意识、爱国情怀
第十三章 常见的国际贸易方式	国际视野、爱国情怀

目录

M
U
L
U

第一篇 国际贸易术语

第四篇　国际贸易方式

绪论

 | **学习目标**
XUEXI MUBIAO

通过本章的学习，学生可以掌握国际贸易中出口和进口的基本流程；了解与国际贸易相关的法律环境，如国际公约、国内法、国际惯例、中国的对外贸易管制制度及主要措施等，培养学生的国际视野、爱国情怀。

引导案例
YINDAO ANLI

2021年3月17日，我国蓝通进出口有限责任公司（以下简称蓝通公司）和欧洲某出口公司以一般贸易方式向国内某海关申报进口一批农药，总价值为50万元。经海关审查发现，蓝通公司所进口的农药属于国家限制进口货物。该公司申报时未提交有关许可证件，其行为违反了《中华人民共和国海关法》（以下简称《海关法》）的有关规定。2021年3月19日，该海关根据《中华人民共和国海关行政处罚实施条例》（以下简称《处罚条例》）第十四条的规定，认定蓝通公司的上述行为违反了海关监管规定，对该公司处以5万元的罚款，同时决定不予放行涉案货物。蓝通公司因此不能办理进口清关提货，遂以没有收到货物为由，拒绝向国外出口商付款，蓝通公司这样的做法合理吗？

在当今世界，任何一个国家都不能在经济完全隔绝的状态下生存。随着全球经济贸易的不断发展，科学技术的不断进步以及全球生产力的不断提高，各国之间的经济联系越来越密切，国际贸易的重要性日益增强。国际贸易实务既是一门专门研究国际商品交换具体过程的学科，也是一门具有涉外活动特点的实践性很强的综合性应用科学。国际贸易实务课程的主要任务如下：针对国际贸易的特点和要求，从实践与法律的角度分析、研究国际贸易适用的有关法律、惯例，以及国际商品交换过程中的各种实际运作；总结国内外实践经验，并吸收国际上一些行之有效的贸易习惯做法；使大家在从事进出口业务中，既能正确贯彻我国对外贸易的方针政策，明确经营意图，确保最佳经济效益，又能按照国际规范办事，使我们的贸易做法能为国际社会普遍接受，做到同国际接轨。

第一节 国际贸易的基本流程

在进出口贸易中，由于交易方式和成交条件的不同，其业务环节也不尽相同。各环节的工作，有的分先后进行，有的交叉进行，也有的齐头并进。但是，不论是进口交易还是出口交易，一般都包括交易前的准备、交易磋商与订立合同、履行合同三个阶段。现将进出口贸易的业务程序予以介绍。

一、出口贸易的基本流程

（一）交易前的准备阶段

1. 加强对国外市场和客户的调查研究

只有加强对国外市场和客户的调查研究，才能选择出适销的目标市场和资信好的客户。在出口贸易中，企业面对的是错综复杂和变化多端的国际市场。因此，在正式交易前，企业要做好对国际市场的调查研究工作，这样才能知己知彼，掌握主动权。调查研究的主要内容包括以下几个方面。

（1）对国别（地区）的调查研究。企业主要调查有关国家（地区）的政治（对外政策和对我国的态度等）、经济（工农业生产情况等）、对外贸易（进出口商品的结构、数量、金额、贸易对象及贸易管制等）等方面的情况及其特点，以便正确选择目标市场，并在交易磋商中更好地贯彻我国的对外贸易方针政策。

（2）对商品市场的调查研究。企业主要调查研究出口商品在国际市场上的生产、消费、贸易、定价以及主要进口国别等情况，以便准确掌握出口商品的价格及交易的其他条件。

（3）对客户的调查研究。企业主要调查研究有关客户的资信情况、经营范围和能力，以及对我国的政治态度等内容，以便有区别地加以选择和利用。

企业对国际市场的调查研究要有的放矢，广泛收集资料。资料的来源有很多，如国外电讯、互联网、报纸及各种专业性书刊，我国驻外机构提供的资料，外国海关关册，企业日常业务活动中的资料及国外客户的意见反馈等。但是，这些资料大都是零星片段的，有的甚至具有很大的虚假性，各种不同来源的资料在内容上往往也有较大的差异。因此，企业对这些资料要进行整理和分析，去伪存真，力求从中得出较为准确的判断。

2. 落实货源，做好备货工作

外贸企业应根据销售计划和经营方案，及时与生产部门或供货部门落实好生产任务或收购货源工作，其中包括品种、花色、原辅料、加工整理、包装装潢、交货时间、调运、保管等方面的安排。

3. 制订出口商品经营方案或价格方案

外贸企业在调查研究的基础上，原则上要对所经营的出口商品制订经营方案或价格方案。方案内容一般包括国内货源情况、国外市场情况、过去经营情况、计划安排和实现计划的措施（地区、客户、贸易方式、价格、支付条件等的选择、运用和掌握等），以及成本和经济效益的核算等。至于较多适用于小商品的价格方案则比经营方案简单一些，它更偏重对成本核算和出口价格的掌握。不论是商品经营方案还是价格方案，都要根据实践及客观情况的变化，定期或不定期进行检查总结，并进行必要的修改。

4. 开展多种形式的广告宣传和促销活动

根据出口业务的需要，外贸企业还要进行出口商品的广告宣传和促销活动。通过向客户寄送经营商品目录、实物样品、图片说明书，进行商品陈列展览以及各种形式的广告宣传等，向国外客户和消费者介绍本企业的商品。在广告宣传的内容和形式上，既要注重效果，也要适应不同市场、不同出口商品的特点。

（二）交易磋商与订立合同阶段

在做好上述准备工作之后，外贸企业就要根据经营意图（出口计划、经营方案），按照国际市场上通用的做法，与国外客户就买卖合同的内容及交易条件进行磋商。这些内容和条件主要包括以下几项。

（1）合同的标的。例如，买卖货物的名称、品质、数量和包装等。

（2）货物的价格。

（3）卖方的义务。例如，货物的交付时间、地点、方式，提交单据的种类和份数等。

（4）买方的义务。例如，支付货款的时间、地点、方式、币种，派船或指定承运人的时间，通知方法等。

（5）如何预防争议的发生和发生争议时的处理办法。例如，货物检验责任、索赔期限、免责条件和仲裁协议等。

经过磋商取得一致意见后，交易双方签订书面合同。交易磋商一般要经过询盘（inquiry）、发盘（offer）、还盘（counter offer）和接受（acceptance）的过程。其中，发盘和接受是订立合同不可缺少的环节。

（三）履行合同阶段

出口合同订立之后，交易双方就要根据"重合同、守信用"的原则，履行各自应承担的义务。如按成本加保险加运费（cost，insurance and freight，CIF）条件和信用证付款方式达成的交易，外贸企业作为卖方履行出口合同，需要进行如下各环节的工作。

（1）备货、报验。出口合同订立后，外贸企业要认真备货，按时、按质、按量交付约定的货物。其具体工作包括按要求核实装运货物的品质、数量、包装，刷制唛头，验收进仓。如果货物属于国家出口许可证管理的商品，企业还需要向有关部门领取出口许可证。

（2）落实信用证，做好催证、审证、改证工作。对于信用证付款的合同，在合同履行过程中，外贸企业对信用证的掌握、管理和使用直接关系到企业的收汇安全。信用证的掌握、管理和使用主要包括催证、审证、改证等几项内容。这些都是与履行合同有关的重要工作。

（3）及时租船订舱，安排运输、保险，并办理出口报关手续。外贸企业在备妥货物、落实信用证后，应按合同和信用证的规定，及时对外履行装运货物的义务。安排货物装运出口主要涉及托运、投保、报关等工作。

（4）制单结汇。外贸企业要缮制、备妥有关单据，及时向银行交单结汇，收取货款。货物装运后，卖方将所得的各种单据，按照信用证的要求，整理缮制成一整套商业单据，然后将单据提交给当地一家银行，请求议付。当地银行按照信用证条款的规定，严格审核单据，若认为单证相符愿意议付，就收下单据，按汇票上的货款金额扣除付款的利息和手续费后，将货款交给外贸企业。

出口合同履行程序如图 0-1 所示。

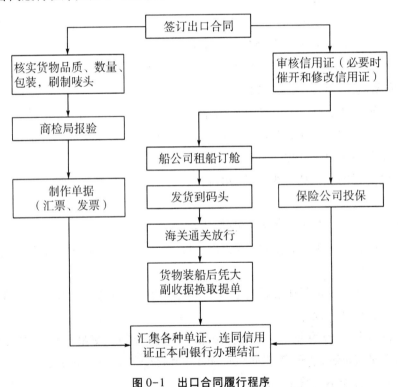

图 0-1　出口合同履行程序

二、进口贸易的基本流程

（一）交易前的准备阶段

进口交易前的准备工作，主要包括下列事项。

（1）制订进口商品经营方案或价格方案。进口商要制订进口商品的经营方案或价格方案，以便在对外洽商或采购商品时，做到心中有数，避免盲目行事。

（2）选择采购市场和供货商。进口商在对国外市场和外商资信情况调查研究的基础上，货比三家，选择合适的采购市场和供货对象。

（二）商订进口合同阶段

商订进口合同与商订出口合同的程序、做法基本相同。要注意的是，在购买高新技术产品、成套设备或进行大宗交易时，进口商要慎重选配洽谈人员，组建一个由具有各种专长的专业人员组成的谈判班子，并切实做好比价工作。

（三）进口合同的履行阶段

履行进口合同与履行出口合同的程序相反，工作侧重点也不一样。如按离岸价（Free on board，FOB）条件和信用证付款方式达成的交易，进口商作为买方履行进口合同，需要进行如下各环节的工作。

（1）按合同规定向银行申请开立信用证。

（2）及时派船到对方港口接运货物，并催促卖方备货装船。

（3）办理货运保险。

（4）审核有关单据，在单证相符时付款赎单。

（5）办理进口报关手续，并验收货物。

进口合同履行程序如图 0-2 所示。

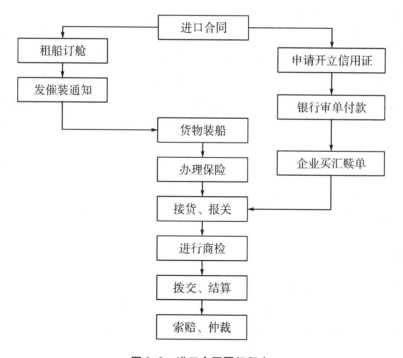

图 0-2　进口合同履行程序

第二节 对外贸易相关法律环境

在国际货物买卖中，交易双方所处的国家不同。他们既要遵守各自所在国的国内法，又要遵守国家对外缔结或参加的各项国际公约，还要遵守国际贸易惯例。

一、国际公约

企业在进行国际货物买卖时，必须遵守国家对外缔结或参加的有关国际贸易、国际运输、商标、专利、仲裁等方面的条约和协定。目前，我国与对外贸易有关的国际协定主要有多边贸易协定、双边贸易协定、支付协定、贸易支付协定、贸易协定书等。我国参加和核准的，于 1980 年通过并于 1988 年 1 月 1 日起正式生效的《联合国国际货物销售合同公约》（以下简称《公约》），可以说是与我国进行货物进出口贸易关系最大、最重要的一项国际公约。该《公约》是联合国国际贸易法委员会在 1964 年海牙会议上通过的《国际货物买卖统一法公约》和《国际货物买卖合同成立统一法公约》的基础上，广泛听取各方意见，经过认真研究拟订，并在 1980 年 4 月召开的包括中国在内的 60 多个国家代表参加的维也纳会议上讨论修订后通过的。

《公约》的宗旨是遵循平等互利的原则。它在国际贸易中采用顾及不同社会制度及不同经济、法律制度国家的习惯和法律规则，有利于减少国际贸易的法律障碍、促进经济贸易的发展，故能为多数国家所接受。《公约》的主要内容有适用范围、国际货物销售合同订立的规则、合同当事人的权利和义务、违约责任、损害赔偿、风险转移、免责事项等。《公约》体现了大陆法系和英美法系之间的平衡，也考虑了发达国家和发展中国家的不同利益及要求，具有广泛的代表性。

除此之外，国际上还就国际海运、陆运、空运、知识产权、仲裁等订有公约。当法院和仲裁机构在处理非参加国的企业间的涉外经济合同时，即使在有关合同未承认和使用有关公约规定的情况下，这些公约也常常被用作参考或予以引用。

二、国内法

（一）国内相关法律的演变过程

随着改革开放的不断深化，以及完善社会主义市场经济法律秩序的需要，我国的涉外民商立法不断与国际经济立法接轨。1992 年颁布的《中华人民共和国海商法》（以下简称《海商法》）是我国涉外民商立法的一大范例。在其立法过程中，每个章节的形式都吸收了相关领域国际公约的规定（这样的国际公约共计有 10 个），基本上实现了海商立法的国际标准化，圆满地实现了与有关国际经济立法的全面接轨。1994 年制定、2004 年修订的《中华人民共和国对外贸易法》（以下简称《对外贸易法》）对对外贸易经营者、货物与技术进出口、对外贸易秩序、对外贸易促进以及法律责任等进行了规定。我国于 1999 年 3 月 15 日在原有三个合同法（《中华人民共和国经济合同法》《中华人民共和国涉外经济合同法》和《中华人民共和国技术合同法》）的基础上，颁布了新的《中华人民共和国合同法》（以下简称《合同法》）。该《合同法》是在国际合同法统一化这一时代背景下制定的。相对于原来的三个合同法而言，其条款内容大量反映和吸收了国际统一合同法的相关精神和规则，是其最显著的特点。同时，《合同法》也从中国的实际情况出发，在某些问题的制度规定上保留了自己的特点。

2020 年 5 月 28 日，第十三届全国人民代表大会第三次会议通过了《中华人民共和国民法典》（以下简称《民法典》）。其中，将《合同法》单独成编，位列第三编。第三编合同分为第一分编通则、第二分编典型合同、第三分编准合同。在原来《合同法》的基础上，《民法典》第三编合同的内容更加完善，体系更加完整。

（二）我国《民法典》第三编合同与国际相关法律的比较

下面对我国的《民法典》第三编合同与《公约》《国际商事合同通则》（以下简称《通则》）的差异与联系进行比较。

1. 关于合同的形式

与原有的三个合同法相比，《民法典》第三编合同在合同形式问题上朝着国际统一合同法迈出了重要一步，明确采用了不要式原则。

原有的三个合同法对合同形式问题，原则上实行要式原则，即一般要求合同采用书面形式。尤其是涉外经济合同，未采用书面形式，在司法实践中一般确认为无效。《合同法》在这一问题上进行了突破和发展，具体体现在确认了合同形式的不要式原则。《合同法》第十条第一款规定："当事人订立合同，有书面形式、口头形式和其他形式。"这里所谓的其他形式，包括当事人通过自己在特定情形下的行为也可以订立合同。《民法典》第三编合同的第一分编通则第二章"合同的订立"中第四百六十九条延用了这些规定。这与《公约》第十一条和《通则》关于国际商事合同无形式要求的原则是一致的。考虑到中国现行的有关法律、行政法规对当事人订立合同的形式有特定的要求，《民法典》第三编合同第四百九十条规定："法律、行政法规规定采用书面形式的，应当采用书面形式。当事人未采用书面形式但是一方已经履行主要义务，对方接受时，合同成立。"这样的规定，既照顾了当事人选择缔约形式的自由，又尊重了有关法律、行政法规对合同形式的限制要求。同时，体现了国际统一合同法在合同形式上"重当事人的真实意思、轻合同形式"要求的发展趋势。《民法典》第三编合同第一分编通则第四百九十条也反映了这一精神。

在合同形式上，《民法典》第三编合同第一分编第二章"合同的订立"也向国际统一合同法靠拢，主要表现是在合同的书面形式上，借鉴吸收了联合国国际贸易法委员会1996 年 12 月生效的《联合国国际贸易法委员会电子商务示范法》中有关电子合同的规定内容，确认了采用电子数据交换和电子邮件等形式订立合同的有效性。《民法典》第三编合同第四百六十九条规定："书面形式是指合同书、信件和数据电文（包括电报、电传、传真、电子数据交换和电子邮件）等可以有形地表现所载内容的形式。"按照这一规定，凡是可以有形地表现所载内容的形式，都可以作为合同的书面形式，包括但不限于条文中明确列举的这几类。它与《通则》关于书面形式的定义是一致的，满足了现代电子商务发展的需要，又为今后信息通信技术的进一步发展留下了足够的弹性空间。

☞ **课堂案例**

2018 年，我方文达进出口公司（简称文达公司）代表与马来西亚客户签订出口商品合同一批，货销马来西亚，支付方式为不可撤销的即期信用证付款。马来西亚客商要求发货人保证一条货船只装一张信用证项下的货物，文达公司代表当时曾口头做了正式承诺，但在合同和随后的信用证内并未列明此项条款。该代表没有将谈判记录和口头承诺的内容附在合同上。马来西亚客商陆续开来信用证两张。执行合同的经办人员并不知道上述口头承诺的内容，为争取早出口早收汇，根据当时货源和运输条件，在装完一张信用证项下的货物后，利用剩余舱位装载了另一张信用证项下的部分货物。马来西亚客商接到装船通知后立即来电提出异议，并声称文达公司代表曾口头承诺两证项下的货物不装同一条船，他们已向当地海关申报一证一船装货，如违反原申报内容，该国海关将对其处以两万美元的罚金，所以他们要求文达公司负责赔偿。文达公司认为，合同与信用证对上述内容均未说明，而己方提供给银行议付的单据完全符合信用证条款规定，开证行就应保证付款，对客户提出的罚金问题不予考虑。后来，文达公司代表告知公司有口头承诺之事，并检讨其严重疏忽。文达公司领导层研究后认为，口头既已做出承诺，书面虽未说明也应执行，于是采用了以下解决办法。

（1）电请马来西亚客户增加原信用证数量和金额，提取已装在该船的整船货物，同时撤销另一装船通知。

（2）如客户同意，请议付行电告开证行退回上述两套信用证项下的单据。我方在信用证有效期内立即重做全套新单据，再寄开证行作为代替。

由于该合同项下货物畅销利大，而且马来西亚客户比较友好，从长远利益考虑，马来西亚客商撤回了索赔要求，最后对方完全按我方建议办理。议付行也电告开证行调换单据结案。

【**案例分析**】

在本案例中，我们应注意以下问题。

（1）外贸业务比较复杂，涉及面广。像本案例中这种重要的、在合同签订时所做的口头承诺，理应由双方补签备忘录，作为合同的补充，使执行合同时有所依据。因此，凡重要的谈判内容应有文字记录，备作参考，以防此类情况再度发生。

（2）口头承诺在法律上的效力问题。《公约》第十一条规定："销售合同无须以书面订立或书面证明，在形式方面也不受任何其他条件的限制。"可见，按照《公约》的规定，口头承诺在国际贸易业务中具有法律效力。《民法典》第三编合同第四百六十九条规定："当事人订立合同，可以采用书面形式、口头形式或者其他形式。"在本案例中，由于文达公司代表在对方口头提出要求时，立即正式表示同意。因此，虽无书面的根据，文达公司仍应受所做承诺的约束。

2. 关于合同的订立

在合同的订立方面，《民法典》第三编合同第一分编第二章"合同的订立"中对当事人通过要约和承诺订立合同的过程做了详细的规定，从而弥补了我国合同法在这方面的重大缺陷。《民法典》第三编合同的第一分编对要约和承诺的概念、构成要件、生效时间，要约的撤回、撤销和失效，承诺的内容、期限和撤回等问题，均做了明确的规定。这些制度规定基本上完全参考吸收了《公约》和《通则》有关要约与承诺的规定内容，体现了与国际统一合同法衔接一致的精神。例如，《民法典》第三编合同在要约和承诺的生效问题上均实行"到达主义"；允许要约和承诺可以在到达对方之前撤回；规定对要约内容做出实质性变更的承诺为新要约，非实质性变更的承诺，除非要约人及时表示反对，仍构成有效的承诺，合同的内容以要约的内容和承诺的变更内容为准。

《民法典》第三编合同参考借鉴了《通则》有关合同订立过程中的恶意谈判和保密义务的规定，确立了我国合同法上的缔约过失责任制度。《民法典》第三编合同第五佰条和第五百零一条分别规定，当事人有假借订立合同恶意进行磋商，故意隐瞒有关重要事实或者提供虚假情报，泄露或不正当使用在订约过程中知悉的商业秘密等违背诚实信用原则的行为，给对方造成损失的，应当承担损害赔偿责任。这些规定填补了我国合同法制度在这方面的空白，有助于维护诚实信用的社会风气和交易秩序，有助于打击经济活动中各种利用订约骗取钱财、损害他人利益的行为。

3. 关于合同的效力

在关于合同的效力制度方面，《民法典》第三编合同借鉴吸收了各国民商立法和国际统一合同法中的某些科学合理的制度规定，体现了与各国法律制度规定的趋同性；同时，根据我国的实际情况，制定了一些反映和考虑国内实际情况与需要的特别规定。这主要表现在当事人一方以欺诈、胁迫手段订立合同，在损害国家利益的情况下，属无效合同；否则，只构成受害方有权请求法院或仲裁机构变更或撤销的合同。另外，因重大误解或乘人之危订立的合同和显失公平的合同，尽管许多国家的合同法和《通则》均以违背当事人的真实意思而将之认定为无效合同，但按我国《民法典》第三编合同的规定，这类合同也只属于受害方有权申请变更或撤销的合同。

4. 关于合同的履行

《民法典》第三编合同在合同的履行方面，确立和发展了许多重要的制度规则，大量吸收了外国合同法上的有益经验和《通则》有关合同履行的一般规则。例如，《民法典》第三编合同的第五百三十条关于提前履行的规定、第五百三十一条关于部分履行的规定，以及第五百一十一条关于履行地点约定不明情况下有关义务履行地的确定等，与《通则》的相关规定基本一致。另外，《民法典》第三编合同的第五百二十六条关于同时履行抗辩权的规定和第五百二十七条关于后履行抗辩权的规定，则是参考移植了大陆法系合同法相应制度的结果。在合同的履行方面，《民法典》第三编合同与《通则》的差异之一是没有规定类似履行艰难或情势变更这样的原则制度。《民法典》第三编合同的第五百一十二条对互联网等信息网络订立的电子合同履行也做了具体规定。

5. 关于违约责任构成和救济

关于违约的救济措施，《民法典》第三编合同的第八章规定，非违约方可以要求违约方实际履行、采取补救措施、赔偿损失、支付违约金以及宣告解除合同等。这些违约救济措施的主要内容和适用条件，与《公约》和《通则》规定的有关救济措施基本一致。在违约损失赔偿范围上，《民法典》第三编合同的第五百八十四条规定损失赔偿额应相当于因违约所造成的损失，包括合同履行后可以获得的利益，但不得超过违约方订立合同时预见到或应当预见到的因违约可能造成的损失。这与《公约》第七十四条确定的损害赔偿原则是完全一致的。而《民法典》第三编合同的第五百九十一条关于非违约方未采取适当措施致使损失扩大，不得就扩大的损失要求赔偿的规定，则是充分参考吸收了《公约》第七十七条和《通则》相关内容的结果。

但是，在违约构成和有关救济措施的适用上，《民法典》第三编合同的规定与《公约》和《通则》的规定仍存在某些差异。例如，在关于根本违约的构成和非违约方在此情况下行使解除合同权问题上，按照《公约》第二十五条和《通则》的相关规定，构成根本违约必须同时具备主、客观两方面的条件。其客观条件是违约的后果使合同对方蒙受损害，以至于实际上剥夺了其根据合同规定有权期待得到的东西；其主观条件必须是违约方预知，而且一个同等资格、通情达理的人处于相同情况下可以合理预知会发生这样的结果。只有同时具备这两方面条件，非违约方才能援用根本违约宣告终止或解除合同。《民法典》第三编合同并没有采用预知的理论来限定根本违约的构成，而是规定当事人一方迟延履行债务或者有其他违约行为致使不能实现合同目的的，另一方当事人可以不经催告而解除合同。

三、国际贸易惯例

（一）国际贸易惯例的产生

《国际贸易法律》一书给国际贸易惯例下的定义是"在国际贸易长期实践中逐渐形成的、一贯通用的习惯做法和通例"。《国际贸易惯例新发展》一书给国际贸易惯例下的定义是"在长期的国际贸易实践中，在一个地区或一个行业逐步形成的一种被人们所承认和适用的习惯做法或特定方式，久而久之，推而广之，在越来越大的范围内被越来越多的人所理解和接受，从而对国际贸易业务的实践发生深刻的影响，成为国际贸易中所遵循的一种类似于行为规范的准则，进而对国际贸易业务的进行和发展起着一定的指导作用或制约作用"。通过分析归纳，我们给国际贸易惯例所下的定义是"在长期的国际贸易实践中约定俗成的国际贸易行为模式、规则、原则、通则等，对交易双方的权利与义务关系有明确的规范"。无论成文的还是不成文的国际贸易惯例，都只在特定条件下具有法律的约束力。

不成文的惯例缺乏足够的明确性和稳定性，而且不同国家或地区的惯例，在内容上也有不一致的地方，在使用时容易引起麻烦。因此，有些国际性民间组织（国际商会等）、学术团体（国际法协会等）或国内的某些组织（美国商会、美国进口商理事会等）对国际惯例进行了整理和编撰，使之成文化，并对此做了一些解释和说明。它们对惯例进行编撰，去除含混不清的表述，增强了惯例的条理性与明确性；避免内容上的矛盾和抵触，增加了惯例的协调性和统一性。

（二）国际贸易惯例的性质

严格来说，国际贸易惯例并不是法律，但它具有类似法律规范的性质。一般来讲，国际贸易惯例对当事人不产生法律的约束，除极少数具有强制性外，绝大多数是任意性的，它们只有获得国家或者当事人之间的认可，才产生法律的约束。因此，一些惯例在实际应用中，有可能被合同当事人全部或部分地废弃、修改。这也是国际贸易惯例不断发展的一个重要源动力。

国际贸易惯例在以下几种情况下会产生法律约束力。

（1）通过国内立法。比如，美国《统一商法典》规定："贸易惯例赋予协议（合同）特定的含义，对协议（合同）条件加以补充或限制。"德国《商法典》也规定："在洽谈人之间，当涉及评价契约的意思和范围时，将以商务方面的习俗和惯例为基础。"当国际贸易惯例被引入国内法后，它就具有了一定的强制力。

（2）通过国际立法，即在公约、条约中引用国际贸易惯例。如果一个国家参加了某项国际公约或者条约，那么该国必须遵守公约或条约的内容。若国际贸易惯例成为公约或条约的一部分，那么该国也应遵守该惯例。国际公约或条约在引用有关惯例时，存在以下两种情况：一是直接规定该惯例的内容；二是只指明应适用某种惯例，至于惯例的内容则需要进一步查找。

（3）通过合同，即在合同中引入国际惯例。在合同中引入国际惯例是最常见的情况。当事人如果事先约定按某项国际贸易惯例办事，并在双方的合同或协议中加以明文规定，那么该惯例将对当事人产生法律效力，具有强制性。实际上，当合同中引用了惯例，则惯例的内容就成为合同内容的一部分，根据"约定必须遵守"的原则，合同中的国际贸易惯例也应被遵守，并且有相关的法律作为强制保证。

（4）默示的约束力。在国际贸易中，有时还可能指定当事人以默示的方式选择某些国际惯例，此时该惯例应被视为具有约束力。默示选择必须满足以下三项条件：

① 当事人知道或理应知道。

② 具有广泛性。

③ 该惯例是同类交易的合同当事人经常遵守的。

国际贸易惯例虽然不同于法律，但它对于指导业务实践、规范贸易行为都具有重要作用。这主要体现在以下方面：如果双方都同意采用某种惯例来约束该项交易，并在合同中做出明确的规定，那么这项约定的惯例就具有了强制性；如果双方在合同中既未排除也未注明该合同适用某项惯例，在合同执行过程中发生争执时，受理该争议案的司法或仲裁机构也往往会引用某一国际贸易惯例进行裁判或裁决。所以，国际贸易惯例虽然不具有强制性，但它对国际贸易实践的指导作用却不容忽视。不少国际贸易惯例能被广泛地采用和沿用，正说明了它们的有效性。在平等互利的前提下，企业适当采用这些惯例，有利于外贸业务的开展；通过学习有关国际贸易惯例的知识，可以避免或减少贸易争端；即使在发生争议时，也可以引用某项惯例，争取有利地位，减少不必要的损失。

在当前国际贸易中，影响范围较大、被广泛使用的国际贸易惯例有国际商会制定的《2020年国际贸易术语解释通则》（以下简称《2020年通则》）和《跟单信用证统一惯例（CUP 600）》（以下简称《UCP 600》）。

四、中国的对外贸易管制

对外贸易管制是政府的一种强制性行政管理行为。它所涉及的法律、行政法规和部门规章是强制性的法律文件，不得随意改变。因此，对外贸易经营者或其代理人在外贸活动中必须严格遵守这些法律、行政法规和部门规章，并按照相应的管理要求办理进出口手续，以维护国家利益不受侵害。

（一）对外贸易管制的含义和分类

对外贸易管制是指一国政府为了国家的宏观经济利益、国内外政策需要以及履行所缔结或加入国际条约的义务，确立实行各种管理制度、设立相应管制机构和规范对外贸易活动的总称。

一个国家的对外贸易管制制度涉及工业、农业、商业、军事、技术、卫生、环保、税务、资源保护、质量监督、外汇管理以及金融、保险、信息服务等诸多领域。对外贸易管制通常有三种分类形式：一是按照管理目的分为进口贸易管制和出口贸易管制；二是按其管制手段分为关税措施和非关税措施；三是按管制对象分为货物进出口贸易管制、技术进出口贸易管制和国际服务贸易管制。

（二）我国货物、技术进出口许可管理制度

进出口许可是国家对进出口的一种行政管理制度，既包括准许进出口有关证件的审批和管理制度本身的程序，也包括以国家各类许可为条件的其他行政管理手续。这种行政管理制度称为进出口许可制度。进出口许可制度是世界各国管理进出口贸易的一种常见手段，在国际贸易中长期存在，并广泛运用。

货物、技术进出口许可管理制度是我国进出口许可管理制度的主体，是国家对外贸易管制中极其重要的管理制度。其管理范围包括禁止进出口的货物和技术、限制进出口的货物和技术、自由进出口的技术以及自由进出口中部分实行自动许可管理的货物。

1. 禁止进出口管理

为维护国家安全和社会公共利益，保护人民的生命健康，履行中华人民共和国所缔结或者参加的国际条约、协定，国务院商务主管部门会同国务院有关部门，依照《对外贸易法》等有关法律法规，制定、调整并公布禁止进出口货物、技术目录。海关依据国家相关法律法规对禁止进出口目录商品实施监督管理。禁止进出口管理主要包括禁止进口货物管理、禁止进口技术管理、禁止出口货物管理和禁止出口技术管理。

2. 限制进出口管理

国务院商务主管部门会同国务院有关部门根据《对外贸易法》的规定，制定、调整并公布限制进出口货物、技术目录。对限制进出口的货物、技术，必须依照国家有关规定，经国务院商务主管部门或者经国务院商务主管部门会同国务院有关部门许可，方可进出口。

3. 自由进出口管理

除国家禁止、限制进出口货物、技术外的其他货物、技术，均属于自由进出口管理范围。自由进出口货物、技术的进出口不受限制，但基于监测进出口情况的需要，国家对部分属于自由进口的货物实行自动进口许可管理，对自由进出口的技术实行技术进出口合同登记管理。

（三）我国其他贸易管理制度

1. 对外贸易经营者管理制度

为了鼓励对外经济贸易的发展，发挥各方面的积极性，保障对外贸易经营者的对外经营自主权，国家制定了一系列法律、行政法规和部门规章，对对外贸易经营活动中涉及的相应内容做出了规范。对外贸易经营者在进出口经营活动中必须遵守相应的法律、行政法规和部门规章。这些法律、行政法规和部门规章的总和构成了我国对外贸易管理制度。对外贸易经营者管理制度是我国对外贸易管理制度之一。

目前，我国对对外贸易经营者的管理实行依法登记制。也就是说，法人、其他组织或者个人在从事对外贸易经营活动前，必须按照国家的有关规定，依法定程序在国务院商务主管部门登记备案，取得对外贸易经营资格后，方可在国家允许的范围内从事对外贸易经营活动。对外贸易经营者未按照规定办理备案登记的，海关不予办理进出口货物的报关验放手续。

2. 出入境检验检疫制度

出入境检验检疫制度是指由国家出入境检验检疫部门依据我国有关法律、行政法规以及我国政府所缔结或者参加的国际条约、协定，对出入境的货物、物品及其包装物，交通运输工具、运输设备和出入境人员实施检验检疫监督管理的法律依据和行政手段的总和。

出入境检验检疫制度是我国贸易管制制度的重要组成部分，其目的是维护国家声誉和对外贸易有关当事人的合法权益，保证国内生产的正常开展，促进对外贸易健康发展，保护我国的公共安全和人民生命财产安全等，是国家主权的具体体现。我国出入境检验检疫制度内容包括进出口商品检验制度、进出境动植物检疫制度以及国境卫生监督制度。

3. 进出口收付汇管理制度

对外贸易经营者在对外贸易经营活动中，应当按照国家有关规定进行结汇、用汇。中国人民银行及国务院其他有关部门，依据国务院颁布的《中华人民共和国外汇管理条例》及有关规定，对经常项目外汇业务、资本项目外汇业务、金融机构外汇业务、人民币汇率的生成机制和外汇市场等领域实施监督管理。进出口货物收付汇管理是我国实施外汇管理的主要手段，也是我国外汇管理制度的重要组成部分。

4. 对外贸易救济措施

我国是世界贸易组织（World Trade Organization，WTO）成员，按照WTO的规定，可以使用反倾销、反补贴和保障措施等手段来保护国内产业不受损害。反倾销、反补贴和保障措施都属于贸易救济措施，其中，反倾销和反补贴措施针对的是价格歧视等不公平贸易行为，保障措施针对的则是进口产品激增的情况。

（四）我国对外贸易管制的主要措施

对外贸易管制作为一项综合制度，所涉及的管理规定有很多。下面就我国对外贸易管制的主要措施进行简单说明。

1. 进出口许可证管理

进出口许可证管理是指由商务部或者由商务部会同国务院其他有关部门，依法制定并调整进出口许可证管理目录，以签发进出口许可证的方式对进出口许可证管理目录中的商品实行的行政许可管理。也就是说，企业要想进出口某些商品必须事先领取许可证；否则，一律不准进口或出口。商务部会同海关总署制定、调整和发布年度《进口许可证管理货物目录》及《出口许可证管理货物目录》，并对其进行管理。

2. 自动进口许可证管理

商务部根据监测货物进口情况的需要，对部分自由进口货物实行自动许可管理。商务部配额许可证事务局、商务部驻各地特派员办事处和各省、自治区、直辖市、计划单列市商务主管部门以及地方机电产品进出口机构负责自动进口许可证货物管理和自动进口许可证的签发工作。目前涉及的管理目录是商务部公布的《自动进口许可证管理货物目录》。

3. 纺织品出口临时管理

为加快我国纺织品出口增长方式转变，稳定纺织品出口经营秩序，根据《对外贸易法》和《中华人民共和国行政许可法》（以下简称《行政许可法》）的有关规定，国家对部分纺织品的出口实行临时出口许可证管理。目前涉及的管理目录是《输欧盟纺织品出口临时管理商品目录》和《输美纺织品出口临时管理商品目录》。

4. 进口废物管理

为了防止固体废物污染环境，保障人体健康，促进社会主义现代化的发展，国家禁止进口不能用作原料的固体废物，对进口可以用作原料的固体废物实行限制管理。中华人民共和国生态环境部是进口废物的国家主管部门，会同国务院商务主管部门制定、调整并公布《限制进口类可用作原料的固体废物目录》及《自动许可进口类可用作原料的固体废物目录》，对未列入上述两个目录的固体废物禁止进口。

5. 濒危物种进出口管理

野生动植物是人类的宝贵自然财富，为保护、发展和合理利用野生动植物资源，维护自然生态平衡，我国颁布了相关的法律法规及物种保护目录。对目录列明的依法保护的珍贵、濒危野生动植物及其产品实施进出口限制管理。目前涉及的管理目录是中华人民共和国濒危物种进出口管理办公室会同国家其他部门制定、公布的《进出口野生动植物种商品目录》。

6. 进出口药品管理

为加强对药品的监督管理，保证药品质量，保护人体用药安全，维护人民身体健康和用药合法权益，国家市场监督管理总局依照《中华人民共和国药品管理法》、有关国际公约以及国家其他法规，对进出口药品实施监督管理。对进出口药品的管理是我国进出口管理制度的重要组成部分，属于国家限制进出口管理的范畴。目前我国公布的药品进出口管理目录有《进口药品目录》《生物制品目录》《精神药品管制品种目录》和《麻醉药品管制品种目录》。

7. 黄金及其制品进出口管理

进出口黄金管理是指中国人民银行、商务部依据《中华人民共和国金银管理条例》等有关规定，对进出口黄金及其制品实施监督管理的行政行为。黄金及其制品进出口管理属于我国进出口管理制度中限制进出口管理的范畴。

8. 两用物项和技术进出口许可证管理

为维护国家安全和社会公众利益，履行我国在缔结或者参加的国际条约、协定中所承担的义务，加强两用物项和技术进出口许可证管理，依据《对外贸易法》《中华人民共和国海关法》（以下简称《海关法》）和有关行政法规的规定，国家对两用物项和技术进出口限制实行许可证管理。

两用物项和技术是指《中华人民共和国核出口管制条例》《中华人民共和国核两用品及相关技术出口管制条例》《中华人民共和国导弹及相关物项和技术出口管制条例》《中华人民共和国生物两用品及相关设备和技术出口管制条例》《中华人民共和国监控化学品管理条例》《易制毒化学品管理条例》及《有关化学品及相关设备和技术出口管制办法》所规定的相关物项及技术。

9. 出入境检验检疫管理

见上文"我国其他贸易管理制度"中的"出入境检验检疫制度"内容。目前涉及的管理目录是国家市场监督管理总局公布并调整的《出入境检验检疫机构实施检验检疫的进出境商品目录》。

10. 其他货物进出口管理

（1）音像制品进口管理。为了加强对音像制品进口的管理，促进国际文化交流，丰富人民群众的文化生活，我国根据有关规定对音像制品实行进口许可管理。涉及的文件有《音像制品管理条例》和《音像制品进口管理办法》。

（2）化学品首次进境及有毒化学品管理。为了保护人体健康和生态环境，加强化学品首次进口和有毒化学品进出口的环境管理，我国根据有关规定对首次进口的化学品和进出口有毒化学品进行监督管理。涉及的监管文件有《化学品首次进口及有毒化学品进出口环境管理规定》和《中国禁止或严格限制的有毒化学品名录》。

（3）进出口农药登记证明管理。进出口农药登记证明是国家农业主管部门依据《中华人民共和国农药管理条例》，对进出口用于预防、消灭或者控制危害农业、林业的病、虫、草和其他有害生物，以及有目的地调节植物、昆虫生长的化学合成物或者来源于生物、其他天然物质的一种物质或者几种物质的混合物及其制剂实施管理的进出口许可证件，其国家主管部门是农业农村部。我国对进出口农药实行目录管理，由农业农村部会同海关总署制定《中华人民共和国进出口农药登记证明管理目录》。

常见的许可（监管）证件及其代码如表 0-1 所示。

表 0-1　许可（监管）证件及其代码表

代码	证件名称	代码	证件名称
1	进口许可证	2	两用物项和技术进口许可证
3	两用物项和技术出口许可证	4	出口许可证
5	纺织品临时出口许可证	7	自动进口许可证
A	入境货物通关单	B	出境货物通关单
D	出/入境货物通关单（毛坯钻石用）	E	濒危物种允许出口证明书
F	濒危物种允许进口证明书	G	两用物项和技术出口许可证（定向）
H	港澳 OPA 纺织品证明	I	精神药物进（出）口准许证
J	金品出口证或人总行进口批件	L	药品进出口准许证（蛋白同化剂、肽类激素）
O	自动进口许可证（新旧机电产品）	P	固体废物进口许可证
Q	进口药品通关单	S	进出口农药登记证明
T	银行调运现钞进出境许可证	W	麻醉药品进出口准许证
X	有毒化学品环境管理放行通知单	Y	原产地证明

表0-1（续）

代码	证件名称	代码	证件名称
Z	进口音像制品批准单或节目提取单	e	关税配额外优惠税率进口棉花配额证
s	适用 ITA 税率的商品用途认定证明	t	关税配额证明
v	自动进口许可证（加工贸易）	X	出口许可证（加工贸易）
y	出口许可证（边境小额贸易）		

 ## 知识小结

绪论主要讲述了国际贸易的基本流程，其中包括出口贸易的一般流程和进口贸易的一般流程；介绍了与中国对外贸易相关的法律环境，包括国际公约、国内法（尤其是我国的《民法典》第三编合同与《公约》《通则》的差异与联系）、国际惯例和我国对外贸易的管制情况。

 ## 引导案例分析

引导案例涉及"无证进出口"行为的处理问题。所谓"无证进出口"，是指进出口货物收发货人（经营单位）在没有领取国家有关主管部门颁发的准予进口或出口证明文件的情况下，擅自进出口国家实行许可证件管理商品的行为。引导案例行为由于违反国家进出口管理的有关法律法规，属于明令禁止的违法行为。在执法实践中，"无证进出口"行为是一种较为常见的违反海关监管规定的行为。对于此类行为的处理原则和处罚标准，现行《海关法》和《中华人民共和国海关行政处罚实施条例》均有明确规定。在引导案例中，某海关正是依据海关法律法规的有关规定，对蓝通公司"无证进出口"行为做出相应处理的。蓝通公司应该在进口前办理进口许可证，由于该公司自身的原因导致无法办理进口清关提取货物，该公司应该自己承担风险，而不能以此为由拒绝付款。

 ## 复习思考题

1. 出口贸易的基本流程包括哪些内容？
2. 简述进口贸易的一般程序。
3. 什么是国际贸易惯例？
4. 在什么条件下，国际贸易惯例才能产生法律约束力？
5. 在合同的订立方面，《民法典》第三编合同弥补了以往合同法的哪些缺陷？
6. 我国的对外贸易管制制度有哪些？
7. 简述我国对外贸易管制的主要措施。

第一篇

国际贸易术语

第一章

国际贸易术语及常用惯例

学习目标
XUEXI MUBIAO

通过本章内容的学习，了解国际贸易术语的产生及发展过程，熟悉有关贸易术语的国际惯例，掌握国际贸易术语的作用，培养学生具备国际视野、良好的职业素养、法治意识、爱国情怀。

引导案例
YINDAO ANLI

我国某公司按 CIF 条件和美国一家公司成交了一笔服装业务，货物装船后停泊在码头，结果在起运前发生了一场大火，整船服装被全部烧毁。买方闻讯后立即致电我方，要求赔偿一切损失。遇到这种贸易纠纷我们该如何处理？由谁承担这一风险？又由谁来赔偿这些损失？

在国际贸易中，卖方的基本义务是提交规定的货物，买方的基本义务是接收货物和支付货款。在货物交接过程中，有关的风险、责任、费用必须在交易双方之间加以划分。这种划分在实际业务中是通过贸易术语来完成的。

国际贸易是随着商品的跨国交换而产生的，其起源可以追溯到奴隶社会。国际贸易术语是在国际贸易发展到一定阶段才逐渐产生的，是国际贸易发展过程中的产物。同时，它的出现又大大促进了国际贸易的发展。

第一节　国际贸易术语概述

一、国际贸易术语的产生和含义

（一）国际贸易术语的产生

国际贸易术语是在国际贸易实践中逐渐形成的。早在 19 世纪初，人们就开始在国际贸易中使用贸易术语了。

在国际贸易中，交易双方既要享受合同赋予的各种权利，也要承担合同中规定的各种义务。在交易过程中，卖方的基本义务是在规定的时间、地点提供符合合同规定的货物，而买方则需及时受领货物并支付货款。由于国际贸易中的交易双方分处两国，相距遥远，所交易的商品在长距离的运输过程中往往需要经过储存、运输、多次装卸等环节，在进出关境时还需要办理进出口清关手续。此外，进出口货物在装、运、卸、贮的整个流转过程中都存在着风险，可能遭受自然灾害、意外事故等。因此，国际贸易商品的价格构成远比国内市场同类商品的价格构成要复杂，在交易过程中，除要表明"价格"外，还要明确货物在交接过程中，有关风险、责任如何划分和费用由谁来承担的问题。

交易双方除在成交时卖方要交货，买方要付款，并各自承担自己控制货物时的风险外，还有许多应该分别承担的责任、费用和风险。例如，租船、订舱和支付运费，办理进出口许可证及报关手续，装卸、运输进出口货物，办理货物运输保险手续等。

上述手续由谁办理、费用由谁负责、风险如何划分就成为国际贸易实务中交易双方在洽谈交易、订立合同时通过磋商必须加以明确的问题。但是，若在谈判时交易双方对这些事项逐一进行磋商，就会耗费大量的时间和经费，既降低交易效率，增加交易成本，又可能因考虑不周而造成事项疏漏，导致合同无法履行，甚至产生争议和纠纷。

为了解决这一问题，在长期的国际贸易实践中，人们逐渐摸索出一种办法，即用一些简短的概念和英文字母缩写来代表交易双方之间责任、费用、义务及相关风险的划分。这就大大节约了磋商的时间和交易成本，提高了交易双方的磋商效率。这样不但简化了合同条款，而且一旦产生纠纷，只要依据合同中相关条款的规定就可得到清晰的判定，从而促进了国际贸易的顺利开展。实现这一系列好处的，就是国际贸易术语。

（二）国际贸易术语的含义

国际贸易术语是指用来表示商品的价格构成，说明交货地点，确定交易双方的责任、费用、风险划分等问题的专门用语，一般是一个简短的概念或英文字母缩写。

交易双方承担的责任主要是指办理进出口许可手续，办理进出口报关手续，装卸、运输货物，办理货物运输保险手续等。交易双方承担的费用包括办理进出口许可证件支付的手续费，包装费用，检验费用，报关缴纳的关税，装卸、运输货物支付的装卸费和运输费，办理保险支付的保险费等。交易双方承担的风险是指进出口货物在装、运、卸、贮的整个流转过程中所存在的风险。

例如，贸易术语 CIF，是"Cost, Insurance and Freight"的缩写，代表着成本、保险费加运费。这一贸易术语表示卖方以在装运港把货物装上承运人船舶的方式交货，并支付运费及保险费。不同的贸易术语，会就交易双方的责任、费用、风险做不同的划分。

二、国际贸易术语的作用

国际贸易术语在实际业务中被广泛运用。它对于简化交易手续、缩短磋商时间、节约费用开支都具有重要的作用。

（1）贸易术语及其惯例为世界各国的贸易商提供标准和定义，避免了因各国文化和习惯差异而产生的对贸易条件的不同理解，以及由此可能导致的贸易摩擦和法律纠纷，增强了贸易的确定性。

（2）贸易术语的主要功能是通过明确贸易中的交货地点，商品的价格构成，交易双方有关费用、风险和责任的划分来简化缔约程序。在国际贸易中，交易双方只需对选择的贸易术语进行磋商，即可确定货物从装运地到目的地全部过程中的装卸、运输、保险等各环节的费用及责任划分，从而简化了磋商环节，缩短了洽商时间，降低了交易费用。

（3）贸易术语可以表示商品的价格构成因素。交易双方在确定成交价格时需要考虑采用的贸易术语中包含哪些从属费用，如运费、保险费、装卸费、关税、增值税等，从而便于双方比价并核算价格和成本。

（4）在国际上，人们对各种贸易术语的解释已经有了高度的统一性。如果在合同的履行过程中，交易双方发生了争议，那么贸易术语能够起到对当事人的行为进行规范并解决分歧的作用。

三、国际贸易术语的发展

随着科学技术的迅猛发展和世界经济关系的日益密切，国际贸易的经营方式和管理制度有了明显的变化。在此情况下，贸易术语也需要做相应的改变和调整。为了适应国际贸易习惯法的规则，国际贸易术语自创立以来不断修改，以适应国际贸易的发展。

例如，影响广泛的 2020 年版本的《国际贸易术语解释通则》是由国际商会制定的。它经历了多次修订和补充，最初版于 1936 年制定。为满足国际贸易发展的需要，国际商会先后于 1953 年、1967 年、1976 年、1980 年、1990 年对该通则做了多次修订和补充。1999 年，国际商会广泛征求世界各国从事国际贸易的各方人士和有关专家的意见，通过调查、研究和讨论，对施行 60 多年的通则进行了全面的回顾和总结。为使贸易术语进一步适应世界上无关税区的发展、交易中使用电子信息增多的情况以及运输方式的变化，国际商会再次对该通则进行了修订，并于 1999 年 7 月公布了 2000 年版《国际贸易术语解释通则》（以下简称《2000 年通则》）。《2000 年通则》于 2000 年 1 月 1 日起生效。2010 年版《国际贸易术语解释通则》（以下简称《2010 年通则》）则是在《2000 年通则》的基础上修订完成的，于 2010 年 9 月 27 日由国际商会正式推出，并于 2011 年 1 月 1 日起正式生效。目前在用的 2020 年版《国际贸易术语解释通则》（以下简称《2020 年通则》）则是在《2010 年通则》的基础上修订完成的，于 2019 年 9 月 10 日由国际商会正式推出，并于 2022 年 1 月 1 日起正式生效。

可见，国际贸易术语的发展是随着国际贸易方式的发展而发展的，国际贸易术语的发展史就是国际贸易术语惯例的发展史。

第二节　与贸易术语有关的国际惯例

国际贸易术语在国际贸易中的运用可以追溯到两百多年前。例如，装运港船上交货的贸易术语船上交货价（Free on Board，FOB）出现在 18 世纪末 19 世纪初，CIF 的广泛应用则是在 19 世纪中叶。但是，在相当长的一段时间里，国际上并没有形成对国际贸易术语的统一解释。各个国家和地区在使用贸易术语时，出现了各种不同的解释和做法。这种差异不利于国际贸易的发展。为解决存在的分歧，国际商会、国际法协会等国际组织及美国的一些著名商业团体经过长期的努力，分别制定了解释国际贸易术语的规则。这些规则在国际上被广泛接受，从而形成了一般的国际贸易惯例。国际贸易惯例是指在国际贸易中经反复实践形成的，并经国际组织加以编纂与解释的习惯性做法。目前，国际上影响较大的关于贸易术语的国际贸易惯例主要有以下三种。

一、《1932 年华沙—牛津规则》

《1932 年华沙—牛津规则》是国际法协会专门为解释 CIF 合同而制定的。19 世纪中叶，CIF 贸易术语开始在国际贸易中被广泛采用。然而，对使用这一术语时交易双方各自承担的具体义务，国际上并没有统一的规定和解释。为此，国际法协会于 1928 年在波兰首都华沙召开会议，制定了关于 CIF 买卖合同的统一规则，即《1928 年华沙规则》。该规则一共包括了 22 条。其后，在 1930 年的纽约会议、1931 年的巴黎会议和 1932 年的牛津会议上，国际法协会将此规则修订为 21 条，并更名为《1932 年华沙—牛津规则》，沿用至今。

《1932 年华沙—牛津规则》在总则中说明，这一规则供交易双方自愿采用，凡明示采用《1932 年华沙—牛津规则》者，合同当事人的权利和义务均应援引本规则的规定来确定。经双方当事人明示协议，可以对本规则的任何一条进行变更、修改或增添。如本规则与合同发生矛盾，应以合同为准。凡合同没有规定的事项，应按本规则的规定办理。

《1932 年华沙—牛津规则》对于 CIF 合同的性质，交易双方所承担的风险、责任和费用的划分，以及所有权转移的方式等问题都做了比较详细的解释。

二、《1990 年美国对外贸易定义修订本》

《1941 年美国对外贸易定义修订本》是由美国 9 个商业团体制定的。它最早于 1919

年在纽约制定，原称为《美国出口报价及其缩写条例》。并于 1941 年 7 月 31 日经美国商会、美国进口商协会和美国全国对外贸易协会所组成的联合委员会通过，称为《1941 年美国对外贸易定义修正本》（Revised American Foreign Trade Definitions 1941）。其后，因贸易习惯发生了很多变化，该文件又在 1990 年进行了修订，经美国商会、美国进口商协会和美国全国对外贸易协会所组成的联合委员会通过，最新版为《1990 年美国对外贸易定义修订本》（Revised American Foreign Trade Definitions 1990）。

该修正本对下列六种贸易术语做了解释。

1. Ex（point of origin）原产地交货。

"Ex"用于贸易术语，其英文含义是"deliver at"的意思，即货物在某地交货，其后应注明具体的交货地点。按本术语 Ex（point of origin），应注明原产地的名称，如"Ex Factory""Ex Mill""Ex Mine""Ex Plantation""Ex Warehouse"（"制造厂交货""工厂交货""矿山交货""农场交货""仓库交货"）等。

按此术语，卖方必须在规定的日期或期限内，在原产地双方约定的地点，将货物置于买方处置之下，并承担一切费用和风险，直至买方应负责提取货物之时为止。当货物按规定被置于买方处置之下时，买方必须立即提取，并自买方应负责提货之时起，负担货物的一切费用和风险。

2. FOB（Free On Board）。

《1941 年美国对外贸易定义修正本》将 FOB 术语分为下列六种。

（1）FOB（named inland carrier at named inland point of departure），意为"在指定内陆发货地点的指定内陆运输工具上交货"。按此术语，在内陆装运地点，由卖方将货物装于火车、卡车、驳船、拖船、飞机或其他供运输用的运载工具之上。

（2）FOB（named inland carrier at named inland point of departure, freight prepaid to named point of exportation），意为"在指定内陆发货地点的指定内陆运输工具上交货，运费预付到指定的出口地点"。按此术语，卖方预付至出口地点的运费，并在指定内陆起运地点取得清洁提单或其他运输收据后，对货物不再承担责任。

（3）FOB（named inland carrier at named inland point of departure, freight allowed to named point），意为"在指定内陆发货地点的指定内陆运输工具上交货，减除至指定地点的运费"。按此术语，卖方所报价格包括货物至指定地点的运输费用，但注明运费到付，并由卖方在价金内减除。卖方在指定内陆起运地点取得清洁提单或其他运输收据后，对货物不再承担责任。

（4）FOB（named inland carrier at named point of exportation），意为"在指定出口地点的指定内陆运输工具上交货"。按此术语，卖方所报价格包括将货物运至指定出口地点的运输费用，并承担货物的任何灭失及/或损坏的责任，直至上述地点。

（5）FOB Vessel（named port of shipment），意为"船上交货（指定装运港）"。按此术语，卖方必须在规定的日期或期限内，将货物实际装载于买方提供的或为买方提供的轮船上（place goods actually on board the vessel），负担货物装载于船上为止的一切费用，承担任何灭失及/或损坏的责任，并提供清洁轮船收据或已装船提单；在买方请求并由其负担费用的情况下，协助买方取得由原产地及/或装运地国家签发的，为货物出口或在目的地进口所需的各种证件。买方必须办理有关货物自装运港运至目的港的运转事宜，包括办理保险并支付其费用，提供船舶并支付其费用；承担货物装上船后的一切费用和任何灭失及/或损坏的责任；支付因领取由原产地及/或装运地国家签发的，为货物出口或在目的地进口所需的各种证件（清洁轮船收据或提单除外）而发生的一切费用；支付出口税和因出口而征收的其他税捐费用。

（6）FOB（named inland point in country of importation），意为"在指定进口国内陆地点交货"。按此术语，卖方必须安排运至指定进口国地点的全部运输事宜，并支付其费用；办理海洋运输保险，并支付其费用；承担货物的任何灭失及/或损坏的责任，直至装载于运输工具上的货物抵达指定进口国内陆地点为止；自负费用，取得产地证、领事发票，或由原产地及/或装运地国家签发的，为货物在目的地进口及必要时经由第三国过境运输所需的各种证件；支付出口和进口关税以及因出口和进口而征收的其他税捐和报关费用。买方必须在运载工具抵达目的地时，立即受领货物；负担货物到达目的地后的任何费用，并承担一切灭失及/或损坏的责任。

3. FAS（Free Along Side）。

FAS Vessel（named port of shipment），意为"船边交货（指定装运港）"。按此术语，卖方必须在规定的日期或期限内，将货物交至买方指定的海洋轮船船边，船上装货吊钩可及之处，或交至由买方或买方所指定或提供的码头，负担货物交至上述地点为止的一切费用并承担任何灭失及/或损坏的责任。买方必须办理自货物被置于船边以后的一切运转事宜，包括办理海洋运输及其他运输，办理保险，并支付其费用；承担货物交至船边或码头以后的任何灭失及/或损坏的责任；领取由原产地及/或装运地国家签发的，为货物出口或在目的地进口所需的各种证件（清洁的码头收据或轮船收据除外），并支付因此而发生的一切费用；支付出口税及因出口而征收的其他税捐费用。

4. CFR（Cost and Freight）。

CFR（named point of destination），意为"成本加运费（指定目的地）"。按此术语，卖方必须负责安排将货物运至指定目的地的运输事宜，并支付其费用；取得运往目的地的清洁已装船提单，并立即将它送交买方或其代理；承担货物交至船上为止的任何灭失及/或损坏的责任；在买方请求并由其负担费用的情况下，提供产地证明书、领事发票，或由原产地及/或装运地国家签发的，为买方在目的地国家进口货物以及必要时经另一国家过境运输所需的任何其他证件；支付出口税或因出口而征收的其他税捐费用。买方必须接受所提交的单据；在载货船舶到达时受领货物，办理一切随后的货物运转事宜，并支付其费用，包括按提单条款从船上提货；支付卸至岸上的一切费用，包括在指定目的地点的任何税捐和其他费用；办理保险并支付其费用；承担货物交至船上后的任何灭失及/或损坏的责任；支付因取得产地证明书、领事发票，或由原产地及/或装运地国家签发的，为货物在目的地国家进口以及必要时经另一国家过境运输所需的任何其他证件的费用。

5. CIF（Cost, Insurance and Freight）。

CIF（named point of destination），意为"成本加保险费、运费（指定目的地）"。按此术语，卖方除了必须承担 CFR 术语下所有的责任外，还须办理海运保险，支付其费用，并提供保险单或可转让的保险凭证。买方的责任，则是在 CFR 术语的基础上，免除办理货物海运保险及其费用（卖方投保战争险所支出的费用需由买方负担）。

6. Ex Dock（named port of importation）。

按"进口港码头交货"术语，卖方必须安排货物运至指定进口港的运输事宜，办理海洋运输保险（包括战争险），并支付其费用；承担货物的任何灭失及/或损坏的责任，直至在指定的进口港码头允许货物停留的期限届满时为止；支付因取得产地证明书、领事发票、提单，或由原产地及/或装运地国家签发的，为买方在目的地国家进口货物以及必要时经另一国家过境运输所需的任何其他证件的费用；支付出口税及因出口而征收的其他费用；支付一切卸至岸上的费用，包括码头费、卸货费及税捐等；支付在进口国的一切报关费用、进口税和一切适用于进口的税捐。买方必须在码头规定的期限内在指定进口港码头上受领货物；买方如不在码头规定的期限内受领货物，须负担货物的费用和风险。

此术语还有其他不同名称，如"Ex Quay""Ex Pier"等。

《1990 年美国对外贸易定义修订本》主要被北美国家采用。由于它对贸易术语的解释与《2020 年通则》有明显的差异，因此，在同北美国家进行交易时应加以注意。我国企业在进出口贸易业务中，更多地采用国际商会的规定和解释，但同时也会参考别的规定和解释。例如，按 CIF 条件成交时，还可同时采用《1932 年华沙—牛津规则》的规定和解释；从美国和加拿大按 FOB 条件进口货物时，在规定合同条款和履行合同时，还应考虑《1990 年美国对外贸易定义修订本》对 FOB 术语的特殊解释与运用。

三、《2020 年国际贸易术语解释通则》

《2020 年通则》是由国际商会（International Chamber of Commerce，ICC）制定的。国际商会是一个促进国际贸易的国际民间团体，成立于 1919 年，总部设在法国巴黎，下设商业管理委员会、银行委员会、仲裁院等专业委员会和专门机构，有 140 多个国家和地区是它的会员。因此，国际商会在世界范围内具有非常重要的影响。国际商会是联合国的一个高级咨询机构，设立的目的是在经济和法律领域里，以有效的行动促进国际贸易和投资的发展。1994 年 11 月，国际商会正式授予中国国际商会会员地位，并同意中国建立国际商会中国国家委员会。1995 年 1 月 1 日，国际商会中国国家委员会正式成立。

国际商会自 20 世纪 20 年代初即开始对重要的贸易术语做统一解释的研究，1936 年提出了一套解释贸易术语的具有国际性的统一规则，定名为"Incoterms 1936"，其副标题为"International Rules for the Interpretation of Trade Terms"，故译作《1936 年国际贸易术语解释通则》。随后，国际商会为适应国际贸易实践的不断发展，于 1953 年、1967 年、1976 年、1980 年、1990 年、2000 年和 2010 年做了 7 次修订和补充，并在 2010 年国际商会上将"Incoterms"注册成商标，所以右上角标注商标注册符号"®"。

为了适应国际贸易实务的最新发展，ICC 于 2016 年 9 月正式启动了"Incoterms® 2020"的起草工作，并在全球进行了广泛的意见征询，与来自各国和地区的法律、保险、银行、进出口、海关等行业专家开展了研讨。经两年多时间终于完成新版本的制订，2018 年 10 月，ICC 商法与惯例委员会秋季会议审议并讨论通过"Incoterms® 2020"终稿。2019 年 9 月 10 日，ICC 正式向全球发布了"Incoterms® 2020"——《2020 年国际贸易术语解释通则》，成为国际商会第 723E 号出版物（ICC Publication No. 723E），于 2020 年 1 月 1 日生效。

虽然《2020 年通则》已于 2020 年 1 月 1 日起正式生效，但并非《2010 年通则》就自动作废。因为国际贸易惯例本身并不是法律，对国际贸易当事人不产生必然的强制性约束力。国际贸易惯例在适用的时间效力上并不存在"新法取代旧法"的说法，即《2020 年通则》实施之后并非《2010 年通则》就自动废止，当事人在订立贸易合同时仍然可以选择适用《2010 年通则》《2000 年通则》甚至《1990 通则》。

1. 《2020 年通则》对比《2010 年通则》的变化

（1）DAT（运输终端交货）变成了 DPU（卸货地交货）。

"Incoterms® 2010"解释了 11 种贸易术语——EXW、FCA、CPT、CIP、DAT、DAP、DDP、FAS、FOB、CFR、CIF。"Incoterms® 2020"仍对 11 种贸易术语做了解释，并以新的 DPU 术语取代了原 DAT 术语，将 DAP 列在 DPU 之前，其他 10 个贸易术语不变。

在 2010 年之前版本的《国际贸易术语解释通则》中，DAT（运输终端交货）指货物在商定的目的地卸货后即视为交货。在国际商会（ICC）收集的反馈中，用户要求《国际贸易术语解释通则》中涵盖在其他地点交货的情形，例如厂房。这就是现在使用更通用的措辞 DPU（卸货地交货）来替换 DAT（运输终端交货）的原因。

（2）CIF、CIP 中与保险有关的条款。

在 2010 年国际贸易术语解释通则中，CIF 和 CIP 的 A3 规定：卖方有义务"自费购买货物保险，至少符合协会货物保险条款（C）（劳埃德市场协会/国际承保协会"LMA/IUA"）或任何类似条款。

协会货物保险条款（C）一般指的是货物运输条款，即只需负担货物运输险，协会货物保险条款（A）规定的是"一切险"（all risks）。

新版本的"Incoterms® 2020"对 CIF 和 CIP 中的保险条款分别进行了规定，CIF 默认使用协会货物保险条款（C），即卖家只需要承担运输险，但是买卖双方可以规定较高的保额；而 CIP 使用协会货物保险条款（A），即卖家需要承担一切险（all risk），相应的保费也会更高。也就是说，在"Incoterms® 2020"中，使用 CIP 术语，卖方承担的保险义务变大，而买方的利益会得到更多保障。其背后的原因是，CIF（成本加保险费、运费）通常用于大宗商品，而 CIP（运费和保险费付至）则更常用于制成品。

（3）装船批注提单和 FCA 术语条款的修改。

在应用 FCA 条款的情况下，海运途中的货物是已经售出的，而卖方或买方（更可能是信用证所在地的银行）可能需要带装船批注的提单。但是，根据先前的 FCA 规则，交货是在货物装船之前完成的，卖方不能从承运人处得装船提单，因为根据其运输合同，承运人很可能只有在货物实际装船后才有签发船上提单的权利或者义务。

为了解决这个问题，《2020 年通则》的 FCA A6/B6 条款提供了一个附加选项。买卖双方可以约定，买方可指示其承运人在货物装船后向卖方签发装船提单，然后卖方有义务向买方提交该提单（通常是通过银行提交）。最后，应当强调的是，即使采用了这一机制，卖方对买方也不承担运输合同条款的义务。

（4）成本的列出位置。

在《2020 年通则》的相关栏目排序中，成本显示在规则的 A9/B9 处。

除了重新排序之外，还有一个变化。在之前版本的《国际贸易术语解释通则》规则中，由不同条款分配的各种成本通常出现在每个术语规则的不同部分。《2020 年通则》则会列出每个规则分配的所有成本，其目的是向用户提供一个一站式的成本清单，以便卖方或买方可以在一个地方找到其根据《2020 年通则》应承担的所有成本。

（5）在 FCA、DAP、DPU 和 DDP 中，与用卖方或买方选择自己的运输工具运输的相关条款。

在《2020 年通则》中，我们都是假定在从卖方运往买方的过程中货物是由第三方承运人负责的，而承运人受控于哪一方则取决于买卖双方使用哪一条外贸术语。

然而，在外贸实务中会有类似这样的情况存在：尽管货物将从卖方运至买方，但可以完全不雇用任何第三方承运人。因此，在采用 DAP、DPU、DDP 时，卖方完全可以选择自己的运输工具，不受条款限制，同样，在采用 FCA 条款时，买方也可以选用自己的交通工具，不受条款限制。两种情况下交易的双方很有可能要承担不必要的运输费用，所以《2020 年通则》明确规定，采用 FCA、DAP、DPU 和 DDP 术语时不仅要订立运输合同，而且只允许安排必要的运输。

（6）对担保义务有更清晰的分配。

《2020 年通则》还对买卖双方之间的相关担保要求（包括相关费用）进行了更为精确的分配。一方面，这一步骤可视为对国际贸易中加强担保监管的反映。另一方面，它的目的在于防范可能产生的费用纠纷，特别是在港口或交货地点。

2.《2020 年通则》的适用范围

《2020 年通则》仅适用于买卖合同，进一步而言，仅适用于买卖合同的部分领域；仅适用于货物贸易，即有形贸易，而对于无形贸易则并不适用。

（1）《2020 年通则》规定：①义务。卖方和买方之间由谁负责？例如，谁组织运输或负责货物的保险或取得货运单据和进出口的许可证。②风险。卖方"交付"货物的地点和时间如何确定？换句话说，风险在哪里从卖方转移到买方。③成本。哪一方负责哪种成本？例如运输、包装、装载或卸载成本，以及检查或安全相关成本。

（2）《2020 年通则》本身并不是合同，所以不能取代买卖合同。

《2020 年通则》不涉及以下事项：

①是否有销售合同；

②所售货物的规格；

③支付价格的时间、地点、方法或货币；

④违反销售合同可寻求的补救措施；

⑤延迟和其他违反履行合同义务造成的大多数后果；

⑥制裁的效果；

⑦征收关税；

⑧禁止进口或出口；

⑨不可抗力或困难；

⑩知识产权；

⑪此类违约情况下解决争议的方法、地点或法律。

所以必须强调的是，《国际贸易术语解释通则》只涉及与交货有关的事项，如，货物的进口和出口清关，货物的包装，买方受领货物的义务，以及提供履行各项义务的凭证等，不涉及货物所有权和其他产权的转移、违约、违约行为的后果以及某些情况的免责等。

 知识小结

本章介绍了国际贸易术语的产生与发展，重点讲述了国际贸易术语的含义和作用；对国际贸易术语的相关惯例进行了分析，尤其是对《2020 年通则》和《2010 年通则》的内容变化进行了重点讲解。

 引导案例分析

首先，CIF 贸易术语为装运港船上交货，货物装上船风险即转移至买方。其次，CIF 贸易术语为象征性交货，并无保证货物到达目的港的责任，只要卖方提交合乎要求的单据，买方就必须付款。对于引导案例中服装在装上船后起运前着火造成的损失，买方可以向保险公司索赔。当然，为了规避这种风险，买卖双方也可以选择别的贸易术语进行交易。

 复习思考题

1. 国际贸易术语的作用是什么？
2. 简述国际贸易术语的发展和国际贸易发展的关系。

第二章

《2020 年国际贸易术语解释通则》中的 11 种贸易术语

学习目标
XUEXI MUBIAO

通过本章内容的学习，学生可以掌握 11 种贸易术语的基本内容；熟悉各贸易术语之间的主要相同点和不同点；能够熟练、准确地使用国际贸易术语，培养学生的工匠精神、职业素养、法治意识、爱国情怀。

引导案例
YINDAO ANLI

2017 年 2 月，有一份 CFR 合同，内容为买卖一批蜡烛。货物装船时，经公证人检验合格，符合合同的规定。但是，到目的港时，买方发现有 20% 的蜡烛出现弯曲现象，因而向卖方提出索赔。卖方予以拒绝，其理由是货物装船时，品质是符合合同规定的。事后查明，卖方将货物交给承运人后，承运人将该批货物装在靠近机房的船舱内，由于舱内温度过高而造成蜡烛出现弯曲现象。试问在上述情况下，卖方拒赔的理由是否成立？为什么？

《2020 年通则》中一共有 11 种贸易术语。这些贸易术语按照适合的运输方式可分为两大类：一类是仅适用于水上运输方式的贸易术语，另一类是适用于任何运输方式的贸易术语。本章将详细介绍这 11 种贸易术语。

第一节　适用于任一或多种运输方式的贸易术语

一、EXW

EXW（填入指定交货地点）Incoterms® 2020，即 Ex Works（insert named place of delivery）——工厂交货（填入指定交货地点）。其是指卖方在其所在处所（工厂、工场、仓库等）将货物置于买方处置之时，即履行了交货义务。

卖方不负责将货物装上买方前来接收货物的运输车辆，也不负责出口清关。买方负担自卖方所在处所提取货物至目的地所需的一切费用和风险，如图 2-1 所示。因此，这个术语是卖方承担最少义务（minimum obligation）的术语。

适用于：公路、铁路、航道和内河航道、航空。

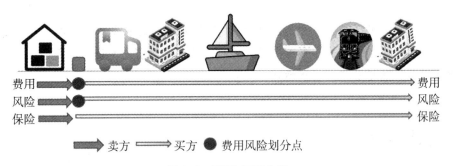

图 2-1　EXW 工厂交货

（一）卖方义务

（1）在合同规定的时间、地点，将合同要求的货物置于买方的处置之下。

（2）承担将货物交给买方处置之前的一切费用和风险。

（3）提交商业发票以及合同可能要求的其他与合同相符的证据。

（4）卖方必须支付交货前的查验操作费用（如查验品质、丈量、计重、点数的费用）。

（5）如需包装，需支付包装费用，以适合该货物运输的方式对货物进行包装和标记。

（6）卖方必须向买方发出为买方提取货物所需的任何通知。

（二）买方义务

（1）在合同规定的时间、地点，受领卖方提交的货物，并按合同规定支付货款。

（2）承担受领货物之后的一切费用和风险。

（3）必须向卖方提供其已提取货物的适当证据。

（4）自负风险和费用，取得出口和进口许可证或其他官方批准文件，并办理货物出口和进口的一切海关手续。

（5）无论何时根据约定，当买方有权决定交货期限及/或提货地点时，买方必须充分通知卖方。

（三）使用 EXW 术语的注意事项

（1）交货与风险——"工厂交货"是指卖方在指定地点（如工厂或仓库）将货物交由买方处置，并且该指定地点可以是卖方所在地，也可以不是卖方所在地。卖方不需将货物装上任何前来接收货物的运输工具，需要清关时，卖方也无须办理出口清关手续。

（2）交货地或精准的交货点——买卖双方仅需指定交货地。但是，特别建议双方还应尽可能清楚地指明交货地范围内的精确交货点。精确交货点会让双方均可清楚货物交付的时间和风险转移至买方的时间；该精确交货点还标志着买方承担费用的地点。如果双方不指定交货为则视为留待卖方选择"最适合卖方目的"的交货点。这意味着，卖方可能会选择某个点作为交货点，若货物恰好在该点之前发生了灭失或损坏，从而可能使买方承担风险。因此，买方最好选择将要交货地范围内的精确地点。

（3）对买方的提示——EXW 是对卖方规定的义务最少的国际贸易术语。

装载风险——当货物置于交货地、尚未装载、由买方处置时，交货已完成，且风险随之转移。但是，货物装载很可能 是由卖方操作，装载操作中发生的货物灭失或损坏的风险很可能由没有实际参与货物装载的买方承担。考虑到这种可能性，建议在由卖方装载货物时，双方预先约定由哪方承担货物在装载中发生的灭失或损坏的风险。这种情形颇为常见，因为卖方更有可能在其场所拥有必要的装载设备，或由于相关的安全规则禁止未经授权人员进入卖方场所。如买方希望规避在卖方场所装载货物期间的风险，则应当考虑选择 FCA 规则（FCA 规则下，在卖方场所交付，则卖方对买方负有装载货物的义务并承担货物在卖方实施装载作业过程中发生的灭失或损坏的风险）。

出口清关——若以将货物交由买方处置的方式进行的交货发生在卖方场所，或另一典型的卖方所在国司法管辖区或同一关税同盟区的指定地点时，卖方没有义务办理出口清关或货物经由第三国过境的清关。实际上，EXW 可能更适合于完全无意出口货物的国内贸易。在出口清关中，卖方的参与内容限于协助获取诸如买方要求的用于办理货物出口的单据或信息。如买方希望出口货物而又预计办理出口清关会有困难时，建议买方最好选择 FCA 规则。在 FCA 规则下，办理出口清关的义务和费用由卖方承担。

👉 **课堂案例**

中方通海公司按 EXW 条件向意大利 LALZ 公司出口一批原材料，双方约定于 2016 年 6 月 28 日在通海公司成都工厂仓库交货。6 月 28 日上午双方到达交货仓库，由于 LALZ 公司租用的货车在途中发生车祸无法到达现场运货，双方约定先验货过磅，并将货物暂放在通海公司仓库的某个区域内，第二天早上 LALZ 公司再派货车来装运。结果当天下午发生火灾，位于该仓库的货物大部分毁损。请问该批货物的损失应该由谁来承担？

【案例分析】

在 EXW 条件下，风险是在交货时发生转移的，即交货前的风险由卖方承担，交货后的风险由买方承担，但货物需特定化。在本案例中，货物虽然放在通海公司仓库，但双方交货的事实已形成，通海公司的义务已完成，所以风险应由 LALZ 公司承担。

二、FCA

FCA（填入指定地点）Incoterms® 2020，即 Free Carrier（insert named place of delivery）——货交承运人（填入指定交货地）。其是指卖方在其所在处所（seller's premises）或另一指定地，将货物交付给由买方指定的承运人或其他人，或承运人取得已经如此交付的货物，即完成交货，如图 2-2 所示。双方当事人应尽可能明确地规定指定地内的交货地点（point of delivery），因风险和费用在该地点由卖方转移至买方。如买方不通知在指定地内的特定交货地点，卖方可选择在指定地内他认为最合适的地点交货。

按照 FCA 术语成交，该术语可用于各种运输方式，包括多式联运。若买方指定承运人以外的人领取货物，则当卖方将货物交给此人时，即视为已履行了交货义务。

适用于：公路、铁路、海上及内河航道、航空。

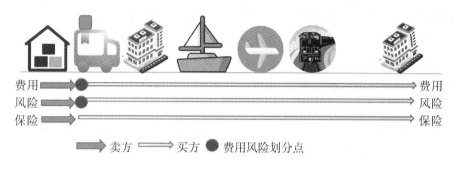

费用　　　　　　　　　　　　　　　　　　费用
风险　　　　　　　　　　　　　　　　　　风险
保险　　　　　　　　　　　　　　　　　　保险

➡ 卖方　⟶ 买方　● 费用风险划分点

图 2-2　FCA 货交承运人

（一）卖方义务

（1）在合同规定的时间和装运地，将合同规定的货物置于买方指定的承运人控制之下。

（2）承担货物交给承运人控制之前的一切费用和风险。

（3）自负风险和费用，取得出口许可证或其他官方批准文件，并办理货物出口所需的一切海关手续。

（4）提交商业发票以及合同可能要求的其他与合同相符的证据。

（5）卖方必须支付交货前的查验操作费用（如查验品质、丈量、计重、点数的费用）。

（6）如需包装，需支付包装费用，以适合该货物运输的方式对货物进行包装和标记。

（7）完成交货后，或买方指定的承运人或其他人未在约定期限内提货时，给予买方充分通知。

（二）买方义务

（1）订立运输合同，支付运费，并将承运人或其他人的名称、交货地点和交货时间及时通知卖方。

（2）根据买卖合同的规定受领货物并支付货款。

（3）承担受领货物之后所发生的一切费用和风险。

（4）自负风险和费用，取得进口许可证或其他官方批准文件，并办理货物进口所需的一切海关手续。

（5）买方必须通知卖方其指定的承运人或其他人的名称、运输方式，以及在指定交货地的收货点。

（三）使用 FCA 术语的注意事项

1. 承运人的含义问题

按 FCA 条件成交，卖方在规定的时间和地点将货物交给承运人并办理海关手续，就完成了交货义务。这里所说的承运人，既包括实际履行运输业务的承运人，也包括代为签订运输合同的运输代理人。即使运输代理人拒绝承担承运人的责任，卖方也要按买方的指示，把货物交给运输代理人。

2. 不同运输方式下的交货地点和装卸责任

按 FCA 条件成交时，在以下情形下交货完成。

（1）若选定的地点是卖方所在地，如图 2-3 所示，当货物被装上买方指定的承运人或代表买方的其他人提供的运输工具时，交货完成。

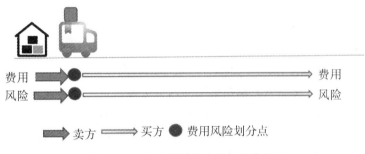

图 2-3　FCA 交货的地点是卖方所在地

（2）在其他任何地点，图 2-4 所示，当货物在卖方的运输工具上尚未卸货，而已经交给买方指定的承运人或其他人处置时，交货完成。

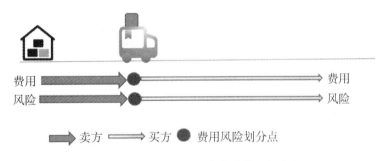

图 2-4　FCA 交货的地点在其他任何地点

无论选择了二者之中的哪一个地点作为交货地点，该地点即是确定风险转移给买方且买方开始承担费用的地点。

3. 交货地或交货点

以 FCA 条件进行的货物销售可以仅指定交货地在卖方所在地或其他地方，而不具体说明在该指定地点内的详细交货点。但是，特别建议双方还应尽可能清楚地指明指定地方范围内的详细交货点。详细的交货点会让双方均可清楚货物交付的时间和风险转移至买方的时间；该详细交货点还标示了买方承担费用的地点。然而，如果未指明详细的交货点，则可能对买方不利。在此情况下，卖方有权选择"最适合卖方目的"的地点，该地点即成为交货点，风险和费用从该地点开始转移至买方。如果合同中未指定详细的

· 33 ·

交货点，则视为留待卖方选择"最适合卖方目的"的地点。这意味着，卖方可能会选择某个点作为交货点，若货物恰好在该点之前发生了灭失或损坏，可能使买方承担风险。因此，买方最好选择将要交货地范围内的详细交货点。

4. 费用及风险转移的问题

FCA 条件下风险的转移是以货交承运人处置为界的。这不仅是在海运以外的其他运输方式下如此，即使是在海洋运输方式下，卖方也是在将货物交给海运承运人时即算完成交货，风险就此发生转移。

由于 FCA 在通常情况下是由买方负责订立运输契约的。因此，买方要及时将承运人名称及有关事项通知卖方，卖方才能如约完成交货义务，并实现风险的转移。如果买方未能及时给予卖方上述通知，或者买方所指定的承运人未能收受货物，那么此后的风险应由谁来承担？对于这一问题，《2020 年通则》做了解释，如果发生上述情况，则自规定的交付货物的约定日期或期限届满之日起，买方承担货物灭失或损坏的一切风险。由此可见，对于 FCA 条件下风险转移的界限问题也不能简单化地理解。一般情况下，在承运人控制货物后，风险由卖方转移给买方；如果由于买方的责任，使卖方无法按时完成交货，只要货物已划归买方，那么风险转移的时间可以前移。

按 FCA 术语成交，交易双方承担费用的划分也是以货交承运人为界的。也就是说，卖方负担货物交给承运人控制之前的有关费用，买方负担货交承运人之后所发生的各项费用。买方委托卖方代办一些本属自己义务范围内的事项所产生的费用，以及由于买方的过失所引起的额外费用，均应由买方负担。由此可见，在特殊情况下，费用负担也可同风险一样提前转移。

5. 其他注意事项

"或取得已经如此交付的货物"——此处的"取得"一词适合于交易链中的多层销售（链式销售），在大宗商品交易中尤为常见，但也并非仅限于大宗商品交易。

👉 **课堂案例**

2018 年德国 TSC 公司按 FCA 条件从中国江通化工有限公司（简称江通公司）进口一批化工原料，合同规定由江通公司代办运输事项。结果在装运期满时，江通公司去函通知，无法租到船，不能按期交货。因此，德国 TSC 公司向其国内用户支付了 10 万元违约金。请问对于这 10 万元损失德国 TSC 公司可否向江通公司申请索赔？

【案例分析】

德国 TSC 公司的 10 万元延期交货违约金不能向江通公司索赔，应由自己承担。

本案例涉及 FCA 术语问题。使用 FCA 术语成交，买方负责订立运输契约，指定承运人到装运地点接货。买方可以委托卖方代办运输事项，但此项活动的风险和费用均由买方承担。

结合本案例，在 FCA 条件下，应由 TSC 公司负责租船订舱。但是，TSC 公司在自己承担运输责任的情况下委托江通公司代办运输。所以，江通公司租不到船、订不到舱的风险应由 TSC 公司承担，由此而导致的赔付国内企业的违约金损失也应由 TSC 公司承担。

启示：该案例不仅适用于 FCA 术语，也适用于 FAS、FOB 等术语。在本应由买方负责安排运输时，若由卖方代办运输，则发生的一切风险、费用及损失由买方承担。

三、CPT

CPT（填入指定目的地）Incoterms® 2020，即 Carriage Paid To（insert named place of destination）——运费付至（填入指定目的地）。其是指当货物已被交给由卖方订约的承运人，或承运人取得已经如此交付的货物时，卖方即完成了交货，如图 2-5 所示。交货后，货物灭失或损坏的风险，以及由于发生事件而引起的任何额外费用，即从卖方转移至买方。在 FCA、CPT 和 CIP 术语下，卖方的交货义务是相同的。但卖方还必须支付将货物运至指定目的地所需的运费。在清关适用的地方，CPT 术语要求卖方办理货物出口清关；买方办理货物进口清关。

本术语适用于任何一种或多种运输方式。

适用于：公路、铁路、航道和内河航道、航空。

CPT 通常用于空运、集装箱海运、小包裹运输和机动车"滚装"运输。

图 2-5　CPT 运费付至

（一）卖方义务

（1）签订从装运地将货物运往约定目的地的运输合同，并支付至目的地的运费。

（2）在合同规定的时间和装运地，将合同规定的货物置于卖方指定的承运人控制下，并及时通知买方。

（3）承担货物交给承运人控制之前的一切风险和费用。

（4）自负风险和费用，取得出口许可证或其他官方批准文件，并办理货物出口所需的一切海关手续。

（5）提交商业发票以及合同可能要求的其他与合同相符的证据。

（6）卖方必须支付交货前的查验操作费用（如查验品质、丈量、计重、点数的费用）。

（7）如需包装，需支付包装费用，以适合该货物运输的方式对货物进行包装和标记。

（二）买方义务

（1）接受卖方提供的有关单据，受领货物，并按合同规定支付货款。

（2）承担受领货物之后所发生的一切风险和费用。

（3）自负风险和费用，取得进口许可证或其他官方批准文件，并办理货物进口所需的一切海关手续，支付关税及其他相关费用。

（4）无论何时根据约定，当买方有权决定发货时间及/或指定目的地的收货点时，买方必须给予卖方充分的通知。

（三）使用 CPT 术语的注意事项

1. 交货与风险

"运费付至"是指卖方将货物交付给承运人，该承运人已与卖方签约或者取得已经如此交付的货物，卖方为此可根据所使用的运输工具以合适的方式、在合适的地方让承运人实际占有货物，即向买方完成交货及风险转移。CPT 的字面意思是运费付至指定目的地。但是，卖方承担的风险并没有延伸到指定目的地。这是因为货物自交货地点运至目的地运输途中的风险是由买方承担的，卖方只承担货物交给承运人控制之前的风险。在多式联运情况下，涉及两个以上的承运人，卖方承担的风险自货物交给第一承运人控制时即转移给买方。

2. 交货地（或交货点）和目的地（或目的点）

在 CPT 规则中，两个地点很重要：货物的交货地或交货点用于确定风险转移，以及约定为货物终点的目的地或目的点作为卖方承诺签订运输合同运至的地点。

3. 精准确定交货地或交货点

特别建议双方在销售合同中尽可能精准地确定交货地和目的地，或交货地和目的地内的具体地点。对于多个承运人各自负责自交货地到目的地之间不同运输路程的常见情形，尽可能精准地确定交货地或交货点（如有）对于满足上述情形的需要尤为重要。在这种情形下，如果双方没有约定具体的交货地或交货点，则默认的立场是当卖方在某个完全由其选择且买方不能控制的地点将货物交付给第一个承运人时，风险即发生转移。如双方希望风险的转移发生在稍晚阶段，或者甚至发生在稍早阶段，则需要在销售合同中明确约定，并谨慎考虑在货物灭失或损坏时如此做法的结果。

4. 责任和费用划分问题

按 CPT 术语成交时，交易双方应在合同中规定装运期和目的地，以便卖方选定承运人，自费订立运输合同，将货物运往指定目的地。当双方约定由买方确定交货时间和目的地时，买方应及时给予卖方充分的通知，以利于卖方履行交货义务。卖方将货物交给承运人后，应向买方发出货已交付的充分通知，以利于买方在目的地受领货物。如果具体交货地点未确定或习惯上未确定，卖方可在指定目的地选择最适合其要求的地点。从交货地点到指定目的地的正常运费由卖方负担，正常运费之外的其他有关费用，一般由买方负担。货物的装卸费用可以包括在运费之中，统一由卖方负担，也可由双方在合同中另行约定。

四、CIP

CIP（填入指定目的地）Incoterms® 2020，即 Carriage and Insurance Paid to（named place of destination）——运费和保险费付至（填入指定目的地）。其是指卖方除了须承担在 CPT 术语下同样的义务外，还须对货物在运输途中灭失或损坏的买方风险取得货物保险，订立保险合同，并支付保险费，如图 2-6 所示。买方承担卖方交货之后的一切风险和额外费用。CIP 术语要求卖方办理出口清关手续。

CIP 术语适用于各种单一的运输方式和多式联运。如果使用多种运输方式（常见于货物在集装箱终端交给承运人的情况），则适合使用 CIP，而非 CIF。

适用于：公路、铁路、航道和内河航道、航空。

在运费和保险付至（CIP）规则下，卖方承担一切风险，直至货物在装运地而不是目的地交付给第一承运人。一旦货物交付给第一承运人，买方将承担一切风险。但是，卖方应负责运费和一切险，直至货物到达指定目的地。

承运人是指承担货物运输的任何人或公司，如航运公司、航空公司、货运公司、铁路或货运代理人。

在多式联运中，装运地是货物交付给第一个承运人的地点。

风险和费用从卖方转移到买方发生在不同的点上，与 CPT 相同，但卖方有义务投保一切险。

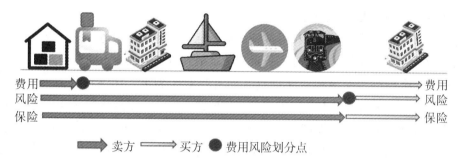

图 2-6 CIP 运费和保险费付至

（一）卖方义务

（1）签订将货物运往约定目的地的运输合同，并支付至目的地的运费。

（2）在合同规定的时间和装运地，将合同规定的货物置于卖方指定的承运人控制下，并及时通知买方。

（3）承担货物交给承运人控制之前的一切风险和费用。

（4）按照买卖合同的约定，自付费用投保货物运输险。

（5）自负风险和费用，取得出口许可证或其他官方批准文件，并办理货物出口所需的一切海关手续。

（6）提交商业发票以及合同可能要求的其他与合同相符的证据。

（7）卖方必须支付交货前的查验操作费用（如查验品质、丈量、计重、点数的费用）。

（8）如需包装，需支付包装费用，以适合该货物运输的方式对货物进行包装和标记。

（二）买方义务

（1）接受卖方提供的有关单据，受领货物，并按合同规定支付货款。

（2）承担受领货物之后所发生的一切风险和费用。

（3）自负风险和费用，取得进口许可证或其他官方批准文件，并办理货物进口所需的一切海关手续，支付关税及其他相关费用。

（4）无论何时根据约定，当买方有权决定发货时间及/或指定目的地的收货点时，买方必须给予卖方充分的通知。

（三）使用 CIP 术语的注意事项

1. 交货与风险

"运费和保险费付至"是指卖方通过将货物交付给承运人，该承运人已与卖方签约或者取得已经如此交付的货物，卖方可根据所使用的运输工具以合适的方式、在合适的地方让承运人实际占有货物，即向买方完成交货及风险转移。CIP 的字面意思是运费付至指定目的地。但是，卖方承担的风险并没有延伸到指定目的地。这是因为货物自交货地点运至目的地途中的风险是由买方承担的，卖方只承担货物交给承运人控制之前的风险。在多式联运情况下，涉及两个以上的承运人，卖方承担的风险自货物交给第一承运人控制时即转移给买方。

2. 交货地（或交货点）和目的地（或目的点）

在 CIP 条件下，有两个地点很重要：货物的交货地或交货点（用于确定风险转移），以及约定为货物终点的目的地或目的点（其作为卖方承诺签订运输合同运至的地点）。

3. 精准确定交货地或交货点

特别建议双方在销售合同中尽可能精准地确定交货地和目的地，或交货地和目的地内的具体地点。对于多个承运人各自负责自交货地到目的地之间不同运输路程的常见情形，尽可能精准地确定交货地或交货点（如有）对于满足上述情形的需要尤为重要。在这种情形下，如果双方没有约定具体的交货地或交货点，则默认的立场是当卖方在某个完全由其选择且买方不能控制的地点将货物交付给第一个承运人时，风险即发生转移。如双方希望风险的转移发生在稍晚阶段，或者甚至发生在稍早阶段，则需要在销售合同中明确约定，并谨慎考虑在货物灭失或损坏时如此做法的结果。

4. 关于货运保险问题

在 CIP 贸易术语条件下，由卖方负责办理货物运输保险，与保险人签订保险合同，并支付保险费。此时，卖方投保的性质与 CIF 条件下卖方为买方投保的性质是一样的，即卖方代替买方投保的性质，可以从投保险别的选择、保险金额的确定、保险期限和保险权利转让等方面充分说明这一点。

投保险别的选择是由交易双方根据所使用的运输方式而在合同中明确规定卖方投保的险别，也可以在信用证中规定卖方投保险别。如果买方未提出任何投保的险别，卖方也必须按照不同运输方式货物保险条款中最高承保范围的险别进行投保，但是，不包括投保战争、罢工、暴动和民变险等特殊附加险。一般保险条款规定保险人承担责任起讫是"仓至仓条款"。但根据惯例，在 CIP 条件下，卖方投保期限为本术语买方承担风险区间并从买方接受交货时起，此阶段为买方可保利益阶段。

5. 关于货物运输问题

CIP 贸易术语适合各种运输方式，包括水运、空运、陆运和多式联运。卖方订立运输合同是有条件的，只限"按照通常方式经惯常路线"，按照通常条件订立运输合同。这里所指惯常路线"应该是人们往往以从事此类贸易人士的经常性的或一般做法必经的路线"。也就是说，如果卖方在订立运输合同时，惯常路线发生不可抗力受阻，卖方对订立运输合同可以免责，因此造成的晚交货或不交货，卖方不承担责任。

6. 关于装卸费用和过境海关费用

在 CIP 条件下，卖方应该在合同规定日期或期间内将货物交给承运人、其他人或第一承运人接管。若交货地点在卖方所在地，卖方应该负担装货费；若在其他地点交货，卖方则不负担卸货费。至于在目的地（港）的卸货费，则由买方负担。按照惯例，在

CIP 条件下，由卖方订立运输合同。需经第三国的过境费用，一般由买方承担，除非根据运输合同该项费用应由卖方承担。

五、DAP

DAP（填入指定目的地）Incoterms® 2020，即 Delivered at Place（insert named place of destination）——目的地交货（填入指定目的地）。其是指卖方在约定目的地的约定地点（如有），将装在抵达的运输工具上并做好卸货准备（ready for unloading）的货物交由买方处置，或买方取得已经如此交付的货物时，即完成了交货，如图 2-7 所示。卖方承担将货物运至指定目的地的一切风险和费用。

适用于：公路、铁路、航道和内河航道、航空。

根据 DAP 规定，卖方负责在指定的目的地交货，准备卸货。卖方承担卸货前的一切风险。卸货的风险和费用由买方承担。

DAP 可以应用于任何一种或多种运输方式。买卖双方应在指定的目的地商定确切的卸货地点。除双方另有约定外，卖方不得要求赔偿运输合同项下发生的卸货费用。

DAP 规则要求卖方在适用的情况下办理出口货物清关手续，无须办理货物进口清关手续、缴纳进口关税或办理进口海关手续，无须指定目的地的精确卸货地点。

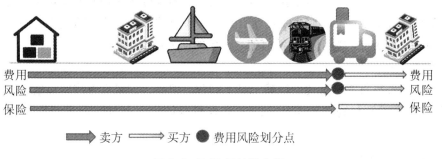

图 2-7 DAP 目的地交货

（一）卖方义务

（1）订立将货物按照通常路线和习惯方式运往进口国约定地点的运输合同，并支付运费。

（2）在合同规定的时间、地点，将货物置于买方控制之下。

（3）承担在指定地点将尚未从运输工具上卸下的货物交由买方控制之前的一切风险和费用。

（4）自负风险和费用，取得出口许可证或其他官方批准文件，并办理货物出口的一切海关手续。

（5）提交商业发票以及合同可能要求的其他与合同相符的证据。

（6）卖方必须支付交货前的查验操作费用（如查验品质、丈量、计重、点数的费用）。

（7）如需包装，需支付包装费用，以适合该货物运输的方式对货物进行包装和标记。

（8）必须向买方发出买方收取货物所需的任何通知。

（二）买方义务

（1）接受卖方提供的有关单据，在指定的运输终端受领货物，并支付货款。

（2）承担受领货物后发生的一切风险和费用。

（3）自负风险和费用，取得进口许可证或其他官方批准文件，并办理货物进口的一切海关手续。

（4）无论何时根据约定，当买方有权决定发货时间及/或指定目的地的收货点时，买方必须给予卖方充分的通知。

（三）使用 DAP 术语的注意事项

1. 交货与风险

"目的地交货"是指卖方在指定目的地，或者在该指定目的地内的约定交货点，将处于抵达的运输工具上已做好卸载准备的货物交由买方处置时，即已向买方完成交货及风险转移。卖方不负责卸货，不承担卸货的风险。

2. 运输方式

本条规则可适用于所选择的任何运输方式，也可适用于使用多种运输方式的情形。

3. 精准确定交货地或交货点/目的地或目的点

特别建议双方尽可能清楚地约定目的地或目的点。这基于几个原因：第一，货物灭失或损坏的风险在交货点/目的点转移至买方，所以买卖双方应清楚地知晓该关键转移发生的地点；第二，该交货地或交货点/目的地或目的点之前的费用由卖方承担，该地方或地点之后的费用则由买方承担；第三，卖方必须签订运输合同或安排货物运输到约定的交货地或交货点/目的地或目的点。如果未履行此义务，卖方即违反了 Incoterms® DAP 规则中的义务，并将对买方任何随之产生的损失承担责任。

4. 卸货费用

卖方不需要将货物从抵达的运输工具上卸载。但是，如果卖方按照运输合同在交货地/目的地发生了卸载相关的费用，除非双方另有约定，卖方无权另行向买方追偿该费用。

5. 其他注意事项

"或取得已经如此交付的货物"——此处的"取得"一词适合于交易链中的多层销售（链式销售），在大宗商品贸易中尤其常见。

☞ **课堂案例**

我国东北地区洪山矿业公司于 2018 年 10 月按照 DAP 满洲里条件与俄罗斯纽卡公司签订了一份矿产品的买卖合同。合同规定的数量为 8 000 吨，可分批装运，交货期为当年 12 月 30 日之前。签约后，洪山矿业公司即开始备货、安排铁路运输，并于 12 月 15 日将 8 000 吨产品分批发运出去。2019 年 1 月 10 日，纽卡公司在满洲里铁路货运站接收货物，发现洪山矿业公司未支付卸货费用，只得自行支付并收货。买方经检验发现有短量现象。于是，纽卡公司向洪山矿业公司发电通知：卖方未支付卸货费用，要求从货款中扣除；卖方违反交货期和短交货物，对此提出索赔。但是，洪山矿业公司以铁路承运人出具的运输单据证明自己按时交了货，并以商检证和铁路运单上所载明的数量证明自己是按量交货的，拒绝赔偿。

请问：在本案例中纽卡公司的要求是否合理？洪山矿业公司有无违约情况？

【案例分析】

（1）纽卡公司的要求不合理。洪山矿业公司应拒绝支付卸货费。DAP 术语是目的地交货，指卖方在指定的目的地将仍处于抵达的运输工具之上，且已做好卸载准备的货物交由买方处置时，即为交货，洪山矿业公司不负责卸货。故纽卡公司的要求不合理。

（2）洪山矿业公司没有违约。DAP 交货时间和风险划分以 2018 年 12 月 30 日货交买方为转移，卖方应承担交货前的所有风险和费用。本案例应该以货物到达满洲里的时间和到达满洲里时的数量为准，买方在 2019 年 1 月 10 日才去接收货物，买方应承担 2018 年 12 月 30 日交货后的所有风险和费用。因此，洪山矿业公司没有违约。

六、DPU

DPU（填入指定目的地）Incoterms® 2020，即 Delivered at Place Unloaded（insert named place of destination）——目的地卸货后交货（填入指定目的地）。其是指卖方在指定目的地的约定地点（如有），将货物从抵达的运输工具上卸下并交由买方处置，或买方取得已经如此交付的货物时，卖方即完成交货，如图 2-8 所示。卖方负担将货物运至目的地的约定地点（如有）并卸下（unload）过程中的一切风险。

适用于：公路、铁路、航道和内河航道、航空。

交货地点卸货（DPU）（以前称为"在码头交货"的 DAT）要求卖方将货物从到达的运输工具上卸下后交付给买方处置。DPU 是国际贸易术语解释通则中唯一要求卖方在目的地卸货的规则。

DPU 可以应用于任何一种或多种运输方式。买卖双方应指定并商定指定的目的地。

DPU 要求卖方在适用的情况下办理出口货物清关手续，无须办理货物进口清关手续、缴纳进口关税或办理进口海关手续。买方指定卸货和交货的确切目的地。

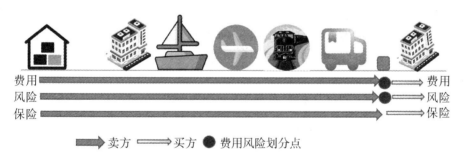

图 2-8 DPU 目的地卸货后交货

（一）卖方义务

（1）订立将货物按照通常路线和习惯方式运往进口国约定地点的运输合同，并支付运费。

（2）在合同规定的时间、地点，将货物从抵达的运输工具上卸下并交由买方处置。

（3）承担在指定地点将从运输工具上卸下的货物交给买方处置之前的一切风险和费用。

（4）自负风险和费用，取得出口许可证或其他官方批准文件，并办理货物出口的一切海关手续。

（5）提交商业发票以及合同可能要求的其他与合同相符的证据。

（6）卖方必须支付交货前的查验操作费用（如查验品质、丈量、计重、点数的费用）。

（7）如需包装，需支付包装费用，以适合该货物运输的方式对货物进行包装和标记。

（8）必须向买方发出买方收取货物所需的任何通知。

（二）买方义务

（1）接受卖方提供的有关单据，在指定的运输终端受领货物，并支付货款。

（2）承担受领货物后发生的一切风险和费用。

（3）自负风险和费用，取得进口许可证或其他官方批准文件，并办理货物进口的一切海关手续。

（4）无论何时根据约定，当买方有权决定发货时间及/或指定目的地的收货点时，买方必须给予卖方充分的通知。

（三）使用 DPU 术语的注意事项

1. 交货与风险

"目的地卸货后交货"是指卖方在指定目的地，或者在该指定目的地内的约定交货点，将货物从抵达的运输工具上卸载，已交由买方处置，即已向买方完成交货及风险转移。卖方负责卸货并承担卸货的风险。

2. 运输方式

本条规则可适用于所选择的任何运输方式，也可适用于使用多种运输方式的情形。

3. 精准确定交货地或交货点/目的地或目的点

特别建议双方尽可能清楚地约定目的地或目的点。这基于几个原因：第一，货物灭失或损坏的风险在交货点/目的点转移至买方，所以买卖双方应清楚地晓该关键转移发生的地点；第二，该交货地或交货点/目的地或目的点之前的费用由卖方承担，该地方或地点之后的费用则由买方承担；第三，卖方必须签订运输合同或安排货物运输到约定的交货地或交货点/目的地或目的点。如果未履行此义务，卖方即违反了其在本规则下的义务，并将对买方任何随之产生的损失承担责任。

4. 其他注意事项

"或取得已经如此交付的货物"——此处的"取得"一词适合于交易链中的多层销售（链式销售），在大宗商品贸易中尤其常见。

七、DDP

DDP（填入指定目的地）Incoterms® 2020，即 Delivered Duty Paid（insert named place of destination）——完税后交货（填入指定目的地）。其是指卖方在约定目的地的约定地点（如有），将放置在抵达的运输工具上做好卸货准备的货物（ready for unloading）交由买方处置，或买方取得已经如此交付的货物时，卖方即完成交货，如图 2-9 所示。卖方负担将货物运至指定目的地的一切费用和风险。

按 DDP 术语达成的交易实质上是在进口国（买方所在国）国内市场的交易。

适用于：公路、铁路、航道和内河航道、航空。

根据完税后交货（DDP），卖方承担将货物交付至指定目的地的所有责任和费用。

卖方必须支付进出口手续费、运费、关税和税金。卖方没有义务为货物的运输前或主运输投保。

在货物在指定的目的地（通常是买方的营业地）从车辆上卸下之前，买方不承担任何风险或费用。

DDP 是国际贸易术语解释通则中唯一将进口清关和缴纳税款和/或进口关税的责任划分给卖方的规则。这些最后的要求对卖方来说可能是个问题。在进口清关程序复杂或官僚主义较强的国家，了解当地情况的卖方可能更愿意承担这些责任。卖方负责货物卸载前的所有费用和风险。

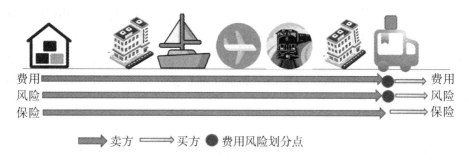

图 2-9　DDP 完税后交货

（一）卖方义务

（1）订立将货物按照通常路线和习惯方式运往进口国约定地点的运输合同，并支付运费。

（2）在合同规定的时间、地点，将货物置于买方控制之下。

（3）承担在指定目的地约定地点将尚未卸下的货物交给买方控制之前的一切费用和风险。

（4）自负风险和费用，取得出口和进口许可证以及其他官方批准文件，并办理货物出口和进口的一切海关手续，承担相关费用。

（5）提交商业发票以及合同可能要求的其他与合同相符的证据。

（6）卖方必须支付交货前的查验操作费用（如查验品质、丈量、计重、点数的费用）。

（7）如需包装，需支付包装费用，以适合该货物运输的方式对货物进行包装和标记。

（8）必须向买方发出买方收取货物所需的任何通知。

（二）买方义务

（1）接受卖方提供的单据，在指定地点受领货物并支付货款。

（2）承担受领货物后发生的一切费用及风险，包括卸货费。

（3）根据卖方要求，并在卖方承担费用和风险的情况下，给予卖方一切协助，帮助其取得进口许可证或其他官方批准文件。

（4）无论何时根据约定，当买方有权决定发货时间及/或指定目的地的收货点时，买方必须给予卖方充分的通知。

（三）使用 DDP 术语的注意事项

1. 交货与风险

"目的地交货"是指卖方在指定目的地，或者在该指定目的地内的约定交货点，将已办理进口清关，处于抵达的运输工具上，已做好卸载的准备的货物交由买方处置，即已向买方完成交货及风险转移。卖方不负责卸货，不承担卸货的风险。

2. 运输方式

本条规则可适用于所选择的任何运输方式，也可适用于使用多种运输方式的情形。

3. 履行义务情况

该术语对卖方来说履行的义务最多。

4. 精准确定交货地或交货点/目的地或目的点

特别建议双方尽可能清楚地约定目的地或目的点。这基于几个原因：第一，货物灭失或损坏的风险在交货点/目的点转移至买方，所以买卖双方应清楚地知晓该关键转移发生的地点；第二，该交货地或交货点/目的地或目的点之前的费用由卖方承担，该地方或地点之后的费用则由买方承担；第三，卖方必须签订运输合同或安排货物运输到约定的交货地或交货点/目的地或目的点。如果未履行此义务，卖方即违反了 Incoterms® DDP 规则中的义务，并将对买方任何随之产生的损失承担责任。

5. 卸货费用

卖方不需要将货物从抵达的运输工具上卸载。但是，如果卖方按照运输合同在交货地/目的地发生了卸载相关的费用，除非双方另有约定，卖方无权另行向买方追偿该费用。

6. 其他注意事项

"或取得已经如此交付的货物"——此处的"取得"一词适合于交易链中的多层销售（链式销售），在大宗商品贸易中尤其常见。

第二节　适用于海运和内河水运的贸易术语

一、FAS

FAS（填入指定装运港）Incoterms® 2020，即 Free Alongside Ship（insert named port of shipment）——装运港船边交货（填入指定装运港）。其是指卖方在装运港将货物放置在买方指定的船舶旁边的码头或驳船上，或买方取得已经如此交付的货物时，即完成了交货，如图 2-10 所示。这是指买方必须自该时刻起，承担一切费用和货物灭失或损坏的一切风险。买方须自付费订立自指定装运港起的货物运输合同。

仅适用于：海运和内河航道。

FAS（Free Alongside Ship 的缩写）中，卖方为出口货物办理清关手续，并将货物放在指定的启运港与船同放。指定的出发港位置可以是装货码头或驳船，但不是集装箱码头。

买方负责将货物装上船，并负责办理当地运输、卸货、进口手续和缴纳关税，以及继续运输至最终目的地。

FAS 仅适用于海运或内河运输。它很受散装货物的欢迎，如石油或谷物。

对于只交付到码头的集装箱装运，使用 FCA 代替。卖方支付所有费用，直到货物到达船上，然后买方接管。

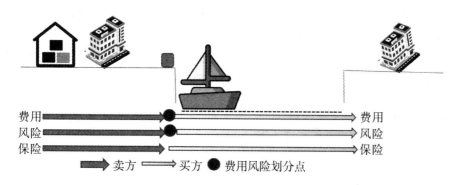

图 2-10　FAS 装运港船边交货

（一）卖方义务

（1）必须在买方指定的装货点（如有），以将符合销售合同的货物置于买方指定的船舶旁边，或以买方取得已经如此交付的货物的方式交货。

（2）承担将货物置于买方指定的船舶旁边之前的一切费用和风险。

（3）自负风险和费用，取得出口许可证或其他官方批准文件，并办理货物出口所需的一切海关手续。

（4）提交商业发票以及合同可能要求的其他与合同相符的证据。

（5）卖方必须支付交货前的查验操作费用（如查验品质、丈量、计重、点数的费用）。

（6）如需包装，需支付包装费用，以适合该货物运输的方式对货物进行包装和标记。

（7）若完成交货或船舶未在约定时间内提货，必须给予买方充分通知。

（二）买方义务

（1）订立运输合同，支付运费，必须将任何运输相关的安全要求、船舶名称、装货点以及约定期限内所选择的交货时间及时通知卖方。

（2）根据买卖合同的规定受领货物并支付货款。

（3）承担受领货物之后所发生的一切费用和风险。

（4）自负风险和费用，取得进口许可证或其他官方批准文件，并办理货物进口所需的一切海关手续。

（三）使用 FAS 术语的注意事项

（1）卖方在指定的装运港将货物交到船边，该船舶由买方指定，或者当买方取得已经如此交付的货物时，卖方即向买方完成交货，此时风险发生转移，买方必须承担自那时起货物灭失或损坏的一切风险。

（2）若买方未能向卖方发出相应的通知或买方指定的船舶未准时到达，或未收取货物，或早于通知的时间停止装货，则买方自约定交货日期或约定期限届满之日起承担货物灭失或损坏的风险。但前提是卖方要明确将货物划归买方（货物特定化）。也就是说，由于买方的责任致使卖方无法交货的风险和费用由买方承担。

（3）由于卖方承担在特定地点交货前的所有风险和费用，而这些费用和相关作业费可能因各个港口的惯例不同而存在差异，建议交易双方尽可能清楚地约定指定装运港内的交货地点。

（4）特别注意船货的衔接。

（5）当货物采用集装箱运输时，卖方通常在集装箱码头将货物移交给承运人，而非交到船边，故使用 FAS 术语不适合，应采用 FCA 术语。

（6）"或取得已经如此交付的货物"——此处的"取得"一词适合于交易链中的多层销售（链式销售），在大宗商品贸易中尤其常见。

☞ 课堂案例

我国某公司按照 FAS 条件进口一批木材，在装运完成后，国外卖方来电要求我方支付货款，并要求支付装船时的驳船费。对卖方的要求我方应如何处理？

【案例分析】

针对卖方要求我方支付装船时的驳船费，我方可以拒绝。

采用 FAS 术语成交时，交易双方承担的风险和费用均以船边为界，即买方所指派的船的船边。在买方所派船只不能靠岸的情况下，卖方应负责用驳船分批将货物运至船边。驳船费用是在风险费用转移以前发生的，理应由卖方承担。

故此，在本案例中，国外卖方要求我方承担驳船费用是不合理的，我方有权拒绝。

启示：建议交易双方尽可能清楚地约定指定装运港内的交货地点，明确船名，避免纠纷。

二、FOB

FOB（填入指定装运港）Incoterms® 2020，即 Free On Board（insert named port of shipment）——装运港船上交货（填入指定装运港）。其是指卖方应在合同规定的装运港和规定的期限内将货物装至买方指定的船上，或买方取得已如此交付的货物，则卖方完成交货，并应及时通知买方，如图 2-11 所示。当货物在指定装运港装上船时，卖方即履行了交货义务，风险自该时刻起转移。买方必须自该交货点起承担货物灭失或损坏的风险，并支付一切费用。

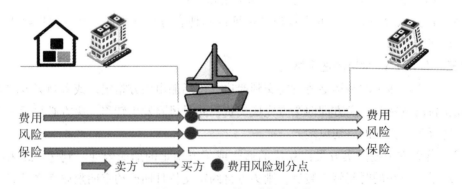

图 2-11　FOB 装运港船上交货

仅适用于：海运和内河航道。

在 FOB（Free on Board 的缩写）的规则下，卖方负责货物出口清关，并确保货物在指定的出发港交付并装船运输。一旦货物在出发港装上运输船，买方就承担风险和费用，包括进口清关和关税。

FOB 只适用于海运或内河运输。因此，命名的地方总是一个港口。如果主运输是航空、公路或铁路运输，则不适用。这一术语通常用于散装货物（如石油或谷物）或跨洋的货物。卖方支付至主运输的所有费用，然后买方承担所有费用和责任。

（一）卖方义务

（1）在合同规定的时间和装运港口，将合同规定的货物按照港口惯常方式交到买方指定的船上。

（2）承担货物交至装运港船上之前的一切费用和风险。

（3）自负风险和费用，取得出口许可证或其他官方批准文件，并且办理货物出口所需的一切海关手续。

（4）提交商业发票及证明已按规定交货的清洁提单，以及合同可能要求的其他与合同相符的证据。

（5）卖方必须支付交货前的查验操作费用（如查验品质、丈量、计重、点数的费用）。

（6）如需包装，需支付包装费用，以适合该货物运输的方式对货物进行包装和标记。

（7）若完成交货或船舶未在约定时间内提货，必须给予买方充分通知。

（二）买方义务

（1）订立运输合同，支付运费，并将船名、装货地点和装货时间及时通知卖方。

（2）根据买卖合同的规定受领货物并支付货款。

（3）承担受领货物之后所发生的一切费用和风险。

（4）自负风险和费用，取得进口许可证或其他官方批准文件，并且办理货物进口所需的一切海关手续。

（5）收取卖方按合同规定交付的货物，接受与合同相符的单据。

（三）使用 FOB 术语的注意事项

1. 风险转移问题

按照《2020 年通则》的有关规定，以货物装上装运港船上作为交易双方所承担风险的界限是 FOB、CIF、CFR 的重要特点之一。货物装上船之前，卖方承担货物发生损坏或灭失的风险；货物装上船之后，在运输过程中及货物到达目的地后所发生的损坏或灭失，则由买方承担。

2. 船货衔接问题

按照 FOB 术语成交的合同属于装运合同。在这类合同中，卖方的一项基本义务是按照规定的时间和地点完成装运。但是，由于 FOB 条件下是由买方负责安排运输工具，即租船订舱，所以就存在一个船货衔接问题，如果处理不当，自然会影响到合同的顺利执行。

在实际业务中，FOB 术语涉及两个充分通知：一个是买方租船后，应将船名、装货时间、装货地点充分通知卖方；另一个是卖方在货物装船后要充分通知买方。在第一种情况下，如果买方未能按时派船，包括未经卖方同意提前或延迟将船派到装运港，而买方又未给予充分通知，则卖方有权拒绝交货，而且由此产生的各种损失，如空舱费、滞期费及卖方增加的仓储费等，均由买方负担。在第二种情况下，由于货物风险是在货物装上船后便由卖方转移给买方，因此，卖方在货物装船后必须及时通知买方，以便买方投保；否则，卖方应当承担由此造成的买方受到的损失。

交易双方按 FOB 价格成交，买方又委托卖方办理租船订舱的，卖方也可酌情接受。但是，这属于代办性质，其风险和费用仍由买方承担。也就是说，运费和手续费仍由买方支付；如果卖方租不到船，其不承担后果，买方无权以此撤销合同或索赔。总之，按 FOB 术语成交时，对于装运期和装运港要慎重规定；订约后有关备货和派船事宜，交易双方也要加强联系、密切配合，保证船货衔接。

3. 集装箱运输不适用 FOB 术语

当货物采用集装箱运输时，卖方通常在集装箱码头将货物移交给承运人，而非交到船上，故使用 FCA 术语，不适合采用 FOB 术语。

👉 **课堂案例**

2018 年 11 月，我国福建省粮油进出口公司与巴西某公司签订一份出口油籽的合同。合同采用 FOB 价格术语，买方需于 2019 年 2 月派船到厦门港接货。合同还规定："如果在此期间内买方未按规定派船接货。2019 年 3 月 1 日，卖方在货物备妥后电告买方应尽快派船接货。但是，一直到 3 月 28 日，买方仍未派船接货。于是，卖方向买方提出警告，声称将撤销合同并保留索赔权。买方在没有与卖方进行任何联系的情况下，直到 5 月 5 日才将船只派至厦门港。这时，卖方拒绝交货并提出损失赔偿，买方则以未订到船只为由拒绝赔偿损失。双方争议不能和解，故起诉到法院。请问在此案例中，我方的主张是否合理？

【案例分析】

我方的主张合理。

本案例涉及 FOB 术语下船货衔接的问题。按照 FOB 术语成交的合同属于装运合同。在这类合同中，卖方的一项基本义务是按照规定的时间和地点完成装运。然而，因为 FOB 条件下是由买方负责安排租船订舱的，所以就存在一个船货衔接问题，如果处理不当，自然会影响到合同的顺利执行。根据有关法律和惯例的规定，如果买方未能按时派船，卖方有权拒绝交货，而且由此产生的各种损失均由买方负担。因此，在 FOB 术语下成交的合同，对于装运期和装运港要慎重规定；订约之后，有关备货和派船事宜，交易双方要加强联系、密切配合，保证船货衔接。

在此案例中，我方作为卖方尽到了自己的责任。在装运期临近时，我方电告催促买方派船接货，但买方仍没有及时派船接货。根据《公约》的规定，卖方有权解除合同，并要求买方赔偿损失。

4. 与《1990 年美国对外贸易定义修订本》中 FOB 的区别问题

《2020 年通则》中的 FOB 与《1990 年美国对外贸易定义修订本》中的 FOB 的区别主要有以下几点。

（1）所使用的运输方式不同。《2020 年通则》中的 FOB 仅适用于水上运输；而《1990 年美国对外贸易定义修订本》中的 FOB 适用于任何运输方式。

（2）出口手续及费用的负担不同。《2020 年通则》规定由卖方负责办理出口清关手续；而《1990 年美国对外贸易定义修订本》则解释为卖方根据买方的请求，在买方负担费用的情况下，协助买方取得出口所需要的证件，并由买方支付出口税和其他出口税费。

（3）交货地点不同。《1990 年美国对外贸易定义修订本》中的 FOB 是在交通工具上交货，有 6 种情况，仅第 5 种"FOB Vessel（named port of shipment）"装运港船上交货与《2020 年通则》规定的 FOB 术语含义相类似。所以，在与北美国家进行贸易时，如用 FOB 术语成交，则要注明是采用《2020 年通则》还是适用《1990 年美国对外贸易定义修订本》。如采用后者，则需要在 FOB 后面加上"Vessel"（船舶）字样，如"FOB Vessel New York"证明是在纽约港交货，若只写"FOB New York"，则可能是在纽约城内的某地交货。

5. 其他注意事项

"或取得已经如此交付的货物"——此处的"取得"一词适合于交易链中的多层销售（链式销售），在大宗商品贸易中尤其常见。

👉 **课堂案例**

我国尚通公司从美国进口 4 000 件瓷器，单价为 10 美元 FOB Vessed New York。买方开出以卖方为受益人的不可撤销即期信用证，信用证总金额为 40 000 美元。卖方收到信用证后要求增加信用证金额至 40 800 美元或买方通过电汇等其他支付方式承担相关的关税和许可证申请等各种费用 800 美元。

请问：卖方的要求是否合理？

【案例分析】

卖方的要求合理。

因为根据《1990 年美国对外贸易定义修订本》的规定，使用 FOB Vessel（named port of shipment）这一贸易术语时，买方应支付因领取由原产地/装运地国家签发的、为货物出口或在目的地进口所需的各种证件而发生的一切费用，支付出口税和因出口而征收的其他税捐费用。所以，在本案例中，卖方的要求合理。

三、CFR

CFR（填入指定目的港）Incoterms® 2020，即 Cost and Freight（insert named port of destination）——成本加运费（填入指定目的港）。其是指卖方在装运港将货物交至船上，或买方取得已如此交付的货物，卖方即完成交货，如图 2-12 所示。卖方必须支付将货物运至指定目的港所必需的费用和运费，但交货后货物灭失或损坏的风险，以及由于发生意外事件而产生的任何额外费用，自卖方转移至买方。CFR 术语要求卖方办理出口清关手续。

卖方必须为出口货物办理清关手续，在出发港装船，并支付将货物运至指定目的港的费用，当卖方将货物装船时，风险从卖方转移到买方。买方负责支付从目的港出发的所有额外运输费用，包括进口清关和关税。

仅对海运或内河运输使用 CFR，如果货物是集装箱运输的，并且只交付到码头，则使用 CPT 代替。风险和成本在不同点从卖方转移到买方。

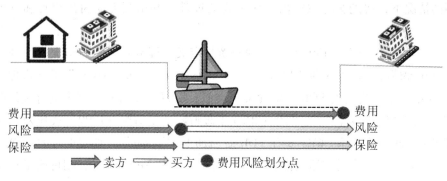

图 2-12　CPT 成本加运费

（一）卖方义务

（1）负责在合同规定的日期或期间内，在装运港将符合合同的货物交至运往指定目的港的船上，或取得已如此交付的货物，并给予买方充分的通知。

（2）如适用，办理货物出口清关手续并支付费用（如办理出口许可证，完成出口安全清关、转运前检验及获得任何其他官方授权，并支付所需的费用）；协助买方进口清关，包括安全要求和装运前检验；出口包装和标记。

（3）负责租船或订舱，并支付至目的港的运费。

（4）负担货物在装运港交至船上为止的一切费用和风险。

（5）提交商业发票及证明已按规定交货的清洁提单，以及合同可能要求的其他与合同相符的证据。

（6）卖方必须支付交货前的查验操作费用（如查验品质、丈量、计重、点数的费用）。

（7）如需包装，需支付包装费用，以适合该货物运输的方式对货物进行包装和标记。

（8）必须向买方发出完成交货的通知，以及买方收取货物任何所需通知以便买方收取货物。

（二）买方义务

（1）负责按合同规定支付价款。

（2）取得进口许可证或其他核准书，办理货物进口以及必要时经由另一国过境运输的一切海关手续。

（3）负担货物在装运港装上船后的一切费用和风险。

（4）买方应承担包括驳船费和码头费在内的卸货费，运输合同中该费用已由卖方支付的除外。

（5）收取卖方按合同规定交付的货物，接受与合同相符的单据。

（6）无论何时根据规定，买方有权决定运输时间及/或指定目的港的收货点，买方必须给予卖方充分通知。

☞ **课堂案例**

　　我国宏远贸易公司于 2020 年 3 月与英国 lanmo 公司按 CFR 条件签订了一份出口帆布手包的合同。根据合同规定，宏远贸易公司向长捷海运公司（以下简称长捷公司）

办理定舱。长捷公司接受承运后开始进行配载。由于宏远贸易公司业务繁忙，没有时间会同长捷公司一起查看货物装箱情况，故长捷公司没有到生产厂家亲自查看整批货物的装箱情况。货物装箱完毕后，长捷公司在合同规定的装运期内，将货物送往利物浦。一个月后，英国 lanmo 公司来电向宏远贸易公司索赔，原因是帆布包有很大刺激性气味，影响推销。经查，帆布包的刺激气味是在运输过程中造成的。同时，宏远贸易公司认为双方是在 CFR 条件下交易的，自己已经完成了交货，因此，之后的货物灭失或损坏的风险应该由英国 lanmo 公司自己承担。宏远贸易公司进一步分析认为，CFR 要求英国 lanmo 公司购买保险，所以英国 lanmo 公司也应该向保险公司申请赔付。第二天，英国 lanmo 公司再次来电称根据《2020 年通则》的规定，卖方提供符合合同规定的货物是卖方基本的义务。帆布包之所以产生刺激性气味，是集装箱油漆没有干透所致。在 CFR 条件下，卖方负责租船订舱，因此，其向宏远贸易公司进行索赔是完全合理的。请问应由谁来承担此次损失，卖方、买方还是承运人？可否向保险公司索赔？

【案例分析】

（1）风险与责任的关系。风险是指事故发生的可能性。在 CFR 条件下，"船上"只能是划分双方风险的界限。责任是合同规定的交易双方必须履行的义务，是双方约定的。责任并不随着风险的转移而转移。卖方的责任直至买方接受了货物，甚至买方接受了货物的一定时期后才终止。在 CFR 条件下，宏远贸易公司作为卖方，完成了交货义务，则风险已经转移到了买方英国 lanmo 公司。但是，货物的损失，确实是运输集装箱的问题所致，故宏远贸易公司应承担责任。

（2）保险公司的承保问题。要想得到保险公司的赔付，被保险人必须满足以下三个条件：被保险人在保险事故发生时必须具有保险利益；必须投了相关险别；损失不属于除外责任。

（3）不适货的责任归属问题。适货意味着船舶及其设备适于接受货物，以便将货物运至目的港，以履行承运人要把货物安全运达目的地交与收货人的责任。不适货而造成的货损是承运人的责任。

结果：经过再次调查，确认情况属实。于是，宏远贸易公司同意降价 20% 后收回货款了结此案。宏远贸易公司可向承运人要求索赔。

（三）使用 CFR 术语的注意事项

1. 关于装船通知的问题

按 CFR 条件成交，卖方安排运输，但由买方办理货运保险。如果卖方装船后不及时通知买方，买方就无法及时办理保险，甚至有可能出现漏办货运保险的情况。如因卖方疏忽致使买方未能投保，那么卖方不能以风险在装运港船上发生转移为由免除责任，而要承担货物在运输途中的风险。由此可见，在 CFR 条件下的装船通知有着更为重要的意义。

2. 关于费用划分与风险划分的分界点问题

按 CFR 条件成交，风险转移的界限与 FOB 相同，以货物在装运港装上船为分界点。所以，CFR 也属于装运港交货的贸易术语。卖方只保证按时装运，并不保证货物按时抵达目的港，也不承担把货物送到目的港的义务。在费用划分方面，卖方只支付承运人从装运港至目的港的正常运费，途中发生意外事故而产生的额外费用应由买方负担。

3. 确定卸货港的终点

双方尽可能精确地指定目的港的特定地点，因为卖方需承担将货物运往该地点的费用。

4. 集装箱运输不适用 CFR 术语

当货物采用集装箱运输时，卖方通常在集装箱码头将货物移交给承运人，而非交到船上，故使用 CPT 术语，不适合采用 CFR 术语。

☞ **课堂案例**

利陶公司以 CFR 条件出口一批瓷器。按期在装运港装船后，利陶公司即将有关交易单据寄交买方，要求买方支付货款。过后，利陶公司业务人员发现忘记向买方发出装船通知。此时，买方已来函向利陶公司提出索赔，因为货物在运输途中因海上风险而损毁。请问利陶公司能否以货物运输风险是由买方承担为由拒绝买方的索赔？

【案例分析】

根据 CFR 术语的规定，交易双方的风险在装运港装上船时发生转移，交货前的风险由卖方承担，货物装上船以后的风险由买方承担。有鉴于此，买方为了保证自己在遭遇风险时减少损失，可以通过向保险公司办理货运保险手续将风险转嫁给保险公司。但是，买方能否及时办理保险取决于卖方在装运港装船后是否及时向买方发出装船通知。根据 CFR 术语的规定，卖方在货物装船后及时向买方发出装船通知是其重要的义务。如果卖方未及时向买方发出装船通知导致买方未能及时办理保险手续，由此引起的损失由卖方负担。

就本案例而言，很显然卖方没有及时向买方发出装船通知，导致买方未及时办理货物保险，而货物却因海上风险而损毁。故利陶公司理应对该项货物损失负责，而不能以风险已转移给买方为由拒绝买方的索赔。

5. 象征性交货

在 CFR 贸易术语下，交易双方不直接接触。卖方按合同规定的时间和地点将货物装上运输工具或交付给承运人后，向买方提供包括物权证书在内的有关单证，凭承运人签发的运输单据及其他商业单据履行交货义务，而无须保证到货。这是典型的单据买卖，也叫象征性交货。

CFR、CIF、CPT 和 CIP 都是典型的象征性交货术语。

6. 卸货费用负担问题

按照 CFR 条件成交，卖方负责将合同规定的货物运往合同规定的目的港，并支付正常的运费。至于货物到达目的港后的卸货费用由谁负担也是一个需要考虑并加以明确的问题。如果使用班轮运输，由于装卸费用已计入班轮运费之中，故卸货费由谁负担不会引起争议。而大宗商品一般采用租船运输。在租船运输情况下，卖方要承担将货物运至目的地的费用，买方应承担包括驳船费和码头费在内的卸货费。如果卖方签订的运输合同中包含了目的港发生的卸货费，除非双方另有约定，卖方无权要求买方补偿。

7. 其他注意事项

"或取得已经如此交付的货物"——此处的"取得"一词适合于交易链中的多层销售（链式销售），在大宗商品贸易中尤其常见。

四、CIF

CIF（填入指定目的港）Incoterms® 2020，即 Cost Insurance and Freight（insert named port of destination）——成本加保险费、运费（填入指定目的港）。其是指卖方在装运港将货物交至船上，或买方取得已如此交付的货物，卖方即完成交货，如图 2-13 所示。卖方必须支付将货物运至指定目的港所必需的费用和运费，但交货后货物灭失或损坏的风险，以及由于发生意外事件而引起的任何额外费用，自卖方转移至买方。然而，在 CIF 术语中卖方还必须为货物在运输中灭失或损坏的买方风险取得海上保险。因此，卖方须订立保险合同，并支付保险费。

卖方在装运港将货物交付，出口结关，装船，支付货物运至目的港的费用，并在货物到达指定目的港的途中获得并支付最低保险额。一旦货物装上主运输船，买方承担一切风险；但是，在货物到达指定的目的港之前，买方不承担任何费用。

CIF 只适用于海运或内河运输。它通常用于散装货物、超大货物或超重货物。

如果货物是集装箱运输的，只运到终点，则使用 CIP 代替；如果改用 CIP，保险范围默认为一切险；但是，双方可以协商一个较低的保险范围要求。卖方有义务为买方投保，但仅限于最低保险范围。

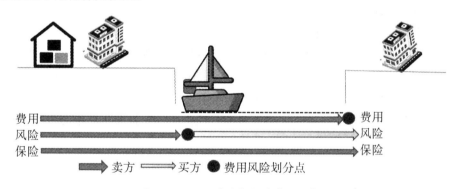

图 2-13 CIF 成本加保险费、运费

（一）卖方义务

（1）负责在合同规定的日期或期间内，在装运港，将符合合同规定的货物交至运往指定目的港的船上，并给予买方充分的通知。

（2）负责办理货物出口手续，取得出口许可证或其他核准书。

（3）负责租船或定舱，并支付至目的港的运费。

（4）负责办理货物运输保险，支付保险费。

（5）负责货物在装运港装上船之前的一切费用和风险。

（6）提交商业发票及证明已按规定交货的清洁提单，以及合同可能要求的其他与合同相符的证据。

（7）卖方必须支付交货前的查验操作费用（如查验品质、丈量、计重、点数的费用）。

（8）如需包装，需支付包装费用，以适合该货物运输的方式对货物进行包装和标记。

（9）必须向买方发出完成交货的通知，以及买方收取货物任何所需通知以便买方收取货物。

（二）买方义务

（1）负责按合同规定支付价款。

（2）负责办理货物进口手续，取得进口许可证或其他核准书。

（3）负担货物在装运港装上船后的一切费用和风险。

（4）收取卖方按合同规定交付的货物，接受与合同相符的单据。

（5）买方应承担包括驳船费和码头费在内的卸货费，运输合同中该费用已由卖方支付的除外。

（6）无论何时根据规定，买方有权决定运输时间及/或指定目的港的收货点，买方必须给予卖方充分通知。

（三）使用 CIF 术语的注意事项

1. 保险险别问题

按 CIF 条件成交，卖方应负责订立保险合同，按约定的险别和金额投保货物运输险，支付保险费，提交保险单。但是，卖方是为买方的利益办理的保险，属代办性质。货物在运输途中灭失或损坏的风险由买方负担。如果发生意外，买方凭保险单直接向保险公司索赔，能否得到赔偿卖方概不负责。按 CIF 条件成交，卖方应投保什么险别可以按照合同的规定办理，如果合同没有规定，则根据惯例来办。《2020 年通则》规定，卖方只需投保最低险别。

2. 关于费用划分与风险划分的分界点问题

按 CIF 条件成交，风险转移的界限与 CFR 相同，以货物在装运港装上船为分界点。所以，CIF 也属于装运港交货的贸易术语。卖方只保证按时装运，并不保证货物按时抵达目的港，也不承担把货物送到目的港的义务。在费用划分方面，卖方只支付承运人从装运港至目的港的正常运费，途中发生意外事故而产生的额外费用应由买方负担。

☞ **课堂案例**

S 公司以 CIF 条件出口一批罐头，但遇到以下问题：

（1）合同签订后，接到买方来函，声称合同规定的目的港口最近经常发生暴乱，要求 S 公司在办理保险时加保战争险。对此，S 公司应如何处理？

（2）这批货物运抵目的港后，S 公司接到买方支付货款的通知。对方声明：因货物在运输途中躲避风暴而增加的运费已代 S 公司支付给船公司，所付的货款中已将此项费用扣除。

对此，S 公司应如何处理？

【案例分析】

（1）S 公司应回函买方，声明若战争险的费用由买方支付，则答应买方要求；否则，拒绝买方的要求。

在 CIF 条件下，卖方负责投保并支付保险费，只需投保最低险别，没有义务投保战争险，除非买方要求并由买方承担费用，或者双方在合同中另有约定。在上述案例中，买方是在合同签订以后要求加保战争险的，所以此项费用应由买方承担。

（2）S公司应拒绝买方将货船躲避风暴而增加的费用从货款中扣除的做法，应向买方追回这笔款项。

在CIF条件下，卖方负责租船订舱、支付运费，但卖方支付的运费只是从装运港至目的港的正常运费。按照风险责任的划分，因运输途中的风险而增加的运费，应由买方承担。

3. 确定卸货港的终点

双方尽可能精确地指定目的港的特定地点，因为卖方需承担将货物运往该地点的费用。

4. 集装箱运输不适用CIF术语

当货物采用集装箱运输时，卖方通常在集装箱码头将货物移交给承运人，而非交到船上，故使用CIP术语，不适合采用CIF术语。

5. 象征性交货

在CIF贸易术语下，交易双方不直接接触。卖方按合同规定的时间和地点将货物装上运输工具或交付给承运人后，向买方提供包括物权证书在内的有关单证，凭承运人签发的运输单据及其他商业单据履行交货义务，而无需保证到货。这是典型的单据买卖，也叫象征性交货。

CIF、CFR、CPT和CIP都是典型的象征性交货术语。

6. 卸货费用负担问题

按照CIF条件成交，卖方负责将合同规定的货物运往合同规定的目的港，并支付正常的运费。至于货物到达目的港后的卸货费用由谁负担也是一个需要考虑并加以明确的问题。如果使用班轮运输，由于装卸费用已计入班轮运费之中，故卸货费由谁负担不会引起争议。而大宗商品一般采用租船运输。在租船运输情况下，卖方要承担将货物运至目的地的费用，买方应承担包括驳船费和码头费在内的卸货费。如果卖方签订的运输合同中包含了目的港发生的卸货费，除非双方另有约定，卖方无权要求买方补偿。

7. 租船订舱问题

根据CIF术语下交易双方的责任划分，卖方应在合同规定的时间内将货物装运出口，自费订立运输合同，使用通常类型可供运输合同货物的海船，并采用通常条件及惯驶的航线。除非双方另有约定，对于买方提出的关于限制载运船舶的国籍、船龄、船型、船级以及指定装载某班轮公会的船只等项要求，卖方均有权拒绝接受。在实际业务中，若买方提出了上述要求，卖方在能办到而又不增加费用的情况下，可以考虑接受。

8. CIF是否是到岸价的问题

采用CIF术语时，卖方的基本义务是负责按通常条件租船订舱，支付到达目的港的运费，并在规定的装运港和规定的期限内将货物装上船，装船后及时通知买方；同时，卖方还要负责办理从装运港到目的港的海运货物保险，并支付保险费。

《2020年通则》对于CIF卖方责任的规定常被人误认为CIF价是"到岸价"。在我国早期的对外贸易实践中也常常把CIF价格称为"到岸价"。其实，按CIF条件成交时，卖方仍然是在装运港交货，卖方承担的风险也只到货物在装运港装船时为止，货物装上船以后的风险则由买方承担。货物在装船后发生的除装运港到目的港的运费、保险费以外的其他费用也要由买方负担。除此之外，买方还要自负风险和费用、取得进口许可证和其他官方证件、办理进口手续并按合同规定支付货款。而"到岸价"中卖方承担的风险和费用的分界点应该是到达目的港，交货的地点也应该是在目的港，应属于目的港实际交货的贸易术语。

9. 其他注意事项

"或取得已经如此交付的货物"——此处的"取得"一词适合于交易链中的多层销售（链式销售），在大宗商品贸易中尤其常见。

👉 课堂案例

D 公司按 CIF 条件向欧洲某国出口一批草编制品。合同规定由 D 公司向中国人民保险公司投保一切险，并采用信用证方式支付。D 公司在规定的期限将货物运至合同指定的我国某港口并装船完毕。船公司签发了提单，然后在中国银行议付了款项。第二天，D 公司接到客户来电，称装货的海轮在海上失火，草编制品全部烧毁，客户要求 D 公司出面向中国人民保险公司提出索赔；否则，要求 D 公司退回全部货款。D 公司果断拒赔，并提出了解决的办法，区分了交易双方的责任，解决了此案。

【案例分析】

本案例中的合同属 CIF 性质。按国际商会制定的《2010 年通则》的规定，交易双方有关货物风险的划分是以货物在约定的装运港装上船的时间为界限的。凡是货物在装船后发生的风险，应当由买方负责。既然货物是在运输途中发生损失的，那么该风险就应由买方承担，买方可持卖方转让给自己的保险单证向保险公司提出索赔。另外，按照 CIF 价格成交的合同是一种特定类型的合同，它的特点是"凭单据履行交货义务，并凭单据付款"。只要卖方按照合同的规定将货物装船并提交齐全的、正确的单据，即使货物在运输途中遭受毁损或灭失，买方也不能拒收单据或向卖方索要支付的货款。

启示：

（1）在 CIF 合同中，卖方只要按期在约定地点完成装运，并向买方提交合同规定的包括物权凭证在内的有关单据，就算完成了交货义务，而无须保证到货。

（2）在 CIF 合同中，卖方是凭单交货，买方是凭单付款。只要卖方如期向买方提交了合同规定的全套合格单据，即使货物在运输途中损坏或丢失，买方也必须履行付款义务。

第三节　贸易术语的比较

在《2020 年通则》中，各个贸易术语下卖方与买方承担的责任、风险和费用是不同的，但在某些方面又有共同之处。前述贸易术语中应用最为广泛的是 FOB、CFR 和 CIF。随着运输方式的改革与发展，FCA、CPT 和 CIP 也逐渐得到广泛的应用。因此，我们必须熟悉上述贸易术语，正确掌握它们的用法与区别。

一、对 FOB、CFR 和 CIF 的分析

FOB、CFR 和 CIF 三种贸易术语是国际贸易中最常用的，就买卖双方的义务来说，它们在很多方面是相同的，不同之处就在于租船订舱、支付运费、办理保险、支付保险费这几方面的责任划分。将以上三种术语间的异同点归纳如表 2-1 所示。

表 2-1　FOB、CFR、CIF 异同点一览表

相同点	交货性质相同：都是凭单交货，凭单付款			
	运输方式相同：都适用于水上运输			
	交货地点相同：都是在出口国港口			
	风险转移点相同：都是货物在装运港装到船上之时			
	办理出口清关手续相同：都是卖方办理			
不同点	运输责任、费用不同		办理保险、费用不同	
	FOB	买方	FOB、CFR	买方
	CFR、CIF	卖方	CIF	卖方

二、对 FCA、CPT 和 CIP 的分析

随着运输业的发展，原来主要用于海运的 FOB、CFR、CIF 已无法适应新形势发展的需要，因而相应出现了 FCA、CPT、CIP 三种可适用于任何运输方式的贸易术语。后三种与前三种在很多方面有相似之处，但又有其不同的特点，其主要区别如表 2-2 所示。

表 2-2　FOB、CFR、CIF 与 FCA、CPT、CIP 的主要区别一览表

风险界限不同	FOB、CFR、CIF 以货物在装运港装到船上为界
	FCA、CPT、CIP 以货交承运人为界
交货时间不同	FOB、CFR、CIF 交货与装船时间相同，交货时间就是装船完毕的时间，也就是提单上载明的日期，交货时间与装船时间概念相同
	FCA、CPT、CIP 交货与装运时间一般不一致，具体的装运时间由承运人决定
运输方式不同	FOB、CFR、CIF 适用于水上运输方式
	FCA、CPT、CIP 适用于任何运输方式
保险险别不同	FOB、CFR、CIF 涉及海洋货物运输保险
	FCA、CPT、CIP 涉及海、陆、空、邮有关险别

国际商会制定的通则属于国际惯例，效力上并不存在"新法取代旧法"的说法，对当事人不产生必然的强制性约束力。交易双方应就所使用的通则版本在合同或信用证中给予明确，以免责任不清，产生纠纷，影响合同的履行。

国际贸易实务

一、有关贸易术语的使用问题

（一）关于"交货"

"交货"一词在《2020 年通则》中有两种不同的含义：一是被用来规定卖方何时完成其交货义务，二是被用于规定买方受领或接收货物的义务。而《2010 年通则》则将重点放在卖方的交货义务上。11 种贸易术语根据其交货性质的不同被分为实际交货和象征性交货两大类。

实际交货的贸易术语规定，卖方必须在合同指定的地点把货物交由买方控制，才算是完成交货任务。在此条件下，装运单据不能代替货物，卖方必须在指定地点把实际货物交给买方。贸易术语 EXW、FAS、DAP、DPU、DDP 均属此类。

象征性交货的贸易术语有一个共同特点，即凭单交货、凭单付款。采用这类贸易术语时，卖方只要在合同规定的时间和地点，将货物装上指定的运输工具，取得合同规定的装运单据并提交给买方，就算完成了交货义务，哪怕是交给第一承运人，仍算是完成了交货，买方应在收到装运单据时付款。也就是说，买方凭单付款而不是凭实际交货付款。尽管买方购买的是货物，但在形式上，买方购买的是单据，只要卖方按照货物买卖合同的规定提交齐全、正确、及时的单据，买方就必须付款赎单。所谓齐全，是指卖方提交运输单据、商检单、发票、保险单或合同规定的其他单证。所谓正确，是指这些单据同货物买卖合同条款规定相符，商品的名称、品质、数量、装运港、运输单据出单日期、商检单日期、保险单日期均无差错。所谓及时，是指卖方交货完毕后就必须在合理时间内将单据交付给买方，或在信用证规定的交单期内交付。如果卖方提交的单据不及时、不齐全，或者单据内容与货物买卖合同的规定不相符，即使所交货物品质好、量足、准时，买方仍然可以拒不付款赎单。FCA、FOB、CFR、CIF、CPT、CIP 即属象征性交货的贸易术语。

由此可知，实际交货术语下的装运时间和象征性交货术语下的装运时间，有很大的区别，在实际业务中的重要性也就不同。如果 DAP London 和 CIF London 两个售货合同交货期都为某年 10 月，那么 DAP 合同项下的货物必须在 10 月中的任何一天运抵伦敦港，置于买方的有效控制之下；至于卖方何时装船，则要视距伦敦的距离、船舶航行速度、港口的装卸效率及拥堵情况而定，8 月、9 月或 10 月都可以。而 CIF 合同下的货物，则只能在 10 月装于约定装运港指定的船上，不能早，也不能晚。但是，卖方对装船以后的货物何时运抵伦敦甚至能否运抵伦敦不再负责。

（二）关于"所有权"转移

所谓所有权，是指对财产享有占有、使用和处理的权利。所有权的转移是指此项权利何时由卖方转给买方。在实际交货的情况下，卖方在将货物交与买方之前，仍拥有货物的所有权，同时承担货物的全部风险。卖方一旦将货物交与买方并取得货款，就不再拥有所有权，也不再承担货物的风险。买方自取得货物之时起承担风险。显然，实际交货，所有权与风险同步转移。在象征性交货情况下，卖方在装运港装船取得海运提单后，并不是将代表货物所有权的凭证海运提单直接交给买方，而是通过银行逐步转移，直至买方银行向进口商提示跟单汇票，买方付款赎单后，货物的所有权才能转移给买方。因此，在象征性交货的贸易术语中，所有权与风险转移时间是不一致的，风险转移在先，所有权转移在后。

（三）贸易术语与合同条款的关系

贸易术语与合同条款的关系主要涉及合同的性质问题。在国际贸易合同中采用了某种贸易术语，一般情况下要求合同其他条款的解释内容同该术语的解释内容相一致。这时，人们便用所采用的术语名称来确定合同的性质和名称。例如，贸易合同采用了 CIF 贸易术语，合同的其他条款又与 CIF 相一致，那么这个合同就是 CIF 合同。

当然，贸易术语只是惯例而非法律。因此，交易双方选定了贸易术语并写进合同之后，还可以在合同中约定术语所没有包含的内容，甚至可以制定与贸易术语所赋予交易双方权利、义务相抵触的条款。但是，如果合同条款的规定同贸易术语所确定的交易双方的权利与义务发生了矛盾，则这一贸易术语的惯例解释不再适用该合同。也就是说，当合同的其他条款与术语的解释相反时，合同的性质就不再是这一术语所能概括的性质，即使交易双方明确标明是某某合同也无济于事。如果发生纠纷，任何仲裁机构和司法机构都不会再依据贸易术语来确定这一合同的性质。例如，一笔交易是按 CIF 价达成的，但合同的其他条款却规定货物自装运港至目的港的一切费用和风险均由卖方负担。这一条款与《2020 年通则》对 CIF 的解释相悖，故而该合同不再属于 CIF 合同性质。

（四）贸易术语对商品价格的影响

在进出口贸易中采用不同的贸易术语签订合同，就会使同样商品的价格不一样。一般来说，卖方责任、费用和风险较大的贸易术语，商品的售价就高；反之，售价就低。可见，卖方商品的售价高低与其所承担的责任、费用和风险的大小呈同向变化。买方所处地位与卖方恰好相反，商品购价高低与其所承担的责任、费用和风险的大小呈反向变化。例如，EXW 术语，卖方只能按商品成本和利润定价；DDP 术语，除商品成本和利润外，卖方必须把运费、保险费、海关关税以及各种手续费加在商品的售价之内。所以，前者商品售价低，后者商品售价高。同理，前者买方购价低，后者买方购价高。

贸易术语之所以影响商品的价格，是因为不同贸易术语下的不同责任、费用和风险都可归结为货币，表现为成本之外的广义的业务费用。这些费用常常与货值相当，有时高达货值的数倍。这样一来，在未解释责任、费用和风险的归属之前，根本无法确定商品的价格。因此，只有确定了贸易术语，才能谈论商品的价格构成。

二、贸易术语的选择

使用不同的国际贸易术语意味着交易双方承担不同的义务、责任及风险。采用何种贸易术语，既关系到双方的利益所在，也关系到能否顺利履约。不同贸易术语对交易双方的风险点划分各有不同。因此，交易双方应根据交易的具体情况，审慎、合理地选择国际贸易术语。这样做能使交易双方有效地防范和降低因贸易术语本身的局限性所带来的风险，还可以规避出口商利用贸易术语进行欺诈所带来的风险。

影响贸易术语选用的各种因素，在国际贸易的实践中是错综复杂地交织在一起的。而各因素对术语选用的影响，有的是相协同的，有的是相矛盾的。例如，外汇管制与运输、保险的办理是相协同的，外汇的增收、减支与争取自己办理运输、保险从而保障货物安全是相一致的。而有运输条件与运价上涨是相矛盾的，为保障货物安全且有运输条件的宜自己安排运输，但运价上涨造成运输成本增加使得自己安排运输又在经济上不划算，此时，应综合考虑其他因素，全面权衡利弊，而后做出选择。

企业在实际业务中选用贸易术语时，应本着以下原则对各因素的轻重进行权衡。

（1）在保障货、款安全的前提下扩大贸易往来，不可因噎废食，也不可盲目追求成交量。

（2）在不违背国家宏观外贸政策的前提下追求企业自身利益最大化，并在无损于自身经济利益的情况下尽可能多为国家带来相关社会效益，如力求在本国办理运输、保险，以促进运输业、保险业的发展。

（3）立足眼前利益，注重长远发展。

（4）以动态的眼光审视现实的状况，做出分析、预见，对静态的决策方案进行适时调整。

贸易术语多种多样。企业在进出口贸易实际业务中究竟采用哪一种，要视具体情况而定。在我国出口贸易中，尽量选择我方承担责任、费用和风险较大的贸易术语。尽管这些贸易术语的商品售价中包含了运费、保险费，以及较高的业务费开支，但是由我方负责租船订舱，可以做到船货衔接，避免在买方派船的情况下我方必须在装运期之前运抵码头候装的仓租费和候装期间的风险，还可避免买方所派船舶已进港候装而我方货物尚未运抵码头需向船方支付船期损失费用。从国家和民族利益方面来考虑，由我方负责运输、保险，有利于我国航运、保险事业的发展。

进口也是一样，应尽量争取我方责任、费用和风险较大的贸易术语。进口时采用这些术语，也是由我方租订运输工具并办理保险，同样也有利于我国航运、保险业的发展。但是，不能一概而论，要视具体情况而定，如运输费用看涨或在我方派船不便的情况下，应选择我方不负责运输的贸易术语。

企业在开展国际贸易的过程中，选用国际贸易术语还要充分考虑贸易货物的特点；进出口货物的品种和类别繁多，不同种类的货物又具有不同的特点。这些不同决定了在对其进行运输的过程中要采用不同的方式和方法，从而导致运输中运费开支的大小也存在很大的差异。有些货物的价值较低，但是在运输中所耗费的费用相对较高。在进行此类货物的交易时，若出口则选用 FOB 术语，若进口则应该选用 CIF 术语或 CFR 术语。此外，货物成交量的大小，也关系到运输安排的难易和经济核算的问题。所以，企业在订立合约过程中要综合考虑各种因素，慎重选择贸易术语。

在进行国际贸易的过程中，企业慎重地选择适当的国际贸易术语对于防范收汇风险、预防诈骗货款以及提高经济效益是非常必要的。例如，在我方进口大宗货物时，如需采用租船的方式来进行装运，则在原则上应采用 FOB 方式进行交易，由我方自行租船、投保，以此来最大限度地避免卖方与船方相勾结，利用租船提单的方式来骗取货款。又如，在采用货到付款或托运等商业信用的收款方式时，企业要尽量避免采用 FOB 术语或 CFR 术语，以此来最大限度地规避风险。

总而言之，国际贸易术语只是开展国际贸易时诸多贸易合同条件的一个方面，在开展国际贸易的过程中，企业要根据实际需要选用合适的贸易术语，以保证其与其他贸易条件相适应，最大限度地促进贸易顺利进行。

 ## 知识小结

《2020 年通则》将贸易术语分为两组：适用于各种运输方式的贸易术语有 7 种，分别为 EXW、FCA、CPT、CIP、DAT、DAP 和 DDP；仅适用于水上运输方式的贸易术语有 4 种，分别为 FAS、FOB、CFR 和 CIF。本章重点介绍了后 4 种贸易术语，简单介绍了其他 7 种贸易术语。在此基础上对贸易术语进行了比较分析，并阐述了在实际业务中如何选用合适的贸易术语及应当注意的问题。

 ## 引导案例分析

卖方拒赔的理由是成立的，主要有以下几方面的原因：

（1）蜡烛在货物装船时经公证人检验合格，符合合同的规定。

（2）货物到达目的港后，20%的蜡烛油出现弯曲现象，是承运人将该批货物装在靠近机房的船舱内，舱内温度过高而造成的。而根据提单条款，承运人有妥善保管货物的义务，承运人没有恪尽职责，应承担赔偿责任。买方可持提单向承运人索赔。

（3）按 CFR 术语成交，办理保险由买方自理。如果买方购买了保险，而该损失又是承保的风险所致，买方也可凭保险单向保险公司索赔，与卖方没有关系。

 ## 复习思考题

一、简答题

1. 在 FOB 条件下交易双方各自承担哪些义务？

2. 使用 FOB 术语时应注意哪些问题？

3. 使用 CFR 术语时需要注意哪些问题？

4. 按 CIF London 条件成交，卖方是否要在伦敦交货？

5. 为什么说把 CIF 价格称为"到岸价"是错误的？

6. 为什么说 CIF 交易是一种典型的象征性交货？

7. 为什么在 CFR、CPT 条件下卖方发出装船（运）通知非常重要？

8. 试述 FOB、CFR、CIF 3 种贸易术语的异同。

9. 试述 FCA、CPT、CIP 3 种贸易术语的异同。

10. 当买方要求卖方将货物交到进口国的内陆地点时，应选用何种贸易术语成交？

二、分析题

1. 某公司以 CFR 术语进口一批面粉，国外卖方按期租船将货物发往我方目的港。货到目的港后，我方发现该批面粉严重霉变。经调查，原因是使用的船舶是一艘超龄服役的船，设备老化、航行速度慢，且船方又沿途招揽货物，致使航期延长了一个多月，当时正处高温潮湿季节，因而面粉长时间在船舱中不能通风发生霉变。对此损失，我方应向谁索赔？

2. 西安某公司以 FOB 条件出口一批冻鸡。合同签订后接到买方来电，称租船较为困难委托我方代为租船，有关费用由买方承担。为了方便合同履行，我方接受了对方的要求。但是，时至装运期我方还是无法在规定装运港租到合适的船只，且买方又不同意改变装运港。因此，到装运期满时货仍未装船。买方因销售季节即将结束便来函以我方未按期租船履行交货义务为由撤销合同。面对此种情况，我方该如何处理？

3. 某公司以 CPT 条件出口一批冬装，公司按期将货物交给指定承运人，但运输途中由于天气原因延期一个月，错过了销售季节，买方以此为由向该公司提出索赔。请问此项损失应由谁来承担？

4. D 出口公司按 FCA Shanghai Airport 条件向印度 A 商出口手表一批，货价 5 万美元，规定交货期为 8 月份，自上海运往孟买。其支付条件为买方凭孟买某银行转交的航空公司空运到货通知即期全额电汇付款。D 出口公司于 8 月 31 日将该批手表运到上海虹桥机场交由航空公司收货并出具航空运单，随即用电传向印度 A 商发出装运通知。航空公司于 9 月 2 日将该批手表空运至孟买，并将到货通知连同有关发票和航空运单交孟买某银行。该银行立即通知印度 A 商收取单据并电汇付款。此时，国际手表价格下跌，印度 A 商以 D 出口公司交货延期为由，拒绝付款、提货。D 出口公司坚持对方必须立即付款、提货。双方争执不下，遂提交仲裁。假如你是仲裁员，请问你会如何处理？说明理由。

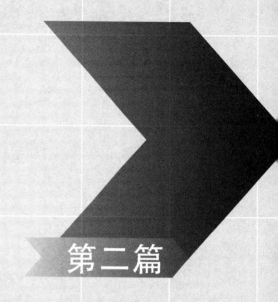

第二篇

国际货物买卖合同

合同的标的

学习目标
XUEXI MUBIAO

通过本章内容的学习，学生可以掌握商品品名、品质的内容及条款，计量单位、重量的计算方法，运输包装和销售包装的要求；熟悉表示品质的方法、包装标志的内容及品质条款、数量条款、包装条款的签订；了解商品条款的重要性；熟悉商品条款制定过程中的细节，培养学生具备良好的职业素养、法治意识、爱国情怀。

引导案例
YINDAO ANLI

新加坡某商行向我国一企业按 FOB 条件订购 5 000 吨铸铁井盖，合同总金额为 305 万美元（约合人民币 2 534.5 万元）。货物由买方提供图样进行生产。该合同品质条款规定：铸件表面应光洁；铸件不得有裂纹、气孔、砂眼、缩孔、夹渣和其他铸造缺陷。合同规定①：订约后 10 天内卖方须向买方预付"反保证金"25 万元，交第一批货物后 5 天内退还保证金。合同规定②：货物装运前，卖方应通知买方前往产地抽样检验，并签署质量合格确认书；若质量不符合合同要求，买方有权拒收货物；不经双方一致同意，任何一方不得单方面终止合同，否则由终止合同的一方承担全部经济损失。

请问：该品质条款的内容能否接受？

在国际货物买卖合同中，有关品名、品质、数量及包装的条款是与合同标的（商品）有着密切关系的条款。合同对交易商品的品名、品质、数量及包装的描述是构成商品说明的重要组成部分，也是交易双方交接货物的基本依据。因此，世界上许多国家的合同法都将这些条款规定为主要条款。如果卖方交付的货物不符合上述合同条款的规定，买方有权根据违约情况，要求降低价格，或要求修补或交付替代货物，或要求损害赔偿，甚至可以拒收货物，解除合同。由此可见，在国际货物买卖合同中对交易商品的具体品名、品质、数量及包装条款做出合理的规定，具有十分重要的法律意义和现实意义。

第一节 商品的品名

商品的品名又称商品的名称。在国际货物买卖合同中，它是指某种商品区别于其他商品的称呼或概念。

一、约定商品品名的意义

买卖合同是一种实物买卖，以一定物体的实际交付为要件，即买卖的对象是具有一定外观形态并占有一定空间的有形物。买卖合同的特征是通过合同的履行，将合同标的物的所有权由卖方转移至买方。众所周知，在国际贸易中，看货成交，一手交钱、一手交货的情况极少；而且国际货物买卖，从签订合同到交付货物往往需要相隔一段较长的时间；加之交易双方在洽商交易和签订货物买卖合同时，通常很少见到具体商品，一般只是凭借对拟买卖的商品做必要的描述来确定交易的标的。所以，在国际货物买卖合同中，列明合同的品名，就成为必不可少的条件。同时，要注意商标和品牌的区别，商标可以是品牌的全部或一部分，也可以单独设计，但必须依法注册，注册的商标受到注册国的法律保护。

按照有关法律和国际惯例的规定，合同中对品名的描述是构成商品说明的一个重要组成部分，是交易双方交接货物的一项基本依据，关系到交易双方的权利和义务。若卖方交付的货物不符合约定的品名或说明，买方有权提出损害赔偿，甚至拒收货物或撤销合同。因此，列明品名具有重要的法律和实践意义。

二、品名条款的内容

国际买卖合同中对品名条款的规定并无统一的格式，可由交易双方酌情商定。

合同中的品名条款一般都比较简单，通常是在"品名"或"货物名称"的标题下列明交易双方成交商品的名称。有时为了省略起见，也可不加标题，只在合同的开头部分列明双方当事人同意买卖某种商品的文句。例如：

"交易双方订立本合同，卖方同意按下列条件出售以下商品，买方同意按下列条件购买以下商品：××。

"This contrast is made by and between the buyers and the sellers, where by the sellers agree to sell and the buyers agree to buy the under mentioned commodity according to the terms and conditions stated below：××."

品名条款的规定，还取决于成交商品的品种和特点。就一般商品来说，有时只要列明商品的名称即可。但有的商品往往具有不同的品种、等级和型号。因此，为了明确起见，也要把有关具体品种、等级和型号的概括性描述包括进去，做进一步限定。此外，有的条款甚至把商品的品质规格也包括进去。在此情况下，它就不单是品名条款而是品名条款与品质条款的合并。

三、规定品名条款的注意事项

国际货物买卖合同中的品名条款是合同中的主要条件。因此，在规定此项条款时，应注意下列事项。

（1）商品品名必须明确、具体。命名商品的方法多种多样，有些以主要用途命名，有些以使用的主要原材料或主要成分命名，有些以外观造型或制造工艺命名，有些结合人名或地名命名，也有些冠以褒义词命名等。因此，在规定品名条款时，必须订明交易标的物的具体名称，避免空泛、笼统或含糊的规定，以确切地反映商品的用途、性能和特点，并且便于合同的履行。

（2）商品品名必须实事求是，切实反映商品的实际情况。合同条款中规定的品名必须是卖方能够供应而买方所需要的商品，凡做不到或不必要的描述性词句都不应列入，以免给履行合同带来困难。

（3）为避免纠纷，商品品名应尽可能使用国际通行的名称。有些商品的名称各地叫法不太一样，为了避免误解，应尽可能使用国际上通行的称呼。若使用地方性的名称，交易双方应事先就其含义达成共识。对于某些新商品的定名及其译名，应力求准确、易懂，并符合国际上的习惯称呼。

（4）注意选用合适的品名。有些商品具有不同的名称，因而存在同一商品因名称不同而交付不同的关税和班轮运费的现象，或者在进出口方面受到不同的限制。为了降低关税、方便进出口和节省运费开支，在确定合同的品名时，应当选用对我方有利的名称。

☞ 课堂案例

韩国 KM 公司向我国 BR 公司订购大蒜 650 吨，双方当事人几经磋商最终达成了交易。但是，在缮制合同时，由于山东胶东半岛地区是大蒜的主要产区，通常我国公司都会以此为大蒜货源基地，BR 公司就按惯例在合同品名条款上打上了"山东大蒜"。可是，在临近履行合同时，大蒜产地由于自然灾害导致歉收，货源紧张。BR 公司紧急从其他省份征购，最终按时交货。但是，KM 公司来电称，所交货物与合同规定不符，要求 BR 公司做出选择，要么提供山东大蒜，要么降价；否则，将撤销合同并提出贸易赔偿。请问 KM 公司的要求是否合理？

【案例分析】

本案例是由于商品品名条款所引发的争议。KM 公司的要求是合理的。品名和品质条款是合同的重要内容，一旦签订合同，卖方必须严格按合同的约定交货。另外，在表

第三章　合同的标的

示商品品质的方法中，有一种是凭产地名称买卖。产地名称代表着商品的品质，不同产地的同种货物其品质可能存在很大差别。因此，KM 公司要求提供山东大蒜的要求是合理的。

其实遇到上述情况，BR 公司可以援引不可抗力条款，及时通知买方，要求变更合同或解除合同。

在进出口贸易中，交易双方因语言习惯不同，对同一种商品，可能有不同的称呼。为了避免因商品名称引起的分歧，以及方便各国海关的贸易统计，人们就运用一定的规则，按照一定的标准对商品进行一定的分类，来规范使用商品名称。国际上影响最大、使用国家最多的当属原海关合作理事会（现名世界海关组织）于 1998 年实施的《商品名称及编码协调制度》（以下简称《协调制度》）。《协调制度》的主要内容是品目和子目，即代表各种各样商品名称及其规格的列目。中国海关为了海关征税和海关统计工作的需要，根据《协调制度》分别编制了《中华人民共和国海关进出口税则》（以下简称《进出口税则》）和《中华人民共和国海关统计商品目录》（以下简称《海关统计商品目录》），对我国的进出口商品进行分类。

从 1992 年 1 月 1 日起，我国《进出口税则》就采用了世界海关组织实施的《协调制度》，该制度是一部科学的、系统的国际贸易商品分类体系，采用八位编码，适用于税则、统计、生产、运输、贸易管制、检验检疫等多方面。目前，全球贸易量 98%以上的货物都是按这一目录分类的。它已成为国际贸易的一种标准语言。

我国进出口商品编码实行十位编码，前八位等效采用《协调制度》编码。商品编码第一、二位数码代表"章"，第三、四位数码代表"目"，第五、六位数码代表"子目"，第七、八位数码是我国子目，它是在《协调制度》分类原则和方法的基础上，根据我国进出口商品的实际情况延伸的两位编码。在进出口申报时，由于通关计算机系统的原因，对于八位数的编码，需要在后面补两个"0"，补足十位。

例如，编码 7801100000 为精炼铅，其中，第七、八位数码子目号列为我国增加的编码。

第二节　商品的品质

商品的品质又称商品的质量，是指商品的外观形态和内在质量的综合，如造型、结构、色泽、气味，以及化学成分、物理和机械性能、生物学特征等技术指标或要求。

一、商品品质的重要性

提高商品的质量具有十分重要的意义。因为品质的优劣直接影响商品的使用价值和价格。它是决定商品使用效能和影响商品市场价格的重要因素。在当前国际市场竞争空前激烈的条件下，许多国家都把提高商品质量、力争以质取胜，作为非价格竞争的一个主要组成部分。它是加强对外竞销的重要手段之一。因此，在出口贸易中，不断改进和提高出口商品的质量，不但可以增强出口竞争能力、扩大销路、提高售价，为国家和企业创造更多的外汇收入，而且可以提高出口商品在国际市场的声誉，并反映出口国的科学技术和经济发展水平。在进口贸易中，严格把好进口商品质量关，使进口商品适应国内生产建设、科学研究和消费者的需要，是维护国家和人民利益，并确保提高企业经济效益的重要手段。

为了使进出口商品的质量适应国内外市场的需要，在出口商品的生产、运输、存储、销售过程中，必须加强对品质的全面管理。在进口商品的订货、运输、接收等环节中，应当切实把好质量关。

由于国际贸易的商品种类繁多，即使是同一种商品，在品质方面也可能因自然条件、技术和工艺水平以及原材料的使用等因素的影响而存在着种种差异。这就要求交易双方在商订合同时，必须就品质条件做出明确规定。

合同中的品质条件是构成商品说明的重要组成部分，是交易双方交接货物的依据。英国《货物买卖法》把品质条件作为合同的要件。《公约》规定，卖方交货必须符合约定的质量，如卖方所交货物不符合约定的品质条件，买方有权要求损害赔偿，也可要求修补或交付替代货物，甚至拒收货物和撤销合同。这就进一步说明了品质的重要性。

二、表示品质的方法

在国际贸易中，表示商品品质的方法基本上分为两大类：一类是用文字说明来表示，另一类是以实物来表示。至于在具体业务中应以何种方式表示，则需要根据商品种类、商品特性、交易习惯及交易磋商的方式而定。

（一）用文字说明表示商品品质的方法

在国际贸易中，大部分商品适用以文字说明的方式来表示品质，因而可采用"凭文字说明销售"的方法。这一方法具体又可分为下列几种。

1. 凭规格、等级或标准买卖

商品的规格是指一些足以反映商品质量的主要指标，如化学成分、含量、纯度、性能、容量、长短、粗细等。各种商品由于品质的特点不同，规格的内容也不同。用规格来确定商品品质的方法，称为凭规格销售。凭规格销售比较方便、准确，在国际贸易中应用最为广泛。

商品的等级是指同一类商品按其规格上的差异分为品质优劣各不相同的若干等级，如皮蛋按其重量、大小分为套、排、特、顶、大五级。用等级来确定商品品质的方法，称为凭等级销售。凭等级销售时，只需说明其级别，即可了解所要买卖的商品的品质。

【条款示例】

钨砂按其含三氧化钨、锡等成分的不同，划分为特级、一级和二级三种。而每一级又规定有下列相对固定的规格：

	三氧化钨	锡	砷	硫
	最低	最高	最高	最高
特级	70%	0.2%	0.2%	0.8%
一级	65%	0.2%	0.2%	0.8%
二级	65%	1.5%	0.2%	0.8%

商品的标准是指将商品的规格和等级予以标准化。关于商品的标准，有的由国家或有关政府主管部门规定，有的由同业公会、交易所或国际性的工商组织规定。由于各国的标准常随生产技术的发展和情况的变化而进行修改和变动，因此，同一国家颁布的某类商品的标准往往就有不同年份的版本。版本不同，品质标准的内容也不尽相同。因此，在援引标准时，应标明援引标准的版本年份。例如，在凭药典确定品质时，应明确规定以哪国的药典为依据，并同时注明该药典的出版年份。

在国际市场上买卖农副产品时，还有一种常见的标准，即良好平均品质（Fair Average Quality，FAQ）。按照一些国家的解释，良好平均品质是指一定时期内某地出口货物的平均品质水平，一般是指中等货。这种标准含义非常笼统，实际上并不代表固定、确切的品质规格。它通常由装船地的同业公会在该季节装船的货物中分别抽出少量加以混合调配，以此代表该季节的平均品质。习惯上我们把它称为大路货，其品质标准一般是以我国产区当年生产该项农副产品的平均品质为依据而确定的。在使用这种方法时，除在合同中注明 FAQ 字样外，通常还要订明该商品的主要规格指标。

【条款示例】

示例 1：

中国花生仁良好平均品质　Chinese Groundnut，FAQ

水分不超过 13%　　　　　Moisture（max.）13%

不完善粒最高 5%　　　　 Admixture（max.）5%

含油量最低 44%　　　　　Oil Content（min.）44%

示例 2：

巴西大豆，1988 年新产，良好平均品质　Brazilian Soybean，1988 New Crop，FAQ

示例的 FAQ 只是表示品质为中等的未经精选的大路货。商品通常具有颗粒大小不一致、色泽不统一等特点，交货时应以具体规格为依据。至于有的合同只用 FAQ 而不订明具体规格，则只是一种简化做法，适用于交易双方事先有协议或者对方是老客户，有习惯的共同理解。但是，这种简化做法容易引起纠纷，在一般情况下应避免使用。

国外买卖木材和冷冻鱼虾等水产品时，有时采用上好可销品质（Goods Merchantable Quality，GMQ）标准。所谓上好可销品质是指卖方只需保证其交付的货物品质良好，适合销售，而在成交时无须以其他方式去说明商品的具体品质。交货后如发生品质争议，通常由同业公会聘请专家以仲裁方式解决。

2. 凭商标或品牌买卖

商标属工业产权，是指生产者或商号用来说明其所生产或出售的商品的标志。它可由一个或几个具有特色的单词、字母、数字、图形等组成。品牌是指工商企业给其制造或销售的商品所冠的名称，以便与其他企业的同类产品区别开来。一个品牌可用于一种商品，也可用于一个企业的所有商品。商标可以采用品牌的一部分或全部，也可以单独设计，但必须依法注册，受商标法保护。

当前，国际市场上行销的许多商品，尤其是日用消费品、加工食品、耐用消费品等都标有一定的商标或品牌。各种不同商标的商品都具有不同的特色。一些在国际上久负盛誉的名牌产品，因其品质优良稳定，具有一定的特色且能显示消费者的社会地位，故其售价远远高于其他同类产品。同时，一些名牌产品的制造者为了维护其商标的信誉，对其产品都进行了严格的品质控制，以保证其产品品质达到一定的标准。因此，许多商标或品牌本身就是一种品质象征。人们在交易中可以只凭商标或品牌进行买卖，无须对品质提出详细要求。但是，如果一种品牌的商品同时拥有多种不同型号或规格，为了明确起见，就必须在规定品牌的同时，明确规定商品的型号或规格。

凭商标或品牌的交易一般只适用于一些品质稳定的工业制成品或经过科学加工的初级产品。在进行这类交易时，必须切实把好质量关，保证产品的传统特色，把维护名牌产品的信誉放在首要地位。

此外，我国企业在接受国外客户订货并按规定印刷其提供的商标和品牌时，应注意该项商标是否合法，以免运往国外触犯进口国家的商标法而引起纠纷。

3. 凭产地名称买卖

在国际货物买卖中，有些商品因产区的自然条件、传统加工工艺等因素的影响，在品质方面具有其他产区的产品所不具有的独特风格和特色。对于这类产品，一般可用产地名称说明其品质。例如，龙口粉丝、四川榨菜、绍兴雕花酒、东北大米等。

4. 凭说明书或图样买卖

在国际贸易中，有些机械、仪表、电器等技术密集型产品，因其结构复杂，对材料和设计的要求非常严格，用以说明其性能的数据较多，很难用几个简单的指标来表明其品质的全貌，而且有些产品，即使其名称相同，但由于所使用的材料、设计和制造技术的某些差别，也可能导致功能上的差异。因此，对这类商品的品质，通常以说明书并附以图样、照片、设计、图纸、分析表及各种数据来说明其具体性能和结构特点。按此方式进行交易，称为凭说明书或图样买卖。

凭说明书或图样买卖时，要求所交的货物必须符合说明书所规定的各项指标。但是，由于这类产品的技术要求比较高，品质与说明书或图样相符合的产品有时在使用时并不一定能达到设计的要求，因此，在合同中除列入说明书的具体内容外，一般还需订立卖方品质保证条款和技术服务条款。例如，某合同规定："卖方须在一定期限内保证其商品的质量符合说明书所规定的指标，如在保证期内发现品质低于规定，或部件的工艺质量不良，或因材料内部隐患而产生缺陷，买方有权提出索赔，卖方有义务消除缺陷或更换有缺陷的商品或材料，并承担由此引起的各项费用。"

（二）用实物表示商品品质的方法

以实物表示品质，包括凭成交商品的实际品质和凭样品两种表示方法。前者指看货买卖；后者指凭样品买卖。

1. 看货买卖

当交易双方采用看货成交时，则买方或其代理人通常先在卖方存放货物的场所验看货物，一旦达成交易，卖方就应按对方验看过的商品交货。只要卖方交付的是验看过的商品，买方就不得对品质提出异议。此方法多用于寄售、拍卖和展卖。

2. 凭样品买卖

在出口业务中，有些商品由于其本身的特点，难以用文字来说明品质，因而需要用实物样品来表示，即为凭样品买卖。在我国出口业务中，部分工艺品、服装、轻工业品和土特产品采用凭样品买卖。

所谓样品是指从一批商品中抽出来或由生产、使用部门设计、加工出来的，足以反映和代表整批商品质量的少量实物。在凭样品销售时，一般都由卖方选择样品寄往买方凭以成交。这种交易称为凭卖方样品销售。有时，买方要求按其提供的样品成交。这种交易称为凭买方样品销售。在我国出口业务中这种交易又称来样成交或来样制作。

无论是凭卖方样品还是凭买方样品达成的交易，合同一经成立，凭以成交的样品就成为履行合同时双方交接货物的品质依据，卖方需承担所交货物的品质与该样品一致的责任。若交货品质与样品不符，买方有权提出索赔或拒收。这是凭样品销售的基本特点。为此，在出口业务中，卖方必须做好以下工作。

（1）凭卖方样品销售时。卖方提供的样品必须是有充分代表性的样品；卖方在寄出样品时应留存复样，以备将来交货或处理品质纠纷时做核对之用。在寄出的样品和留存的复样上均应编上相同的号码，以便日后函电联系。留存的复样应妥善保管。有些样品在保管时需要采取科学的贮藏方法，还要注意保管室的温度、湿度，以防止变质。

【条款示例】

玩具熊，货号为 Z3456，高 19 厘米，戴帽子和围巾。详情请依据 2015 年 9 月 6 日卖方寄送样品。

（2）凭买方样品销售时。首先要充分考虑原材料、加工生产技术、设备和生产安排的可能性。为了争取主动，防止日后交货困难，也可按买方来样复制或选择品质相近的样品（回样或对等样品）寄交买方，在得到其确认后就等于把来样成交转变为凭卖方样品销售了。其次，在凭来样成交时，一般还应声明或在合同中订明，如果发生由来样引起的工业产权等第三者权利问题，与卖方无涉，概由对方负责。

对于根据买方来样成交或是某些在制造技术上确有困难，很难做到货、样一致的商品，可以在合同中特别订明一些弹性品质条款。例如，"品质与样品大致相同（quality to be about equal to that of the sample）"。

在凭样品销售交易中，为防止履行合同时发生不必要的纠纷，必要时可使用封样，即由公证机构在一批商品中抽取同样品质的样品若干份，在每份样品上烫上火漆或铅封，供交易当事人使用。封样也可由发样人自封或由交易双方会同加封。

用样品和文字说明表示品质的各种方法，在实际业务中常被结合使用。

👉 **课堂案例**

我国某出口公司与德国一家公司签订出口一批农产品的合同。其中，品质规格为水分最高 15%，杂质不超过 3%，交货品质以中国商检局品质检验为最后依据。但是，在成交前我方公司曾向对方寄送过样品，合同签订后又电告对方，确认成交货物与样品相似。货物装运前由中国商检局进行品质检验签发品质规格合格证书。货物运抵德国后，该外国公司提出：虽然有检验证书，但货物品质比样品差，卖方有责任交付与样品一致的货物，所以要求每吨减价 6 英镑。

我方公司以合同中并未规定凭样交货为由不同意减价。于是，德国公司请该国某检验公司检验，出具了所交货物平均品质比样品差7%的检验证明，并据此提出索赔要求。我方不服，提出该产品系农产品，虽然不可能做到与样品完全相符，但也不至于低7%。由于我方留存的样品遗失，无法证明，最终只好赔付一笔品质差价。

【案例分析】

本案例是一宗既凭品质规格交货又凭样品买卖的交易。卖方成交前的寄样行为及订约后的"电告"都是合同的组成部分。

企业在进出口贸易中需要根据商品特点正确选择表示品质的方法，能用一种表示就不要用两种，避免双重标准。既凭规格又凭样品的交易，两个条件都要满足。同时，对样品的管理也要严格。"复样""留样"或"封样"应妥善保管，这些都是日后重要的物证。

三、合同中的品质条款

（一）品质条款的基本内容

在品质条款中，一般要列明商品的品名、规格或等级、标准和牌名等。凭样品销售时，则列明样品的编号或寄送日期，有时也附列简要的规格。由于商品的品种不同，表示品质的方法不一，故品质条款的内容及其繁简程度，应视商品特性而定。

【条款示例】

示例1：

9371 中国绿茶特珍一级

9371 China Green Tea Special Chunmee

示例2：

样品号 612 布娃娃

Sample No. 612 Cloth Doll

示例3：

棉坯布，30 支×36 支 72×6 938 英寸×121.5 码

Cotton Grey Shirting，30s×36s72×6 938″×121.5yds

示例4：

H120T 双斧牌八角锤，碳钢锻压，经热处理。黑漆，两端抛光，无柄。锤重 20 磅 ±5%。

H120T Two Axe Brand Double Faced Blackmith's Hammer. Drop-forged of Carbon Steel and Heat Treated. Black-Enamelled with Faces Polished. Supplied without Handle. Weight 20lbs. each ±5%.

（二）规定品质条款需注意的问题

1. 对某些商品可规定一定的品质机动幅度

在国际贸易中，为了避免因交货品质与买卖合同稍有不符而造成违约，以保证合同的顺利进行，可以在合同的品质条款中做出某些变通规定。常见的变通规定办法有以下几种。

（1）交货品质与样品大体相等或其他类似条款。在凭样品买卖的情况下，交易双方容易在交货品质与样品是否一致的问题上产生争议。为了避免争议和便于合同履行，卖方可要求在品质条款中加订"交货品质与样品大体相等"之类的条文。

（2）品质公差。品质公差是指国际上公认的产品品质的误差。在工业制成品生产过程中，产品的质量指标出现一定的误差有时是难以避免的。这种公认的误差，即使合同没有规定，只要卖方交货品质在公差范围内，也不能视为违约。但是，为了明确起见，还是应在合同品质条款中订明一定幅度的公差。例如，尺码或重量允许有±3%～±5%的合理公差。凡在品质公差范围内的货物，买方不得拒收或要求调整价格。

此外，对于某些难以用数字或科学方法表示的品质公差，则采取"合理差异"这种笼统的规定。例如，质地、颜色允许合理差异。由于对"合理差异"未做具体规定，容易导致争议，故使用时应慎重。凡能用数字或科学方法表示的，则不宜采用此种规定。

（3）品质机动幅度。某些初级产品（农副产品等）的质量不甚稳定，为了交易的顺利进行，在规定其品质指标的同时，可另订一定的品质机动幅度，即允许卖方所交货物的品质指标在一定幅度内具有灵活性。

关于品质机动幅度，有下列几种订法：

① 规定一定的范围。对品质指标的规定允许有一定的差异范围。例如，棉布幅宽47/48 英寸，即棉布的幅宽只要在 47 英寸到 48 英寸之间，均属合格。

② 规定极限。对有些商品的品质规格，使用上下极限的字样。常用的有最大（Maximum 或 Max）、最小（Minimum 或 Min）、最高、最低。卖方交货只要没有超出上述极限，买方就无权拒收。例如，芝麻，含油量52%（最低），水分8%（最高），杂质1%（最高）。

为了体现按质论价，在使用品质机动幅度时，有些货物也可根据交货品质情况调整价格，即所谓品质增减价条款。

根据我国外贸的实践，品质增减价条款有下列几种订法：

① 对机动幅度内的品质差异，可按交货实际品质规定予以增价或减价。例如，在大豆出口合同中规定：水分每增/减 1%，则合同价格减/增 1%；不完善粒每增/减 1%，则合同价格减/增 0.5%；含油量每增/减 1%，则合同价格增/减 1.5%。若增减幅度不到 1%，可按比例计算。

② 只对品质低于合同规定者扣价。在品质机动幅度范围内，对交货品质低于合同规定者扣价，而对高于合同规定者却不增加价格。为了更有效地约束卖方按规定的品质交货，还可规定不同的扣价办法。例如，在机动幅度范围内，交货品质低于合同规定1%，扣价1%；低于合同规定 1%以上者，则加大扣价比例。

采用品质增减价条款，一般应选用对价格有重要影响而又允许有一定机动幅度的主要质量指标，对于次要的质量指标或不允许有机动幅度的重要指标，则不能适用。

2. 正确运用各种表示品质的方法

品质条款的内容必然涉及表示品质的方法，采用何种表示品质的方法应根据商品特性而定。一般来说，凡能用科学的指标说明其质量的商品，则适于凭规格、等级或标准买卖；有些难以规格化和标准化的商品，如工艺品等，则适于凭样品买卖；某些质量好且具有一定特色的名优产品，适于凭商标或品牌买卖；某些性能复杂的机器、电器和仪表，则适于凭说明书或图样买卖；凡具有地方风味和特色的产品，则可凭产地名称买卖。上述这些表示品质的方法不能随意乱用，而应当合理选择。此外，凡能用一种方法表示品质的，一般就不宜用两种或两种以上的方法来表示。若同时采用既凭样品又凭规格买卖，则要求交货品质既要与样品一致，又要符合约定的规格。要做到两全其美，有时难以办到，会给合同履行带来困难。由此可见，在洽商交易和规定品质条款时，正确运用各种表示品质的方法是很重要的。

3. 品质条件要有科学性和合理性

为了便于合同的履行和维护自身的利益，在规定品质条款时，应注意其科学性和合理性。

（1）要从实际出发，防止品质条件偏高或偏低。在确定出口商品的品质条件时，既要考虑国外市场的实际需要，又要考虑国内生产部门供货的可能性。凡外商对品质要求过高，而我方又实际做不到的条件（皮鞋要求彻底消灭皱纹，豆类要求消灭死虫和活虫等），则不应接受。对于品质条件符合国外市场需要的商品，合同中的品质规格不应低于实际商品，以免影响成交价格和出口商品的信誉。但是，也不应为了追求高价而盲目提高品质，以致浪费原材料，给生产部门带来困难，甚至影响交货，对外造成不良影响。

在确定进口商品的品质条件时，应从我国实际需要出发。质量过高则影响价格，也未必符合需要；质量偏低或漏订一些主要质量指标，将影响使用，招致不应有的损失。

总之，要根据需要和可能，实事求是地确定品质条件，防止出现商品品质偏高或偏低现象。

（2）要合理地规定影响品质的各项重要指标。在品质条款中，应有选择地规定各项质量指标。凡影响品质的重要指标，不能出现遗漏，而且应将其订好。对于次要指标，可以少订。对于一些与品质无关紧要的条件，不宜订入，以免条款过于烦琐。

（3）要注意各质量指标之间的内在联系和相互关系。各项质量指标是从各个不同的角度来说明品质的，各项指标之间有内在的联系。在确定品质条件时，要通盘考虑，注意它们之间的一致性，以免由于某一质量指标规定不科学和不合理而影响其他质量指标，造成不应有的经济损失。例如，在荞麦品质条件中规定水分不超过17%，不完善粒不超过6%，杂质不超过3%，矿物质不超过0.15%。显然，此项规定不合理。因为对矿物质的要求过高，与其他指标不相称。为了使矿物质符合约定的指标，需反复加工，其结果必然会大大减少杂质和不完善粒的含量，从而造成不应有的损失。

（4）品质条件应明确、具体。为了便于检验和明确责任，在规定品质条件时应力求明确、具体，不宜采用诸如"大约""左右""合理误差"之类的笼统含糊字眼，以免在交货品质问题上引起争议。但是，也不宜把品质条件订得过死，给履行交货义务带来困难。一般来说，对一些矿产品、农副产品和轻工业品的品质规格的规定，要有一定的灵活性，以利合同的履行。

第三节　商品的数量

一、数量条款的意义

交易双方以一定数量的货物与一定金额的货款互换，构成一笔交易。在国际货物销售中，交易双方必须事先约定好买卖商品的数量，以作为合同履行的依据。因此，商品的数量是国际货物买卖合同中不可缺少的主要条件之一。按照某些国家的法律规定，卖方交货数量必须与合同规定相符；否则，买方有权提出索赔，甚至拒收货物。《公约》也规定，按约定的数量交付货物是卖方的一项基本义务。如卖方交货数量大于约定的数量，买方可以拒收多交的部分，也可以收取多交部分中的一部分或全部，但应按合同价格付款。如卖方交货数量少于约定的数量，卖方应在规定的交货期届满前补交，但不得使买方遭受不合理的不便或承担不合理的开支；即使如此，买方也保有要求损害赔偿的权利。

由于交易双方约定的数量是交接货物的依据，因此，正确掌握成交数量和订好合同中的数量条件具有十分重要的意义。买卖合同中成交数量的确定不但关系到进出口任务的完成，而且涉及对外政策和经营意图的贯彻。正确掌握成交数量，对促成交易的达成和争取有利的价格也具有一定的作用。

二、不同计量单位制下的主要计量单位

在国际贸易中，由于商品的种类、特性和各国计量单位制度的不同，计量单位和计量方法也多种多样。了解各种计量单位制度，熟悉各种计量单位的特定含义和计量方法，是从事外贸业务人员所必须具备的基本常识和技能。采用何种计量单位，除取决于商品的种类和特点外，还取决于交易双方的意愿。

（一）计量单位的确定方法

国际贸易中不同类型的商品，需要采用不同的计量单位。通常使用的有下列几种。

1. 按重量计量

按重量（weight）计量是国际贸易中广为使用的一种方法。例如，许多农副产品、矿产品和工业制成品，都按重量计量。按重量计量的单位有公吨（metric ton，M/T）、长吨（long ton）、短吨（short ton）、千克（kilogram，kg）、克（gram，g）、盎司（ounze，oz）、磅（pound，lb）等。对黄金、白银等贵重商品，通常采用克或盎司来计量。钻石之类的商品，则采用克拉（carat）作为计量单位。注意：在英、美等国，在计算重量时还有常衡（计算普通物品时所用）、金衡（计算金银时所用）和药衡（计算药品时所用）之分。

常用的重量单位换算关系如下：

1 吨 = 0.984 2 长吨（英吨）= 1.102 3 短吨（美吨）

1 千克 = 1 000 克 = 2.204 6 磅

1 磅 = 0.454 千克 = 16 盎司

1 盎司 = 28.35 克（常衡）

金/药衡 1 磅 = 常衡 0.822 857 14 磅

金/药衡 1 盎司 = 常衡 1.097 142 8 盎司

金/药衡 1 磅 = 0.373 千克 = 12 盎司

1 盎司 = 31.103 克

☞ 课堂案例

某出口公司在某次交易会上与外商当面谈妥出口大米 10 000 T，FOB 中国离岸价为 275 $/T。但我方公司在签约时，在合同上只笼统地写了 10 000 吨。我方当事人主观上认为合同上的"吨"就是指吨。后来，外商来证要求按长吨供货。如果我方照此办理则要多交大米 160.5 吨，折合为 44 137.5 美元。于是，双方发生了争执和纠纷。

【案例分析】

本案例的争议主要是由于我方签约人员对计量单位的无知造成的。所以，业务人员在订立数量条款时，一定要明确是何种计量单位制度，以免陷入被动。

2. 按数量计量

大多数工业制成品，尤其是日用消费品、轻工业品、机械产品以及一部分土特产品，均习惯于按数量（number）进行买卖。其使用的计量单位有件（piece）、双（pair）、套（set）、打（dozen，doz）、卷（roll）、令（ream，rm）、罗（gross，gr）、袋（bag）、包（bale）等。

常用的数量单位换算关系如下：1 打 = 12 件；1 罗 = 12 打。

3. 按长度计量

在金属绳索、丝绸、布匹等类商品的交易中，通常采用米（meter，m）、英尺（foot，ft）、码（yard，yd）等长度（length）单位来计量。

常用的长度单位换算关系如下：1 英寸 = 2.54 厘米；1 英尺 = 12 英寸 = 0.304 8 米；1 码 = 0.914 4 米。

4. 按面积计量

在玻璃板、地毯、皮革等商品的交易中，一般习惯以面积（area）作为计量单位，常见的单位有平方米（square meter，sq. m）、平方英尺（square foot，sq. ft）、平方码（square yard，sq. yd）等。

5. 按容积计量

各类谷物和流体货物，往往按容积（capacity）计量。其中，美国以蒲式耳（bushel，bu）作为各种谷物的计量单位，但每蒲式耳所代表的重量，则因谷物不同而有差异。例如，每蒲式耳亚麻籽为 56 磅，燕麦为 32 磅，大豆和小麦为 60 磅。公升（litre，l）、加仑（gallon，gal）则用于酒类、油类商品。

常用的容积单位换算关系如下：1 加仑 = 4.546 092 升（英制）= 3.785 412 升（美制）。

6. 按体积计量

按体积（volume）交易的商品有限，仅用于木材、天然气和化学气体等。属于这方面的计量单位有立方米（cubic meter, cu. m）、立方英尺（cubic foot, cu. ft）、立方码（cubic yard, cu. yd）等。

（二）国际贸易中的计量单位制度

世界各国由于计量单位制度不同，所使用的计量单位也各异。而计量单位制度不仅关系到货物的计价基础和卖方交货数量的准确性，同时还涉及商业发票上的计量单位是否符合进口国海关规定的问题。因此，了解与熟悉不同计量单位之间的折算方法是很重要的。

在国际贸易中，通常采用公制、英制、美制和国际标准计量组织在公制基础上颁布的国际单位制。《中华人民共和国计量法》规定："国家采用国际单位制。国际单位制计量单位和国家选定的其他计量单位，为国家法定计量单位。"目前，除个别特殊领域外，一般不许再使用非法定计量单位。我国出口商品，除照顾对方国家贸易习惯约定采用公制、英制或美制计量单位外，应使用我国法定计量单位。我国进口的机器设备和仪器等，应要求使用法定计量单位；否则，一般不许进口。如确有特殊需要，也必须经有关标准计量管理部门的批准。

计量单位制度的不同，使得同一计量单位所表示的数量也存在很大差异。就表示重量的"吨"而言，实行公制的国家一般采用公吨，每公吨为 1 000 千克；实行英制的国家一般采用长吨，每长吨为 1 016 千克；实行美制的国家一般采用短吨，每短吨为 907 千克。此外，有些国家对某些商品还规定有自己习惯使用的或法定的计量单位。以棉花为例，许多国家都习惯以包为计量单位，但每包的含量各国解释不一：巴西棉花每包净量为 396.8 磅，美国棉花每包净量为 480 磅，埃及棉花每包净量为 730 磅等。

为了解决各国计量单位制度不一带来的弊端，以及为了促进国际科学技术交流和国际贸易的发展，国际标准计量组织在各国广为通用的公制的基础上制定了国际单位制。国际单位制的实施和推广，标志着计量制度日趋国际化和标准化。现在越来越多的国家开始采用国际单位制。

三、重量的计算方法

在国际货物买卖中，有很多商品是按重量计算的。其计算方法主要有以下几种。

1. 按毛重计算

毛重（gross weight）是指商品本身的重量加包装用品的重量。包装物的重量称作皮重（tare）。此种计重方法一般适用于价值较低的商品买卖。

2. 按净重计算

凡商品本身的重量，即除去其包装物后的实际重量，称为净重（net weight）。这是国际贸易中最常见的计重方法。根据《公约》的规定，对于按重量计算价格的商品，除非交易双方另有约定，否则都应按净重计算价格。但是，有些商品因其包装物与商品不便分别计算重量（卷筒纸等），或因包装物与商品价格相差不大（价格较低的农副产品等），习惯上则按毛重计算重量。这种计价方法，在国际贸易中称作"以毛作净（gross for net）"。

在采用净重计重时，对于如何计算包装重量，国际上有下列几种做法。

（1）按实际皮重（actual tare，real tare）计算。实际皮重即指包装的实际重量，是指对商品的包装逐件衡量后所得的总和。

（2）按平均皮重（average tare）计算。如果商品所使用的包装比较划一，重量相差不大，就可以从整批货物中抽出一定的件数，称出其皮重，然后求出其平均重量，再乘以总件数，即可求得整批货物的皮重。近年来，随着科学技术的发展和包装材料与规格的标准化，采用平均皮重计算净重已成为国际上越来越普遍的做法。

（3）按习惯皮重（customary tare）计算。有些商品，由于其使用的包装材料和规格已比较定型，皮重已为市场所公认。因此，在计算皮重时，就无须对包装逐件过秤，只按习惯上公认的皮重乘以总件数即可。

（4）按约定皮重（computed tare）计算。这种做法以交易双方事先约定的包装重量作为计算的基础。

国际上有多种计算皮重的方法，究竟采用哪一种方法来求得净重，应根据商品的性质、所使用包装的特点、合同数量的多寡以及交易习惯，由双方当事人事先在合同中订明，以免事后引起争议。

3. 按公量计算

公量（conditioned weight）是针对某些吸水性强的商品（羊毛、生丝、棉花等）所采用的计重方法。通常的做法是先用科学方法除去商品中所含的实际水分，然后再加上国际公认的标准含水量，求得的重量即为公量。公量的计算公式：

$$公量＝商品干量×（1+标准回潮率）$$

或

$$公量＝\frac{商品净重×（1+标准回潮率）}{1+实际回潮率}$$

商品干量是指除去水分后的商品干净重。标准回潮率又称公定回潮率或法定回潮率，是指国际公认的商品回潮率，如羊毛、生丝的标准回潮率为11%。实际回潮率是指商品的实际含水量与干量的百分比。

现举例说明上述公量计算公式。

某公司出口生丝 10 吨，交易双方约定生丝的标准回潮率为11%。假设抽取 10 千克生丝，用科学方法除去其中的水分，净剩 8 千克的干生丝，则生丝的实际回潮率为25%（2/8）。

将数据分别代入上述两个计算公式得，

$$公量＝8×（1+11\%）＝8.88（吨）$$

$$公量＝\frac{10×（1+11\%）}{1+25\%}＝8.88（公吨）$$

4. 按理论重量计算

理论重量（theoretical weight）是针对一些按固定规格生产和销售的商品（钢板、马口铁等）所采用的计重方法。由于这些商品只要规格、尺寸相同，重量就相同。因此，计算这类商品的重量时，通常只需用商品的件数乘以每件商品的重量就可得出商品的总重量。按照此种方法得出的商品总重量，称作理论重量。

5. 按法定重量或实物净重计算

法定重量（legal weight）和实物净重（net weight）是某些国家的海关在对商品征收从量税时所使用的计重方法。所谓法定重量，是指商品本身的重量加上直接接触商品的包装物料的重量。实物净重，则是指不包括包装物料的商品本身的重量。

四、合同中的数量条款

在国际贸易买卖合同中，数量条款是主要的交易条件之一，也是交易双方交接货物和处理数量争议的依据。买卖合同中的数量条款主要包括成交商品的数量和计量单位。按重量成交的商品，还需订明计算重量的方法。数量条款的内容及其繁简程度，应视商品的特性而定。规定数量条款，需要注意下列事项。

（一）正确掌握成交数量

在洽商交易时，应正确掌握进出口商品成交的数量，以防心中无数，盲目成交。

1. 正确掌握出口商品的数量

为了正确掌握出口商品的成交量，在商订具体数量时，应当考虑下列因素。

（1）国外市场的供求状况。当确定向某市场出口商品时，应了解该市场的需求量和各地对该市场的供应量，有效地利用市场供求变化规律，按国外市场实际需要合理确定成交量，以保证出口商品能卖得适当的价钱。对出口商品的主销市场和常年稳定供货的地区与客商，应经常与其保持一定的成交量。以防因成交量过少或供应不及时，而导致国外竞争者乘虚而入，使我方失去原有市场和客户。

（2）国内货源供应情况。确定出口商品的成交数量应当同国内的生产能力与货源供应状况相适应。在有生产能力和货源充沛的情况下，可适当扩大成交量；反之，则不宜盲目成交，以免给生产企业和履行合同带来困难。

（3）国际市场的价格动态。在确定出口商品成交数量时，还应考虑该项商品的市场价格动态。当价格看跌时，如有货源，应争取多成交，快抛售；当价格看涨时，则不宜急于大量成交，尽量争取在有利的时机抛售。

（4）国外客户的资信状况和经营能力。出口商品的成交数量应与国外客户的资信状况和经营能力相适应。对资信情况不了解的客户和资信欠佳的客户，不宜与之轻易签订成交数量较大的合同，对小客户的成交数量也要适当控制。总之，要根据客户的具体情况确定适当的成交量。

2. 正确掌握进口商品的数量

为了正确地掌握进口商品的成交数量，一般需要考虑下列因素。

（1）国内的实际需要。在洽购进口商品时，应根据国内生产建设和市场的实际需要来确定成交量，避免盲目进口。

（2）国内支付能力。确定的进口商品数量应与国内支付能力相适应。当外汇充裕而国内又有需要时，可适当扩大进口商品数量；反之，则应控制进口商品数量，以免浪费外汇和出现不合理的贸易逆差。

（3）市场行情变化。在洽购进口商品时，还应根据国际市场行情变化情况确定成交数量。当市场行情发生对我方有利的变化时，应适当扩大成交数量；反之，则应适当控制成交数量。

（二）数量条款应当明确、具体

为了便于履行合同和避免引起争议，进出口合同中的数量条款应当明确具体。在规定成交数量时，应一并规定该商品的计量单位。对按重量计算的商品，还应规定计算重量的具体方法，如中国大米 1 000 吨，麻袋装，以毛作净。某些商品如需规定数量机动幅度，则数量机动幅度多少，由谁来掌握这一机动幅度，以及溢短装部分如何作价，都应在条款中具体订明。

此外，在进出口合同中，一般不宜出现"大约""近似""左右"等带伸缩性的字眼。因为各国和各行业对这类词语的解释不一，有的理解为 2% 的伸缩，也有的理解为 5%，甚至 10%，众说纷纭，容易引起争议。根据《UCP 600》的规定，这一约数可解释为交货数量有不超过 10% 的增减幅度。鉴于国际上对约数有不同解释，为了明确责任和便于合同履行，某些难以准确地按约定数量交货的商品，特别是大宗商品，可在买卖合同中具体规定数量机动幅度。

👉 课堂案例

黑龙江某贸易出口公司与俄罗斯公司成交一笔黄豆出口交易。合同的数量条款规定：每袋黄豆净重 100 千克，共 1 000 袋，合计 100 吨。但是，货物运抵俄罗斯后，经俄罗斯海关检查发现，每袋黄豆净重只有 96 千克，1 000 袋，共 96 吨。当时正遇黄豆市场价格下跌，俄罗斯公司以单货不符为由，提出降价 5% 的要求，否则拒收。请问俄罗斯公司的要求是否合理？若本案例中黄豆不是用袋装而是散装，则结果又如何？

【案例分析】

《UCP 600》规定：除信用证规定货物的指定数量不得有增减外，在所支付款项不超过信用证金额的条件下，货物数量准许有 5% 的增减幅度，但以包装单位或个数计数时不适用。

俄罗斯公司的要求合理。若把黄豆改成散装，在 5% 的增减幅度内，则无须降价赔偿。

《UCP 600》第三十条 信用证金额、数量与单价的伸缩度的解释，其中：

a. "约"或"大约"用于信用证金额或信用证规定的数量或单价时，应解释为允许有关金额或数量或单价有不超过 10% 的增减幅度。

b. 在信用证未以包装单位件数或货物自身件数的方式规定货物数量时，货物数量允许有 5% 的增减幅度，只要总支取金额不超过信用证金额。

c. 如果信用证规定了货物数量，而该数量已全部发运，以及如果信用证规定了单价，而该单价又未降低，或当第三十条 b 款不适用时，则即使不允许部分装运，也允许支取的金额有 5% 的减幅。若信用证规定有特定的增减幅度或使用第三十条 a 款提到的用语限定数量，则该减幅不适用。

（三）合理规定数量机动幅度

在粮食、矿砂、化肥和食糖等大宗商品的交易中，由于商品特性、货源变化、船舱容量、装载技术和包装等因素的影响，要求准确地按约定数量交货有时存在一定困难。

第三章 合同的标的

为了使交货数量具有一定范围内的灵活性和便于履行合同，交易双方可在合同中合理规定数量机动幅度。只要卖方交货数量在约定的增减幅度范围内，就算按合同规定数量交货，买方不得以交货数量不符为由而拒收货物或提出索赔。这种在头卖合同数量条款中明确规定可以增减的百分比，但增减幅度以不超过规定数量的百分比为限的条款，称为"溢短装条款"（more or less clause）。例如，500 吨，卖方可溢装或短装 5%（500 M/T，5%more or less at seller's option）。在订立数量机动幅度条款时，需要注意以下几点。

1. 数量机动幅度的大小要适当

数量机动幅度的大小通常都以百分比来表示，如 3% 或 5%。究竟百分比多大合适，应视商品特性、行业或贸易习惯和运输方式等因素而定。数量机动幅度可酌情做出各种不同的规定，其中一种是只对合同数量规定一个百分比的机动幅度，而对每批分运的具体幅度不做规定，在此情况下，只要卖方交货总量在规定的机动幅度范围内，就算按合同数量交了货。另一种是除规定合同数量总的机动幅度外，还规定每批分运数量的机动幅度，在此情况下，卖方总的交货量，就得受上述总机动幅度的约束，而不能只按每批分运数量的机动幅度交货。这就要求卖方根据过去累计的交货量，计算出最后一批应交的数量。

2. 机动幅度选择权的规定要合理

在合同规定有机动幅度的条件下，一般由履行交货的一方来行使这种机动幅度的选择权。但是，如果涉及海洋运输，交货量的多少与承载货物的船只的舱容关系非常密切，在租用船只时就得跟船方商定。所以，在这种情况下，交货机动幅度一般是由负责安排船只的一方选择，或是干脆由船长根据舱容和装载情况做出选择。总之，机动幅度的选择权可以根据不同情况，由买方行使，也可由卖方行使，或由船方行使。因此，为了明确起见，最好在合同中做出明确合理的规定。

此外，当成交某些价格波动剧烈的大宗商品时，为了防止卖方或买方利用数量机动幅度条款，根据自身利益故意增加或减少装船数量，也可在机动幅度条款中加订：此项机动幅度只在为了适应船舶实际装载量的需要时才能适用。

3. 溢短装数量的计价方法要公平合理

目前，对机动幅度范围内超出或低于合同数量的多装或少装部分，一般是按合同价格结算，这是比较常见的做法。但是，数量上的溢短装在一定条件下关系到交易双方的利益。在按合同价格计价的条件下，如果交货时市价下跌，多装对卖方有利；如果交货时市价上升，多装却对买方有利。因此，为了防止有权选择多装或少装的一方当事人利用行市的变化，有意多装或少装以获取额外的好处，买卖双方也可在合同中规定多装或少装的部分不按合同价格计价，而按装船时或货到时的市价计算，以体现公平、合理的原则。如双方对装船时或货到时的市价不能达成协议，则可交由仲裁解决。

包装是实现商品价值和使用价值的重要手段之一，是商品生产和消费之间的桥梁。在生产过程中，包装是最后一道重要的工序；在流通过程中，包装对保护商品、美化商品、宣传商品，以及对商品的贮藏、运输、销售、使用都起着重要的作用。在国际货物买卖中，包装是货物说明的组成部分。根据包装在流通过程中所起作用的不同，可将包装分为运输包装和销售包装两种类型。它们的好坏关系着商品的声誉，也关系着商品能否在激烈的国际市场竞争中取胜，还关系着企业能否在出口贸易中扩大销售、提高售价、增收外汇。因此，包装也是交易磋商的主要交易条件之一，应在合同中加以明确。

一、运输包装

（一）对运输包装的要求

国际贸易中的商品，一般都需要通过长途运输才能到达收货人和消费者手中。为了保证长途运输中的货物不受外界影响和安全到达，就需要有科学合理的运输包装。一般来说，国际贸易商品的运输包装比国内贸易商品的运输包装的要求更高。因此，在制作出口商品的运输包装时，应当满足下列要求。

1. 必须适应商品的特性

每种商品都有自己的特性。例如，水泥怕潮湿，玻璃制品容易破碎，流体货物容易渗漏和流失等。这就要求运输包装相应具有防潮、防震、防漏、防锈和防毒等良好的性能。

2. 必须适应各种不同运输方式的要求

不同运输方式对运输包装的要求不同。例如，海运包装要求牢固，并具有防止挤压和碰撞的功能；铁路运输包装要求具有不怕震动的功能；航空运输包装要求轻便且不宜过大。

3. 必须考虑有关国家的法律规定和客户的要求

各国法律对运输包装的规定不一。例如，美国政府宣布从 1998 年 12 月 17 日起，凡未经处理的中国木制包装箱和木制托架，一律不准入境，以免带进天牛（甲虫）而危害美国森林。又如，有些国家禁止使用稻草之类的材料做包装用料，因恐将病虫害带进国境；有些国家对包装标志和每件包装的重量有特殊的规定和要求。此外，当客户就运输包装提出某些特定的要求，也应根据需要和可能予以考虑。

4. 便于各环节有关人员进行操作

运输包装在流通过程中需要经过装卸、搬运、储存、保管、清点和查验等环节。为了便于这些环节的有关人员进行操作，包装的设计要合理，包装规格和每件包装的重量与体积要适当，包装方法要科学，包装上的各种标示要符合要求。这就需要根据不同商品实现运输包装标准化。因为，标准化的运输包装既易于识别、计量和查验，又便于装卸、搬运和保管。

5. 要在保证包装牢固的前提下节省费用

运输包装成本的高低和运输包装重量与体积的大小，都直接关系到企业的费用开支和经济效益。因此，在选用包装材料、进行包装设计和打包时，在保证包装牢固的前提下，应注意节约。比如，选用量轻、价廉而又结实的包装材料有利于降低包装成本和节省运费，包装设计合理可以避免用料过多或浪费包装容量，包装方法科学也有利于节省运费。因为轻泡货物按体积收取运费，包装紧密，体积小，可以少付运费。此外，还要考虑进口国家的关税税制。对输往从量征税的国家的出口包装，就不宜采用自重大的包装；对输往从价征税的国家的出口包装，就不宜采用价格昂贵的包装，以免遭受损失。

（二）运输包装的类型

在国际货物买卖中，运输包装的方式和造型多种多样，包装用料和质地各不相同，包装程度也各有差异。这就导致了运输包装的多样性。因此，运输包装可根据不同的情况进行分类。

1. 按包装方式划分

根据包装方式不同，运输包装可分为单件运输包装和集合运输包装。单件运输包装是指货物在运输过程中作为一个计件单位的包装；集合运输包装是指将若干单件运输包装组合成一件大包装，以便于更有效地保护商品，提高装卸效率和节省运输费用。常见的集合运输包装有集装包或集装袋、托盘和集装箱等。

2. 按包装造型划分

根据包装造型不同，运输包装可分为箱、袋、包、桶和捆等不同形状的包装。

3. 按包装材料划分

根据包装材料不同，运输包装可分为纸制包装，金属包装，木质包装，塑料包装，麻制品包装，竹、柳、草制品包装，玻璃制品包装和陶瓷包装等。

4. 按包装质地划分

根据包装质地不同，运输包装可分为软性包装、半硬性包装和硬性包装。具体采用何种包装，需要根据商品特性而定。

5. 按包装程度划分

根据包装程度不同，运输包装可分为全部包装和局部包装。全部包装是指对整个商品全面予以包装；局部包装是指对商品需要保护的部位加以包装，而不受外界影响的部分，则不予包装。绝大多数商品都需要全部包装。

总之，运输包装的选择要根据商品的特性、形状、贸易习惯、货物运输路线的自然条件、运输方式和各种费用开支大小等因素，在洽商交易时谈妥，并在合同中具体订明。有时还需注意进口国对包装材料有无特殊的限制。

此外，衬垫物也是包装的重要组成部分。包装衬垫物的主要作用是防潮、防震、防漏和防锈。衬垫物一般采用纸屑、纸条、木屑、防潮纸及各种塑料等材料。在使用衬垫物时，也需要考虑有关国家有无限制规定。

（三）运输包装的标志

为了便于识别货物，利于运输、仓储、检验、验关和交接工作的安全、顺利进行，避免错发错运，货物在交付运输之前，都要按要求在运输包装上压印、刷制或书写简单的文字、图形或数字。这些简单的文字、图形或数字统称为运输包装标志。根据用途的不同，运输包装标志可分为运输标志（shipping mark）、指示性标志（indicative mark）、警告性标志（warning mark）、重量体积标志和产地标志

1. 运输标志

运输标志又称唛头或唛，通常是由一个简单的几何图形和一些字母、数字及简单的文字组成。其主要内容包括：收货人的名称代用简字或代号；参考号码；目的港或目的地名称；件号，该批货物的总件数和本件的顺序号。此外，有的运输标志还包括原产地、合同号、许可证号、体积和重量等内容。运输标志的内容繁简不一，由交易双方根据商品特点和具体要求商定。

运输标志的举例如图 3-1 所示。

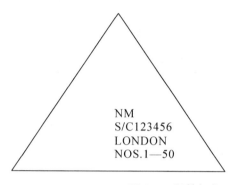

图 3-1　运输标志

随着国际货物运量的增加、运输方式的变革和计算机在运输领域的发展及应用，传统的运输标志越来越不能适应国际货运发展的需要。为此，在国际标准化组织和国际货物装卸协调协会的支持下，联合国欧洲经济委员会为了简化国际贸易程序工作制定了一项标准运输标志，并向各国推荐使用。该标准运输标志包括 4 行，每行不超过 17 个计算机可识别的字符（包括数字、字母和符号），具体内容为收货人代号、参考号码（运单、合同或发票号码等）、目的地、货物件数。该标准运输标志与传统的运输标志最显著的区别是不采用几何图形。

现举例如图 3-2 所示。

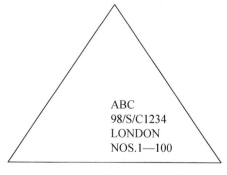

图 3-2　标准运输标志

2. 指示性标志

指示性标志是指提示人们在装卸、运输和保管过程中需要注意的事项的标志，一般都是以简单醒目的图形和文字在包装上标出，故有人称其为注意标志。例如，小心轻放（handle with care）、保持干燥（keep dry）、请勿用钩（use no hook）、此端向上（this side up）。

现列举几种指示性标志如下图 3-3 所示。

易碎物品　　　　　禁用手钩　　　　　此端向上

避热　　　　　保持干燥　　　　　注意重心

禁止翻滚　　　　　禁止堆码　　　　　此面禁用手推车

图 3-3　指示性标志

在运输包装上标打哪种标志，应根据商品性质正确选用。在文字使用上，最好采用出口国和进口国的文字，但一般使用英文的居多。

3. 警告性标志

警告性标志（warning mark）又称危险品标志（dangerous cargo mark），是指在装有爆炸品、易燃物品、腐蚀物品、氧化剂和放射物质等危险货物的运输包装上用图形或文字表示 各种危险品的标志。其作用是警告有关装卸、运输和保管人员按货物特性采取相应的措施，以保障人身和物资的安全。

为保证国际危险货物运输的安全，联合国、国际海事组织、国际铁路合作组织和国际民航组织分别制定了国际海上、铁路、航空危险货物运输规则。在我出口危险品的外包装上，应分别依照上述规则，刷写必要的危险品标志。图 3-4 列举了《国际海运危险货物规则》（简称《国际危规》）所规定的一些危险品标志。

1-爆炸危险品标志，一般为黑色（符号：黑色、底色：橙红色）；

2-易燃气体危险品标志，一般为黑色或白色（符号：黑色或白色、底色：正红色）；

3-有毒气体危险品标志，一般为黑色（符号：黑色、底色：白色）。

图 3-4　部分危险品标志

4. 重量体积标志

重量体积标志是指在运输包装上标明包装的体积和毛重，以方便储运过程中安排装卸作业和舱位。一种常见的重量体积标志如图 3-5 所示。

GROSS WEIGHT	54 kgs
NET WEIGHT	52 kgs
MEASUREMENT	42x28x18 cm

图 3-5　重量体积标志

5. 产地标志

商品产地是海关统计和征税的重要依据，由产地证说明。一般在商品的内外包装上均注明产地，作为商品说明的一个重要内容。

例如，我国出口商品包装上均注明 "MADE IN CHINA"。

运输包装上的各类标志，都必须按有关规定打在运输包装的显眼处，标志的颜色要符合有关规定的要求，防止褪色、脱落，使人一目了然，容易辨认。

二、销售包装

（一）对销售包装的要求

销售包装又称内包装或小包装，是指与商品直接接触并随商品进入流通领域与消费者见面的商品包装。这类包装除具有保护商品的功能外，还应具有美化、宣传商品，便于携带和使用，并促进商品销售的作用。因此，国际贸易对销售包装的造型结构、装潢画面和文字说明等方面都有较高的要求。不断改进销售包装的设计，改善包装用料，更新包装式样，美化装潢画面，写好文字说明，提高销售包装的质量，是加强对外竞销能力的一个重要方面。

为了使销售包装适应国际市场的需要，在设计制作销售包装时，应体现下列要求。

1. 便于陈列展销

许多商品在零售前，一般需要陈列在商店或展厅货架上，以吸引顾客和供消费者选购。因此，商品的造型结构必须适于陈列展销。

2. 便于识别商品

采用某些透明材料做包装，或在销售包装上辅以醒目的图案及文字标志，便于消费者采购商品时一目了然，识别商品。

3. 便于携带和使用

销售包装的大小要适当，以轻便为宜，必要时还可附有提手装置，为携带商品提供便利。对于某些要求密封的商品，在保证封口严密的前提下，要求开启容易，便于使用。

4. 要有艺术吸引力

销售包装应具有艺术上的吸引力。造型考究和装潢美观的销售包装，不但能显示商品的名贵，而且包装本身也具有观赏价值，有的还可作为装饰品用。这就有利于吸引顾客、提高售价和扩大销量。

（二）销售包装的类型

由于销售包装的式样、结构、用途及所用材料不同，故销售包装多种多样。常见的销售包装有下列几种。

1. 悬挂式包装

凡带有吊钩、吊带、挂孔等装置的包装称为悬挂式包装。这类包装便于悬挂。

2. 堆叠式包装

凡堆叠稳定性强的包装（罐、盒等）称为堆叠式包装。其优点是便于摆设和陈列。

3. 携带式包装

在包装上附有提手装置的为携带式包装。这类包装携带方便，颇受顾客欢迎。

4. 易开包装

对要求封口严密的销售包装，标有特定的开启部位，易于打开封口，称为易开包装。其优点是使用便利，如易拉罐等。

5. 喷雾包装

流体商品的销售包装本身，有的带有自动喷出流体的装置。它如同喷雾器一样，使用相当便利。

6. 配套包装

对某些需要搭配成交的商品，往往采用配套包装，即将不同品种、不同规格的商品配套装入同一包装。

7. 礼品包装

对某些用于送礼的商品，为了使外表美观和显示礼品的名贵，往往采用专作送礼用的包装。

8. 复用包装

这种包装除用于包装出售的商品外，还可存放其他商品或供人们观赏，具备多种用途。

（三）销售包装的装潢画面

在销售包装上，一般都附有装潢画面。其装潢画面要求美观大方，富有艺术上的吸引力，并突出商品特点。其图案和色彩，应符合有关国家的民族习惯和爱好。例如，信奉伊斯兰教的国家忌用猪形图案，日本人认为荷花图形不吉祥，意大利人喜欢绿色，埃及人禁忌蓝色等。在设计装潢画面时，应投其所好，以利扩大出口。

（四）销售包装的文字说明

在销售包装上应有必要的文字说明，如商标、品牌、品名、产地、数量、规格、成分、用途和使用方法等。文字说明要同装潢画面紧密结合、互相衬托、彼此补充，以达到宣传和促销的目的。使用的文字必须简明扼要，并让消费者能看懂，必要时也可以中外文并用。

☞ 课堂案例

国内一家企业准备出口到欧洲一批黄色竹制罐装的茶叶，罐身的一面刻有中文"中国茶叶"四字，另一面刻有我国古装仕女图。竹制罐制作精致美观，颇具民族特点，这样的罐装茶叶有利于销售吗？

【案例分析】

案例问题主要出在文字说明方面，这样的外包装不利于销售。出口商品的销售包装上应有必要的文字说明，如商标、品牌、品名、产地、数量、规格、成分、用途和使用方法等。使用的文字必须简明扼要，并让顾客能看懂，必要时也可中外文同时使用。具体到本案例，竹罐身仅有中文"中国茶叶"四字，和我国古装仕女图，国外客户对茶叶的类型、分量、质量等无法了解，因此，不利于在国外销售。

（五）条形码

近几十年来，随着计算机技术在商品流通领域的应用和不断发展，世界上许多国家已普遍在商品的销售包装上印制条形码。条形码又称条码，由一组带有数字的黑白及粗细间隔不等的平行条纹所组成。它是利用光电扫描阅读设备为计算机输入数据的特殊的代码语言。自 1949 年问世以来，该技术被广泛应用于银行、邮电通信、图书馆、货运仓储及工业自动化等领域。20 世纪 70 年代初，美国率先在食品零售业使用条形码技术。售货员在结算货款时只要将商品上的条形码对准计算机的光电扫描阅读设备，计算机就能自动识别条形码的信息，确定品名、品种、数量、规格、生产日期、制造商和产地等项内容，并能据此迅速地在数据库中查询出商品的单价，打出购货清单，更新库存，从而大大提高了结算的效率和准确性，缩短了顾客等候时间，同时也使企业库存管理水平上升到了一个新台阶。

三、中性包装和定牌

采用中性包装和定牌生产是国际贸易中常用的习惯做法。

（一）中性包装

中性包装是指在商品的内外包装上不注明生产国别、地名和厂名，也不标明商标或牌号的包装。也就是说，在出口商品包装的内外，都没有原产地和出口厂商的标记。中性包装包括无牌中性包装和定牌中性包装。前者指包装上既无产地名和出口厂商名称，又无商标或品牌；后者指包装上仅有买方指定的商标或品牌，但无生产地名和出口厂商名称。

采用中性包装是为了打破某些进口国家（地区）的关税和非关税壁垒，以及适应交易的特殊需要（转口销售等）。它是出口国家厂商加强对外竞销和扩大出口的一种手段，也是国际贸易中的一种习惯做法。

（二）定牌

1. 定牌的含义

定牌也称贴牌，英文名称为 OEM（Original Equipment Manufacturer），是指卖方按买方的要求在其出售的商品或包装上标明买方指定的商标或品牌。

2. 定牌的原因

许多国家实力雄厚、知名度高的超市、百货公司和专业商店，都在其经营商品上或包装上标有本商店的商标或品牌，以显示该商品的身价。许多国家的出口商为了利用买方的经营能力及其商业和品牌声誉，提高商品售价和扩大销路，也愿意接受定牌生产。

3. 定牌的具体做法

（1）在定牌生产的商品或包装上，只用外商所指定的商标或品牌，而不标明生产国别和出口厂商名称，属于采用定牌中性包装的做法。

（2）在定牌生产的商品或包装上，标明我国的商标或品牌，同时也加注国外商号名称或表示其商号的标记。

（3）在定牌生产的商品或包装上，采用买方所指定的商标或品牌的同时，在其商标或品牌下标示"中国制造"字样。

四、合同中的包装条款

在国际货物买卖中，凡是交易商品需要包装的，都应在买卖合同中订立包装条款。由于商品的特性和所采用的运输方式的不同，包装条款的内容也各不相同。通常包装条款包括包装材料、包装方式、包装规格、包装标志和包装费用的负担等内容。为了订好包装条款以便于合同的履行，在商订包装条款时需要注意下列事项。

1. 要考虑商品特点和不同运输方式的要求

商品的特性、形状和使用的运输方式不同，对包装的要求也不相同。因此，在约定包装材料、包装方式、包装规格、包装标志时，必须从商品在储运和销售过程中的实际需要出发，使约定的包装科学、合理，并达到安全、适用和适销的要求。

2. 对包装的规定要明确具体

约定包装时应明确具体，不宜笼统规定。一般不宜采用"海运包装""习惯包装"和"卖方惯用包装"之类的术语。因为此类术语含义模糊，无统一解释，容易引起争议。除非交易双方对包装方式的具体内容经事先充分交换意见或由于长时期的业务合作已取得一致认识。在合同中，一般宜采用具体规定的订法，如"纸箱装，每箱24听，每听500克（In cartons each containing 24 tins, of 500 grams）"。

【条款示例】

示例1：

每20件装一盒子，10盒子装一纸箱，共500纸箱。

20 pieces to a box, 10 boxes to an export carton, total 500 cartons only.

示例2:

每只包纸,并套塑料袋,每一打装一坚固新木箱,并刷信用证规定的唛头,共计400箱。

Each piece to be wrapped with paper and to a plastic bag, each dozen then to a new strong wooden case brushed with the marks specified in the relevant L/C, total 400 cases only.

3. 明确包装费用由何方负担

包装由谁供应,通常有下列三种做法。

(1)由卖方供应包装,包装连同商品一起交给买方。

(2)由卖方供应包装,但交货后卖方将原包装收回。关于原包装返回给卖方的运费由何方负担应做具体规定。

(3)买方供应包装或包装物料。采用此种做法时,应明确规定买方提供包装或包装物料的时间,以及由于包装或包装物料未能及时提供而影响发运时交易双方所负担的责任。

关于包装费用,一般包括在货价之内不另计收。但也有不计在货价之内,而规定由买方另外支付的。究竟由何方负担,应在包装条款中订明。

 知识小结

本章介绍了商品的品名、品质、数量和包装的基本概念,讲解了在国际贸易合同中商品的品名、品质、数量和包装条款的基本内容及规定方法,以及订立这些条款时应注意的问题。

 引导案例分析

引导案例中的合同品质条款的内容不能接受。

引导案例是一起典型的外商利用合同中的品质条款进行诈骗的案例。铸件表面光洁是一个十分含糊的概念,没有具体标准和程度;"不得有裂纹、气孔等铸造缺陷"存在的隐患更大,极易使卖方陷入被动。对方的实际目标是25万元"反保证金"。

 复习思考题

一、简答题

1. 为什么要在买卖合同中规定商品的品名?规定品名条件时应注意哪些事项?

2. 表示商品品质的方法有哪些？

3. 订立品质机动幅度的方法有哪几种？

4. 在凭卖方样品成交和凭买方样品成交时，卖方分别应注意哪些问题？

5. 规定品质条款需注意哪些问题？

6. 什么是数量机动幅度？如何规定？为什么在国际货物买卖合同中通常都要明确规定数量机动幅度条款？

7. 出口商品的外包装上一般有哪些标志？

8. 运输标志一般由哪些内容组成？试按一般要求设计一个运输标志。

9. 什么是定牌和中性包装？在什么情况下使用这些做法？

10. 出口合同中的包装条款一般包括哪些内容？在制定包装条款时应注意哪些问题？

二、计算分析题

1. 某出口商品共 210 箱，每箱毛重 9.3 千克，箱子尺寸为长 42 厘米、宽 30 厘米、高 40 厘米，求该批商品的毛重共多少吨？体积共多少立方米？合多少立方英尺？如每箱的皮重为 2.3 千克，试求该批货物的净重共多少吨。

2. 某出口公司按每箱 100 美元的价格售出某商品 1 000 箱，合同规定"数量允许有 5% 上下的误差，由卖方决定"。请问"数量允许有 ±5% 的误差"是什么条款？卖方最多可装多少箱？最少应装多少箱？如卖方实际装运 1 030 箱，买方应付卖方多少货款？

3. 某国外客户要求我出口公司报 1 000 长吨大米的出口价，但是，我国出口大米一般用吨计量，请问应换算成多少吨对外报出？出口大米一般用麻袋包装，每袋净重 100 千克，如按以上条件达成交易，应用多少个麻袋来装这批大米？

4. 国际商品市场行情芝加哥豆油每磅 33.3 美分，而我国是用千克报价，为便于比较价格，将每磅 33.3 美分换算成每千克的价格是多少？

5. 广东一家进出口公司向沙特出口冷冻湛江鸡 500 箱。合同规定：屠宰鸡要符合伊斯兰教的习惯，货物到达沙特后，冷冻鸡外体完整，颈部无任何刀痕。货物运到后，进口当局认为其违反了伊斯兰教的用刀方法。因此，沙特的进口商拒绝收货，并要求广东公司退回货款。请问遇到上述情况，进口商有无拒收货物和要求退款的权利？为什么？

6. 我国某出口公司与波兰商人签订了一份出口水果合同，支付方式为货到付款。但是，货到经买方验收后发现水果总重量缺少 10%，而且每个水果的重量也低于合同的规定。因此，波兰商人拒绝付款，也拒绝提货。后来水果全部腐烂，波兰海关向中方收取仓储费和处理水果费用共计 5 万美元，中国出口公司陷于被动。请问从此案例中我们应该吸取什么教训？

7. 我国某出口公司出口到加拿大一批货物，价值 80 万元。合同规定用塑料袋包装，每件要使用英、法两种文字的唛头。但是，我国公司实际交付的货物没有用塑料袋包装，而是改用其他包装代替，并且只使用了英文的唛头。货物到达后，加拿大商人为了适应当地市场的销售要求，不得不雇人重新更换包装和唛头，随后其向中方提出索赔。中方是否应认赔？为什么？请对此案例进行评析。

第四章

国际货物运输

学习目标

XUEXI MUBIAO

　　掌握海洋运输的形式、分类等；熟悉集装箱运输方式；了解其他运输方式；掌握合同中装运条款的内容；掌握海运提单的性质、内容和种类；熟悉其他运输单据，培养学生具备严谨的工匠精神、法治意识和爱国情怀。

引导案例

YINDAO ANLI

　　有一份出口合同，出售中国东北大米 10 000 吨。合同规定："自 2 月份开始，每月装船 1 000 吨，分 10 批交货。"卖方从 2 月份开始交货，但交至第五批时，交货大米出现霉变，不能食用，因而买方以此为由，主张以后各批交货均应撤销。在上述情况下，买方能否主张这种权利？为什么？

国际货物运输服务是伴随着国际贸易的产生、发展而逐渐形成并壮大起来的。可以说没有发达、便捷的国际货物运输网络，国际贸易乃至世界经济也不可能发展到今天这种水平。国际货物运输是国际贸易的一个重要环节。也就是说，某种商品成交后，只有通过交通运输，按照约定的时间、地点和交货条件把商品交给对方或其代理人，国际贸易才算完成。因此，国际贸易和国际货物运输有相互促进的作用。随着国际贸易的发展，出现了越来越多可运的物品，这就加速了国际货物运输的发展。反过来，正是因为国际货物运输的不断发展，才促使国际货物以更快的速度进行交换，降低了运输成本，帮助企业开拓越来越广阔的市场，从而推动了国际贸易的发展。

第一节　国际货物运输方式

在国际货物买卖中，运输是必不可少的一个环节。国际货物运输的方式包括海洋运输、铁路运输、航空运输、集装箱运输、国际多式联运、大陆桥运输、邮政运输、公路运输、内河运输、管道运输等多种方式。下面介绍几种我国目前常用的对外贸易货物运输方式。

一、海洋运输

海洋运输是国际货物运输中最主要的运输方式。与其他运输方式相比，海运具有通过能力强、运量大、运费低廉等优点，所以为贸易双方所青睐。目前，世界贸易总运量的80%左右是通过海洋运输来实现的。但是，海洋运输也有一定的缺陷，如速度慢、受气候条件影响大、风险大等。因此，对于货值较高、不能长途运输、易腐烂的货物，一般不适宜采用海洋运输。

海洋运输按照船舶的经营方式不同，可以分为班轮运输和租船运输两种形式。

（一）班轮运输

班轮运输又称定期船运输，是指船舶在固定的航线上和港口间，按事先公布的船期表航行，并按事先公布的运费率计收运费，从事客货运输业务的一种运输方式。

1. 班轮运输的特点

（1）四固定。固定的航线、固定的停靠港口、固定的船期和相对固定的运费。

（2）一负责。由船方负责装卸，装卸的费用包含在运费中。船货双方也不计算滞期费和速遣费。

（3）船货双方的权利、义务和责任豁免，以船方签发的提单条款为依据。

（4）承运货物的品种、数量比较灵活，货运质量比较有保障。

2. 班轮运费

班轮运费是承运人因承运货物而向托运人收取的费用。班轮运费包括基本运费和附加费两部分，通常按照船公司事先公布的班轮运价表的规定计收。班轮运价表一般包括货物分级表、各航线费率表、附加费率表、冷藏货及活牲畜费率表等。目前，我国班轮公司使用的是等级运价表，即将常用货物分为若干等级（通常分为20个等级），每一个等级的货物有一个基本运费率，其中 1 级货物运费率最低，20 级货物运费率最高。

（1）基本运费。基本运费是指从装运港到目的港的基本费用，是构成班轮运费的主体。基本运费的计收标准有以下几种。

①按毛重计收。以重量吨为单位计收，运价表内用"W"表示。多适用于重货，即每立方米重量大于 1 吨的货物。

②按体积计收。以尺码吨为单位计收，运价表内用"M"表示。多适用于轻货，即每立方米重量小于 1 吨的货物。

上述重量吨和尺码吨合称运费吨或计费吨。

③按毛重或体积计收。由船公司选择较高者作为运费计收标准，运价表内用"W/M"表示。毛重和体积相比较时的折算标准为 1 立方米折合 1 吨。

④按商品的价格计收，又称从价运费。运价表内用"A. V."或者"Ad. Val."表示，一般按商品 FOB 价格的一定百分比收取。按价格计收运费的货物一般属于高值货物。

⑤按货物重量、体积或价值三者中最高的一种计收。在运价表中以"W/M or Ad. Val."表示。

⑥按货物重量或体积选择其高者，再加上从价运费计算。在运价表中以"W/M plus Ad. Val."表示。

⑦按件数计收。例如，汽车按"辆（per unit）"计费，活牲畜按"头（per head）"计费。

⑧按议价运费收取。对于大宗商品，运费由船公司和货主临时议定。通常在承运粮食、豆类、矿石、煤炭等运量大、运价低、装卸快的农副产品和矿产品的时候使用。议价运费率一般较低。

（2）附加费。附加费是指一些需要特殊处理的货物或由于客观情况的变化使运输费用大幅增加，班轮公司为弥补损失而额外加收的费用。附加费的种类有很多，常见的有超重附加费、超长附加费、直航附加费、绕航附加费、港口附加费、转船附加费、选港附加费、燃油附加费、货币贬值附加费等。

附加费的计收方法有两种：一种是用绝对数表示，即每运费吨若干金额；另一种是用百分比表示，即在基本运费率的基础上加收一定百分比的附加费。

班轮运费的计算方法是先根据货物的英文名称，从货物分级表中查出货物的计费等级和计费标准，然后按航线找出该等级的基本费率，最后加上各项需支付的附加费率，即得出该有关货物的单位运费。如为从价运费，则按规定的百分比乘以 FOB 货值即可。

【例 4-1】 某公司向科威特出口文具 1 000 箱，每箱毛重 30 千克，单位体积为 0.035 立方米。货物由大连装中国外运轮船运往科威特港。查得文具属于 9 级货，运费计收标准为 W/M。科威特属波斯湾航线，大连至科威特基本费率为 76 美元/运费吨，直航附加费为 5 美元/运费吨。请问应付船公司多少运费？

解：该批货每箱尺码（0.035 立方米）比每箱重量（0.03 吨）高，所以运费按尺码吨计收。

每箱运费 = 0.035×（76+5）= 2.835（美元）

应付总运费 = 2.835×1 000 = 2 835（美元）

【例 4-2】 东方贸易公司以 CFR 价格贸易条件向肯尼亚蒙巴萨出口门锁 100 箱，每箱毛重 25 千克，箱的尺寸为长 40 厘米、宽 30 厘米、高 20 厘米。该批货物的运费是多少？（M/W，经查该航线的货物每运费吨为 443 港币，另加燃油费 30%，港口拥挤费 10%）

解：货物体积 = 0.4×0.3×0.2×100 = 2.4（立方米）

货物重量 = 25×100÷1 000 = 2.5（吨）

重量大于体积，所以按重量计算运费。

2.5×（1+30%+10%）×443 = 1 550.5（港币）

（二）租船运输

租船运输又称不定期船运输，是租船人向船东租赁船舶用于运输货物的运输方式。与班轮运输不同，在租船运输中，船舶的航线、停靠港口、船期以及运费应在装运前由租船人和船东协商确定。租船人与船方之间的权利、义务以双方签订的租船合同为准。大宗货物的贸易通常采用租船运输。

租船的方式分为定程租船和定期租船两种。

1. 定程租船

定程租船又称航次租船，简称程租，是指由租船人在指定港口之间进行一个航次或数个航次运输指定货物的租船运输。按航次多少可以分为单程租船、来回程租船、连续航次租船和包运合同等多种形式。

2. 定期租船

定期租船简称期租，是指租船人按一定期限租赁船舶的方式。租期短则数月，长则数年。租赁期间，船舶由租船人调度和使用，租船人也可将此期租船充作班轮或程租船使用。

3. 程租与期租的比较

两者的区别主要体现在以下几个方面。

（1）租赁方式不同。前者是按航程租用船舶，后者是按期限租用船舶。关于双方的责任和义务，前者以定程租船合同为准，后者以定期租船合同为准。

（2）船舶的经营管理不同。前者由船方负责船舶的营运，并负担船舶的燃料费、物料费、维修费、港口使用费等营运费用；后者由船方负责对船舶的维护、修理，保证机器正常运转，支付船员工资以及给养等，而船舶的调度、货物运输、各项营运支出，应由承租方承担。

（3）运费收取方式不同。前者通常按承运货物的数量或总量计算运费，后者通常按船舶承载能力和租期长短计算。

（4）滞期费和速遣费的收取不同。前者在合同中订明货物装卸时间以及滞期费和速遣费的计算标准，后者则不计算滞期费和速遣费。

4. 程租船的装卸费

在定程租船中，货物的装卸费由船方和承租方协商确定。具体做法有以下五种。

（1）船方负担装卸费，又称班轮条件。

（2）船方管装不管卸。

（3）船方管卸不管装。

（4）船方不管装卸。

（5）船方不管装卸、理舱和平舱。

二、铁路运输

铁路运输是一种仅次于海运的主要国际货物运输方式。在内陆接壤的国家之间进行的国际贸易中，铁路运输起着重要作用。海洋运输的进出口货物，也大多数以铁路运输进行货物的境内集散。

铁路运输一般不受气候条件的影响，可保障常年的正常运输，而且运量大、速度快、有高度的连续性，运输过程中可能遭受的风险也比较小。办理铁路货运手续比海洋运输简单，而且发货人和收货人可以在就近的装运站和目的站办理托运和提货手续。

铁路运输包括国际铁路货物联运和国内铁路运输两部分。

（一）国际铁路货物联运

国际铁路货物联运是指使用一份统一的国际联运单据，由负责经过两国或两国以上的铁路全程运送，并且由一国向另一国铁路移交货物时不需要发货人和收货人参加的一种运输方式。

国际铁路货物联运通常依据有关的国际条约进行。1890 年欧洲各国在瑞士首都伯尔尼举行的各国铁路代表会议上制定了《国际铁路货物运送规则》，1938 年修改时改称为《国际铁路货物运送公约》（以下简称《国际货约》），又称《伯尔尼货运公约》。此公约在第一次和第二次世界大战期间曾经中断过，战后又重新恢复，后来为适应国际形势的不断发展变化进行过多次修改。

1951 年，苏联与东欧七国（罗马尼亚、保加利亚、匈牙利、民主德国、波兰、阿尔巴尼亚、捷克斯洛伐克）签订并实施了《国际铁路货物联运协定》（以下简称《国际货协》）。1954 年，我国加入《国际货协》。此后，蒙古国、朝鲜、越南也参加了这一协定，《国际货协》的缔约国达到 12 国。1990 年 10 月，由于德国的统一，民主德国终止参加《国际货协》。后随着东欧形势的变化，匈牙利、捷克斯洛伐克也相继退出《国际货协》。

（二）国内铁路运输

国内铁路运输是指仅在我国范围内按照《中华人民共和国铁路货物运输规程》的规定办理的货物运输。我国出口货物经铁路运至港口装船，以及进口货物到港卸货后经铁路运往各地，均属国内铁路运输的范畴。我国内地运往香港、澳门地区的铁路运输〔称为陆港（澳）运输〕也属于国内运输，但与一般的国内运输不同。

1. 我国内地对香港地区铁路运输

它由内地段和港九段两部分铁路运输组成，是"两票运输，租车过轨"。即出口单位将货物运到深圳北站，收货人是中国对外贸易运输公司（以下简称"中外运"）深圳分公司。由该收货人作为各外贸企业的代理，负责在深圳与铁路局办理货物运输单据的交换，并向深圳铁路局租车，然后申报出口，经查验放行后，将货物运至九龙港。香港中国旅行社作为中外运深圳分公司在香港的代理人，负责向香港九龙铁路公司办理港段铁路运输的托运、报关工作。货抵九龙站后，由香港中国旅行社将货物分拨给香港收货人。

2. 我国内地对澳门地区铁路运输

内地运往澳门地区的货物只能在广州中转。内地出口单位将货物发往广州南边，收货人是广东省外运公司；再由广东省外运公司办理水运中转至澳门。货到澳门由南光集团运输部接货并交付实际收货人。

三、航空运输

航空运输是一种现代化的运输方式。它与海洋运输和铁路运输相比，具有运输速度快、货运质量高且不受地面条件限制等优点。特别是对于急需、贵重、时令鲜活产品，比用其他运输方式更为优越。近年来，航空运输发展迅速，运量增长很快，在国际货物运输中的地位日益提高。

采用航空货运需办理一定的手续，但航空公司一般只负责空中运输，有关货物在交给航空公司之前的揽货、接货、报关、订舱以及在目的地机场的接货、报关、交货或送货上门等业务，一般由货运公司办理。

（一）航空运输的方式

1. 班机运输

班机是指在固定时间、固定航线、固定始发站和目的站运输的飞机。通常班机使用客货混合型飞机，一些大的航空公司也有专门的货运班机。班机运输适用于急用物品、鲜活物品、贵重物品、电子器件等货物。因为班机通常是客货混装，所以货舱舱位有限，一般不适于运送大批物品。

2. 包机运输

包机运输是指包租整架飞机或若干发货人联合包租一架飞机进行货运的空运方式。包机分为整包机和部分包机两种形式。前者适用于运送大宗货物，后者适用于发货人有多个但货物到达站又是同一地点的货物运输。

3. 集中托运

集中托运是指航空公司把若干单独发运的货物（每一货主货物要出具一份航空运单）组成一整批货物，用一份总运单（附分运单）整批发运到预定目的地，由航空公司在目的地的代理人收货、报关、分拨后交付给实际收货人。集中托运比班机运输运价低一些，因此，发货人比较愿意将货物交给航空货运公司办理集中托运。

4. 航空急件传送

航空急件传送是目前航空运输中最快捷的方式。它由专门经营此业务的机构与航空公司密切合作，设专人以最快的速度在货主、机场、收货人之间传送急件。航空急件传送有门到门服务、门到机场服务和专人派送三种形式，特别适用于急需物品、医疗器械、贵重物品、图纸资料、货样、单证以及文件合同等小件物品的传送。

（二）航空运输的运价

航空运价是指从启运地机场至目的地机场的运价，不包括提货、报关、仓储等费用。

航空货物运价包括协议运价和国际航空运输代理协会（IATA）运价两种。前者是航空公司与托运人签订协议，双方商定价格；后者是参照国际航空运输代理协会运价表执行。运价的收取一般是按毛重（千克）或体积重量（6 000 立方厘米折合 1 千克）来计算的，以两者中高者为准。

四、集装箱运输

集装箱运输是以集装箱作为运输单位进行货物运输的一种现代化运输方式，适用于海洋运输、铁路运输以及国际多式联运等。自 20 世纪 70 年代以来，集装箱海洋运输发展尤为迅速，目前已成为国际主要班轮航线上占有支配地位的运输方式。

集装箱运输之所以发展迅速，在于它所具有的一系列优点：提高货物装卸速度，加速船舶周转；减少货损货差，提高货运质量；简化货物包装，节省费用；降低运输成本；有效利用运输能力，把传统单一运输串联为连贯的成组运输，促进了国际多式联运的发展。

（一）集装箱的类型和规格

集装箱有很多类型以适应不同货物的需要，如干货集装箱、罐式集装箱、保温集装箱、冷藏集装箱、开盖集装箱、框架集装箱、平台集装箱、散装集装箱、挂式集装箱、通风集装箱、牲畜集装箱等。集装箱的规格有很多种。国际标准化组织为了统一集装箱的规格，推荐了 3 个系列 13 种规格的集装箱。但是，在国际航运中，使用的主要是 1A 型（8′×8′×40′）和 1C 型（8′×8′×20′）两种规格。国际上都以 20 英尺集装箱作为计算衡量单位，以统计计算集装箱运输的货运量，以 TEU（twenty foot equivalent unit）表示，意为"相当于 20 英尺单位"。

（二）集装箱货物的装箱方式

集装箱货物的运输有整箱货和拼箱货之分。一批货物达到一个或一个以上集装箱容积的 75%（及以上）或集装箱负荷重量的 95%（及以上），即可作为整箱货。如果一批货物不足一整箱，则需两批或两批以上货物同装一箱，为拼箱货。整箱货由发货人在工厂或仓库自行装箱，之后直接运往集装箱堆场（container yard，CY）等候发运。货到目的港后，收货人可直接从目的港集装箱堆场提货。拼箱货由发货人将货物运到集装箱货运站（container freight station，CFS），由承运人拼箱后运至集装箱堆场。货到目的港后，由承运人在目的港集装箱货运站开箱分拨给各收货人。

（三）集装箱货物的交接

集装箱货物的交接方式应在运输单据上予以说明。国际上通用的表示方法有以下几种。

1. 整箱交/整箱收

在这种交接方式下，集装箱的具体交接地点有以下四种情况：

（1）Door to Door，即门到门。

（2）CY to CY，即场到场。

（3）Door to CY，即门到场。

（4）CY to Door，即场到门。

整箱交/整箱收的方式最能发挥集装箱运输的优越性，效率最高。

2. 拼箱交/拆箱收

在这种交接方式下，集装箱的具体交接方式只有一种——CFS to CFS，即站到站。

3. 整箱交/拆箱收

在这种交接方式下，集装箱的具体交接地点有以下两种情况：

（1）Door to CFS，即门到站。

（2）CY to CFS，即场到站。

4. 拼箱交/整箱收

在这种交接方式下，集装箱的具体交接地点有以下两种情况。

（1）CFS to Door，即站到门。

（2）CFS to CY，即站到场。

（四）集装箱运输的费用

集装箱运输的费用包括内陆或装运港市内运输费、拼箱服务费、堆场服务费、海运运费、集装箱及其设备使用费等。

集装箱海运运费的收取一般分两类：一类是按传统的件杂货运费计算方法，即以每运费吨作为计费单位；另一类是以每个集装箱为计费单位，即包箱费率。

包箱费率的规定有以下三种方法。

1. FAK 包箱费率

FAK（Freight for All Kinds），即不分货物种类，也不计货量，只规定统一的每个集装箱收取的运费，也称为均一包箱费率。采用这种费率时货物仅分为普通货物、半危险货物、危险货物和冷藏货物四类。不同类的货物、不同规格的集装箱费率不同。这种费率在激烈竞争形势下，受运输市场供求关系变化影响较大，变动也较为频繁，一般适用于短程特定航线的运输和以 CY to CY、CFS to CY 方式交接的货物运输。

2. FCS 包箱费率

FCS（Freight for Class），即按不同货物种类和等级制定的包箱费率。在这种费率下，一般将货物分为普通货物、非危险化学品、半危险货物、危险货物和冷藏货物等几大类，其中，普通货物与件杂货一样分为 1~20 级。在各公司运价本中，按货物种类、级别和箱型规定包箱费率。

3. FCB 包箱费率

FCB（Freight for Class & Basis），即按不同货物等级和货物类别以及计算标准制定的包箱费率。在这种费率下，即使是装有同种货物的整箱货，当用重量吨或尺码吨为计算单位（标准）时，其包箱费率也是不同的。这是 FCB 包箱费率与 FCS 包箱费率的主要区别之处。

集装箱运输起源于英国。早在 1801 年，英国的詹姆斯·安德森博士已提出将货物装入集装箱进行运输的构想。1845 年，英国铁路曾使用载货车厢互相交换的方式，视车厢为集装箱，使集装箱运输的构想得到初步应用。19 世纪中叶，在英国的兰开夏已出现运输棉纱、棉布的一种带活动框架的载货工具，这是集装箱的雏形。正式使用集装箱来运输货物是在 20 世纪初期。1900 年，英国铁路首次试行了集装箱运输，后来相继传到美国（1917 年）、德国（1920 年）、法国（1928 年）及其他欧美国家。1966 年以前，虽然集装箱运输取得了一定的发展，但在该阶段，集装箱运输仅限于欧美一些先进国家，主要应用于铁路运输、公路运输和国内沿海运输。当时船型以改装的半集装箱船为主，其典型船舶的装载量不过 500 TEU（20 ft 集装箱换算单位，简称"换算箱"）左右，速度也较慢；箱型主要采用断面为 8 ft×8 ft，长度分别为 24 ft、27 ft、35 ft 的非标准集装箱，部分使用了长度为 20 ft 和 40 ft 的标准集装箱；箱的材质开始以钢质为主，到后期铝质箱开始出现；船舶装卸以船用装卸桥为主，只有极少数专用码头上有岸边装卸桥；码头装卸工艺主要采用海陆联运公司开创的底盘车方式，跨运车刚刚出现；集装箱运输的经营方式是仅提供港到港的服务。以上这些特征说明，在 1966 年以前，集装箱运输还处于初始阶段，但其优越性已经得以显示。这为以后集装箱运输的大规模发展打下了良好的基础。

五、国际多式联运

国际多式联运又称国际联合运输。它是在集装箱运输的基础上产生和发展起来的一种将各种单一运输方式有机结合的综合性连贯运输方式。《1980 年联合国国际货物多式联运公约》对国际多式联运所下的定义是"按照多式联运合同，以至少两种不同的运输方式，由多式联运经营人把货物从一国境内接送货物的地点运至另一国境内指定交付货物的地点"。根据此项定义可知，构成国际多式联运应当具备下列几个条件：

（1）必须有一个多式联运合同。

（2）必须使用一份包括运输全程的多式联运单据。

（3）必须有一个多式联运经营人对运输全程负责。

（4）必须实行全程单一运费费率。运费一次收取，其中包括全程各段运费的总和、经营管理费和合理利润。

（5）必须是国际运输。

（6）必须是至少两种不同运输方式的连贯运输。

多式联运合同是指多式联运经营人与托运人之间订立的凭以收取运费、负责完成或组织完成国际多式联运的合同。它明确规定了多式联运经营人与托运人之间的权利、义务和责任豁免。

多式联运经营人是指本人或通过其代理订立多式联运合同的任何人。他是多式联运合同的当事人，而非发货人或参加多式联运的承运人的代理人或代表，负有履行合同的责任。他可以是实际承运人，办理全程或部分运输业务，也可以是无船承运人，即将全程运输交给各段实际承运人来履行。

开展国际多式联运是实现"门到门"运输的有效途径。它简化了手续，减少了中间环节，加快了货物运送速度，降低了运输成本，提高了货运质量。货物的交接地点也可以做到门到门、门到港站、港站到港站、港站到门等。目前，我国已开办的国际多式联运路线可达到欧、美、非洲的港口或内地城市，货物的交接方式也多种多样。办理此项业务的地区由原来的仅限于沿海港口城市及其周围地区，发展到内地各省市的许多城市及附近地区。随着我国交通运输业的发展以及联运业务的开展，可以接受办理国际多式联运的地区将日益增多。这为我国内地省份出口货物的按时装运和及时收汇创造了有利条件。

六、大陆桥运输

大陆桥运输是以集装箱为媒介，以大陆上的铁路和公路运输系统为中间桥梁，把大陆两端的海洋运输连接起来，构成"海—陆—海"的连贯运输。大陆桥运输属于陆海联运性质。它利用成熟的海、陆运输条件，避开海上绕道运输，形成合理的运输路线，大大缩短了营运时间和运输里程，降低了营运成本。

大陆桥运输主要有以下三条路线。

（一）西伯利亚大陆桥

西伯利亚大陆桥是以俄罗斯西伯利亚铁路为桥梁，把太平洋西海岸与波罗的海和黑海沿岸以及西欧大西洋口岸连接起来。这是世界上最长的运输陆桥。由于其地跨欧亚两洲，因而又称为第一条亚欧大陆桥。

西伯利亚大陆桥以俄罗斯东部的哈巴罗夫斯克（伯力）和符拉迪沃斯托克（海参崴）为起点，通过世界上最长铁路——西伯利亚大铁路，通向欧洲各国最后到达荷兰的鹿特丹港。整个大陆桥共经过俄罗斯、中国、哈萨克斯坦、白俄罗斯、波兰、德国、荷兰 7 个国家，全长 13 000 千米左右。西伯利亚大陆桥已成为远东地区往返欧洲之间的一条重要运输路线。

（二）新亚欧大陆桥

新亚欧大陆桥又称第二条亚欧大陆桥，于 1990 年全线贯通，1992 年正式投入运营。它东起我国连云港，经陇海线、兰新线，接北疆铁路，在新疆的阿拉山口出境，与哈萨克斯坦的德鲁日巴站相连，经由俄罗斯、白俄罗斯、波兰、德国，最终抵达荷兰的鹿特丹、阿姆斯特丹等西欧主要港口，全长 10 900 千米。它是一条横贯亚、欧两大陆，连接太平洋西岸港口与欧洲最大港口的陆上最近通道。

新亚欧大陆桥具有重大的经济意义，对该陆桥沿岸地区的经济发展和我国对外贸易铁路货物运输的发展起到了重要的推动作用。由于大陆桥横贯欧亚大陆中部，辐射 20 多个国家和地区，将世界上最大的几个集装箱港口如新加坡、中国香港、神户、釜山、鹿特丹等有机联系起来，因此，它对远东乃至太平洋西岸各国到中亚和欧洲的国际货物运输产生了很大的吸引力。这条铁路线的全程运输比经苏伊士运河的全程海运航线，缩短运距 8 000 千米；比通过巴拿马运河或绕道好望角海上运输航线，分别缩短运距 1.1 万千米和 1.5 万千米；比取道西伯利亚的第一亚欧大陆桥距离缩短 2 000 多千米，而且沿线的自然、经济条件都较好。新亚欧大陆桥在中国境内经过陇海、兰新两大铁路干线，全长 4 131 千米。它在徐州、郑州、洛阳、宝鸡、兰州分别与我国京沪、京广、焦柳、宝成、包兰等重要铁路干线相连，具有广阔的腹地。新亚欧大陆桥的开通，不但大大缩短了亚欧之间的运输时间，节省大量运费，而且对我国西部大开发，以及提高连云港在国际海陆空联运中的战略地位，都起到了重要作用。

（三）北美大陆桥

北美大陆桥运输是指利用北美的大铁路从远东到欧洲的"海陆海"联运，包括美国大陆桥运输和加拿大大陆桥运输。

1. 美国大陆桥

它是世界上开办的第一条大陆桥运输线。美国大陆桥有两条运输线路：一条是从西部太平洋沿岸至东部大西洋沿岸的铁路和公路运输线；另一条是从西部太平洋沿岸至东南部墨西哥湾沿岸的铁路和公路运输线。采用该大陆桥运输方式，比经巴拿马运河的海洋运输更节省时间，并降低运输费用，为日本等国家和地区向欧洲的货物运输提供了一条捷径。例如，集装箱货从日本东京到欧洲鹿特丹港，采用全程水运（经巴拿马运河或苏伊士运河）通常需5~6周时间，而采用北美大陆桥运输仅需3~4周的时间。

美国大陆桥开办初期，曾吸引了不少货源。但随着西伯利亚大陆桥的发展，美国大陆桥逐渐没落。与西伯利亚大陆桥相比，美国大陆桥运输成本高、运期长，致使美国大陆桥逐渐失去竞争力，目前已陷入停顿状态。

美国大陆桥运输虽陷入停顿状态，但美国的陆桥运输并未因此停止，而是在研究新的发展策略，逐步转向发展小陆桥和微型陆桥运输，这给美国的陆桥运输带来了新的生机。

小陆桥运输（mini-land bridge）比大陆桥的"海—陆—海"运输可缩短一段海上运输，成为"海—陆"或"陆—海"形式。如日本等国家和地区至美国东部大西洋沿岸或美国南部墨西哥湾沿岸的货运，可由远东装船运至美国西海岸，转装铁路（公路）专列运至东部大西洋或南部墨西哥湾沿岸，也就是以陆上铁路或公路作为桥梁，将日本等国家和地区与美国太平洋沿岸、大西洋沿岸及墨西哥湾各港口联结起来的一种运输方式，其实质就是海陆联运。目前，日本等国家和地区至美国墨西哥湾地区的货物已有70%以上通过小陆桥运输。

微型陆桥运输（micro-land bridge）与小陆桥运输基本相似，只是其交货地点在内陆地区，比小陆桥更缩短一段。它只用了部分陆桥，故又称半陆桥（semi-land bridge）运输。如日本等国家和地区至美国内陆城市的货物，改用微型陆桥运输，则货物装船运至美国西部太平洋岸，换装铁路（公路）集装箱专列可直接运至美国内陆城市。微型陆桥近年来发展非常迅速。我国也已开始采用。

OCP是"Overland Common Points"的英文缩写，意为"陆路共通点"。所谓"陆路共通点"，是指美国西海岸有陆路交通工具与内陆地区相连通的港口。根据美国运费率的规定，以美国洛基山脉（The Rocky Mountains）为界，除紧邻太平洋的美国西部九个州以外，其以东地区均为内陆地区范围，约占美国大陆三分之二。OCP的运输过程就是出口到美国的货物海运到美国西部港口（如旧金山、西雅图）卸货，再通过陆路交通（主要是铁路）向东运至指定的内陆地点。美国OCP运输条款规定，凡是经美国西海岸指定港口转往上述内陆地区的货物，如果按照OCP条款运输，就可享受内陆地区运输的优惠运费率，即陆路共通点运费率（OCP Rate），比当地运费率（local rate）低3%~5%，同时可享有比直达美国东海岸港口更低的优惠海运运费，每运费吨约低3.5美元。因此，采用OCP运输，对进出口双方都有利。

采用OCP运输必须满足以下条件。

（1）货物最终目的地必须属于OCP地区范围，这是签订OCP运输条款的前提。

（2）货物必须经美国西海岸港口中转。因此，在签订贸易合同时，有关货物的目的港应规定为美国西海岸港口，即按照 CFR 或 CIF 美国西海岸港口条件。

（3）在提单备注栏内及货物唛头上应当注明最终目的地 OCP××城市。

例如，我国向美国出口一批货物，卸货港为美国西雅图，最终目的地为芝加哥。西雅图是美国西海岸港口之一，芝加哥属于美国内陆地区城市，这笔交易符合 OCP 规定。经双方同意，可以采用 OCP 运输条款。在贸易合同和信用证内的目的港可以写成 CIF Seattle（OCP），提单上除填写目的港西雅图之外，还必须在备注栏内注明"内陆地区芝加哥"（OCP Chicago）字样。

2. 加拿大大陆桥

加拿大大陆桥开通于 1979 年，其运输路线是通过海运将集装箱从日本运至温哥华或西雅图后，利用加拿大两大铁路横跨北美大陆运至蒙特利尔或哈利法克斯，再与大西洋的海运相连，一直运到欧洲各港口。

加拿大大陆桥最初是为了与西伯利亚大陆桥相抗衡而设立的。但由于"日本—加拿大—欧洲"运费与"日本—欧洲"集装箱船运费差不多，故日本的客户对加拿大大陆桥运输没有太大积极性，加拿大大陆桥运输也未发展起来。

七、其他运输方式

（一）邮政运输

邮政运输是一种比较简便的运输方式。各国邮政部门之间订有协定和《万国邮政公约》。通过这些协定和公约，各国的邮件包裹可以互相传递，从而形成一个全球性的邮政运输网。

国际邮政运输具有国际多式联运和"门到门"运输的性质。托运人只需按照邮局章程办理一次托运手续，一次付清足额邮资，并取得邮包收据即可。邮件在国际上的传递由各国的邮政部门负责办理。邮件到达目的地后，收件人可凭邮局到件通知向邮局领取。我国与很多国家签订有邮政包裹协议和邮电协议，对这些国家的邮运，可按协议规定办理。我国也参加了万国邮政联盟（Universal Postal Union，简称"邮联"）。按照万国邮政联盟的要求，为方便运输和递送，各国邮政部门对包裹的重量和体积均有严格限制。例如，《万国邮政公约》规定，每件包裹最大重量不得超过 31.5 千克，长度不得超过 1.5 米。所以，邮政运输适用于重量轻、体积小的货物的传递，如小型仪器、机器零件、金银首饰、样品、图纸、文件等。

（二）公路运输

公路运输是一种现代化的运输方式。它不但可以直接运进或运出对外贸易货物，而且也是车站、港口和机场集散进出口货物的重要手段。

（三）内河运输

内河运输是水上运输的重要组成部分，是连接内陆腹地与沿海地区的纽带，在运输和集散进出口货物中起着重要的作用。

（四）管道运输

管道运输是用管道作为运输工具的一种长距离输送液体和气体物资的运输方式，是一种专门由生产地向市场输送石油、煤和化学产品的运输方式，是统一运输网中干线运输的特殊组成部分。管道运输不但运输量大、连续、迅速、经济、安全、可靠、平稳，以及投资少、占地少、费用低，而且可以实现自动控制。除广泛用于石油、天然气的长距离运输外，其还可运输矿石、煤炭、建材、化学品和粮食等。就液体和气体而言，凡是在化学性质上稳定的物质都可以用管道运送。因此，废水、泥浆、水，甚至啤酒都可以用管道运送。

第二节　装运条款

明确、具体地规定装运条款是保证进出口合同顺利履行的重要条件。合同中装运条款的内容与贸易术语和运输方式有着密切的联系。我国对外贸易中最常用的贸易术语是FOB、CFR和CIF，最常用的运输方式是海洋运输。因此，装运时间、装运港、目的港、是否允许分批装运和转运、装运通知、滞期以及速遣条款等内容应当被包括在装运条款中。

一、装运时间

装运时间又称装运期，是指卖方将合同规定的货物装上运输工具或交给承运人的期限。

装运时间关系到买方能否及时收到货物，也关系到卖方能否及时备妥货物、完成交货责任。根据《万国邮政公约》的规定，卖方必须在合同规定的日期或一段时间内交付货物；如果卖方在合同规定的时间以前交货或者延迟交货，买方有权要求损害赔偿或拒收货物，也可以要求解除合同。

值得注意的是，在贸易实践中，"交货时间"与"装运时间"是两个不同的概念。在《2000 年通则》F 组和 C 组术语项下，卖方在指定装运港将货物装上船或置于船边，或在指定装运地将货物交给承运人监管，即完成交货义务。因此，按上述术语订立的贸易合同，"装运"和"交货"的含义是一样的。但是，在 D 组术语中，"交货时间"是指货物在指定目的地或目的港交由买方处置的时间，与"装运时间"的含义截然不同。因此，在订立合同时，要注意不要将两者混淆，以免引起误解和不必要的纠纷。

（一）装运时间的规定方法

1. 规定具体的装运时间

例如，1 月份装运（shipment during Jan.），7 月底之前装运（shipment not later than the end of July），11 月 15 日之前装运（shipment before Nov. 15th）。

2. 规定收到信用证后一段时间装运

例如，收到信用证后 30 天之内装运（shipment within 30 days after receipt of L/C）。这种方法主要适用于进口国外汇管制较严，或者专门为进口方制造的特定商品，或者对进口方资信状况不了解等情况。出口方的备货装运应当以收到信用证为前提。此时，为了防范进口方不按时或拒绝开证，出口方应当在合同中同时规定买方开证的最迟期限。

例如，信用证不迟于1月1日前开抵卖方（the relevant L/C must reach the seller not later than Jan. 1st）。

3. 笼统规定近期装运

对于近期装运的含义，各国、各地区、各行业中并没有统一的解释。国际商会在《UCP 600》中对此有专门规定："除非确需在单据中使用，银行对诸如'迅速''立即''尽快'之类词语将不予置理。"因此，为避免纠纷，除交易双方对这类表述的含义有一致的理解外，在买卖合同中应尽量避免使用。

（二）规定装运时间应注意的问题

装运时间的规定应当明确具体，期限长短适宜，同时考虑以下因素。

1. 货源情况

交货时间的规定应当与商品的库存、生产能力、生产周期、市场供需情况等因素紧密结合。尤其是对大宗商品的交易，如粮、油、矿砂、煤炭等，因交货数量巨大，不应当盲目决定交货期，以免到期不能按时交货。

2. 运输情况

在规定装运期时，应考虑相关国家的运输能力、航线、港口条件等情况，对有直达船或航次较多的港口，装运时间可以规定得稍短一些；对无直达船或稍偏僻的港口，或航次较少的港口，装运时间应规定得长一些。此外，还要考虑装运港、目的港的特殊季节因素，避开冰封期和雨季。

3. 商品属性

一方面考虑商品本身是否应防潮、防腐、冷藏等，雨季不应当装运烟叶、棉毛物品和散装粉状商品等，夏季不适宜装运沥青、橡胶等。另一方面考虑商品需求的季节性，对节日供应商品和临时特殊需要的商品。为了加强出口货物的竞争力和卖得合适的价格，应当力争赶上销售季节装运。

二、装运港（地）和目的港（地）

装运港是指货物起始装运的港口。目的港是指最终卸货的港口。在使用FOB、CFR或CIF术语成交时，因卖方只需在规定的期限内将符合合同规定的货物由装运港装上驶往目的港的船舶并按期提交单据，即完成交货义务，所以，使用上述术语成交的合同，应明确规定装运港和目的港。如果采用FCA、CPT或CIP术语成交，因卖方只需在规定期限内将符合合同规定的货物在出口国指定地点交由承运人接管，即完成交货义务，所以，采用上述术语成交的合同，应明确规定发货地和交货地。

（一）装运港（地）的规定

装运港（地）一般由卖方根据便利货物装运出口的条件提出，经买方同意后确认。在贸易实践中，买卖合同通常只规定一个装运港（地）。有时按实际业务需要，如交易数量较大而货物又分散在几处难以集中时，可以规定两个或多个装运港（地）。如果在订约时尚不能确定在何处发运货物，可以规定多个备选装运港口，或者笼统规定为中国港口。

例如：

装运港：青岛（Port of Shipment：Qingdao）

装运港：天津/上海（Port of Shipment：Tianjin/Shanghai）

装运港：连云港/厦门/汕头（Port of Shipment：Lianyungang/Xiamen/Shantou）

装运港：中国港口（Port of Shipment：China Ports）

在实际业务中，应当根据合同中使用的贸易术语和运输方式恰当选择装运港（地）。一般来说，为了便于履行交货义务、节省开支，原则上应当尽量选择靠近产地、交通便利、费用低廉、仓储设施完备的地方。如果使用海洋运输，应选择海轮能够直接靠岸装货的港口为装运港。如果使用货交承运人一类术语，应当选择便于承运人收货的装运地。如果货源分散，可争取在两个或两个以上的地点装运。在进口贸易中如果使用 FOB 术语，需由我方派船到对方港口接货，则对方所提出的装运港应当是我国政府允许进行贸易往来的国家或地区的港口，并且其装载条件应当良好，以免造成我方所派船只无法停泊装货，被迫延迟装运期，甚至临时更换装运港的被动局面。

如果在贸易合同中规定了多个备选装运港（地），或做出笼统规定时，凡由卖方负责安排运输的合同，由卖方在实际装运时在合同规定的范围内做出选择；凡由买方负责安排运输的合同，卖方应在合同规定的装运时间之前一段合理时间，或按合同规定的期限，将选定的装运港（地）通知买方，以便买方派船或指定承运人。

（二）目的港（地）的规定

目的港（地）通常由买方根据对货物的使用和转销的便利与否提出，经卖方同意后确认。目的港（地）一般只规定一个。如果买方有不同的使用地或销售地，按实际业务需要，可以规定两个或两个以上目的港（地）。如果商定合同时尚未确定最后的卸货地，可以规定两个或三个目的港以备买方最终选择，即使用"选择港"。

例如：

目的港：利物浦（Port of Destination：Liverpool）

目的港：伦敦/曼彻斯特（Port of Destination：London/Manchester）

CIF 伦敦/汉堡/鹿特丹，选港附加费由买方承担

（CIF London/Hamburg/Rotterdam，optional additionals for buyer's account）

在商定目的港（地）时，应当注意以下几个方面。

（1）必须明确具体港口。避免使用欧洲主要港口、非洲主要港口等过于笼统的说法。因为欧洲和非洲港口众多，究竟哪些属于主要港口，国际上并无统一解释。而且各港口距离远近不一，港口条件也有区别，运杂费相差很大，有些港口可能不是班轮停靠的基本港口，容易引起履约困难。

（2）必须考虑港口条件。例如，有无直达班轮航线，港口装卸效率，运费及附加费水平，有无冰封期，有无战争、动乱，对船舶有无国籍限制等。

（3）国外港口重名现象。世界各国港口同名者甚多，如维多利亚港在世界上有 12 个之多，的黎波里港在利比亚和黎巴嫩各有一个，波特兰港、悉尼港也不止一个。为了防止发生差错引起纠纷，应当在合同中明确注明装卸港所属的国家和地区。

如果使用选择港，还应当注意以下几点：备选港口不宜太多，一般不超过三个；备选港口应在同一航线上，而且都应当是班轮能够停靠的港口；按照备选港口中运费最高

的港口计收运费加收选港附加费，明确规定选港附加费由买方承担。按照航运惯例，买方应当在载货船舶驶达第一个备选港口之前，按船公司规定的时间，将最后确定的卸货港通知给船公司或其代理人，船方负责在通知的卸货港卸货。如果买方未及时将选择的卸货港通知船方，船方有权在任何一个备选港口卸货。

三、分批装运和转运

分批装运和转运直接关系到交易双方的利益，双方在磋商合同时应对此做出明确规定。

（一）分批装运

分批装运又称分期装运，是指一个合同项下的货物分若干批装运。在国际贸易中，凡是交易数量大，或受货源、运输条件所限，抑或受市场需求、资金的限制，有必要分批分期交货者，均可在合同中约定分期装运条款。

国际上对于分批装运的解释和运用有所不同。按有些国家的国内法以及一些国际法的规定，如果合同中未对分批装运做出规定，而且双方事先对此也没有特别约定或习惯做法，则卖方交货不能分批装运。国际商会在《UCP 600》中对分批装运做了以下四方面的规定。

（1）允许分批装运。

（2）表明使用同一运输工具并经由同次航程运输的数套运输单据在同一次提交时，只要显示相同目的地，将不被视为分批装运，即使运输单据上标明的发运日期、装运港、接管地和发运地点不同。如果交单由数套运输单据构成，其中最晚的一个装运日将被视为装运日。

（3）含有一套或数套运输单据的交单，如果表明在同一种运输方式下经由数件运输工具运输，即使运输工具在同一天出发运往同一目的地，仍将被视为分批发运。

（4）如果信用证规定在指定的时间段内分期装运，任何一期未按信用证规定发运时，信用证对该期及以后各期均告失效。

👉 **课堂案例**

上海通达贸易公司（简称通达公司）出口到欧洲2 000吨大豆，国外来证规定：不允许分批装运。结果通达公司在规定的期限内分别在大连和青岛各装1 000吨于同一航次的同一船只上，提单上也注明了不同的装货港和不同的装船日期。试问：通达公司做法是否违约？银行能否议付？

【案例分析】

根据《UCP 600》中对分批装运的规定：使用同一运输工具并经由同次航程运输，只要显示相同目的地，即使运输单据上标明的发运日期、装运港、接管地和发运地点不同也不被视为分批装运。所以，通达公司并未违约，银行应当议付。

由于各国合同法、相关国际法和国际惯例对分批装运的规定各有不同，因此，双方在合同和信用证中最好对分批装运做出明确规定。卖方必须严格按照合同和信用证的有关规定办理。在合同中规定允许分批装运的方法有以下两种。

（1）只是原则规定允许分批装运，对于所分批次、每批次装运的具体时间和具体数量不做规定。例如，在合同中规定"允许分批装运（partial shipment to be allowed）"。这一方法对卖方来说比较主动，选择余地较大。其可以根据货源情况和运输条件，在合同规定的装运期内灵活选择装运批次、时间和数量等。

（2）明确规定每批装运的时间和数量。例如，在合同中规定"1~3月分三批，每月等量装运（shipment during Jan. -Mar. in three equal monthly lots）"。这种做法往往与买方对货物的仓储能力、使用和销售需要有关，对卖方交货的限制比较严格。如前所述，《UCP 600》对这种装运方式的规定是其中任何一期违约，信用证对该期及以后各期均告失效。因此，卖方必须严格按合同或信用证规定的交货时间、批次和批量履约。

☞ 课堂案例

一份 CIF 合同，出售矿砂 5 000 吨，合同的装运条款规定："CIF Hamburg, 2018 年 2 月份由一船或数船装运。"卖方于 2 月 15 日装运了 3 100 吨，余数又在 3 月 1 日装上另一艘轮船。当卖方凭单据向买方要求付款时，买方以第二批货物延期装运为由，拒绝接受全部单据，并拒付全部货款。请问买方可否拒绝接受全部单据，并拒付全部货款？

【案例分析】

根据合同"由一船或数船装运"的规定，可以认定该合同是允许分批装运的。卖方在履行合同时，分两批装运，第一批货物的装货时间是符合合同规定的，只是第二批货物违反了合同规定的装运期限。因此，买方不应对符合合同的第一批货物拒收或索赔。至于第二批货物，虽然违反了合同规定，但是，装运时间仅仅超过期限一天，一般不能视为根本性违反合同。因此，买方拒收第二批货物的理由也是不充分的，最多只能要求赔偿。

（二）转运

转运是指从装运港（地）到目的港（地）的运输过程中，货物从一运输工具卸下，再装上另一运输工具的行为。如果在合同规定的装运期内没有合适的直达运输工具驶往目的港（地），转运就不可避免。一般而言，允许转运对卖方交货比较有利，但可能造成货物损耗和散失，延长运程，同时增加费用支出。所以，有必要在买卖合同中规定是否允许转运，有时还要规定在何地和以何种方式转运。

近年来，随着运输技术和国际贸易的发展，特别是运输工具的不断改进和大型化，以及新的运输方式的广泛运用，转运在实际业务中几乎已经成为广泛发生的现象。例如，海运中由于巨型海轮不能直接停靠码头，需要将货物先卸至驳船再航行至目的港码头卸货；公路运输中由于进口国往往禁止出口国的运货汽车入境，需要将货物从出口国汽车上卸下再装上进口国承运人的汽车；在铁路运输中，如果两国铁路轨距不一致，货物过境时必须从出口国火车上卸下再装上进口国火车；航空运输由于受国际航班航线的限制，也时常发生转运。有鉴于此，国际商会在《UCP 600》中对转运做出了淡化规定。现总结有以下几点。

（1）运输单据（含多式联运单据，海运提单，海运单，空运单据，公路、铁路、内陆水运单）可以表明货物将要或可能被转运，只要全程运输由同一运输单据涵盖即可。

（2）即使信用证禁止转运，注明将要或可能发生转运的多式联运单据，空运单据，公路、铁路、内陆水运单据仍可接受。

（3）即使信用证禁止转运，注明将要或可能发生转运的提单、海运单仍可接受，只要其表明货物由集装箱、拖车或子母船运输。

按照上述规定，信用证中的禁止转运，仅适用于海洋运输中非使用集装箱、拖车、子母船进行货物运输的情形。在其他所有运输方式中，均允许转运。

以上是国际商会在《UCP 600》中的规定，仅仅适用于信用证业务的处理，而并不能被各国合同法所认可。因此，上述规定不适用了对买卖合同条款的解释。

☞ **课堂案例**

北京力海公司向坦桑尼亚出口一批货物，目的港为坦塆。国外来证未明确可否转船，而实际上从新港到坦塆无直达船。请问这种情况下是否需要国外改证加上"允许转船"字样？

【案例分析】

根据《UCP 600》的规定，未明确是否可以转船的情况下，均认为可以转船。所以，无需改证，可以转船到达目的港，只要取得的运输单据覆盖全程即可。

四、装运通知

为了互相配合，共同做好车、船、货的衔接和办理货运保险，不论采用何种贸易术语成交，交易双方都要承担互相通知的义务。因此，装运通知也是装运条款的一项内容。

按照国际贸易的一般做法，在使用 FOB、FCA 术语成交时，卖方应在指定的装运期开始以前，一般是 30 天或 45 天，向买方发出货物备妥通知，以便买方及时派船或指定承运人接货。买方接到卖方发出的备货通知后，应按约定时间及时办理运输事宜并通知卖方，以便卖方安排货物装运。

在使用 FOB、CFR 或 CIF 术语成交时，卖方应在货物装船后，按约定时间将合同、货物名称、件数、重量、发票金额、船名、船期等内容电告买方；如果是按照 FCA、CPT 或 CIP 术语成交，卖方应在把货物交给承运人接管后，将交付货物的具体情况以及交付日期电告买方，以便买方办理保险和做好接、卸货物的准备。

五、滞期、速遣条款

在定程租船运输中，货物装卸的时间和效率直接影响到船方的效益。如果装船或卸货由租船人负责，船方通常会对装卸时间做出规定，并以此为基础计算滞期费和速遣费。因此，涉及定程租船运输的货物买卖合同，应规定相应的装卸时间和滞期、速遣条款。

（一）装卸时间

装卸时间是指允许完成装卸任务所约定的时间。装卸时间的规定方法主要有以下几种。

（1）连续日。从开始装卸之时起，时钟连续走过 24 个小时即为一个连续日。对恶劣天气、星期日、节假日等实际未作业时间一律计为装卸时间，不做任何扣除。这种规定对租船人不利，通常只适用于矿砂、石油等少数几种租船合同。

（2）工作日。按港口习惯工作时间计算装卸时间，星期日和节假日除外。

（3）累计 24 小时好天气工作日。在好天气的情况下，无论港口习惯作业为几小时，均以累计 24 小时为一个工作日。如果港口每天作业 8 小时，则一个工作日便跨及几个日历天数。

（4）连续 24 小时好天气工作日。在好天气的情况下，昼夜连续作业 24 个小时为一个工作日，中间因天气原因不能作业的时间不计入装卸时间。当前，国际上采用这种规定的比较普遍，我国一般都采用此种规定方法。

在计算装卸时间时，还会涉及许多细节问题。例如，上述方法中除外的星期日、节假日里如果实际上进行了装卸作业，所用时间是否要计入装卸时间；星期日、节假日前一天应怎样计算；等等。这些细节最好在合同中写明，以免发生争议。

（二）滞期费/速遣费

滞期费是指在规定的装卸期限内，租船人未完成装卸作业，从而向船方交纳的延误船期的罚金。计算滞期时间时，如租船合同无相反规定，一般都遵守"一旦滞期始终滞期（once on demurrage always on demurrage）"的原则来处理。也就是说，在船舶滞期这段时间内，原按合同规定可扣除的时间，如星期日、节假日、恶劣天气，也不再扣除，仍作滞期时间处理。

速遣费是指租船人在规定的装卸时间内提前完成装卸任务，使船方节约了船舶在港的费用开支，而由船方向租船人支付的报酬。按惯例，速遣费率通常为滞期费率的一半。

第三节 运输单据

运输单据是承运人收到承运货物后签发给托运人的证明文件，是交接货物、处理索赔与理赔以及向银行结算货款的重要单据。在国际货物运输中，运输单据的种类有很多，如海运提单、海运单、铁路运单、航空运单、邮包收据以及多式联运单据等。

一、海运提单

海运提单（bill of lading，B/L）简称提单，在海上货物运输中被广泛使用，是国际贸易中最重要的单证之一。依据我国《海商法》第七十一条的规定，提单是指用以证明海上货物运输合同和货物已经由承运人接收或装船，以及承运人保证据以交付货物的单证。

（一）提单的性质

提单的性质可以概括为以下三个方面。

1. 提单是海上货物运输合同的证明

就海上货物运输合同而言，当托运人提交托运申请书，承运人签发装货单以后，运输合同即告成立。提单仅是证明承托双方已经订立了运输合同，其本身并非运输合同。但是，当提单流通到包括收货人在内的善意第三人手中时，提单事实上成了运输合同本身。这时承运人与收货人、提单持有人之间的权利、义务关系，依据提单的规定确定。

2. 提单是证明货物由承运人接收或者装船的单证

承运人向托运人签发提单，意味着承运人已按提单所记载的货物状况接收货物，或者货物已装船。提单上应该载明货物的品名、标志、包装、件数、重量、体积等，承运人有义务在目的港依据提单记载事项向收货人交货。

3. 提单是承运人据以交付货物的保证

提单是货物所有权的凭证，持有提单即拥有提单所载货物的所有权，转让提单等于转让货物。收货人或提单受让人必须凭提单向承运人提货，而承运人必须将提单所载货物交付给收货人或提单持有人。

（二）关于海运提单的国际公约

1.《海牙规则》

《海牙规则》由欧美 26 个航运发达国家发起，1921 年国际法律协会在海牙起草，1924 年在布鲁塞尔签订，1931 年 6 月起生效。它的全称为《统一提单的若干法律规则的国际公约》，是有关国际海上货物运输承运人责任和义务的一项重要的国际公约。

《海牙规则》共有 16 条，规定承运人对装载、收受、配载、承运、保管、照料和卸载货物所承担的责任和义务，以及享有的权利与豁免。承运人的最低责任如下。

（1）在船舶开航前和开航时应使船舶"适航"。

（2）应适当而谨慎地装载、收受、配载、承运、保管、照料和卸载所运货物。

（3）应依托运人请求，发给托运人提单。

承运人对由于船长、船员、引水员等的疏忽或违约、不可抗力、海上危险、包装不固、标志不清或不当等原因而发生的灭失或损坏，均不承担责任。

《海牙规则》使得海上货物运输中有关提单的法律得以统一，在促进海运事业发展、推动国际贸易发展方面发挥了积极作用，是关于提单的最重要的国际公约。目前有80 多个国家参加。我国于 1981 年承认了该规则。

《海牙规则》存在的问题主要是较多地维护了承运人的利益，在风险分担上很不均衡；未涉及集装箱运输形式；责任期间的规定欠周密，出现装船前和卸货后两个实际无人负责的空白期间，不利于维护货方的合法权益；单位赔偿限额太低；诉讼时效太短；适用范围过窄；等等。随着国际政治经济形势的变化和国际航运业的发展，《海牙规则》的缺陷日益暴露，受到了货主国的激烈批评。广大发展中国家要求对其进行修订。

2.《维斯比规则》

在修改《海牙规则》的问题上，货主国要求通过联合国彻底修改并建立新公约，而船主国则主张做某些枝节上的修改。以英国为代表的少数船主国，考虑到广大发展中国家的批评与要求，也为了适应国际贸易发展的需要，在国际海事委员会的协助下，于1968 年在布鲁塞尔通过了《有关修改统一提单的若干法律规则的国际公约的议定书》（以下简称《维斯比规则》）。因其是对《海牙规则》的修改，故也称《海牙-维斯比规则》。该公约于 1977 年 6 月起生效。目前已有英国、法国、丹麦、挪威、新加坡、瑞典等 20 多个国家和地区参加了这一公约。

《维斯比规则》对《海牙规则》的修改和补充主要有以下几点：

（1）提高了最高赔偿限额。凡属于申报价值的货物，其灭失或损坏的最高赔偿限额为每件或每单位 1 万金法郎，或毛重每千克 30 金法郎（按两者之中的高者为准，一个金法郎是指"一个含有纯度为 900‰ 的 65.5 毫克黄金的单位"）。

（2）明确了计算集装箱和托盘货物最高赔偿责任的数量单位。规定如果在提单中载明这种运输工具中货物的件数或单位，其中所列的数量就是计算责任限额的数量单位；否则，应将一个集装箱或一个托盘视为一件货物。

（3）扩大了《海牙规则》的适用范围。其既适用于出口提单，也适用于进口提单，且可由当事人自由约定。

（4）增加了保护承运人的雇员和代理人的条文。凡是承运人可以享受的免责权利和责任限制，其雇员和代理人也可享受。

《维斯比规则》虽然对《海牙规则》做了若干修改和补充，但其修改很不彻底，特别是对承运人的主要责任与义务并未做实质性的修改，对承运人的不合理免责条款仍毫无触动，其主要弊病也依然存在。

3. 《汉堡规则》

由于《海牙规则》明显偏袒船方利益，一些航运业不发达的国家要求予以彻底修改。后由联合国国际贸易法委员会起草，经十年酝酿、准备，于 1976 年 5 月拟定，并于 1978 年 3 月在汉堡召开的由 71 个国家参加的联合国海上货物运输会议上，通过并签订了《1978 年联合国海上货物运输公约》，简称《汉堡规则》。

《汉堡规则》分前言、总则、承运人的赔偿责任、托运人的责任、运输单据、索赔和诉讼、补充规定和最后条款共七章三十四条。第一条至第二十六条是对《海牙规则》的修改和补充，第二十七条至三十四条是加入、退出和修改该公约的程序。与《海牙规则》相比，《汉堡规则》加重了承运人的责任，不再对承运人进行偏袒，对船货双方的权益和责任做了较为合理的规定。

（1）承运人在其责任范围内，对于发生货物灭失、损坏以及延迟交货所造成的损失负有赔偿责任。

（2）提高承运人对货物的赔偿金额，每件或每一装运单位规定为 835 计算单位（特别提款权），或毛重每千克为 2.5 计算单位，两者中以高者为限额。

（3）货主的索赔诉讼时效由 1 年延长为 2 年。

（4）对于提出诉讼和仲裁的地点，《海牙规则》未做规定，《汉堡规则》专门订有管辖权条款，规定了管辖范围，原告可在此范围内起诉或提起仲裁。

《汉堡规则》在 1992 年生效。目前加入《汉堡规则》的国家有 29 个，主要是发展中国家，其影响远不如《海牙规则》。现在中国还没有加入该公约。

（三）提单的内容与格式

海运提单包括班轮提单和租船合同项下的提单两种。租船合同项下的提单内容比较简单，仅在提单正面印有简单的记载事项，并表明"所有其他条款、条件和例外事项按照某年某月某日租船合同办理"，提单背面也未印相关条款。班轮提单的内容比较复杂，下面做详细介绍。

1. 提单正面记载事项

（1）关于当事人的记载有托运人（shipper）、收货人（consignee）、承运人（carrier）和被通知人（notify party）。

（2）关于运输事项的记载有船名（name of vessel）、装运港（port of loading）、卸货港（port of discharge）、收货地（place of receipt）和交货地（place of delivery）。

（3）关于货物的记载有货名（description of goods）、唛头（shipping marks）、件数和包装（numbers and packages）、毛重（gross weight）、尺码（measurement）等。

（4）关于提单签发的记载有签发地点和日期（place and date of issue）、正本提单份数（number of original B/L）、承运人或其代理人签章（signed for or on behalf of the carrier）。

（5）关于运杂费的记载有运费和费用（freight and charges）。

2. 提单正面条款

提单正面条款以印刷的形式将以承运人免责和托运人做出的承诺为内容的契约文句列记于提单的正面。常见的条款有以下几个。

（1）装船（收货）条款。例如，"Shipped on board in apparent good order and condition（unless otherwise indicated）the goods or packages specified herein and to be discharged at the mentioned port of discharge or as near thereto as the vessel may safely get and be always afloat.［上列外表状况良好的货物或包装（除另有说明者外）已装在上述指定船只，并应在上列卸货港或该船能安全到达并保持浮泊的附近地点卸货。］"

（2）内容不知悉条款。例如，"The weight, measurement, marks, numbers, quality, contents and value, being particulars furnished by the shipper, are not checked by the carrier on loading.（重量、尺码、标志、号数、品质、内容和价值是托运人所提供的，承运人在装船时并未核对。）"

（3）承认接受条款。例如，"The shipper, consignee and the holder of this bill of lading hereby expressly accept and agree to all printed, written or stamped provisions, exceptions and conditions of this bill of lading, including those on the back hereof.（托运人、收货人和本提单持有人兹明白表示接受并同意本提单和它背面所载一切印刷、书写或打印的规定、免责事项条件。）"

（4）签署条款。例如，"In witness whereof, the carrier or his agents has signed bills of lading all of this tenor and date, one of which being accomplished, the other（s）to stand void.（为证明以上各项，承运人或其代理人已签署各份内容和日期一样的正本提单，其中一份如果已完成提货手续，其余各份均告失效。）"

3. 提单背面条款

提单背面条款的内容通常包括定义条款（definition clause）、管辖权条款（jurisdiction clause）、责任期限条款（duration of liability）、包装和标志（package and marks）、运费和其他费用（freight and other charges）、自由转船条款（transhipment clause）、错误申报

（inaccuracy in particulars furnished by shipper）、承运人责任限额（limit of liability）、共同海损（general average）、美国条款（american clause）以及舱面货、活动物和植物（on deck cargo，live animals and plants）等。

提单示例如图4-1所示。

Shipper			SINOTRANS 中国外运股份有限公司 SINOTRANS LIMITED OCEAN BILL OF LADING	B/L No.	
Consignee or order					
Notify address					
Pre-carriage by	Port of loading		SHIPPED on board in apparent good order and condition (unless otherwise indicated) the goods or packages specified herein and to be discharged at the mentioned port of discharge or as near thereto as the vessel may safely get and be always afloat.		
Vessel	Port of Transhipment		The weight, measurement, marks and numbers, quality, contents and value, being particulars furnished bye she Shipper, are not checked by the carrier on loading.		
Port of discharge	Final destination		The Shipper, Consignee and the Holder of the Bill of Lading hereby expressly accept and agree to all printed, written or stamped provisions, exceptions and conditions of this Bill of Lading, including those on the back hereof. IN WITNESS whereof the number of original Bills of Lading stated below have been signed. One of which being accomplished, the other(s) to be void.		
Container, seal No. or marks and Nos.	Number and kind of packages	Description of goods	Gross weight(kgs)	Measurement(m³)	
Freight and charges			REGARDING TRANSHIPMENT INFORMATION PLEASECONTACT		
Ex. rate	Prepaid at	Freight payable at	Place and date of issue		
	Total Prepaid	Number of original Bs/L	Signed for or on behalf of the Master as Agent		

(SINOTRANS STANDARD FORM6) SUBJECT TO THE TERMS AND CONDITIONS ON BACK 03CNo.GD

图4-1 提单

（四）提单的类型

海运提单可以从各种不同角度进行分类。

1. 根据货物是否已装船划分

（1）已装船提单（on board B/L，shipped B/L），是指承运人在货物已装上指定船舶后所签发的提单。"已装船（on board）"字样可以是提单上预先印就的文字，也可以是承运人或其代理人的批注。已装船提单的签发日期被认为是货物的装运日期。在国际贸易中，通常要求卖方提供已装船提单。

（2）备运提单（received for shipment B/L），是指承运人已经收到托运货物，在等待装运期间所签发的提单。货物装船后，托运人可以凭备运提单换取已装船提单，也可以由承运人在备运提单上批注"已装船（on board）"字样、船名、装船日期，并经承运人签名后，使之成为已装船提单。在后一种情况下，装船的批注日期将被视为装运日期。

2. 根据提单上对货物有无不良批注划分

（1）清洁提单（clean B/L），是指货物在装船时表面状况良好，承运人未在提单上明确宣称货物或包装有缺陷状况的文字或批注的提单。通常，银行只接受清洁提单。清洁提单也是提单转让时所必备的条件。

（2）不清洁提单（foul B/L，unclean B/L），是指承运人在提单上明确宣称货物或包装有缺陷状况的提单。承运人在接收货物时，如果发现货物或包装发生污染、潮湿、破损等，应在提单上批注，以明确责任归属。例如，提单上批注"three bags in damaged condition（三包破损）""one case broken（一箱破碎）"等，表示这些情况在装运时已发生，不应当由承运人负责。

并非承运人在提单上的所有批注均构成不良批注。通常，有下列批注的提单仍被视为清洁提单：

① 笼统宣称货物系旧包装的批注，如"second hand cases（旧箱）"；

② 强调承运人对货物或包装性质所引起的风险不负责任的批注，如"no responsibility for putrefaction（承运人对货物腐烂不负责任）"；

③ 否认承运人知道货物内容、重量、容积、质量或技术规格的批注，如"shipper's load and count，said by shipper to contain（发货人装载并计数，内容系根据发货人报称）"。

3. 根据提单收货人的记载不同划分

（1）记名提单（straight B/L），是指提单上"收货人"一栏内填明特定收货人名称的提单。记名式提单不能流通转让，只能由该特定收货人提货，在国际贸易中较少被使用。

（2）不记名提单（bearer B/L），是指提单上"收货人"一栏内没有指明任何收货人，只注明"提单持有人（bearer）"字样。承运人应将货物交给提单持有人，谁持有提单谁就可以提货。不记名提单无须背书即可转让，流通性极强。但由于这种提单风险很大，故也较少被使用。

（3）指示提单（order B/L），是指提单上的"收货人"一栏内填写"凭指示（to order）"或者"凭某人指示（to the order of××）"字样的提单。"to order"与"to order of the shipper"含义相同，在托运人背书转让前，货权归托运人。指示提单经背书后可以流通转让，所以在国际贸易中被广泛使用。背书的方式有"空白背书"和"记名背书"之分。前者指背书人（提单转让人）在提单背面签名，而不注明被背书人（提单受让人）名称；后者指背书人除在提单背面签名外，还列明被背书人名称。记名背书的提单持有人如果需再转让，必须再背书。目前，在实际业务中使用最多的是"凭指示"并经空白背书的提单，习惯上称其为"空白抬头、空白背书"提单。

4. 根据提单使用效力划分

（1）正本提单（original B/L），是指提单上注明"original"字样及签发日期，并有承运人、船长或其代理人签章的提单。这种提单在法律上是有效的单据。正本提单一般签发一式两份或三份（个别也有签发一份的），其中任何一份提货后，其余各份均作废。银行通常要求卖方提交船公司签发的全部正本提单，即所谓"全套（full set）"正本提单。

（2）副本提单（copy B/L），是指在提单上注明"copy"字样，并且没有承运人、船长或其代理人签章的提单。副本提单一般只能作为工作上参考之用，不具有提货的效力。

5. 根据船舶经营的限制划分

（1）班轮提单（liner B/L），是指由班轮公司承运货物后所签发给托运人的提单。

（2）租船提单（charter party B/L），是指承运人依据租船合同所签发的提单。在这种提单上注明"一切条件、条款和免责事项按照某年某月某日的租船合同"或批注"根据某某租船合同处理"字样。这种提单受租船合同的约束。银行或买方在接受这种提单时，通常要求卖方提供租船合同的副本。

6. 根据运输方式划分

（1）直达提单（direct B/L），是指货物在运输途中不经过转船而直接运达目的港的提单。提单中关于运输事项仅记载装运港（port of loading）和卸货港（port of discharge），不能带有中途转船的批注。合同或信用证规定不允许转船者，受益人必须提供直达提单。

（2）转船提单（transhipment B/L），是指从装运港装货的轮船不能直接驶往目的港，而需要在中途换装其他船舶时，承运人所签发的提单。转船提单上一般注明有"在某港转船"字样，有的还注明二程船甚至三程船的船名。

（3）联运提单（through B/L），是指经海运和其他运输方式联合运输时由第一承运人所签发的包括全程运输的提单。它如同转船提单一样，货物在中途转换运输工具和进行交接，由第一程承运人或其代理人向下一程承运人办理。联运提单虽包括全程运输，但签发联运提单的承运人一般都在提单中规定只承担其负责运输的一段航程内的货损责任。

7. 在实际业务中的其他提单

（1）过期提单（stale B/L），是指提单签发后超过信用证规定期限才交到银行的提单，或银行按正常邮程寄单，收货人不能在货到目的港之前收到的提单。前者通常会遭到开证行拒付，但提单合法持有人仍然可以凭其要求承运人交付货物；后者主要出现在近海运输。所以，在近海国家间的贸易合同中，一般都订有"过期提单可以接受（stale B/L is acceptable）"的条款。

（2）舱面提单（on deck B/L），又称甲板提单，是指承运货物装在船舶甲板上时承运人所签发的提单。有些货物存在危险性，或者体积过大，或者由于其他原因，只能装在甲板上，承运人在签发提单时加批"货装甲板"字样。由于货装甲板的风险较大，进口方一般不接受舱面提单。《UCP 600》规定，除非信用证另有规定，否则银行不接受甲板提单。

（3）倒签提单（anti dated B/L），是指提单签发日早于货物实际装运日期的提单。如果货物实际装运日期迟于合同或信用证规定的最迟装运期，为了使提单日期符合合同或信用证的规定以便顺利结汇，托运人要求承运人倒签提单签发日期。倒签提单的做法掩盖了卖方延期交货的事实，是对买方的侵权行为，承运人及卖方均要承担风险。

（4）预借提单（advanced B/L），是指承运人在货物尚未装船或未装船完毕时签发的清洁已装船提单。与倒签提单一样，预借提单也是违法的。但是，在实务中为了经济利益，承运人在得到托运人的保函后可能签发预借提单。

（5）电子提单（e B/L），是一种利用电子数据交换（Electronic Data Interchange，EDI）系统对海运途中的货物所有权进行转让的程序。运用 EDI 系统，托运和承运行为都是通过与 EDI 网络相连的计算机系统来进行的。货物装船后，承运人计算机向托运人计算机发送电子提单及密码，托运人凭密码提货或指定收货人。在转让货物时，承运人会取消原出让人所掌握的密码，并向受让人核发新的密码，从而实现谁持有密码，谁就持有货物的所有权。

二、其他运输单据

（一）海运单

海运单（seaway bill），是指证明海上货物运输合同和货物由承运人接管或装船，以及承运人保证将货物交付给单证所载明的收货人的一种不可流通的单证。因此，海运单又称为不可转让海运单（non-negotiable seaway bill）。

海运单不是物权凭证，不可转让。收货人不是凭海运单提货，而是凭船公司的到货通知提货。海运单的使用可以解决海运提单在近海运输中出现的货到单未到、无法提货的情形，方便买方及时提货，简化手续，节省费用，可以在一定程度上减少以假单据欺诈的现象，还促进了 EDI 技术在国际贸易中的广泛使用，因而在近些年的海洋运输中受到青睐。目前，欧洲、斯堪的纳维亚半岛、北美和某些远东、中东地区的贸易界越来越倾向于使用海运单。我国的对外贸易运输也已经开始使用海运单。

（二）铁路运单

我国对外铁路货物运输包括国际铁路联运和对港、澳铁路运输。前者使用国际铁路联运运单，后者使用承运货物收据。

1. 国际铁路联运运单

国际铁路联运运单（international through railway bill）是参加联运的发送国铁路与发

货人之间订立的运送合同。它具体规定了参加联运的各国铁路承运人与收、发货人之间的权利和义务，对收、发货人和铁路承运人都具有约束力。当发货人向始发站提交全部货物，并付清应由发货人支付的一切费用，经始发站在运单正本和运单副本上加盖始发站承运日期印戳，证明货物已被接收承运后，即认为运输合同已经生效。

国际铁路联运运单一式五联，除运单正本和运单副本外，还有运行报单、货物交付单和货物到达通知单。运单正本随货同行，到达终点站连同货物到达通知单和货物一并交给收货人，作为交接货物、核实运杂费和处理索赔与理赔的依据。运单副本于运输合同成立后交给发货人，是卖方凭以向收货人结算货款的重要凭证。收货人在货物交付单上签收，作为货物收妥的依据，退车站备查。运行报单则为铁路内部使用。

2. 承运货物收据

承运货物收据（cargo receipt）是在对我国港、澳铁路运输中使用的一种结汇单据。该收据包括内地段和香港段（澳门段）两段运输，是代办运输的中国外运股份有限公司向出口方签发的货物收据。它是承运人与托运人之间的运输契约，是发货人对外办理结汇手续和收货人赖以提货的凭证。

（三）航空运单

航空运单（airway bill）是航空运输承运人与托运人之间订立的运输契约，也是承运人或其代理人签发的货物收据。航空运单不是货物所有权凭证，不可流通转让。收货人不是凭航空运单提货，而是凭航空公司的到货通知单提货。因此，航空运单的收货人一栏内应当详细填写收货人的全称和地址，而不能做成指示性抬头。

航空运单一般签发一式三份正本和至少六份副本。三份正本都有背面条款，第一份交托运人，是承运人或其代理人收到货物后出具的收据；第二份由承运人留存，作为内部记账凭证；第三份随货同行，到达目的地后交给收货人，作为核收货物的依据。副本中一份为提货收据，由收货人在提货时签字，留存到站备查，其余副本分别交给代理人和第一、第二、第三承运人。

航空运单依签发人的不同分为主运单和分运单两种。

（1）主运单是由航空公司签发的航空运单。它是航空公司据以办理货物运输和交付的依据，是航空公司和托运人订立的运输合同。

（2）分运单是集中托运人在办理集中托运业务时签发的航空运单。在集中托运的情况下，除航空运输公司签发主运单外，集中托运人还要签发分运单。这时，航空分运单作为集中托运人与托运人之间的运输合同，航空主运单作为航空运输公司与集中托运人之间的运输合同。货主与航空运输公司之间没有直接的契约关系。

（四）邮政单据

邮政收据（parcel post receipt）是邮政运输的主要单据。它既是邮局收到寄件人的邮包后签发的凭证，也是收件人凭以收取邮件的凭证。当邮包发生损坏、灭失时，它还是索赔和理赔的依据。邮政收据不是物权凭证，不能转让、议付。

邮寄证明（certificate of post）是邮局出具的证明文件，据以证实所寄发的单据或邮包确已寄出和作为邮寄日期的证明。有的信用证规定，出口商寄送有关单据、样品和包裹时，除要出具邮政收据外，还要提供邮寄证明，作为结汇的一种单据。

专递收据（courier receipt）是特快专递机构收到寄件人的邮件后签发的凭证。

根据《UCP 600》的规定，邮政收据或邮寄证明的签发日期被视为发运日期，专递收据上表明的取件或收件日期被视为发运日期。

（五）多式联运单据

多式联运单据（multimodal transport document）是指证明多式联运合同以及多式联运经营人接管货物并负责按合同条款交付货物的单据。依据《1980 年联合国国际货物多式联运公约》的规定，该单据依发货人的选择，可以做成可转让的，也可以做成不可转让的。

多式联运单据如签发一套一份以上的正本单据，应注明份数，其中一份完成交货后，其余各份正本即失效。副本单据没有法律效力。在实际应用中，对多式联运单据正本和副本的份数规定不一，主要视发货人的要求而定。

根据《UCP 600》的规定，多式联运单据的签发日期即发运日期。然而，如果单据以印戳或批注的方式表明了发送、接管或装船日期，该日期将被视为发运日期。

 知识小结

国际贸易中使用的运输方式包括海洋运输、铁路运输、航空运输、邮政运输、公路运输、内河运输、集装箱运输、国际多式联运等多种方式。其中，海洋运输由于其具有通过能力强、运量大、运费低廉等优点而成为国际货物运输的首选方式。选择何种运输方式，关系到运输速度的快慢、运费的高低以及货物的安全与否。交易双方应当考虑货物的性质、数量、市场需求等因素，确定合同货物的运输方式。

合同中的装运条款包括装运时间、装运港和目的港、分批装运和转运、装运通知、装卸时间、滞期和速遣条款等内容。

运输单据是交接货物、结算货款和处理索赔时的重要单据。海运提单是最重要的运输单据，具有运输契约的证明、货物收据和物权凭证三个性质。与海运提单相关的国际公约有《海牙规则》《维斯比规则》和《汉堡规则》。提单根据不同的标准可以进行多种分类。

 引导案例分析

买方可以撤销第五批以后的各批货物。依据国际贸易惯例对分批装运的规定，如果合同和信用证中规定允许分批装运，并规定了具体的装运时间和每批的数量，只要其中任何一批未按合同规定的条款交付货物，则本批及以后各批均告失效。

在引导案例中，第五批大米虽然按时装运，但货物品质不符合合同要求，所以该批及以后各批都违背了合同及信用证要求。买方可以予以撤销。

 复习思考题

一、简答题

1. 国际海洋运输有何优点和缺点？

2. 班轮运输有何特点？

3. 程租和期租有何区别？其各自适用于哪些货物在什么情况下的运输？

4. 航空运输的特点有哪些？

5. 集装箱运输的特点是什么？

6. 集装箱运输的交接方式有哪些？

7. 构成国际多式联运的条件有哪些？

8. 在合同中规定装运期时应注意哪些问题？

9. 什么是分批装运？《UCP 600》对分批装运有哪些规定？

10. 什么是转运？《UCP 600》对转运有哪些规定？

11. 装卸时间的规定通常有哪些方法？

12. 简述海运提单的性质和作用。

13. 什么叫清洁提单？

14. 比较海运提单和海运单的区别与联系。

二、计算分析题

1. 某公司出口斧头一批，共 19.6 吨，14.892 立方米，由上海装船经香港转运至温哥华港。经查，上海至香港，该货运费计算标准为 W/M，8 级，基本费率为每运费吨20.5 美元；香港至温哥华，计算标准为 W/M，8 级，基本费率为每运费吨 60 美元，另收香港中转费，每运费吨 13 美元。请计算该批货的总运费。

2. 有一批货物共 1 000 箱，自 A 国港口装运至 B 国港口。承运人签发了"已装船清洁提单"，但货运到目的港后，收货人发现下列情况：

（1）少 10 箱货。

（2）20 箱包装严重破损，内部货物大部分散失。

（3）50 箱包装外表完好，箱内货物短少。

请问上述三种情况是否应属承运人的责任？为什么？

3. 我国向俄罗斯出口茶叶 9 000 箱，合同和信用证均规定"从 7 月份开始，连续每月 3 000 箱"。请问我方于 7 月份装 3 000 箱，8 月份没装，9 月份装 3 000 箱，10 月份装 3 000 箱，可否？并说明理由。

第五章

国际货物运输保险

学习目标
XUEXI MUBIAO

　　了解国际货物运输保险的基本常识，以及陆上、航空和邮包运输的保险险别；熟悉国际货物运输可能面临的各种风险，以及由此可能产生的损失和相关费用；掌握我国海洋运输货物保险的险别及其承保范围；熟悉伦敦保险协会海运货物保险条款的相关内容；掌握保险的投保、承保、索赔及理赔等实务，培养学生具备严谨的工匠精神、爱岗敬业精神、爱国情怀和法治意识。

引导案例
YINDAO ANLI

　　2018 年 8 月，驶往欧洲的大宇公司的货轮满载货物驶离天津港港后不久，空气温度过高，导致老化的电线发生短路引发大火，将装在第一货舱的 500 箱出口服装完全烧毁。船到新加坡港卸货时发现，装在同一货舱中的烟草和茶叶由于羊毛燃烧散发出的焦糊味而不同程度受到串味损失。其中，由于烟草包装较好，串味不是非常严重，经过特殊加工处理，仍保持了烟草的特性，但是等级已大打折扣，售价下跌三成；而茶叶则完全失去了其特有的芳香，不能当作茶叶出售了，只能按廉价的填充物处理。

　　船经印度洋时，不幸与另一艘货船相撞，船舶严重受损，第二货舱破裂，舱内进入大量海水，剧烈的震荡和海水浸泡导致舱内装载的精密仪器严重受损。为了救险，船长命令动用亚麻临时堵住漏洞，造成大量亚麻损失。在船舶停靠泰国港避难进行大修时，船方联系了岸上有关专家就精密仪器的抢修事宜进行了咨询，发现整理恢复工程十分庞大，已经超过了货物的保险价值。为了方便修理船舶，其不得不将第三舱和第四舱部分纺织品货物卸下，在卸货时有一部分货物有钩损。试分析上述货物损失属于什么损失。

国际货物运输是国际贸易的重要环节，而它具有的环节多、运输距离长、涉及面广、情况复杂多变、时间性强等特点，决定了国际货物运输的风险较大。为了转嫁运输过程中的风险损失及保障货物安全，各种进出口货物和运输工具，都需要办理运输保险。

国际货物运输保险是指投保人预先向保险人支付规定的保险费，而保险人对约定的货物在运输途中发生事故遭受损失时，按照约定数额给予赔偿的一种法律关系。其实质是投保人将可能遇到的运输风险转移给保险人，再由保险人在投保人之间进行分摊。其中，国际海运货物保险是国际货物运输保险最重要的组成部分。

第一节　海运货物保险保障的范围

由于海上运输时间长、路线长，各地气候、气温、降雨量、湿度等自然条件不同，各国各地区地理位置、构造、地形地貌不同，各国的法律、文化、政策、风俗、宗教等不同，给国际货物运输带来了很大的风险。外来风险一般是可以预防的，但因为不可抗力引起的海上风险是难以预测和控制的，所以要通过投保来转嫁货物风险，保障进出口商的利益。

一、风险

海上货物运输的风险分为海上风险和外来风险两类。

（一）海上风险

海上风险又称海难，是指海上发生的自然灾害和意外事故。

1. 自然灾害

自然灾害是指由于自然界的变异引起破坏力量所造成的人力不可抗拒的灾害。例如，恶劣天气、雷电、洪水、海啸、地震、火山爆发、浪击落海等。这些灾害在保险业务中都有其特定的含义。

2. 意外事故

意外事故是指由于偶然的、难以预料的原因所造成的事故。在海运保险中，意外事故包括船舶搁浅、触礁、互撞、沉没、火灾、爆炸、失踪、倾覆，以及与流冰、码头碰撞等。

（二）外来风险

外来风险是指由于海上风险以外的其他外来原因引起的风险。它又分为一般外来风险和特殊外来风险。

1. 一般外来风险

一般外来风险是指由于一般外来原因所带来的风险。例如，偷窃、雨淋、短量、渗漏、破碎、受热、受潮、霉变、串味、玷污、钩损、锈损等。

2. 特殊外来风险

特殊外来风险是指由于战争、罢工、拒绝交货、拒收等政治、军事、国家禁令以及管制等原因所造成的风险和损失。

二、海上损失

海上损失简称海损，是指被保险货物因遭受海洋运输中的风险而导致的损失或灭失。根据国际保险市场的一般解释，凡与海陆连接的陆路或内陆河运输中所遇到的灾害和意外事故导致的损失，均属于海上损失之列。

运输途中被保险货物本身遭到损坏或灭失的损失，海上损失按照损失的程度不同，分为全部损失或部分损失。全部损失又分为实际全损和推定全损。部分损失按照损失的性质不同，分为共同海损和单独海损。

（一）全部损失

1. 全部损失

全部损失简称全损，是指整批或不可分割的一批被保险货物在运输途中全部遭受损失。全部损失又分为实际全损和推定全损两种。

（1）实际全损，是指被保险货物在运输途中完全灭失，或受到严重损坏完全失去原有的形态、效用，或不能再归被保险人所拥有。在保险实务中，以下四种情况构成实际全损：

①保险标的全部灭失。例如，保险标的在火灾中全部被焚，因船舶爆炸、沉没而使保险标的灭失。

②保险标的受到严重损害失去商业价值或原有用途。例如，茶叶串味、水泥遇海水浸泡硬化、烟叶受潮发霉等。

③保险标的的物权丧失且无法挽回。例如，货物被海盗抢劫、船舶被敌对国扣押等。

④载货船舶失踪，一定期限内杳无音信。所谓"一定期限"并无统一规定，通常根据航程远近与航行区域来决定。我国规定船舶失踪两个月即构成实际全损。

（2）推定全损，是指货物受损后实际全损已经不可避免，或者为避免发生实际全损所需要支付的费用与继续将货物运往目的港的运费之和超过该保险标的的保险价值。

发生推定全损后，被保险人可以要求保险人按部分损失赔偿，也可以要求按全部损失赔偿。如果按照部分损失赔偿，受损货物的残值归被保险人；如果按照全部损失赔偿，被保险人必须向保险人发出委付通知，即由被保险人向保险人声明表示愿意将保险标的的一切权利和义务转移给保险人，并要求保险人按照全部损失赔偿。委付通知经保险人同意后方能生效。

（二）部分损失

部分损失是指不属于实际全损或推定全损的损失。部分损失又分为共同海损和单独海损。

1. 共同海损

共同海损是指在同一海上航程中，船舶、货物和其他财产遭遇共同危险，为了共同安全，有意地、合理地采取措施所直接造成的特殊牺牲、支付的额外费用。

构成共同海损，必须符合以下四个条件。

（1）船货面临共同危险。

（2）危险是实际存在的或不可避免要发生的，而不是主观臆测的。

（3）船方采取的措施（共同海损行为）必须是为了解除船货的共同危险，有意采取的合理有效的措施。

（4）共同海损的牺牲是特殊的，费用是额外的。也就是说，它是由共同海损行为所直接造成的，而不是由危险直接造成的。

共同海损应当由各受益方根据获救财产的价值按比例分摊。这种分摊称为共同海损分摊。

2. 单独海损

单独海损是指保险标的在运输途中遭受到承保范围内的风险所直接造成的损失。

3. 共同海损与单独海损的区别

（1）造成损失的原因不同。单独海损是由承保风险直接造成的船、货损失；共同海损是为解除危险而采取的人为的、故意的措施所直接造成的损失。

（2）承担损失的方式不同。单独海损由受损的船方或货方自行承担；如果损失涉及第三方过失，则由过失方负责赔偿；如果受损方投保了海运保险，则其损失由保险公司根据保险条款予以赔偿。共同海损由各受益方根据获救财产的价值按比例分摊；船货各方承担的共同海损分摊也可由各自相关的保险人予以赔付。

 课堂案例

我国世联公司与德国 LADA 公司于 2020 年 10 月 20 日签订购买 52 500 吨化肥的 CFR 合同。世联公司开出信用证规定，装船期限为 2021 年 1 月 1 日至 1 月 10 日。由于 LADA 公司租来运货的"顺风号"货轮在开往某外国港口途中遇到飓风，结果直至 2021 年 1 月 20 日才完成装船。承运人在取得 LADA 公司出具的保函的情况下签发了与信用证条款一致的提单。"顺风号"货轮于 1 月 21 日驶离装运港。世联公司为这批货物投保了水渍险。1 月 30 日"顺风号"货轮途经巴拿马运河时起火，造成部分化肥烧毁。船长在命令救火过程中又造成部分化肥湿毁。由于船在装货港口的延迟，使该船到达目的地时正遇上了化肥价格下跌。世联公司在出售余下的化肥时不得不大幅度下调价格。这给世联公司造成了很大损失。请根据上述事例回答以下问题：

（1）途中烧毁的化肥损失属什么损失，应由谁承担？为什么？

（2）途中湿毁的化肥损失属什么损失，应由谁承担？为什么？

（3）世联公司可否向承运人追偿由于化肥价格下跌造成的损失？为什么？

【案例分析】

（1）途中烧毁的化肥损失属单独海损，应由保险公司承担损失。根据 CFR 术语，货物运输途中的风险由世联公司承担，而世联公司购买了水渍险，赔偿范围包含单独海损，故由保险公司承担。

（2）途中湿毁的化肥损失属共同海损，应由世联公司与船公司分别承担。因船舶和货物遭到了共同危险，船长为了共同安全，有意又合理地造成了化肥的湿毁。

（3）世联公司可向承运人追偿由于化肥价格下跌造成的损失。因为承运人迟延装船又倒签提单，须对迟延交付负责。

三、海上费用

海上费用是指为营救被保险货物所支付的费用，主要包括施救费用和救助费用。

1. 施救费用

施救费用是指保险标的在遭受到承保责任范围的灾害事故时，被保险人或其代理人、雇佣人员或保险单的受让人为了避免或减少货物损失，对保险标的所采取的各种抢救和防护措施而支出的合理费用。保险人对这种施救费用予以赔偿。

2. 救助费用

救助费用是指保险标的遭受保险责任范围内的灾害事故时，由保险人和被保险人以外的第三人采取了有效的救助措施，在救助成功后，由获救方支付给救助方的一种报酬。保险人对救助费用也予以补偿。

施救费用与救助费用的区别主要有以下几点。

（1）采取营救行为的主体不同。施救费用是由被保险人及其代理人或保单受让人采取的营救行为产生的费用，而救助费用是上述人员之外的第三方实施的营救行为产生的费用。

（2）给付报酬的原则不同。施救费用无论成功与否，均应予以赔偿。而救助费用的一般赔偿原则是"无效果，无报酬"，即救助成功时才予以支付。

（3）保险人的赔偿责任不同。施救费用的补偿是在对保险标的的损失赔偿之外另行支付的，其支付与保险标的的损失的赔偿金额无关，按实际支出额单独予以赔偿，但是最多不超过保险金额。对救助费用的赔偿责任则以不超过获救财产的价值为限，即救助费用与保险标的的本身损失的赔偿金额两者相加，不得超过保险标的的保险金额。

（4）费用的性质不同。救助费用往往与共同海损相关，而施救费用则并非如此。

☞ 课堂案例

韩国"DAYU"货轮满载玉米驶向德国的汉堡港，不幸的是，该货轮在印度洋遭遇飓风导致搁浅，被迫抛锚。当时，为避免船货危险，船长决定迅速脱浅。于是，该船长决定抛出部分货物，然后使主机超负荷全速后退，终于脱浅成功。抵达汉堡港后，船方对船体进行全面检修，发现主机和舵机受损严重，经过理算，要求货方承担一定的费用。货主对该项费用发生异议，拒绝付款。

【案例分析】

根据共同海损的含义，货主无权拒付。从案例陈述的过程中可得共同海损成立；为了船、货共同安全而采取的合理措施而引起的损失，应由获救的各方和船方共同承担。

第二节 我国海运货物保险条款

为了适应我国对外贸易发展的实际需要，中国人民财产保险股份有限公司（PICC）根据我国保险业务的实际情况，并参考国际保险市场的惯例，制定了"中国保险条款"（China Insurance Clause，CIC）。"中国保险条款"按运输方式分为海运、陆运、航空和邮包运输保险条款四大类，对某些特殊商品，还配备有海运冷藏货物、陆运冷藏货物、海运散装桐油及活牲畜、家禽的海陆空运输保险条款以及适用于上述各种运输方式货物保险的各种附加保险条款。

一、海运货物的承保险别

承保险别是指保险人对风险和损失的承保责任范围。各种险别的承保责任是通过各种不同的保险条款规定的。按照"中国保险条款"的规定，我国海运货物保险的险别包括基本险和附加险两种类型。基本险可以单独投保，而附加险不能单独投保，只能在投保某一种基本险的基础上才能加保附加险。

（一）基本险

基本险也称主险。"中国保险条款"规定的海洋运输货物保险条款包括三种基本险：平安险、水渍险和一切险。

1. 平安险的承保范围

（1）在运输途中遭遇恶劣气候、雷电、海啸、地震、洪水等自然灾害造成整批货物的全部损失或推定全损。

（2）运输工具遭遇搁浅、触礁、沉没、互撞、与流冰或其他物体碰撞以及火灾、爆炸等意外事故造成货物的全部或部分损失。

（3）在运输工具已经遭受搁浅、触礁、沉没、焚毁等意外事故的情况下，货物在此前后又在海上遭受恶劣气候、雷电、海啸等自然灾害所造成的部分损失。

（4）在装卸或转运时，一件或数件甚至整批货物落海所造成的全部或部分损失。

（5）被保险人对遭受承保范围内危险的货物采取抢救、防止或减少货损的措施而支付的合理费用，但以不超过该批被救货物的保险金额为限。

（6）运输工具遭遇海难后，在避难港卸货所引起的损失，以及在中途港、避难港卸货、存仓以及运送货物所产生的特别费用。

（7）共同海损的牺牲、分摊和救助费用。

（8）运输契约中订有"船舶互撞责任"条款，根据该条款规定，应由货方偿还船方的损失。

上述责任范围表明，在投保平安险的情况下，保险公司对单独由自然灾害造成的部分损失不承担赔偿责任，对意外事故造成的损失全部承担赔偿责任，对既发生自然灾害又发生意外事故时自然灾害所造成的全部损失及部分损失均应负责赔偿。

☞ **课堂案例**

2018 年 2 月，中国南联纺织进出口公司与大连宇航海运公司签订了运输 1 000 件丝绸衬衫到马赛的协议。合同签订后，南联进出口公司又向保险公司就该批货物的运输投保了平安险单。2 月 20 日，该批货物装船完毕后起航。2 月 25 日，装载该批货物的轮船在海上突遇罕见大风暴，船体严重受损，于 2 月 26 日沉没。3 月 20 日，南联进出口公司向保险公司就该批货物索赔，保险公司以该批货物由自然灾害造成损失为由拒绝赔偿。于是，进出口公司向法院起诉，要求保险公司偿付保险金。请问在本案例中，保险公司是否应负赔偿责任？

【案例分析】

保险公司应负赔偿责任。根据中国人民保险公司海洋运输货物保险条款的规定，海运货物保险的险别分为基本险和附加险两大类，基本险是可以单独投保的险种。平安险虽然对自然灾害造成的部分损失不负赔偿责任，但对自然灾害造成的全部损失应负赔偿责任。在本案例中，进出口公司投保的是平安险，而所保的货物在船因风暴沉没时全部灭失，发生了实际全损，故保险公司应负赔偿责任，其提出的拒绝理由是不成立的。

2. 水渍险的承保范围

（1）平安险所承保的全部责任。

（2）被保险货物在运输途中遭遇恶劣气候、雷电、海啸、洪水、地震等自然灾害所造成的部分损失。

可见，平安险与水渍险的承保责任差异并不大。当被保险货物发生全损时，两者无差别。只有发生部分损失的情况下，两者才有不同：水渍险对于不论是自然灾害还是意外事故所造成的部分损失均予赔偿，而平安险对仅发生自然灾害未发生意外事故时货物的部分损失不予赔偿。

👉 **课堂案例**

中国南联纺织进出口公司（南联公司）向澳大利亚出口坯布100包。南联公司按合同规定加一成投保水渍险。在海运途中舱内食用水管漏水，致使该批坯布中的30包浸有水渍。请问对此损失南联公司应向保险公司索赔还是向船公司索赔？

【案例分析】

因投保的是水渍险，水渍险只对海水浸渍负责而对淡水所造成的损失不负责任。所以，在本案例中，南联公司不能向保险公司索赔，但可凭清洁提单向船公司进行交涉。假如该批货物投保了一切险，便可向保险公司索赔。

3. 一切险的承保范围

（1）水渍险所承保的全部责任。

（2）被保险货物在运输途中由于一般外来风险所造成的全部或部分损失。

具体地说，一切险是平安险、水渍险与一般附加险的总和，但不包括特殊附加险。可见，一切险的承保责任也是有一定范围的，其承保责任虽比平安险和水渍险广泛，但保险人并不是对任何风险所致损失均负赔偿责任。

在上述三种基本险别中，一切险的承保范围最大，水渍险次之，平安险最小。相应地，保险费率也由高到低有所不同。投保人可以根据货物的特点、运输路线等情况，选择其中一种基本险别投保。

👉 **课堂案例**

湖北上虞外贸公司出口货物一批，目的地为美国纽约，双方同意保险加成率为10%，保险险别为我国保险条款的海运一切险。该批货物运抵美国纽约时，对方发现部分货物发生损失，损毁率达到30%。经检验确认是途中货物受潮受热所致。请问保险公司对这一损失是否应予赔偿？

【案例分析】

损失原因为受潮受热，属于海运一切险的责任范围，保险公司对此损失应予赔偿。

4. 基本险的除外责任

除外责任是保险人列明不负赔偿责任的风险范围，即除外不保的项目。对于上述三种基本险别，保险公司规定了下列除外责任。

（1）被保险人的故意行为或过失所造成的损失。例如，被保险人参与海运欺诈，故意装运走私货物，故意损害保险标的，租用不适航船舶或租用信用不佳的承运人的船舶导致的货物损坏，保险人不予赔偿。

（2）属于发货人责任所引起的损失。例如，货物包装不当、刷唛不清等。对于按照"场到场"运输的集装箱货物，由发货人装箱所引起的短装、积载不当、错装以及其所选用的集装箱不适用于装运被保险货物所造成的货损，保险公司不予赔偿。

（3）在保险责任开始前，被保险货物已存在的品质不良或数量短差所造成的损失，即所谓的货物"原残"。例如，易生锈的钢材、二手机械设备等，本来存在严重的原残，货主若提出索赔，保险人可拒赔。为避免引起争议，保险人最好要求进行装船前检验。

（4）被保险货物的自然损耗、本质缺陷、特性以及市价跌落、运输延迟所引起的损失或费用。例如，粮食、豆类在运输中因水分蒸发而导致货物自然短缺；粮食在装船前已有虫卵，遇到适当温度而孵化，导致货物虫蛀受损；水果腐烂；黄麻自燃；等等。

（5）海洋运输货物战争险和罢工险条款规定的责任范围和除外责任。

👉 课堂案例

我国浩克公司按 CIF 条件向南美巴西出口花生酥糖一批，投保一切险。由于货轮陈旧，航速太慢且沿线到处揽货，结果航行四个月才到达目的港。花生酥糖因受热时间过长而全部软化，难以销售。请问对于这种货损保险公司是否负责赔偿？为什么？

【案例分析】

保险公司对于此种货损不予赔偿。根据中国保险条款中"除外责任"的规定：被保险货物的自然损耗、本质缺陷、特性以及市场跌落、运输延迟所引起的损失或费用，保险人不负赔偿责任。

5. 基本险的责任起讫

根据中国人民财产保险股份有限公司海洋运输货物保险条款的规定，上述三种基本险别的承保责任起讫期限，均采用国际保险业所惯用的"仓至仓"条款。具体规定有以下几个方面。

（1）保险责任自被保险货物运离保险单所载明的起运地仓库或储存处所开始运输时生效，包括正常运输过程中的海上、陆上、内河和驳船运输在内，直到该项货物到达保险单所载明目的地收货人的最后仓库或储存处所，或被保险人用作分配、分派或非正常运输的其他储存处为止。如未抵达上述仓库或储存处，则以被保险货物在最后卸载港全部卸离海轮后满 60 天为止。如在上述 60 天内被保险货物需转运到非保险单所载明目的地，则以该项货物开始转运时终止。

（2）由于被保险人无法控制的运输延迟、绕道、被迫卸货、重新装载、转载或承运人运用运输契约赋予的权限所做的任何航海上的变更或终止运输契约，致使被保险货物运到非保险单所载明目的地，在被保险人及时将获知的情况通知保险人，并在必要时加缴保险费的情况下，本保险仍继续有效。保险责任按下列规定终止：

①被保险货物如在非保险单所载明的目的地出售，保险责任至交货时为止，但不论任何情况，均以被保险货物在卸货港全部卸离海轮后满 60 天为止。

②被保险货物如在上述 60 天期限内继续运往保险单所载原目的地或其他目的地时，保险责任仍按上述第（1）项的规定终止。

☞ 课堂案例

大海外贸公司进口散装化肥一批，曾向保险公司投保海运一切险。货抵目的港后，全部卸至港务公司仓库。在卸货过程中，外贸公司与装卸公司签订了一份灌装协议，并立即开始灌装。某日，由装卸公司根据协议将已灌装成包的半数货物堆放在港区内铁路边堆场，等待铁路转运至他地以交付不同买主。另一半留在仓库尚待灌装的散货，因受台风袭击，遭受严重湿损。外贸公司遂就遭受湿损部分向保险公司索赔，被保险公司拒绝。对此，试予以评论。

【案例分析】

保险公司无须赔偿。因为根据保险责任起讫条款，保险责任在货物到达目的地进入指定仓库时终止。而本案中的货损发生在仓库内，不属于保险公司责任范围。

（二）附加险

交易双方除选择上述基本险别予以投保外，还可以根据货物的特点以及运输的具体情况，酌情再选择适当的附加险别予以投保。附加险分为一般附加险和特殊附加险两类。

1. 一般附加险

一般附加险又称普通附加险，承保由一般外来风险所造成的全部或部分损失。我国保险公司现在经营 11 种一般附加险。具体险种的适用范围和承保风险如下。

（1）偷窃、提货不着险。该险承保在保险有效期内，保险货物被偷走或窃走，以及货物运抵目的地以后整件未交的损失。但是，被保险人对于偷窃行为所致的货物损失，必须在提货后 10 天内申请检验，而对于整件提货不着，被保险人必须取得责任方的有关证明文件，保险人才予赔偿。

（2）淡水雨淋险。该险承保货物在运输途中由于淡水或雨水造成的损失，包括船上淡水舱、水管漏水以及舱汗所造成的货物损失。保险人要求被保险人必须在知道发生损失后的 10 天内申请检验，并要以外包装痕迹或其他证明为依据。

（3）短量险。该险负责对被保险货物在运输过程中，因包装破裂或散装货物发生数量损失或重量短缺的损失进行赔偿。对包装货物的短少，必须有外包装发生异常的现象，如破口、裂袋、扯缝、脱线等，以区别是原来的短少还是外来原因造成的短少。对散装的货物则往往以装船重量和卸船重量之间的差额作为计算短量的依据，但不包括正常的途耗。

（4）混杂、玷污险。该险承保被保险货物在运输过程中，因与其他物质接触而被玷污或混进了杂质，影响货物质量所发生的损失。例如，矿砂、矿石等混进了泥土、草屑等而使质量受到影响；布匹、纸张、食物、服装等被油类或带色的物质污染而引起的经济损失，均由保险公司负责赔偿。

（5）渗漏险。该险承保流质、半流质和油类物质，在运输过程中因容器损坏而发生的渗漏损失，以及用液体储运的货物（酱渍菜等）因液体渗漏引起货物腐烂变质发生的损失。

（6）碰损、破碎险。该险对于被保险货物在运输过程中，因震动、碰撞、受压所发生的货物破碎和碰撞损失负责赔偿。碰损主要是对金属、木质等货物来说的。例如，搪瓷、机器、漆木器等，在运输途中，因为受到震动、颠簸、挤压等，货物本身发生凹瘪、脱瓷、脱漆、划痕等损失。破碎则主要是对易碎性物质来说的。例如，陶器、瓷器、玻璃器皿、大理石、玉器等在运输途中由于粗暴装卸、运输工具的颠簸等，货物本身发生破裂、断碎等损失。

（7）串味险。该险主要承保被保险货物在运输过程中，因受其他物品影响发生的串味损失。它一般用于易发生串味损失的食品、粮食、茶叶、中药材、香料、化妆品等货物。例如，茶叶在运输途中受到一起堆储的皮张、樟脑等异味的影响品质受到损失。这种串味损失如果同配载不当直接有关，则船方是负有责任的，应向其追偿。

（8）受潮受热险。该险承保被保险货物在运输过程中，因气温骤变或船上通风设备失灵等原因，船舱内水汽凝结而引起的被保险货物发热或发潮所造成的霉烂、变质等损失。

（9）钩损险。该险承保被保险货物（一般是袋装、箱装或捆装货物）在运输过程中，用钩子装卸致使包装破裂或直接钩破货物所造成的损失及其对包装进行修理或调换所支出的费用。例如，捆装棉布因使用手钩钩破，包装粮食因吊钩钩坏麻袋而使粮食外漏等。

（10）包装破裂险。该险承保被保险货物在运输过程中由搬运或装卸不慎造成包装破裂所引起的货损，以及因继续运输安全的需要修补或调换包装所支出的费用。包装破裂险与钩损险的承保内容有重叠之处，但两者侧重点不同：包装破裂险仅适用于包装货物；包装破裂险不限于货物在装卸过程中使用吊钩或手钩所致的损失。

（11）锈损险。该险对被保险货物在运输过程中由于生锈造成的损失承担赔偿责任。在海上保险实务中，保险人一般不就裸装的金属材料承保锈损险。

货物投保平安险或水渍险时，可以根据需要，选择上述一般附加险中的一种或几种加保。如果货物已经投保一切险，则不用再加保上述一般附加险。

2. 特殊附加险

特殊附加险承保由于特殊外来风险所造成的全部或部分损失，包括下列八种险别。

（1）战争险。该险承保战争或类似战争的行为所引起的被保险货物的直接损失。具体承保责任范围如下。

①战争、类似战争的行为，敌对行为、武装冲突和海盗行为直接造成的货物损失。

②上述原因所引起的捕获、拘留、扣留、禁制、扣押所造成的损失。

③各种常规武器（鱼雷、水雷、炸弹等）所造成的损失。

④上述原因所引起的共同海损的牺牲、分摊和救助费用。但对原子弹、氢弹等核武器所造成的损失，保险公司不予赔偿。

战争险的责任起讫与基本险有所不同，是以"水上危险"为限，即自货物在起运港装上海轮或驳船时开始，至货物在保险单所载明的目的港卸离海轮或驳船时为止。如果被保险货物不卸离海轮或驳船，则从海轮到达目的港的当天午夜起算到满 15 天，保险责任终止。如果货物需要在中途港转船，则不论货物在当地卸载与否，保险责任以海轮到达该港或卸货地点的当日午夜起算满 15 天为止，待货物再装上续运海轮时，恢复有效。

（2）罢工险。该险承保罢工者、被迫停工工人、参加工潮、暴动和民变的人员的行为，或任何人的恶意行为所造成货物的直接损失，以及上述行动或行为所引起的共同海损的牺牲、分摊和救助费用。但对在罢工期间劳动力短缺或不能使用劳动力所造成的被保险货物的间接损失，保险公司不予赔偿，具体范围如下。

①罢工引起的动力或燃料缺乏使冷藏机停止工作所致的冷藏货物的损失。

②由于无劳动力搬运货物，货物堆放在码头淋湿受损。

③因劳动力短缺，海轮转卸其他港口，由此增加的运输费用等。

罢工险的保险责任起讫与其他海运货物保险险别一样，采用"仓至仓"条款。按照国际保险业惯例，对于已经投保战争险的货物加保罢工险，不另外加收保险费。如果仅要求投保罢工险，则按战争险费率收取保费。

（3）黄曲霉素险。该险对被保险货物因所含黄曲霉素超过进口国的限制标准，而被拒绝进口、没收或强制改变用途所遭受的损失予以赔偿。这实际上是一种专门原因的拒收险。按该险条款规定，经保险人要求，被保险人有责任处理被拒绝进口或强制改变用途的货物或者申请仲裁。

（4）舱面险。该险承保装载于舱面的货物被抛弃或海浪冲击落水所致的损失。一般来讲，保险人确定货物运输保险的责任范围和厘定保险费时，是以舱内装载运输为基础的。但有些货物因体积大或有毒性或有污染性或根据航运习惯必须装载于舱面，为对这类货物的损失提供保险保障，可以加保舱面货物险。加保该附加险后，保险人除按基本险责任范围承担保险责任外，还要依舱面货物险对舱面货物被抛弃或风浪冲击落水的损失予以赔偿。由于舱面货物处于暴露状态，易受损害，所以保险人通常只是在"平安险"的基础上加保舱面货物险，以免责任过大。

（5）交货不到险。该险承保自被保险货物装上船舶时开始，对不论由于任何原因，不能在预定抵达目的地的日期起 6 个月内交货，保险公司按全损赔偿。但是，被保险人应将货物的全部权益转移给保险人。因为造成交货不到的原因并非全是运输上的，有可能是某些政治原因（被另一国在中途港强迫卸货等），所以，被保险人在投保该险别时必须获得进口货物所须的一切许可手续；否则，投保该险是无效的。同时，由于该附加险与提货不着险和战争险所承保责任范围有重叠之处，故中国人民保险公司在条款中规定，提货不着险和战争险项下所承担的责任，不在交货不到险的保险责任范围之内。

（6）进口关税险。该险承保被保险货物受损后，仍得在目的港按完好货物缴纳进口关税而造成相应货损部分的关税损失。但是，保险人对此承担赔偿责任的条件是货物遭受的损失必须是保险单承保责任范围内的原因造成的。进口关税险的保险金额根据本国进口税率确定，并与货物的保险金额分开，在保险单上另行列出。保险人在损失发生后，对关税损失部分的赔付以该保险金额为限。投保进口关税险，往往是针对某些国家规定，进口货物不论是否短少、残损均需按完好价值纳税而适用的。

（7）拒收险。该险承保当被保险货物出于各种原因，在进口港被进口国政府或有关当局（海关、动植物检疫局等）拒绝进口或没收而产生的损失。其前提是被保险人在投保时必须持有进口所需的一切手续（特许证、许可证、进口限额等）。被保险货物在起运后至抵达进口港之前的期间内，进口国宣布禁运或禁止进口的，保险人只负责赔偿将该货物运回出口国或转口到其他目的地所增加的运费，且以该货物的保险金额为限。同时，拒收险条款还规定："投保人所投保的货物在生产、质量、包装、商品检验等方面，必须符合产地国和进口国的有关规定。"如果被保险货物记载错误、商标或生产标志错误、贸易合同或其他文件存在错误或遗漏、违反产地国政府或有关当局关于出口货物规定，由此而引起的损失，保险人概不承担保险责任。

（8）出口货物到香港（包括九龙）和澳门存仓火险责任扩展条款。该条款专门适用于出口到港、澳地区且在港、澳的银行办理押汇的出口运输货物。它承保货物抵达香港或澳门卸离运输工具后，直接存放于保单载明的过户银行指定的仓库时发生火灾造成的损失。

中国大陆出口到港、澳地区的货物，有些是向港、澳地区的银行办理押汇。在货主向押汇银行还清贷款之前，货物的权益属于银行，因而在这些货物的保险单上注明过户给放款银行。相应地，货物在此期间到达目的港后，收货人无法提货，必须存入过户银行指定的仓库。为了使货物在存仓期间一旦遭受火灾，银行能获得赔偿，就加保这一险别。

该险的保险期限是从货物运入过户银行指定的仓库时开始，直到过户银行解除货物权益或运输责任终止时起满 30 天为止。两者以先发生者为准。

二、海洋运输货物专门保险险别

除上述基本险和附加险外，在海洋运输货物保险中，还有三种根据海上货物运输特性而承保的专门险别，即海洋运输冷藏货物保险、海洋运输散装桐油险和活牲畜、家禽运输保险。这三种保险也属于基本险性质。

1. 海洋运输冷藏货物保险

海洋运输冷藏货物保险分为冷藏险和冷藏一切险两种。

冷藏险除负责水渍险所承保的责任外，还负责赔偿冷藏机器连续停止工作达 24 小时以上造成的被保险货物腐烂、变质等损失。

冷藏一切险除负责冷藏险所承保的责任外，还负责赔偿在运输途中遭受一般外来风险所造成的被保险货物腐烂、变质等损失。

海洋运输冷藏货物保险除包括上述水渍险、一切险的除外责任外，对下列损失也不负责任：被保险货物在运输过程中的任何阶段因未存放在有冷藏设备的仓库或运输工具中，或辅助运输工具没有隔湿设备所造成的腐烂的损失，以及在保险责任开始时被保险货物未保持良好状态，包括整理加工和包装不妥，冷冻上的不合规定以及肉食骨头变质引起的腐烂和损失。

海洋运输冷藏货物保险的责任起讫也采用"仓至仓"条款。但是，货物到达保险单所载明的最后目的港，如在 30 天内全部卸离海轮，并将货物存入岸上冷藏仓库，则保险责任继续有效，但以货物全部卸离海轮时起算满 10 天为限。在上述期限内，货物一经移出冷藏仓库，保险责任即告终止。如果货物卸离海轮后不存入冷藏仓库，则保险责任至货物卸离海轮时终止。

2. 海洋运输散装桐油险

海洋运输散装桐油险是保险公司承保的不论任何原因所造成的被保险散装桐油的短少、渗漏、玷污和变质的损失。

桐油作为油漆的重要原料，是我国大宗出口商品之一。桐油因自身特性，在运输过程中容易受到污染、变质等进而发生损失。为此，它需要不同于一般货物保险的特殊保障。海运散装桐油保险条款就是为桐油提供全面保障而制定的。

海洋运输散装桐油险的责任起讫也采用"仓至仓"条款。但是，如果被保险货物运抵目的港不及时卸载，则从海轮抵达目的港时起满 15 天，保险责任即告终止。

3. 活牲畜、家禽运输保险

活牲畜、家禽运输保险是指保险公司对活牲畜、家禽在运输途中的死亡负赔偿责任。该保险的除外责任包括：在保险责任开始之前，保险标的物健康状况不好；保险标的物因怀仔、防疫注射或接种所致的死亡；因传染病、患病、经管理当局命令屠杀或因缺乏饲料而致死亡；因被禁止进口或出口或检验不符所引起的死亡。

该保险的责任起讫是自保险标的装上运输工具时开始，至目的地卸离运输工具时止。如果不卸离运输工具，最长的保险责任期限以运输工具到达目的地当日午夜起算15 天为限。但是，在整个运输过程中，被保险的活牲畜、家禽必须妥善装运、专人管理；否则，保险公司不予赔偿。

第三节　伦敦保险协会海运货物保险条款

英国在国际海上贸易航运和保险业务中占有重要地位。它所制定的各种保险规章制度，包括海运保险单格式和保险单条款，在世界各国得到了广泛应用。英国伦敦保险协会于 1912 年所制定的"协会货物条款"（Institute Cargo Clause，ICC）被世界上三分之二的国家在海上保险业务中直接采用或予以参考。我国海洋运输货物保险条款就是参照 ICC 旧条款制定的。

1982 年，英国保险界对 ICC 旧条款进行了较大的修改，制定了新的"协会货物条款"。它包括协会货物条款（A）、协会货物条款（B）、协会货物条款（C）、协会战争险条款（货物）、协会罢工险条款（货物）和恶意损害险六种险别。我国在对外贸易运输中，一般投保"中国保险条款"。但如果应进口方的要求，国内保险公司也可以按照 ICC 条款承保。因此，有必要了解 ICC 条款的内容。

一、协会货物条款（A）的主要内容

协会货物条款（A）[Institute Cargo Clause（A），ICC（A）] 共有 19 个条款，分为 8 个部分。

（一）承保风险

承保风险包括三个条款，即风险条款、共同海损条款和双方有责碰撞条款。

1. 风险条款

ICC（A）改变了以往"列明风险"的方式，采用"一切风险减去除外责任"的方式，承保一切风险造成的保险标的的损失，但是不包括除外责任条款中规定的除外责任。从其保险责任范围看，ICC（A）主要承保海上风险和一般外来风险，责任范围广泛。

2. 共同海损条款

该条规定，对于为了避免非除外风险而引起的共同海损牺牲、分摊和救助费用，保险人予以理赔。同时，该条款还对共同海损理算的法律适用问题做了规定。

3. 双方有责碰撞条款

该条款规定，如果运输合同中订有"双方有责碰撞条款"，那么根据该条款，应由货方赔偿船方的损失，由保险公司予以承保。

运输合同中的"双方有责碰撞条款"源于美国碰撞法律中的"货物无辜规则"和"平分过失原则"。根据美国法律的规定，互有过失碰撞的船舶无论过失大小，一律平分过失，且碰撞双方对货损承担连带责任。因此，发生双方有责船舶碰撞时，受损货方既可以向载货船舶索赔全部货损，也可以向非载货船舶索赔全部货损。鉴于受损货方与载货船舶之间运输合同免责条款的规定，受损货方一般会向非载货船舶索赔全部损失。赔偿全部损失的非载货船舶会依据"平分过失原则"，转而要求载货船舶补偿其应负的一半货损。这使得载货船舶间接向受损货方做出了赔偿，变相地失去了运输合同中规定的对货损免责的权利。为了仍然享有这一权利，承运人就会在运输合同中加入"双方有责碰撞条款"，规定上述情况下货方有义务补偿船方被非载货船舶追偿所遭受的损失。针对运输合同的上述条款，保险合同增加了同名条款，规定了货方应向船方做出的补偿由保险人支付。

（二）除外责任

除外责任包括一般除外责任条款，不适航、不适货除外条款，战争除外条款和罢工除外条款四个条款。

1. 一般除外责任条款

该条款规定，ICC（A）对下列各项不予承保。

（1）可归因于被保险人故意不法行为所造成的损失、损害或费用。

（2）保险标的自然渗漏，重量、体积的自然损耗或自然磨损。

（3）保险标的包装或准备不足或不当引起的损失、损害或费用。

（4）保险标的固有缺陷或性质引起的损失、损害或费用。

（5）延迟直接造成的损失、损害或费用，即使该延迟是由承保风险引起的。

（6）因船舶所有人、经理人、承租人或经营人破产或经济困难产生的损失、损害或费用。

（7）因使用原子或核裂变、核聚变，其他类似反应，放射性力量或物质所造成的战争武器产生的损失、损害或费用。

2. 不适航、不适货除外条款

该条款规定，如果载货船舶、运输工具或集装箱等不适航、不适货，而且被保险人对此知情，则保险公司对此不适航、不适货所造成的损失、损害或费用不予负责。这一规定对于现代运输方式中货方自己装箱或使用自己的拖车运送集装箱货物等情况有特别的意义。

3. 战争除外条款

该条款规定，对于战争、内战、革命、造反、叛乱等行为及由此引起的捕获、拘留、禁止、扣押等所导致的损失后果，以及被遗弃的水雷、鱼雷、炸弹等战争武器所致的损失不予负责。值得注意的是，关于海盗风险，被 ICC（A）的除外责任所除外。也就是说，在 ICC（A）中，海盗行为被认为是一般外来风险，应由保险人予以承保。这一点不同于我国海运保险的规定。

4. 罢工除外条款

该条款规定，对于下列损失、损害或费用不予承保：罢工者、被迫停工工人，或参加工潮、暴动或民变人员造成者；罢工、停工、工潮或民变造成者；恐怖分子或出于政治动机采取行为的人员造成者。

（三）保险期间

关于保险人的责任起讫，即保险期间。在这方面，ICC（A）有运输条款、运输合同终止条款和航程变更条款三个条款。

1. 运输条款

该条款所规定的保险责任起讫以"仓至仓"为限，其规定与我国海运保险条款中的规定基本一致。但该条款同时规定，在发生被保险人无法控制的延迟、绕行、被迫卸载、重装或转运以及船东或租船人因行使运输合同所赋予的自由权而变更航程时，本保险仍然继续有效，并且不受被保险人须及时通知保险人这一条件的限制。例如，载货船舶发生了海难，在避难港维修期间，需将部分货物卸下另外储存，则货物在岸上储存期间的风险仍由保险公司承保。

2. 运输合同终止条款

该条款规定，在被保险人无法控制的情况下，运输合同在其载明的目的地以外的港口或地点终止，那么本保险也终止。但如果被保险人迅速通知保险人并要求继续承保，同时加缴保费，保险合同可以继续有效。这和我国海运货物保险条款的规定相同。

3. 航程变更条款

该条款规定，在保险责任开始后，如果被保险人自愿变更目的地，在被保险人迅速通知保险人的前提下，保险合同并不终止，但保险费及其他承保条件应当重新商定。

（四）索赔条款

索赔条款包括可保利益条款、续运费用条款、推定全损条款和增值条款四个条款。

1. 可保利益条款

该条款规定，被保险人在损失发生时对保险标的须具有保险利益；除非另有规定，被保险人有权获得在保险期间发生的承保损失的赔偿，尽管损失发生在保险合同订立之前，除非当时被保险人知道该项损失而保险人不知道。

2. 续运费用条款

该条款规定，由于承保风险导致运输在非保险单载明的港口或地点终止，保险人应补偿被保险人在卸货、储存和续运保险标的至保险单载明目的地而产生的合理的额外费用，但不包括被保险人或其雇员的错误、疏忽、破产或财务困难而引起的费用，也不包括共同海损和救助费用。

3. 推定全损条款

该条款规定，如果实际全损不可避免，或因为恢复、整理和续运保险标的至保险目的地的费用超过其抵达时的价值，经过委付，被保险人可以得到推定全损赔偿。

4. 增值条款

该条款规定了货物在投保增值保险时的赔偿问题。

增值保险是买方认为货物到达目的地的完好价值高于卖方原来投保的金额，因而对其高出的差额也投保。

该条款规定，如果货物投保了增值保险，那么货物的保险价值应当是原投保的保险金额与所有增值保险的保险金额之和。发生损失时，每一保险人的赔偿责任以其保险单中载明的保险金额占总保险金额的比例计算。

（五）保险受益

保险受益部分只有一个条款，即不得受益条款。该条款规定了承运人和其他受托人不得享受保险利益。该规定的目的是避免承运人或其受托人因保险存在而享有保险利益，因此来摆脱对货损、货差和延迟交货的责任，从而使保险人丧失代理求偿权。

（六）减少损失

减少损失条款包括被保险人的义务条款和弃权条款两个条款。

1. 被保险人的义务条款

该条款规定了被保险人的两项义务：采取合理措施避免或减少货损，保护保险人的代位追偿权。

2. 弃权条款

该条款规定，当保险标的发生损失时，被保险人拯救、保护或恢复保险标的的措施不得视为放弃委付，保险人采取的上述施救行为也不得视为其接受委付。

（七）避免迟延

避免迟延部分只有一个条款，即合理速办条款。该条款规定被保险人应在其力所能及的范围内，采取合理迅速的行为，避免运送迟延。

（八）法律和惯例

法律和惯例部分只有一条，即英国法律和惯例条款。该条款规定本保险受英国法律和惯例调整。如果保险合同采用了 ICC（A）保险并发生了诉讼，即使英国以外的其他国家对诉讼有管辖权，该国法庭也应当以英国法律和惯例作为准据法。

二、协会货物条款（B）的主要内容

协会货物条款（B）[Institute Cargo Clause（B），ICC（B）]也包括 19 个名称和序号与 ICC（A）完全相同的条款，但其中风险条款、一般除外责任条款和战争除外条款的内容、措辞与 ICC（A）有所不同。

（一）风险条款

ICC（B）采用"列明风险"的方式规定承保风险，对下列原因所致的保险标的的损失或损害负责赔偿：

（1）火灾或爆炸。

（2）船舶或驳船搁浅、触礁、沉没或倾覆。

（3）陆上运输工具倾覆或出轨。

（4）船舶、驳船或运输工具与水以外的任何外界物体碰撞或接触。

（5）在避难港卸货。

（6）地震、火山爆发或雷电。

（7）共同海损牺牲。

（8）抛弃或浪击落海。

（9）海水、湖水或河水进入船舶、驳船、运输工具、集装箱、吊装车厢或储存处所。

（10）货物在装卸时落水或坠海而造成的整件货物的全部损失。

可见，ICC（B）承保自然灾害和意外事故所致的货损，以及共同海损的牺牲、分摊和费用。与我国海运保险中的水渍险相比，ICC（B）将陆上风险明确列为承保风险，但对装卸过程中的货物落水或坠海仅赔全损，不赔部分损失。

（二）一般除外责任条款

ICC（A）对被保险人的故意不法行为所致货损不予承保，而 ICC（B）对任何人的故意不法行为所致货损均不予承保。其他一般除外责任与 ICC（A）大致相同。

（三）战争除外条款

在 ICC（A）的战争除外责任中，明确将海盗风险从除外责任中扣除，即 ICC（A）对海盗风险予以承保。而在 ICC（B）的战争除外责任中，并未对海盗风险扣除，因此，ICC（B）不承保海盗风险。

三、协会货物条款（C）的主要内容

协会货物条款（C）[Institute Cargo Clause（C），ICC（C）]是 A、B、C 三种险中承保责任范围最小的一种险别。ICC（C）采用"列明风险"的方式规定承保范围。

（一）承保风险

保险人对下列原因造成的保险标的的损失负责：

（1）火灾或爆炸。

（2）船舶或驳船搁浅、触礁、沉没或倾覆。

（3）陆上运输工具倾覆或出轨。

（4）船舶、驳船或其他运输工具与水以外的任何外界物体碰撞或接触。

（5）在避难港卸货。

（6）共同海损牺牲。

（7）抛弃。

可见，ICC（C）主要承保重大意外事故所致的风险损失，对一般意外事故及自然灾害所致货损不予赔偿。与中国保险条款中的平安险相比，ICC（C）的范围要小一些。

（二）其他内容

关于除外责任、保险期限、索赔等其他部分内容的规定，ICC（C）与ICC（B）完全一致。

ICC（A）、ICC（B）、ICC（C）的承保责任对比如表5-1所示。

表5-1 ICC（A）、（B）、（C）承保责任对比表

承保风险	ICC(A)	ICC(B)	ICC(C)
火灾、爆炸	√	√	√
船舶、驳船的搁浅、触礁、沉没、倾覆	√	√	√
陆上运输工具的倾覆或出轨	√	√	√
船舶、驳船或运输工具与水以外的任何外界物体碰撞或接触	√	√	√
在避难港卸货	√	√	√
地震、火山爆发或雷电	√	√	×
共同海损牺牲	√	√	√
共同海损分摊和救助费用	√	√	√
运输合同订有"船舶互撞责任"条款，根据该条款的规定应由货方偿还船方的损失	√	√	√
抛弃	√	√	√
浪击落海	√	√	×
海水、湖水或河水进入船舶、驳船、运输工具、集装箱、大型海运箱或储存处所	√	√	×
货物在船舶或驳船装卸时落水或坠海，造成任何整件的损失	√	√	×
由被保险人以外的其他人（如船长、船员等）的故意违法行为所造成的损失或费用	√	×	×
海盗行为	√	×	×
由一般外来原因所造成的损失	√	×	×

四、协会其他货物保险条款

1. 协会战争险条款（货物）

协会战争险条款（货物）［Institute War Clause（Cargo），IWCC］由8部分14条组成，可以单独投保。在ICC（A）保险战争除外责任条款中规定的战争除外责任，由协

第五章 国际货物运输保险

会战争险条款（货物）承保。其承保责任起讫为"水上危险"。

2. 协会罢工险条款（货物）

协会罢工险条款（货物）［Institute Strike Clause（Cargo），ISCC］也由 8 部分 14 条组成，可单独投保。该险承保由罢工工人、被迫停工工人，以及参加工潮、暴动或民变的人员，恐怖分子和出于政治动机而行动的人员所直接造成的货损，以及上述原因引起的共同海损。其承保责任起讫为"仓至仓"责任。

3. 恶意损害险

恶意损害险（Malicious Damage Clause）只能在基本险的基础上加保。该险承保被保险人以外的其他人（船长、船员等）的故意损害、故意破坏、恶意行为所致保险标的的损失或损害。但如果恶意损害是出于政治动机的人的行动，则应由罢工险承保。

如前所述，恶意损害的风险已经被 ICC（A）所承保，但不为 ICC（B）、ICC（C）所承保。所以，投保后两种协会货物保险条款时，可以酌情加保恶意损害险。

第四节　陆运、空运货物与邮包运输保险

除海洋运输方式外，陆运、空运、邮包运输等各种运输方式在国际贸易中的运输量不断上升。相应地，在海洋运输保险的基础上，其他运输方式下的保险也得到发展。由于不同运输方式可能带来货物损失的风险种类不同，所以，与其相应的运输保险与海运货物保险的险别及责任范围也有所不同。

一、陆上运输货物保险

我国陆上运输货物保险的基本险包括陆运险和陆运一切险。此外，还有针对陆运冷藏货物的专门保险——陆上运输冷藏货物险，以及针对铁路运输的附加险——陆上运输货物战争险（火车）。

1. 陆运险和陆运一切险

陆运险的承保范围与海运保险中的"水渍险"相似，对被保险货物在运输途中遭受暴风、雷电、洪水、地震等自然灾害，或由于陆地运输工具（火车、汽车）遭受碰撞、倾覆、出轨，或在驳运过程中因驳运工具搁浅、触礁、沉没，或由于隧道坍塌、崖崩、火灾、爆炸等意外事故造成的全部损失或部分损失，保险公司都予以赔偿。此外，被保险人对遭受承保责任内危险的货物采取抢救、防止或减少货损的措施而支付的合理费用，保险公司也予以赔偿，但以不超过该批被救货物的保险金额为限。

陆运一切险的承保范围与海运保险中的"一切险"相似。保险公司除对上述陆运险的责任承保外，还对被保险货物在运输途中因一般外来风险造成的全部损失或部分损失承担责任。

陆运险的保险责任起讫也采用"仓至仓"条款。保险责任自被保险货物运离保险单所载明的起运地仓库或储存处所开始运输时起，包括正常运输过程中的陆上和与其有关的水上驳运在内，直至该项货物运达保险单所载目的地收货人的最后仓库或储存处

所，或被保险人用作分配、分派的其他储存处所为止。如果未运抵上述仓库或储存处所，则保险责任以被保险货物到达最后卸载的车站后满60天为限。

2. 陆上运输冷藏货物险

陆上运输冷藏货物险的承保范围除陆运险所列举的各项责任外，还包括在陆运中由于冷藏机器或隔湿设备损坏或者车厢内储存冰块融化所造成的被保险货物解冻、融化以及腐烂、变质的损失。其除外责任包括战争、罢工和运输延迟而造成的被保险货物腐败，以及被保险货物在保险责任开始时未能保持良好状态而造成的腐败和损失。

该保险的责任起讫自被保险货物运离保险单所载起运地点的仓库装入运输工具开始运输时生效，直至货物到达保险单所载目的地收货人仓库为止。但最长保险责任的有效期限以被保险人货物到达目的地车站后10天为限。

3. 陆上运输货物战争险（火车）

陆上运输货物战争险（火车）属于陆上运输货物保险的附加险，目前仅限于铁路运输方式。其承保范围包括在火车运输中由于战争、类似战争的行为，敌对行为或武装冲突所直接导致的损失，以及由于各种常规武器包括地雷、炸弹所致的损失。但对由于原子或核武器所致的损失和费用，以及由于执政者、当权者和其他武装集团的扣押、拘留引起的承保运程的丧失和挫折而造成的损失，保险公司都不负责赔偿。

该附加险的责任起讫以货物置于火车上为限，即自被保险货物在保险单所载起运地装上火车时起，到保险单所载目的地卸离火车时为止。如果被保险货物不卸离火车，以火车到达目的地车站的当日午夜起算满48小时为限。如果运输中需转运，不论货物在转运地卸载与否，保险责任以火车到达该中途站的当日午夜起算，满10天为止。如果货物在此期间内重新装车续运，保险责任恢复有效。

二、航空运输货物保险

我国航空运输货物保险的基本险包括航空运输险和航空运输一切险，附加险主要是航空运输货物战争险。

1. 航空运输险和航空运输一切险

航空运输险的承保范围与海运保险中的"水渍险"大体一致，包括被保险货物在运输途中遭受雷电、火灾、爆炸或由于飞机遭遇了恶劣气候或其他危难事故而被抛弃，或由于飞机遭受碰撞、倾覆、坠落或失踪等自然灾害和意外事故所造成的全部或部分损失。

航空运输一切险的承保范围与海运保险中的"一切险"大体一致，除包括航空运输险的承保责任外，还承保因一般外来风险所造成的被保险货物的全部或部分损失。

航空运输险和航空运输一切险的除外责任与海运保险的除外责任基本相同。

上述航空保险的责任起讫也采用"仓至仓"条款。但与海运、陆运货物保险中的"仓至仓"条款不同的是，如果货物运达保险单所载目的地而未运抵保险单所载明的收货人仓库或储存处所，则被保险货物在最后卸载地卸离飞机后30天保险责任终止；如在上述30天内被保险货物需转运到非保险单所载明的目的地，则保险责任在该项货物开始转运时终止。

2. 航空运输货物战争险

航空运输货物战争险属于附加险，其承保范围包括在运输途中由于战争、类似战争的行为，敌对行为或武装冲突以及各种常规武器和炸弹所造成的被保险货物的损失，核武器除外。

航空运输货物战争险的保险责任起讫，自货物装上保险单所载明的启运地飞机时起，至保单所载明的目的地卸离飞机时止。如果被保险货物不卸离飞机，则以载货飞机到达目的地的当日午夜起算满 15 天为止。如果需中途转运，保险责任于飞机到达转运地的当日午夜起算满 15 天为止；等货物装上续运的飞机，保险责任再恢复有效。

三、邮包运输保险

邮包运输保险的险种有邮包险、邮包一切险和邮包战争险。前两者是基本险，后者是附加险。

1. 邮包险和邮包一切险

由于邮包运输也采用陆运、空运、海运等运输方式，因此，邮包险的承保责任范围涵盖了水渍险、陆运险、航空运输险的责任范围，而邮包一切险的责任范围涵盖了一切险、陆运一切险、航空运输一切险的责任范围。其保险责任起讫均为自被保险邮包离开保险单所载明的起运地点寄件人的处所运往邮局开始，直至邮包运达保险单所载目的地邮局，自邮局发出到货通知给收件人的当日午夜起算满 15 天为止。在此期间内，邮包一经递交至收件人处所，保险责任即告终止。

2. 邮包战争险

邮包战争险的承保责任包括运输途中由于战争、类似战争的行为，敌对行为、武装冲突和海盗行为，以及各种常规武器包括水雷、鱼雷、炸弹所造成的被保险邮包损失（核武器除外），同时还包括与此相关的共同海损牺牲、分摊和救助费用。

邮包战争险的保险责任起讫自被保险邮包经邮局收讫后从储存处所开始运输时生效，直至邮包运达保险单载明的目的地邮局交收件人时为止。

第五节　买卖合同中的保险条款

一、订立保险条款需明确或注意的问题

（一）投保责任的归属

在国际贸易中，投保责任的归属通常取决于合同所使用的贸易术语。在 FOB、CFR、FCA、CPT 术语中，通常由买方自行投保，贸易合同的保险条款一般订明"保险由买方自理"。在 CIF、CIP 术语中，由于货物价格中包含保险费，所以应由卖方投保。

由买方自行投保时，投保险种、保险金额、保险单据等各项均由买方自行决定，与卖方无关。如果由卖方投保，由于运输风险由买方承担，所以卖方投保时的保险人、保险险别、保险金额等事项均与买方利益有重大关系，应当在贸易合同的保险条款中订明。

☞ **课堂案例**

我国某外贸公司向日、英两国商人分别以 CIF 和 CFR 价格出售蘑菇罐头，有关被保险人均办理了保险手续。这两批货物自启运地仓库运往装运港的途中均遭受损失。请问在这两笔交易中各由谁办理货运保险手续？货物损失的风险与责任各由谁承担？保险公司是否给予赔偿？并简述理由。

【案例分析】

与日本商人的交易由卖方（我方）办理货运保险手续；与英国商人的交易由买方（英方）办理货运保险手续。在这两笔交易中，风险与责任均由卖方承担。

对于"与日本商人的交易"，保险公司应对该货损给予赔偿，CIF 条件下由卖方投保，保险合同在货物自启运地启运后生效。

对于"与英国商人的交易"，保险公司不会对该货损给予赔偿，FOB、CFR 条件下由买方投保，保险合同在货物装到船上后生效。

（二）保险险别的选择

在选择保险险别时，应当考虑以下因素。

1. 货物的性质和特点

例如，粮食、谷类商品的特点是含有水分，在运输途中如果通风设施不良，易发热发霉，故投保险别中应当含有受潮受热险；玻璃制品、瓷器、大理石、家具等容易破碎，故在投保险别中应当含有碰损破碎险；棉、麻、纤维等最好加保混杂玷污险和淡水雨淋险；茶叶则最好投保一切险。

2. 货物的包装

不同包装状况的货物可能会遭受不同的风险，因而应考虑包装状况选择保险险别。例如，散装矿石、矿砂等容易发生短量损失，宜加保短量险；袋装粮食可能在装卸中被吊钩钩破外包装而宜加保钩损险。

3. 运输路线与停靠港口

载货船舶的航行路线和停靠港口不同，可能遭受的风险和损失也有所不同。一般航程越长，货物可能承受的风险越大。运输途中所经区域的地理位置、气候状况以及政治形势等也会对货运安全产生影响。例如，某些航线途经气候炎热地区，如果载货船舶通风不良，就会增加货损。途经战争区域、海盗出没区域，则货损可能性增大。船舶停靠港口的管理水平、装卸能力、治安状况，也会给货运风险带来影响。

4. 运输季节

不同运输季节，货物运输会面临不同的风险。例如，载货船舶冬季在北纬 60 度以北航行，容易与流冰发生碰撞；夏季运输粮食、水果，容易腐烂、生虫；冬季运输橡胶制品，容易冻裂损坏。

在订立贸易合同时，交易双方应当结合上述多种因素合理确定保险险别。根据《2020 年通则》的规定，如果由卖方投保且贸易合同中未约定投保险别，卖方可以投保最低险别。

第五章　国际货物运输保险

（三）保险金额及保险费的计算

1. 保险金额

保险金额也称投保金额，是投保人向保险公司投保的金额，也是发生保险风险时保险公司赔偿的最高限额。

保险金额应由交易双方协商确定，通常在 CIF 或 CIP 价格上加保一定百分比。加成投保的目的在于补偿被保险人的交易费用以及预期利润，按照 CIF 或 CIP 价格加成的目的是补偿投保人缴纳的运费和保险费。

关于投保加成，《2020 年通则》和《UCP 600》均规定，保险金额最少为合同 CIF 或 CIP 价格加 10%。保险加成 10%（加一成）并不是固定不变的。在应买方要求并由其承担保险费的情况下，也可以加保 20% 或 30%。但是，如果买方提出的保险加成超过 30%，应当先获得保险公司认可；保险公司不能贸然同意，以防进口方道德风险。

保险金额的计算公式为

$$保险金额 = CIF（CIP）货值 \times （1+保险加成率）$$

2. 保险费的支付

按时支付保险费是投保人应当履行的基本义务，也是保险人履行赔偿义务、建立各种基金以及弥补保险经营费用支出的主要资金来源。保险费的金额大小取决于保险金额和保险费率的高低。如前所述，保险金额由交易双方约定并经保险人同意。保险费率即保险价格，是保险人为承担约定的保险赔偿责任而向投保人收取保费的标准。保险费率由承保人根据大数法则，在综合考虑运输方式、货物特性、包装、险别、航程远近、航线等因素的基础上厘定。保险费的计算公式为

$$保险费 = 保险金额 \times 保险费率$$

【例 5-1】某 CIF 合同价值为 20 000 美元，投保一切险与战争险，费率分别为 0.8% 和 0.3%。请问保险费应是多少？

解：保险金额 = 20 000×（1+10%）= 22 000（美元）

保险费 = 22 000×（0.8%+0.3%）= 242（美元）

二、合同中的保险条款

保险条款是国际货物买卖合同中不可缺少的内容。保险条款应包括由谁投保、保费承担、保险险别、保险金额等内容，以便双方执行。常见的保险条款举例如下：

（1）保险由买方自行办理时，合同中的保险条款可为"保险由买方负责（Insurance：To be covered by the buyer）"。

（2）买方委托卖方代办保险时，合同中的保险条款可为"保险由买方委托卖方按发票金额的 110% 代为投保一切险，按中国人民财产保险股份有限公司保险条款负责，保险费由买方负担（Insurance：To be effected by the seller on behalf of the buyer for 110% of total invoice value against All Risks, as per Ocean Marine Cargo Clause of PICC, dated 1/1/2009, premium to be for buyer's account）"。

（3）由卖方投保平安险加保碰损破碎险，合同中的保险条款可为"保险由卖方按发票金额的 110% 投保平安险加保碰损破碎险，按中国人民财产保险股份有限公司保险

条款负责（Insurance：To be covered by the seller for 110% of total invoice value against FPA，including Clash and Breakage Clause，as per Ocean Marine Cargo Clause of PICC，dated 1/1/2009）"。

（4）要求按国外条款承保时，合同中的保险条款可为"保险由卖方按发票金额的110%投保海运保险，按伦敦保险协会货物保险（A）条款负责（Insurance：To be effected by the seller for 110% of total invoice value covering Marine Risks，as per Institute Cargo Clause （A），dated 1/1/2009）"。

三、保险单

当由卖方投保时，保险单是卖方必须向买方提交的单据之一。如果被保险人货物在运输途中发生承保范围内的损失，买方可以凭保险单向保险公司索赔。

保险单的格式示例如图5-1所示。

PICC

中国人民保险公司
The People's Insurance Company of China
总公司设于北京　　　　　　一九四九年创立
Head Office Beijing　　　　　Established in 1949

货物运输保险单
CARGO TRANSPORTATION INSURANCE POLICY

发票号（INVOICE NO.）	保单号次
合同号（CONTRACT NO.）	POLICY NO.
信用证号（L/C NO.）	

被保险人：
INSURED：

中国人民保险公司（以下简称本公司）根据被保险人的要求，由被保险人向本公司缴付约定的保险费，按照本保险单承保险别和背面所载条款与下列特款承保下述货物运输保险，特立本保险单。
THIS POLICY OF INSURANCE WITNESSES THAT THE PEOPLE'S INSURANCE COMPANY OF CHINA（HEREINAFTER CALLED "THE COMPANY"）AT THE REQUEST OF THE INSURED AND IN CONSIDERATION OF THE AGREED PREMIUM PAID TO THE COMPANY BY THE INSURED, UNDERTAKES TO INSURE THE UNDERMENTIONED GOODS IN TRANSPORTATION SUBJECT TO THE CONDITIONS OF THIS OF THIS POLICY AS PER THE CLAUSES PRINTED OVERLEAF AND OTHER SPECIAL CLAUSES ATTACHED HEREON.

标　记 MARKS&NOS	包装及数量 QUANTITY	保险货物项目 DESCRIPTION OF GOODS	保险金额 AMOUNT INSURED

总保险金额
TOTAL AMOUNT INSURED：_____

保费：　　　　　　　　　启运日期　　　　　　　　　装载运输工具：
PERMIUM：AS ARRANGEDZ　DATE OF COMMENCEMENT：_____　PER CONVEYANCE：_____
自　　　　　　　　　　　经　　　　　　　　　　　　至
FROM：_____　VIA _____　TO _____

承保险别：
CONDITIONS：

所保货物，如发生保险单项下可能引起索赔的损失或损坏，应立即通知本公司下述代理人查勘。如有索赔，应向本公司提交保单正本（本保险单共有_____份正本）及有关文件。如一份正本已用于索赔，其余正本自动失效。

IN THE EVENT OF LOSS OR DAMAGE WITCH MAY RESULT IN A CLAIM UNDER THIS POLICY, IMMEDIATE NOTICE MUST BE GIVEN TO THE COMPANY′S AGENT AS MENTIONED HEREUNDER. CLAIMS, IF ANY, ONE OF THE ORIGINAL POLICY WHICH HAS BEEN ISSUED IN _____ ORIGINAL（S）TOGETHER WITH THE RELEVANT DOCUMENTS SHALL BE SURRENDERED TO THE COMPANY. IF ONE OF THE ORIGINAL POLICY HAS BEEN ACCOMPLISHED, THE OTHERS TO BE VOID.

赔款偿付地点
CLAIM PAYABLE AT _____
出单日期
ISSUING DATE _____

中国人民保险公司
The People′s Insurance Company of China
Authorized Signature _____

·146·

图 5-1　货物运输保险单示例

保险单签发后，卖方在向银行交单之前，如果保险单上的记载事项与实际情况不符，或运输情况发生了变化，应当向保险人申请变更或修改保险单。保险人通常采用签发批单的方式对保险单进行修改。

卖方向银行交单时，通常以空白背书的形式将保险单连同运输单据和其他单据一起转让给买方。

四、索赔

保险标的遭受损失后，被保险人应按规定办理索赔手续，向保险人要求赔偿。

1. 索赔程序

被保险人获知货损后，应马上通知保险人或其代理人，同时申请由其对货物进行检验。检验的目的是查清损失原因，审定责任归属。索赔时被保险人还应当向保险人提交索赔必需的各种单证，包括保险单正本、提单、发票、装箱单、磅码单、货损货差证明、检验报告以及索赔清单。

2. 被保险人义务

索赔时，被保险人有两项重要义务。一是采取施救措施，防止或减少损失。被保险人不能因货物已经投保而任由货损扩大，应采取积极措施，避免或减少损失；否则，对扩大的损失部分，保险公司不予赔偿。二是向承运人等有关责任方面提出索赔。被保险人发现货损时，应当立即向承运人或其代理人以及海关、港务当局等索取货损货差证明，包括记录货物损失情况并由承运人签字的理货报告、由装卸部门签字的货运记录等。当货损货差涉及承运人、码头、装卸公司等责任时，应立即向他们提出书面索赔并保留追偿权利。因为按照各国海商法及运输契约的规定，如不在当时提出索赔，等于承认提货时货物完好，将会影响事后向相关责任人索赔。保险公司对于丧失追偿权利部分的损失，可以拒绝赔偿。

五、理赔

理赔是保险人在接到被保险人的损失通知书后，通过对损失的检验和必要的调查研究，确定损失的原因、损失的程度，并对责任归属进行审定，最后计算保险赔偿金额并给付赔款的一系列过程。

1. 确定损失原因

损失原因一般通过对货物的检验确定。损失原因对保险公司核定责任至关重要。保险公司只对由承保风险所导致的损失负责赔偿。在实践中，货损的原因多种多样，通常包括货物自身缺陷、短量、水渍、碰损、钩损、混杂玷污、串味、霉变、虫蛀、锈损、火灾等。根据保险的近因原则，需要从若干致损原因中找出致损的近因，以确定损失是否属于保险责任。

2. 审定责任归属

首先，应当依据保险条款中的保险险别审查引起损失的风险是否属于承保责任范围内的风险；其次，审查保险事故的发生是否在保险合同的有效期内，包括审查被保险人的可保利益、运输是否按照保险单记载路线、保险的责任起讫；最后，审查被保险人的义务是否及时履行，如是否诚信告知保险标的及相关重要事实，是否及时通知货损，是否采取措施避免或减少货损等。

3. 计算赔偿金额

如果确定货损属于保险责任，保险人应及时向被保险人进行经济补偿。赔偿的范围包括货物损失的赔付和相关费用的赔付。在货物损失的赔付中，全部损失按保险金额予以全额赔付，部分损失按损失的程度或数量确定损失比例，计算保险赔款。其对货物的共同海损牺牲和分摊也予以赔付。损失发生后支付的相关费用包括施救费用、救助费用、续运费用、检验费用、出售费用以及理算费用等。保险公司只对与保险责任有关的费用支出予以赔付。

4. 处理损余，代位追偿

保险事故发生后，保险公司支付了全部保险金额，并且保险金额等于保险价值的，受损标的的全部权利归保险公司；保险金额低于保险价值的，保险公司按比例取得受损标的的部分权利。

对于因承运人、船东、港务局、车站等方原因，货物发生损失的，保险公司在赔付后可以取代被保险人向上述责任人追偿。

 知识小结

国际贸易中买卖双方可以选择中国海运货物保险条款投保，也可以选择伦敦保险协会海运货物保险条款投保。按性质，货物运输保险分为基本险和附加险。保险公司承保的范围根据投保险种而有不同，涉及由自然灾害、意外事故和外来风险所带来的货损以及费用支出。货物运输保险分为海运、陆运、空运和邮包运输保险四类。不同运输方式可能发生的风险种类不同，因而所涉及的保险险别和承保范围也有差异。

为了明确贸易双方对运输保险的责任，国际货物买卖合同中最好订明保险条款。如果运输中发生承保范围内的风险，则由被保险人或保单的受让人依据保险单或保险证明向保险人索赔。

引导案例分析

下面就每个货舱的损失进行具体分析。

（1）第一货舱的货物。500箱服装的损失是意外事故火灾引起的实际全损，属于实际全损第一种情况——保险标的实体完全灭失。而烟草的串味损失属于火灾引起的部分损失，因为在经过特殊加工处理后，烟草仍然能保持其属性，可以按"烟草"出售，三成的贬值是烟草的部分损失。至于茶叶的损失则属于实际全损，因为火灾造成了"保险标的丧失属性"，虽然实体还在，但是已经完全不是投保时所描述的标的内容了。

（2）第二货舱的货物。精密仪器的损失属于意外事故碰撞造成的推定全损。根据推定全损的定义，当保险标的的实际全损不可避免，或为避免发生实际全损花费的整理拯救费用超过保险标的本身的价值或其保险价值，就会得不偿失，从而构成推定全损。精密仪器恢复的费用异常昂贵，大大超过了其保险价值，已经构成推定全损。亚麻的损失是在危机时刻为了避免更多的海水涌入货舱威胁到船货的共同安全而被用来堵塞漏洞造成的。这种损失属于共同海损，由受益各方共同分摊。

（3）第三货舱的货物。纺织品所遭遇的损失，是为了方便共同海损修理而被迫卸下时所造成的，也属于共同海损。

复习思考题

一、简答题

1. 简述实际全损和推定全损的区别和联系。

2. 简述共同海损和单独海损的区别和联系。

3. 简述施救费用和救助费用的区别。

4. 中国保险条款中的基本险有哪些？其承保的责任范围分别是什么？

5. 我国海运货物保险条款中基本险的除外责任包括哪些内容？

6. 什么是"仓至仓"条款？

7. 我国海运货物保险条款中的附加险包括哪些？

8. 试比较 ICC（A）、ICC（B）、ICC（C）的承保责任范围。

9. 订立合同中的保险条款应该注意哪些问题？

二、计算分析题

1. 某公司依 CIF 条件出口大米 10 000 包，共计 100 吨。合同规定由卖方投保一切险加战争险，后应买方的要求加保罢工险。货物抵达目的港卸至码头，恰遇码头工人罢工与警方发生冲突，工人将大米包垒成掩体进行对抗，罢工历经 15 天才结束。当收货人提货时发现这批大米损失达 80%，因而向保险公司索赔。保险公司应否给予赔偿？为什么？

2. 我国 A 公司按照 CIF 价格条件与国外 B 公司签订了 2 000 吨食糖进口合同，投保一切险。由于货船陈旧，速度慢，且沿途招揽货物，停靠码头的次数和时间太多，结果航行三个月才到达目的港。卸货后 A 公司发现，由于路途时间过长，且穿越赤道，食糖长时间受热，已经变质，根本无法销售。保险公司应否予以赔偿？为什么？

3. 有一台精密仪器价值 15 000 美元，货轮在航行途中触礁，船身剧烈震动而使仪器受损。事后经专家检验，修复费用为 16 000 美元，如拆为零件销售，可卖 2 000 美元。请问该仪器属于何种损失？

4. 货轮在海上航行时，某舱发生火灾，船长命令灌水施救。扑灭大火后，其发现纸张已烧毁一部分，未烧毁的部分，因灌水后无法使用，只能作为纸浆处理，损失原价值的 80%。另有印花棉布没有烧毁但有水渍损失，其水渍损失使该布降价出售，损失该货价值的 20%。请问纸张损失的 80%、棉布损失的 20% 都是部分损失吗？为什么？

5. 有一份 FOB 合同，货物在装船后，卖方向买方发出装船通知，买方向保险公司投保了"仓至仓条款一切险"。但是，货物在从卖方仓库运往码头的途中，被暴风雨淋湿了 10%。事后卖方以保险单含有"仓至仓"条款为由，要求保险公司赔偿此项损失，遭到保险公司拒绝。后来，卖方又请求买方以投保人名义凭保险单向保险公司索赔，也遭到保险公司拒绝。请问在上述情况下，保险公司能否拒赔？为什么？如果这是一份 CFR 合同，情况会如何？如果这是一份 CIF 合同，情况又将如何？

6. 我国某外贸公司与荷兰进口商签订了一份皮手套合同，价格为 CIF 鹿特丹，向中国人民保险公司投保一切险。生产厂家在生产的最后一道工序将手套的温度降低到了最低温度，然后用牛皮纸包好装入双层瓦楞纸箱，再装入 20 尺集装箱。货物到达鹿特丹后，检验结果表明：全部货物湿霉、玷污、变色，损失价值达 8 万美元。据分析，该批货物的出口地不异常热，进口地鹿特丹不异常冷，运输途中无异常，完全属于正常运输。请问：

(1) 保险公司对该批损失应否赔偿？为什么？

(2) 进口商对受损货物应否支付货款？为什么？

(3) 你认为出口商应如何处理此事？

第六章

进出口商品的价格

学习目标
XUEXI MUBIAO

熟悉合同中价格条款的内容；掌握常用贸易术语下的价格构成和价格转换；掌握佣金、折扣和对外贸易经济效益的核算方法，能够正确、全面地订立合同中的价格条款，培养学生具备严谨的工匠精神、爱国情怀。

引导案例
YINDAO ANLI

吉信公司收到爱尔兰公司求购 6 000 双牛料面革腰高 6 英寸靴子（一个 40 英尺集装箱）的询盘。经了解每双靴子的进货成本为 90 元（含增值税 17%），进货总价为 540 000元（90×6 000）；出口包装费为每双 3 元，国内运杂费共计 12 000 元，出口商检费为350 元，报关费为 150 元，港区港杂费为 900 元，其他各种费用共计 1 500 元。吉信公司向银行贷款的年利率为 8%，预计垫款两个月，银行手续费率为 0.5%（按成交价计）；出口靴子的退税率为 14%。海运费：大连—都柏林，一个 40 英尺集装箱的包箱费率是 3 800 美元。客户要求按成交价的 110% 投保，保险费率为 0.85%，并在价格中包括3% 的佣金。若吉信公司的预期利润为成交金额的 10%，人民币对美元的汇率为 8.25∶1，试报每双靴子的 FOB、CFR、CIF 价格。

价格是潜在的买家给他想购买的商品所设定的价值，多数买家在购买时都有一个价格上限。这主要是由当前的市场价格和买方对产品属性的认识来决定的。每宗交易都面临定价问题，卖方希望自己的商品能在有利的价格上卖得越多越好，而买方则希望以最低的价格买到性价比高的商品。因此，价格在国际贸易中起着重要的作用，是交易双方必须解决的关键问题。

第一节　成交价格的掌握

一、出口商品的价格构成及核算内容

（一）国际货物的价格构成要素

了解价格的构成，掌握各部分的含义，对于正确核算价格是十分重要的。在国际货物买卖中，进出口商品的价格直接影响到企业的经济效益和产品的市场竞争力，是企业对外开展业务时必须面临的问题。成本导向定价法是最主要的一种出口货物定价方式，被外贸企业广泛使用。采用成本加成定价法时，出口商只需要了解有关进出口商品的成本和相对于成本的利润率（利润），并以相应的外币表示，即能获得基本价格。出口商在采用成本加成定价方法时，应根据交易双方所确定的贸易术语，先确定出口商品的总成本，并在此基础上计算出口商品利润，从而得到出口商品的价格。

在国际货物买卖中，货物的价格构成包括成本、费用和预期利润三大要素。

1. 成本

货物本身的成本主要有生产成本、加工成本和采购成本三种类型。其中，生产成本是制造商生产某一产品所需的投入；加工成本是加工商对成品或半成品进行加工所需的成本；采购成本是贸易商向供应商采购的价格，也称进货成本。出口货物的成本主要是指采购成本。它在出口价格中所占比重最大，是价格的主要组成部分。

2. 费用

出口货物价格中的费用主要是指商品流通费。它的比重虽然不大，但内容繁多且计算方法不尽相同，因此，费用是价格核算中较为复杂的因素。实际业务中经常出现的费用有如下几种。

（1）包装费。包装费用通常包括在采购成本之中。但是，如果客户对货物的包装有特殊的要求，由此产生的费用就要作为包装费另加。

（2）国内运输费。国内运输费是指出口货物在装运前所发生的境内运输费，如卡车运输费、内河运输费、路桥费、过境费及装卸费等。

（3）仓储费。需要提前采购或另外存仓的货物往往会发生仓储费用。

（4）认证费。认证费是指出口商办理出口许可、配额、产地证明以及其他证明所支付的费用。

（5）港区港杂费。港区港杂费是指出口货物装运前在港区码头所支付的各种费用。

（6）商检费。商检费是指出口商品检验机构根据国家的有关规定或应出口商的请

求对货物进行检验所发生的费用。

（7）捐税。捐税是指国家对出口商品征收、代收或退还的有关税费，如出口关税、增值税等。

（8）垫款利息。垫款利息是指出口商由向国内供应商购进货物至从国外买方收到货款期间由于资金的占用而发生的利息损失，也包括出口商给予买方延期付款的利息损失。

（9）业务费用。业务费用又称经营管理费，是指出口商在经营中发生的有关费用，如通信费、交通费、交际费、广告费等。出口商可根据商品、经营、市场等情况确定一个费用率，一般是在进货成本基础上计算定额费用。

定额费用的计算公式为

$$定额费用=进货成本×费用定额率$$

（10）银行费用。银行费用是指出口商委托银行向国外客户收取货款、进行资信调查等所支出的费用。

（11）出口运费。出口运费是指货物出口时支付的海运、陆运、空运和多式联运费用。

（12）保险费。保险费是指出口商向保险公司购买货运保险或信用保险支付的费用。

（13）佣金。佣金是指出口商向中间商支付的报酬。

3. 预期利润

预期利润是指出口商的收入，是企业经营好坏的主要指标。它是交易的最终目的，是价格的重要组成部分，也是出口商最为关心的要素。

（二）出口商品的价格核算内容

1. 出口商品的成本核算

对于从事对外贸易的出口商而言，商品成本即采购成本，是贸易商向供货厂商购买货物的支出。一般来讲，供货厂商所报的价格就是贸易商的采购成本。然而，供货厂商报出的价格一般是含税价，包含增值税。增值税是以商品进入流通环节所发生的增值额为课税对象的一种流转税。由于出口商品是进入国外的流通领域，因此，许多国家为降低出口商品的成本，增强其产品在国际市场上的竞争力，往往会对出口商品采取增值税款全额或按一定比例退还的做法。在实施出口退税制度的情况下，出口商在核算价格时，为了增加其产品在售价上的竞争力，往往会将含税的采购成本中的出口退税部分予以扣除，从而得出实际购货成本。我国实行出口商品退（免）税制度，目前对不同的商品实施不同的退税率。其实际购货成本计算公式为

$$实际购货成本=购货成本-出口退税额$$
$$购货成本=净价（不含税价）+增值税$$
$$=净价+净价×增值税税率$$
$$=净价×（1+增值税税率）$$
$$净价=购货成本÷（1+增值税税率）$$
$$出口退税额=净价×出口退税率$$

【例6-1】某出口公司采购一批"飞跃"牌篮球。每只篮球的购货成本是165元，其中包括17%的增值税，篮球出口可以有8%的退税。求每只篮球的实际购货成本。

解：实际购货成本＝购货成本－出口退税额

　　　　　　　＝购货成本－购货成本÷（1+增值税税率）×出口退税率

　　　　　　　＝购货成本×（1+增值税税率－出口退税率）÷（1+增值税税率）

　　　　　　　＝165×（1+17%-8%）÷（1+17%）

　　　　　　　＝153.72（元/只）

所以，每只"飞跃"牌篮球的实际购货成本为153.72元。

2. 单位出口商品国内费用

出口货物涉及的各种国内费用在报价时大部分还没有发生，因此，该费用的核算实际上是一种估算。其方法有以下两种。

（1）根据以往的经验将货物装运前的各项费用进行估算并叠加，然后除以出口商品数量获得单位商品装运前的费用，其计算公式为

　　　　　　单位出口商品国内费用＝国内总费用÷出口商品数量

（2）由于此类费用在货价中所占比重较低且项目繁杂琐碎，贸易公司常常根据以往经营各种商品的经验，采用定额费用率的做法来估算这些费用。所谓定额费用率，是指贸易公司在业务操作中对货物装运前发生的费用按公司年度支出规定一个百分比，一般约为公司购货成本的3%～10%。在实际业务中，该费率由贸易公司按商品的种类、交易额大小、竞争的激烈程度自行确定。

【例6-2】假设某出口公司出口某商品17吨，每吨的进货价格为5 000元，估计该批货物国内运杂费共计1 000元，出口商检费为400元，报关费为100元，港区港杂费为850元，其他各种费用共计1 500元，银行手续费为700元，求该商品的单位国内费用。

解：例中已估算了装运前各项费用，故采用第一种方法。

每吨商品国内费用＝各项装运前费用之和÷出口数量

　　　　　　　　　＝（1 000+400+100+850+1 500+700）÷17

　　　　　　　　　＝267.65（元/吨）

若采用第二种方法，假定定额费率为进货价的5.5%，则

每吨商品国内费用＝5 000×5.5%＝275（元/吨）

究竟用哪一种方法确定单位商品国内费用，应根据所采集数据的准确性、价格的竞争性及定价策略等综合考虑决定。在实践中，因出口费用涉及项目繁杂、单位众多，各项费用不易精确估算，故而常用定额费率的方法加以核算。

3. 出口运费核算

进出口货物的运输通常采用的是海洋运输方式。在采用CIF和CFR价格术语成交时，办理运输并支付运费是出口商的责任。这时，运费就构成货价的要素之一。

在海运方式中，根据承运货物船舶的不同，营运方法可以分为班轮运输和租船运输两种。进出口交易中除大宗初级产品以外的交易，多数采用班轮运输的方式。在班轮运输中，根据托运货物是否装入集装箱又可分为件杂货物与集装箱货物两类。因此，班轮运费的核算方法有以下两种。

（1）件杂货物（散装）海运运费核算。件杂货物海运运费主要由基本运费和附加运费两部分组成。基本运费一般不常发生变动，但因为构成海运运费的各种因素会时常发生变化，所以各船公司就采取征收各种附加费的办法维护其营运成本。附加运费主要有燃油附加费、货币附加费、港口拥挤费、转船附加费、港口附加费等。

（2）集装箱货物海运运费核算。国际标准化组织为了统一集装箱的规格，推荐了3个系列13种规格的集装箱，而在国际货物运输中经常使用的是20英尺和40英尺集装箱。在进出口交易中，集装箱类型的选用对于贸易商减少运费开支起着很大的作用。货物外包装箱的尺码、重量，货物在集装箱内的配装、排放以及堆叠都有一定的讲究，需要在实践中摸索。当然，这些也和货物的种类、特性以及客户的要求有关。

集装箱货物海运费用根据货量的大小，按拼箱货和整箱货分为两种不同的计算方法：

①件杂货基本费率加附加费。以每运费吨为计算单位，在按照传统的件杂货等级费率收取基本运费之外，再加收一定的附加费。拼箱货运输运费通常采用这种方法。

②包箱费率。以每个集装箱为计算单位来计算运费，常用于整箱货物运输。

4. 保险费核算

在进出口交易中，以 CIF（CIP）术语成交时，出口方就需要进行保险费的核算。保险费是按照货物的保险金额乘以一定的百分比（保险费率）来计算的。有关公式为

$$保险费 = 保险金额 \times 保险费率$$

$$保险金额 = CIF（CIP）货价 \times （1+保险加成率）$$

保险加成率又称投保加成率，由买卖合同确定，一般为 10%、20% 和 30%。实践中使用最多的是 10%，一般不超过 30%。因此，

$$保险费 = CIF（CIP）货价 \times （1+保险加成率）\times 保险费率$$

5. 利润核算

价格中所包含的利润大小往往根据商品、行业、市场需要以及企业的价格策略来决定。因此，它并没有一定的标准。利润作为出口商的收入，其核算方法由出口商决定。在实践中，它的核算方法可以某一固定数额作为单位商品的利润，也可用一定百分比作为经营的利润率来核算利润额。采用利润率核算利润时应注意计算的基数。这一基数可以是某一成本，也可以是销售价格。计算利润的依据不同，销售价格和利润额也不一样。现分别举例说明。

【例 6-3】某公司经营商品的实际成本为 100 元，利润率为 10%。求该商品的价格和利润额。

解：（1）以实际成本为依据。

$$销售价格 = 实际成本 + 利润额 = 实际成本 + 实际成本 \times 利润率$$
$$= 100 + 100 \times 10\% = 110 （元）$$

$$利润额 = 实际成本 \times 利润率 = 100 \times 10\% = 10 （元）$$

（2）以销售价格为依据。

$$销售价格 = 实际成本 + 利润额 = 实际成本 + 销售价格 \times 利润率$$
$$= 实际成本 \div （1-利润率）$$
$$= 100 \div （1-10\%）= 111.11 （元）$$

$$利润额 = 销售价格 \times 利润率 = 111.11 \times 10\% = 11.11 （元）$$

二、进出口商品的报价与还价

(一) FOB、CFR 和 CIF 出口报价核算

了解了出口价格各要素核算方法及要点后，就可以着手进行出口报价的核算。所谓出口报价是指出口商向国外客户出售某商品时报出的价格。在计算价格时，首先，需要明确价格的构成，即所报价格由哪些部分组成；然后，需要清楚地了解各组成部分的计算方法，也就是出口成本、各项费用以及利润的计算依据；最后，将各部分加以合理的汇总。

在实际业务中，出口商经常报 FOB、CFR 和 CIF 价格。这三种价格的核算方法如下：

1. FOB 价格核算

　　　　FOB 价＝出口成本＋预期利润

　　　　　　＝实际购货成本＋单位商品国内费用＋预期利润额

2. CFR 价格核算

　CFR 价＝实际购货成本＋单位商品国内费用＋单位商品出口运费＋预期利润额

3. CIF 价格核算

　CIF 价＝实际购货成本＋单位商品国内费用＋单位商品出口运费＋保险费＋

　　　　预期利润额

【例 6-4】某食品进出口公司收到日本商人求购 17 吨冷冻水产（计一个 20 英尺集装箱）的询盘。经了解，该级别水产品的每吨进货价格为 5 600 元（含增值税 17%）；出口包装费为每吨 500 元；该批货物国内运杂费共计 1 200 元；出口商检费为 300 元；报关费为 100 元；港区港杂费为 950 元；其他各种费用共计 1 500 元。该食品进出口公司向银行贷款的年利率为 8%，预计垫款时间为 2 个月；银行手续费率为 0.5%（按成交价格计）。出口冷冻水产的退税率为 3%。海洋运费从装运港青岛至日本神户一个 20 英尺冷冻集装箱的包箱费率是 2 200 美元；用户要求按成交价的 110% 投保，保险费率为 0.85%。若该食品进出口公司的预期利润是 10%（以成交金额计）；人民币对美元汇率为 8.25∶1（暂用中间价）。试报出每吨水产品出口的 FOB、CFR 和 CIF 价格。（运算过程保留四位小数，最终报价保留两位小数。）

解：实际购货成本＝购货价格－出口退税额

　　　　　　　　＝购货成本×（1＋增值税税率－出口退税率）÷（1＋增值税税率）

　　　　　　　　＝5 600×（1＋17%－3%）÷（1＋17%）

　　　　　　　　＝5 456.410 3（元/吨）

下面分别计算各项费用。

国内费用＝500＋（1 200＋300＋100＋950＋1 500）÷17＋5 600×8%÷6

　　　　＝812.902 0（元/吨）

银行手续费＝报价×0.5%

出口运费＝2 200÷17＝129.411 8（美元）＝1 067.647 4（元）

出口保费＝CIF 价×110%×0.85%

利润＝报价×10%

·155·

第六章　进出口商品的价格

（1）FOB 报价。

FOB 报价=实际购货成本+国内费用+银行手续费+预期利润=5 456.410 3+812.902 0+FOB 报价×0.5%+FOB 报价×10%

等式两边移项并计算得：FOB 报价=849.07（美元/吨）。

（2）CFR 报价。

CFR 报价=实际购货成本+国内费用+出口运费+银行手续费+预期利润=5 456.410 3+812.902 0+1 067.647 4+CFR 报价×0.5%+CFR 报价×10%

等式两边移项并计算得：CFR 报价=993.66（美元/吨）。

（3）CIF 报价。

CIF 报价=实际购货成本+国内费用+出口运费+银行手续费+出口保险费+预期利润=5 456.410 3+812.902 0+1 067.647 4+CIF 报价×0.5%+CIF 报价×110%×0.85%+CIF 报价×10%

等式两边移项并计算得：CIF 报价=1 004.15（美元/吨）。

通过以上计算，17 吨冷冻水产品的出口报价如下：

USD 849.07 PER METRIC TON FOB QINGDAO

USD 993.66 PER METRIC TON CFR KOBE

USD 1 004.15 PER METRIC TON CIF KOBE

（二）还价核算

在进出口业务中，很少碰上不还价的对手。讨价还价常常是交易磋商中的主旋律。交易双方在收到对方的报价后，往往进行还价核算，以便报出合理还价；双方通过报价还价、不断磋商最终达成一致的价格。出口商在报价还价时可以采取以下几个方面的对策。

1. 努力说服客户接受原价，不轻易让步

追求利润是交易双方经营的目标，利润太低，出口商自然不太愿意；但是，利润太高也会吓跑客户，失去成交的机会。因此，要详细了解客户的需求和市场的竞争状况，谨慎地采取这一对策。

2. 减少公司的利润以满足客户的降价要求

这虽然是最直接和最简便的方法，但是它牺牲的是出口商自身的利润。这是出口商最不愿意采取的对策。

3. 降低采购成本

采购成本在价格构成中占比最大。通过降低供货价格来调整报价，达到降低报价的目的则显得很重要。当然，降低采购价格不能一厢情愿，而需要经过同供货商的艰苦谈判。

4. 减少运输费用和保险费支出

目前，经营外运和保险的公司较多，竞争激烈、经营灵活。通过谈判，运费和保险费也是可以调整的。另外，增加数量也可摊薄出口成本，使价格下降。

总而言之，无论采用什么对策，正确的还价核算都是必要的。在出口还价核算时，出口商首先考虑的是在客户还价后，自己是否还有利润？利润是多少？计算利润额时可以用单一商品利润或一个品种、一个集装箱或整个订单的利润额为基础来计算，即单价法和总价法。总价法比较直观且比较精确。除计算利润额外，有时出口商还会进行利润率的核算。核算利润率的主要目的是将经过还价后的利润率与报价利润率进行比照。

（三）出口商品报价的综合运用技巧

新客户发来询价单，企业及时回复后，却没有下文。是报价太高吓跑了客户，还是报价太低，让客户一看就知道这不是行家里手，而不敢冒险与该企业做交易？给老客户报价也不容易。老客户会自恃其实力而将价格压得很低，以致在接到该客户的询盘时，不知该如何报价：报得太低，赚不到钱；报得太高，又怕客户把订单下给别人。

怎样报价才有效呢？有经验的出口商会在报价前进行充分的准备，在报价中选择适当的价格术语，利用合同里的付款方式、交货期、装运条款、保险条款等要件与买家讨价还价，也可以凭借自己的综合优势，在报价中掌握主动。

1. 报价前充分准备

首先，认真分析客户的购买意愿，了解客户的真正需求，才能拟就一份有的放矢的好报价单。有些客户将低价格作为最重要的因素，一开始就报给客户接近底线的价格，那么赢得订单的可能性就大。其次，做好市场跟踪调研，清楚市场的最新动态。由于市场信息透明度很高，市场价格变化迅速，因此，出口商必须依据最新的行情报出价格，买卖才有成交的可能。

2. 选择合适的价格术语

在一份报价中，价格术语是核心部分之一。因为采用哪一种价格术语实际上就决定了交易双方责、权、利的划分。所以，出口商在拟就一份报价前，除要尽量满足客户的要求外，也要充分了解各种价格术语的真正内涵并认真选择，然后根据已选择的价格术语进行报价。

选择以 FOB 价成交，在运费和保险费波动不稳的市场条件下对己方有利。但是，也有许多被动的方面，如进口商延迟派船，或因各种情况导致装船期延迟、船名变更，就会使出口商增加仓储等费用的支出，或因此而迟收货款造成利息损失。又如出口商对出口货物的控制方面，在 FOB 条件下，由于是进口商与承运人联系派船的，货物一旦装船，出口商即使想要在运输途中或目的地转卖货物，或采取其他补救措施，也会颇费一些周折。

在以 CIF 价出口的条件下，船货衔接问题可以得到较好的解决，这使得出口商有了更多的灵活性和机动性。一般情况下，只要出口商保证所交运的货物符合合同规定，且所交的单据齐全、正确，进口商就必须付款。货物过船舷后，即使货物遭受损坏或灭失，进口商也不得因货损而拒付货款。也就是说，以 CIF 价成交的出口合同是一种特定类型的单据买卖合同。

一个精明的出口商，不但要能够把握己方所出售货物的品质、数量，而且应该把握货物运抵目的地及货款收取过程中的每一个环节，对于货物的装载、运输，货物的风险控制都应该尽量取得一定的控制权。这样贸易的盈利才有保障。一些大的跨国公司，因为可以在运输、保险方面得到优惠条件而要求中国出口商以 FOB 价成交，就是在保证己方的控制权。例如，出口日本的货物大部分都是 FOB 价，即使出口商提供很优惠的条件，也很难将价格条件改过来。所以，到底是迎合买家的需要，还是坚持自己的原则，出口商在报价时需多加斟酌。

3. 利用合同的其他要件

合同的其他要件主要包括付款方式、交货期、装运条款、保险条款等。在影响成交的因素中，价格因素只是其中之一，如果能结合其他要件同客户进行商谈，价格的灵活性就要大一些。例如，对于印度、巴基斯坦等国或地区的客户，如果能提供 30 天或 60 天的远期付款信用证条件，或许对其具有很大的吸引力。

同时，还可以根据出口的地域特点、买家实力和性格特点、商品特点来调整报价。有些客户特别在意价格的高低，订单会下给报价最低的卖家，那么在报价时就直接报出企业所能提供的最低价格。有些客户习惯讨价还价，所以在第一次报价时可以预留出一定的幅度。

根据销售淡、旺季之分，或者订单大小也可以调整企业的报价策略。面对比较分散的订单，报价往往在保证企业盈利的基础上，再予以灵活变通。

三、价格转换

（一）常用贸易术语的报价转换

在国际贸易中，有时会遇到卖方报出某种贸易术语下的价格而买方要求改报其他贸易术语下价格的情况，如将 CIF 价改报为 FOB 价。一般来说，在保证出口方销售收入不变的情况下，报 CIF 价与报 FOB 价的差别是是否包括出口方要支付的运费和保险费，因为扣除这两种费用后就是 FOB 价。现将最常用的 FOB、CFR 和 CIF 三种贸易术语之间以及推广使用的 FCA、CIP 和 CPT 三种贸易术语之间的转换方法及公式介绍如下：

1. FOB 价换算为其他价

$$CFR 价 = FOB 价 + 国外运费$$

$$CIF 价 = （FOB 价 + 国外运费） ÷ [1 - （1 + 投保加成率） × 保险费率]$$

2. CFR 价换算为其他价

$$FOB 价 = CFR 价 - 国外运费$$

$$CIF 价 = CFR 价 ÷ [1 - （1 + 投保加成率） × 保险费率]$$

3. CIF 价换算为其他价

$$FOB 价 = CIF 价 × [1 - （1 + 投保加成率） × 保险费率] - 国外运费$$

$$CFR 价 = CIF 价 × [1 - （1 + 投保加成率） × 保险费率]$$

4. FCA 价换算为其他价

$$CPT 价 = FCA 价 + 国外运费$$

$$CIP 价 = （FCA 价 + 国外运费） ÷ [1 - （1 + 投保加成率） × 保险费率]$$

5. CIP 价换算为其他价

$$FCA 价 = CIP 价 × [1 - （1 + 投保加成率） × 保险费率] - 国外运费$$

$$CPT 价 = CIP 价 × [1 - （1 + 投保加成率） × 保险费率]$$

6. CPT 价换算为其他价

$$FCA 价 = CPT 价 - 国外运费$$

$$CIP 价 = CPT 价 ÷ [1 - （1 + 投保加成率） × 保险费率]$$

（二）不同计价货币的报价转换

在国际贸易中经常会遇到货币转换的问题，如我方原报人民币价，可客户要求改报美元价；或我方以美元报价，客户要求以欧元或英镑报价等情况。这就要求外贸业务人员必须熟练掌握不同计价货币之间的价格换算。

1. 汇率标价方法

汇率是指两国货币的比价。国际上因贸易、投资、旅游等经济往来，各国之间不可避免地会产生货币收支关系。但各国货币制度不同，要想对国外支付，必须先以本国货币购买外币；从国外收到外币支付凭证也必须兑换成本国货币才能在国内流通。这样就发生了本国货币与外国货币的兑换问题。两国货币的比价称汇价或汇率。汇率的表示方法有以下两种。

（1）直接标价法，又称价格标价法，是以本国货币来表示一定单位的外国货币的汇率表示方法，一般是指 1 单位或 100 单位的外币能够折合多少单位本国货币。大多数国家都采取直接标价法，市场上大多数的汇率也是直接标价法下的汇率，如美元兑日元、美元兑港币、美元兑人民币等。我国采用直接标价法。

（2）间接标价法，又称数量标价法，是以外国货币来表示一定单位的本国货币的汇率表示方法，一般是指 1 单位或 100 单位的本国货币能够折合多少单位外国货币。前英联邦国家多使用间接标价法，如英国、澳大利亚、新西兰等。市场上采取间接标价法的汇率主要有英镑兑美元、澳元兑美元等。

2. 买入价和卖出价

外汇是一种特殊的金融商品。银行经营外汇买卖业务需要开支一定的费用，也需要赚取一定的利润。因此，银行经营外汇交易必须贱买贵卖，取得收益。所以，所有经过银行交易的外汇汇率都分为买入价和卖出价。在外汇市场上，报价银行在报出外汇交易价格时一向采用双向报价法，即同时报出银行买入价与卖出价。外汇买入价与卖出价的差额，称为买卖差价。它构成了银行经营外汇买卖业务的利润来源。这个买卖差价越小，说明外汇银行的经营越有竞争性或外汇市场越发达。值得强调的是，买入价和卖出价都是站在银行（而不是客户）的角度来看问题的，这些价格都是外汇（而不是本币）的买卖价格。所以，在实际进行外汇买卖业务操作时要多加注意。

银行公布的外汇买入价与卖出价之间一般相差 1‰~3‰。进出口商在折算时应计算精确，并在合同中明确规定，否则会遭受损失。在将本币价折成外币价时应该用买入价，在将外币价折成本币价时应该用卖出价。

3. 不同计价货币的报价转换

在实际业务中，有时需要把本币折成外币，有时需要把外币折成本币，有时还需要将一种外币折成另一种外币。

（1）将本币价折成外币价（用买入价）。

出口商以外币报价时，意味着交易结束时出口商会收到外币货款。此时，出口商要把收取的外币卖给银行，换回所需的本币，而银行是买入外币，因而用买入价。所以，出口商以外币报价时，就只能以银行买入价进行本币价与外币价的换算。

外币价＝本币价÷汇率（买入价）÷100

【例6-5】某公司出口一批文具，价值40 000元，当时外汇汇率为买入价100美元 = 827.21元，卖出价100美元 = 829.69元。客户要求以美元报价。求该公司的对外美元报价。

解：对外美元报价 = 40 000÷（827.21÷100） = 4 835.53（美元）

（2）将外币价折成本币价（用卖出价）。

进口商以外币报价时，意味着交易结束时进口商需要支付外币货款。此时，进口商需向银行购买外汇，以支付外币表示的价款。银行卖出外汇时使用卖出价，所以，进口商以外币报价时，就只能以银行卖出价进行本币价与外币价的换算，得出需要用多少本币去进行换汇。

$$本币价 = 外币价×汇率（卖出价）÷100$$

【例6-6】某公司进口一批价值4 835.53美元的货物，当时汇率为买入价100美元 = 827.21元，卖出价100美元 = 829.69元。若以美元成交，求该公司实际支付多少人民币。

解：支付的货款（人民币） = 4 835.53×（829.69÷100） = 40 119.91（元）

（3）一种外币价改报另一种外币价（简单转换法）。

按照中国银行两种外汇牌价（用买入价则都用买入价，用卖出价则都用卖出价）将两种外币都折成人民币，然后间接地算出两种外币的兑换率。

【例6-7】某公司出口一批商品，对外报价为每吨100美元CIF伦敦。当日外汇牌价为1英镑 = 10.453元（买入价）/10.505元（卖出价）；1美元 = 7.354 0元（买入价）/7.360 6元（卖出价）。国外客户要求改为英镑报价，求该商品的英镑报价。

解：①都使用买入价估算。

1英镑 = 10.453÷7.354 0 = 1.421 4美元

英镑报价 = 100÷1.421 4 = 70.353（英镑/吨）

因此，该公司对外可改报每吨70.353英镑CIF伦敦。

②精确的计算方法应该是先计算英镑对美元的套算汇率。

买入价1英镑 = 10.453÷7.360 6 = 1.420 1美元

卖出价1英镑 = 10.505÷7.345 0 = 1.430 2美元

在直接标价法下，视英镑为外币，视美元为本币，依据"本改外"用买入价的方法，则改报的英镑价为70.418（100÷1.420 1）英镑/吨。

四、对外贸易经济效益核算

考核企业对外贸易效益的指标主要有三种：出口商品盈亏率、出口商品换汇成本和出口创汇率。

（一）出口商品盈亏率

出口商品盈亏率是出口商品盈亏额与出口总成本的比率。出口商品盈亏额是指出口销售人民币净收入与出口总成本的差额。其中，出口销售人民币净收入是由该出口商品的FOB价格按当时外汇牌价折成人民币的金额；出口总成本是指该商品的进货成本加上出口前的一切费用和税金。出口商品盈亏率是衡量出口盈亏程度的一项重要指标，用

公式表示为

$$出口商品盈亏额=出口销售人民币净收入-出口总成本$$

$$出口商品盈亏率=出口商品盈亏额÷出口总成本×100\%$$

若计算结果为正，则为盈利率；若计算结果为负，则是亏损率。

【例6-8】某出口公司出口碳刷100万只，出口总价为73 000美元CIF旧金山，其中运费为1 540美元，保险费为443美元。进价为574 980元（含增值税17%），费用定额率为6%，出口退税率为9%。当时汇率为100美元=830元（买入价）。试求该批商品的盈亏率。

解：出口销售人民币净收入（外汇折成本币）=（73 000-1 540-443）×（830÷100）

$$=589\ 441.10（元）$$

出口总成本（本币）=574 980+（574 980×6%）-[574 980÷（1+17%）×9%]

$$=565\ 249.57（元）$$

出口商品盈亏额=589 441.10-565 249.57=24 191.53（元）

出口商品盈亏率=出口商品盈亏额÷出口总成本×100%

$$=24\ 191.53÷565\ 249.57×100\%=4.28\%$$

即该批出口商品的盈利率为4.28%。

（二）出口商品换汇成本

1. 出口商品换汇成本的含义及计算方法

出口商品换汇成本是指某商品的出口总成本（人民币）与出口销售该商品的外汇净收入（外币，计算时一律折算为美元）之比。通过计算得出该商品出口收入1单位外币需要多少单位人民币的总成本。也就是说，多少元人民币换回1美元。

出口总成本为收购商品成本、国内运费、保险费、银行费用、综合费用等之和，扣除出口退税金额（如果出口商品属于退税商品）后的人民币总支出。

（1）出口销售外汇净收入是指外销商品的外币收入减去国外银行费用、给客户的佣金折扣等费用后的外币净收入。

（2）出口商品换汇成本反映了出口商品的盈亏情况，是考察出口企业有无经济效益的重要指标，其衡量的标准是美元的买入价。如果换汇成本高于美元买入价，则该商品的出口为亏损，虽然有创汇，但出口本身却无经济效益，换汇成本越高，亏损越大；如果换汇成本低于美元买入价，则该商品的出口为盈利，换汇成本越低，盈利越大。因此，要想避免亏损，必须准确测算换汇成本。其计算公式为

$$出口商品换汇成本=出口总成本（人民币）÷出口销售外汇净收入（美元）$$

【例6-9】某外贸公司出口某商品1 000箱。该货每箱收购价为100元，国内费用为收购价的15%，出口后每箱可退税7元，外销价为每箱19美元CFR曼谷，每箱货应付海运运费1.2美元，当日美元银行买入价为7.81元。试计算该商品的出口换汇成本。

解：出口总成本=1 000×100×（1+15%）-1 000×7=108 000（元）

出口销售外汇净收入=1 000×（19-1.2）=17 800（美元）

出口商品换汇成本=出口总成本（人民币）÷出口销售外汇净收入（外币）

$$=108\ 000÷17\ 800=6.067（元/美元）$$

该商品的换汇成本为 6.067 元/美元，低于当日美元的银行买入价 7.81 元/美元，故该笔业务盈利。

2. 准确计算换汇成本的意义

（1）提高企业经营管理的规范化水平。测算换汇成本不仅是简单的对换汇成本的测算，还是企业进行质量管理的重要环节，是对经营活动在程序上的管理，明确了管理部门对经营活动的监督管理作用，规范了经营操作，杜绝了业务人员在业务活动中的随意性和盲目性。

（2）避免亏损的发生。业务人员在签订合同之前，通过测算换汇成本，就能预测该笔业务的盈亏情况，以保证每笔业务的经济效益，把亏损遏制在签订合同之前，避免亏损的发生，保障企业在有经济效益的前提下正常运转。

（3）提高业务人员的专业技术水平。签约前测算换汇成本，可以提高业务人员的专业技术水平。因为要想准确测算换汇成本，业务人员必须做到以下几个方面：对合同条款有比较细致的研究；熟悉出口业务过程；掌握从谈判、签约、收购货物、装运、保险、结汇到核销退税等的各个工作环节，以及各个工作环节可能发生的费用支出；熟悉相关方面的收费水平。

通过熟悉银行贷款利率、押汇贴现利率、保险费费率、银行结汇收费标准及退税率等内容，以及准确测算换汇成本，业务人员在与外商谈判时，自然可以做到心中有数，知道什么条件下业务亏损，什么情况下业务盈利。这样，业务人员就能争取主动，采取灵活多样的措施把握最佳签约时机，在保障有效益的前提下，对外签订合同，促进业务的发展。

（三）出口创汇率

出口创汇率又称外汇增值率，用以考核进料加工贸易的经济效益。其具体做法是以成品出口所得的外汇净收入减去进口原料所支出的外汇，算出成品出口外汇增值的数额（创汇额），再将其与原料外汇成本相比，计算出百分率。如原材料是进口的，则按该原材料的 CIF 价计算。在采用国产原料的正常出口业务中，也可计算创汇率。这就要以该原料的 FOB 出口价格作为原料外汇成本。

通过出口的外汇净收入和原材料外汇成本的对比，可看出成品出口的创汇情况，从而确定出口成品是否有利。特别是在进料加工的情况下，核算出口创汇率这项指标更有必要。它与一般商品出口换汇的区别在于：必须先支出外汇，才能创收外汇，反映新创收的外汇和为创收外汇而支出的外汇之间的比率。其计算公式为

出口创汇率＝（成品出口外汇净收入－原料外汇成本）÷原料外汇成本×100%

若计算结果为正，则表示外汇增值；若计算结果为负，则说明倒贴外汇。

【例 6-10】宏发公司以每吨 252 美元 CIF 中国口岸价进口盘条 1 000 吨，加工成螺栓 100 万罗出口，每罗 0.32 美元 CFR 卡拉奇，纸箱装，运费为 9 600 美元。试计算外汇增值率。

解：原料外汇成本＝CIF 价×1 000＝252×1 000＝252 000（美元）

成品出口外汇净收入＝0.32×1 000 000－9 600＝310 400（美元）

出口创汇率＝（成品出口外汇净收入－原料外汇成本）÷原料外汇成本×100%

　　　　　＝（310 400－252 000）÷252 000×100%＝23.17%

即外汇增值率为 23.17%。

第二节　进出口商品的定价办法

在国际货物买卖中，作价的方法多种多样。常见的有两种：固定价格和非固定价格。

一、固定价格

在合同中规定固定价格是一种常规做法，具有明确、具体、肯定和便于核算等特点。不过，由于市场行情的多变性，价格涨跌不定。因此，在国际货物买卖合同中规定固定价格，就意味着交易双方要承担从订约到交货付款以至转售时市场价格变动的风险。如果行市变动过于剧烈，这种做法还可能影响合同的顺利履行。一些不守信用的商人很可能为逃避巨额损失，而寻找各种借口撕毁合同。

为了减少价格风险，出口商在采用固定价格时，首先，对影响商品供需的各种因素进行仔细的研究，并在此基础上，对价格变动的前景做出判断，以此作为决定合同价格的依据；其次，对客户的资信情况进行了解和研究，慎重选择订约对象。

但是，国际市场的变化往往受各种临时性因素的影响，变幻莫测。特别是从 20 世纪 60 年代末期以来，由于各种货币汇价波动不定，商品市场价格变动频繁，剧涨暴跌的现象时有发生。在此情况下，固定价格给交易双方带来的风险比过去更大，尤其是在价格前景捉摸不定的情况下，客户更容易裹足不前。因此，为了减少风险，促成交易，提高合同的履约率，在合同价格的规定方面，也日益采取一些变通做法。

二、非固定价格

（一）非固定价格的类型

从我国进出口合同的实际做法来看，非固定价格就是一般业务上所说的"活价"，大体上可分为下述几种。

1. 只规定作价方式而具体价格留待以后确定

这种规定又可分为下列两种情况。

（1）在价格条款中明确规定定价时间和定价方法。例如，在装船月份前 50 天，参照当地及国际市场价格水平，协商议定正式价格；按提单日期的国际市场价格计算。

（2）只规定作价时间。例如，由双方在××年××月××日协商确定价格。这种方式由于未就作价方式做出规定，容易给合同带来较大的不稳定性。双方可能因缺乏明确的作价标准，而在商订价格时各执己见，相持不下，导致合同无法履行。因此，这种方式一般只用于双方有长期交往，已形成比较固定的交易习惯的合同。

2. 暂定价

暂定价即在合同中先订立一个初步价格，作为开立信用证和初步付款的依据，待双方确定最终价格后再进行最后清算，多退少补。

3. 部分固定价格，部分非固定价格

有时为了照顾双方的利益，解决双方在采用固定价格或非固定价格方面的分歧，也可采用部分固定价格、部分非固定价格的做法，或是分批作价，即交货期近的价格在订约时固定下来，余者在交货前一定期限内作价。

（二）采用非固定价格条款时应注意的问题

1. 确定作价标准

为减少非固定价格条款给合同带来的不稳定因素，消除双方在作价方面的矛盾，明确订立作价标准就是一个重要的、必不可少的前提。作价标准可根据不同商品酌情做出规定。例如，以某商品交易公布的价格为准，或以某国际市场价格为准等。

2. 明确规定作价时间

关于作价时间的确定，可以采用下列几种做法。

（1）在装船前作价，一般是规定在合同签订后若干天或装船前若干天作价。采用此种作价办法，交易双方仍要承担自作价至付款转售时的价格变动风险。

（2）装船时作价，一般是指按提单日期的行市或装船月的平均价作价。这种做法实际上只能在装船后进行，除非有明确的客观的作价标准；否则，卖方不会轻易采用，因为其怕承担风险。

（3）装船后作价，一般是指在装船后若干天，甚至在船到目的地后才作价。采用这类做法，卖方承担的风险也较大，故一般很少使用。

3. 非固定价格对合同成立的影响

在采用非固定价格的场合，由于双方当事人并未就合同的主要条件——价格达成一致，因此，就存在着按这种方式签订的合同是否有效的问题。目前，大多数国家的法律都认为，合同只要规定了作价办法，即为有效，有的国家法律甚至认为合同价格可留待以后由双方确立的惯常交易方式决定。《公约》允许合同只规定"如何确定价格"，但对"如何确定价格"却没有具体规定或做进一步的解释。为了避免争议和保证合同的顺利履行，在采用非固定价格时，应尽可能对作价办法做出明确具体的规定。

4. 做好比价工作

确定商品的成交价格应有客观依据，应从纵向和横向进行比价，不能凭主观意愿，随意、盲目地定价，尤其在进口方面，更要注意做好比价工作。要将成交商品的历史价和现价进行比较，将成交商品在各个不同市场上的价格进行比较，将同一市场上不同客户的同类商品的价格进行比较，真正做到"货比三家"，防止确定的成交价格偏离市场价格。

在价格掌握上，要防止不计成本、不管盈亏和单纯追求成交量的偏向，尤其在出口商品价格的掌握上，更要注意这方面的问题。过去，我国企业在出口业务中，发生过盲目坚持高价或随意削价竞销的偏向，给企业和国家带来了不应有的损失。出口商品作价过高不仅会削弱我国出口商品的竞争能力，还会刺激其他国家发展该项商品的生产或加速以代用品来同我国产品竞销，从而造成对我方不利的局面。反之，不计成本，在国内高价抢购，到国外削价竞销，盲目扩大出口，不仅在价格方面造成了混乱，使国家蒙受经济损失，还会使一些国家借此对我国出口产品采取限制措施，并导致反倾销投诉案件增多，故应防止这种偏向。

佣金和折扣是国际贸易中普遍采用的习惯做法。价格中包含的佣金和折扣直接影响实际价格的高低，也关系到交易双方及第三方的经济收入。因此，正确运用佣金和折扣可达到扩大销售、增加经济效益的目的。这也是外贸企业必须重视的问题之一。

一、佣金

（一）佣金的含义

在国际贸易中，有些交易是通过中间代理商进行的。中间商介绍生意或代买代卖需收取一定的酬金。此项酬金就叫佣金，又称经手费。它可以分为明佣和暗佣。凡在合同价格条款中明确规定佣金百分比的，叫作"明佣"。如不标明佣金的百分比，甚至连"佣金"字样也不标示出来，有关佣金的问题由双方当事人另行约定的暗中约定佣金的做法叫作"暗佣"。佣金直接关系到商品的价格，货价中是否包括佣金和佣金比例的大小，都影响商品的价格。显然，含佣价（price including commission）比净价（net price）要高。正确运用佣金，有利于调动中间商的积极性和扩大交易。因此，它适用于与代理人或佣金商签订的合同。

（二）佣金的规定办法

价格中包含佣金的，在外贸业务中通常称为"含佣价"；价格中不包含佣金的，在外贸业务中通常称为"净价"。在表示佣金时，可以用文字来说明。例如：

USD 200 per metric ton CIF San Francisco including 2% commission.

（每吨 200 美元 CIF 旧金山，包括 2%佣金。）

也可以在贸易术语上加注佣金的缩写英文字母"C"和佣金的百分比来表示。例如：

USD 300 per metric ton CIFC 3 New York.

（每吨 300 美元 CIF 纽约中，包含 3%佣金。）

另外，商品价格中所包含的佣金，除用百分比表示外，还可以用绝对数来表示。也就是说，佣金不与价格挂钩，而与商品的数量挂钩，用每单位商品佣金绝对数来表示。例如：

USD 55 per metric ton for commission.（每吨佣金 55 美元。）

有时，中间商为了从交易双方获取"双头佣金"或为了逃税，会要求在合同中不规定佣金，而另按双方暗中达成的协议支付。佣金的规定应合理，其比率一般控制在1%～5%这一范围内，不宜偏高。

（三）佣金的计算方法

在国际贸易中，计算佣金的方法不一，有的按成交金额约定的百分比计算，有的按成交商品数量来计算，即按每一单位数量收取若干佣金计算。在我国进出口业务中，计算方法也不一致，按成交金额和按成交商品数量计算的都有。佣金的计算主要涉及计佣基数和佣金比例。

对每一笔交易而言，佣金比例一般是固定的，但计佣基数却会因交易对象或市场的需求而异。在按成交金额计算时，有的以发票总金额作为计算佣金的基数，有的则以FOB 总值为基数来计算佣金。如按 CIF 成交，而以 FOB 值为基数计算佣金时，则应从 CIF 价中减去运费和保险费，求出 FOB 值，然后以 FOB 值乘佣金率，即得出佣金额。

佣金的计算公式为

$$佣金 = 含佣价 × 佣金率$$
$$净价 = 含佣价 - 佣金 = 含佣价 × （1-佣金率）$$
$$含佣价 = 净价 + 佣金 = 净价 ÷ （1-佣金率）$$

1. 采用 FOB 净价为基数计算

【例 6-11】一批出口商品的成交金额按 FOB 条件为 100 000 美元，佣金率为 3%。试以 FOB 净价为基数计算应付的佣金。

解：佣金 = 100 000×3% = 3 000（美元）

显然，采用 FOB 净价为基数计算佣金时，如果成交金额是 CFR 价或 CIF 价，则需将其转换为 FOB 净价，再计算佣金。

（1）采用 CFR 价成交时的佣金计算。

$$佣金 = （CFR 成交金额 - 运费）× 佣金率$$

【例 6-12】采用 CFR 术语成交的出口货物金额为 200 万美元，运费占发票金额的10%，佣金率为 5%。试求以 FOB 净价为基数计算出来的佣金。

解：佣金 = （200-200×10%）×5% = 9（万美元）

（2）采用 CIF 价成交时的佣金计算。

$$佣金 = （CIF 成交金额 - 运费 - 保险费）× 佣金率$$

【例 6-13】某出口商品采用 CIF 价格条件成交的金额为 100 万美元，其中运费占总金额的 10%，保险费占 5%，佣金率为 3%。试求以 FOB 净价为基数计算的佣金。

解：佣金 = （100-100×10%-100×5%）×3% = 85×3% = 2.55（万美元）

2. 以交易双方的成交金额为基数计算

【例 6-14】交易双方以 CIF 价成交，金额为 12 000 美元，佣金率为 3%。试计算佣金金额。

解：佣金 = CIF 价×佣金率 = 12 000×3% = 360（美元）

二、折扣

（一）折扣的含义

折扣是指卖方按原价给予买方一定百分比的价格减让，即在价格上给予适当的优惠。国际贸易中使用的折扣名目很多，除一般折扣外，还有为扩大销售而使用的数量折扣（quantity discount），为实现某种特殊目的而给予的特别折扣（special discount）以及年终回扣（turnover bonus）等。在价格条款中明确规定折扣率的，叫作"明扣"；交易双方就折扣问题已达成协议，而在价格条款中却没有明示折扣率的，叫作"暗扣"。

折扣直接关系到商品的价格，货价中是否包括折扣和折扣率的大小，都影响商品价格，折扣率越高，则价格越低。折扣如同佣金一样，都是市场经济的必然产物。正确运用折扣，有利于调动采购商的积极性和扩大销路。在国际贸易中，它是加强对外竞销的一种手段。

（二）折扣的规定办法

在国际贸易中，折扣通常在合同价格条款中用文字明确表示出来。例如：

USD 300 per metric ton CIF London including 5% discount.

（CIF 伦敦每吨 300 美元，折扣 5%。）

此例也可这样表示：

USD 300 per metric ton CIF London Less 5% discount.

（CIF 伦敦每吨 300 美元，减让 5%。）

此外，折扣也可以用绝对数来表示。例如：

USD 5 per metric ton for discount.

（每吨折扣 5 美元。）

与佣金一样，如果有关价格对折扣未表示，通常应理解为不给折扣的价格。有时为明确起见，特别加列"净价"字样。例如：

HKD 2 500 per M/T CIF Hong Kong net.

（每吨 2 500 港元 CIF 香港净价。）

交易双方采取暗扣的做法时，则在合同价格中不予规定。有关折扣的问题，按交易双方暗中达成的协议处理。

（三）折扣的计算方法

折扣一般按成交的金额和约定的百分比来计算，但也有按成交商品的数量来计算折扣的。折扣的计算公式为

$$折扣额 = 原价（含折扣价）× 折扣率$$
$$折扣额 = 成交商品数量 × 每单位数量折扣$$
$$折扣后实际售价 = 原价 - 折扣额$$

从理论上说，按照成交金额计算折扣时，有以何种贸易术语的成交金额作为计算折扣基数的问题。因为以 CIF 价格作为计算折扣基数和以 FOB 价格作为计算折扣基数所算出的折扣额是不相同的。应该说，以 FOB 价格作为计算折扣的基数比较合理。如果以 CIF 价格作为计算折扣的基数，则意味着卖方还要对运费和保险费支付折扣，是不合理的。但是，在实务中通常以成交额或发票金额为基数计算折扣。为避免争议，也可在合同中加以明确。

【例 6-15】一批货物的成交条件为 CIF 香港，每吨 2 000 英镑，折扣率为 3%。试计算卖方支付给买方的折扣和货物的实际售价。

解：折扣额 = 原价（含折扣价）× 折扣率 = 2 000×3% = 60（英镑）

折扣后实际售价 = 原价 - 折扣额 = 2 000-60 = 1 940（英镑）

（四）折扣的支付方法

折扣一般是在买方支付货款时预先予以扣除。也有的折扣金额不直接从货价中扣除，而是按暗中达成的协议另行支付给买方。这种做法通常在给"暗扣"或"回扣"时采用。

第四节　合同中的价格条款

一、合同中价格条款的内容

在进出口合同中，有关商品价格的表示通常由四部分组成，即计量单位、单位价格金额、计价货币和贸易术语。在价格条款中可规定"每吨 CIF 伦敦 350 美元（USD 350 per MT CIF London）"。总值，或称总价，是单价与成交数量的乘积，也就是一笔交易的货款总金额。

价格条款是国际货物买卖合同的主要交易条件。价格条款应包含的内容主要有作价方法、计价货币、贸易术语、价格调整条款等。

【条款示例】

示例 1：

100 吨，每吨 335 美元 CIF 纽约，包含佣金 2%，合同成立后不得调整价格。

100 M/T，USD 335 per MT CIFC 2 New York，no price adjustment shall be allowed after conclusion of this contract.

示例 2：

每件（400 磅）5 000 港元 CIF 香港

备注：上列价格为暂定价，于装运月份 15 天前由交易双方另行协商确定价格。

HKD 5 000 per bale（400 lbs）CIF Hong Kong

Remarks：The above is a provisional price，which shall be determined through negotiation between the buyer and the seller 15 days before the month of shipment.

二、制定价格条款时需要考虑的因素

我国制定进出口商品价格条款的原则是在贯彻平等互利的原则下根据国际市场价格水平，结合国别（地区）政策，并按照我们的购销意图确定适当的价格。由于价格构成因素不同，影响价格变化的因素也多种多样。因此，在确定进出口商品价格时，必须充分考虑影响价格的种种因素，并注意同一商品在不同情况下应有合理的差价，防止出现不区分情况，采取全球统一价格的错误做法。为了正确制定进出口商品的价格条款，除应遵循上述作价原则外，还必须考虑下列因素。

1. 商品的质量和档次

在国际市场上，一般都贯彻按质论价的原则，即好货好价，次货次价。品质的优劣，档次的高低，包装装潢的好坏，式样的新旧，商标、品牌的知名度，都会影响商品的价格。

2. 运输距离

国际货物买卖一般都要通过长途运输，运输距离的远近影响运费和保险费的开支，从而影响商品的价格。因此，确定商品价格时必须核算运输成本，做好比价工作，以体

现地区差价。

3. 交货地点和交货条件

在国际贸易中，由于交货地点和交货条件不同，交易双方承担的责任、费用及风险有别，在确定进出口商品价格时，必须考虑这些因素。

4. 季节性需求的变化

在国际市场上，某些节令性商品若能赶在节令前到货、抢行应市，便能卖上好价，而过了节令的商品，售价往往很低，甚至以低于成本的"跳楼价"出售。因此，企业应充分利用节令性需求的变化，切实掌握好节令性差价，争取按对己方有利的价格成交。例如，供应圣诞节用的火鸡，若能赶在节前供应市场可卖上好价；相反，如果货物在节后才到，不但卖不上好价，还有可能遭受买方拒收货物的厄运。

5. 成交数量

按国际贸易的习惯做法，成交量的大小影响价格。成交量大时，在价格上应给予适当优惠，或者采用数量折扣的办法；反之，成交量过小，甚至低于起订量时，可以适当提高出售价格。不论成交量多少都采取同一个价格成交的做法是不妥当的。企业应当掌握好数量方面的差价。

6. 支付条件和汇率变动的风险

支付条件是否有利、汇率变动风险的大小都影响商品的价格。例如，同一商品在其他交易条件相同的情况下，采取预付货款和凭信用证付款方式下，其价格应当有所区别。同时，确定商品价格时，一般应争取采用对自身有利的货币成交；若采用对自身不利的货币成交，应当把汇率变动的风险考虑到货价中去，即适当提高出售价格或压低购买价格。

👉 课堂案例

某进出口公司从日方引进一批设备，成交价为 3 000 万日元，一年后交货。签约时，美元对日元 1∶300，付汇时，美元对日元 1∶250。若我方有美元外汇，按签约时汇率计算，我方需向日方支付 10 万美元，但付汇时却需支付 12 万美元，多支付 20%。这就是汇率风险损失。

若再考虑人民币与美元的汇率变化，损失可能更大。签约时，美元对人民币 1∶4.72，付汇时，美元对人民币 1∶5.22。若我方无美元外汇，需用人民币购买。按签约时汇率计算，需支付 47.2（4.72×10）万元；而按付汇时的汇率计算，需付 62.64（5.22×12）万元，多支付 15.44（即 62.64−47.2）万元。

【案例分析】

从该案例中可以看出汇率变动对贸易收支的影响。交易双方在签订价格条款时应当把汇率变动风险考虑到货价当中，也要慎重选择计价货币和支付货币，或在价格条款中加入保值条款，规避汇率风险。

7. 其他因素

交货期的远近、市场销售习惯和消费者的偏好等因素对确定价格也有不同程度的影响，企业必须在调查研究的基础上通盘考虑权衡得失，然后确定适当的价格。

三、价格调整条款

在国际货物合同中除规定具体价格外，还规定有各种不同的价格调整条款。例如，卖方对其他客户的成交价高于或低于合同价格的5%，对本合同未履行的数量，双方协商调整价格。这种做法的目的是把价格变动的风险规定在一定范围之内，以提高客户经营的信心。

值得注意的是，在国际上，随着许多国家通货膨胀的加剧，有一些商品合同特别是加工周期较长的机器设备合同，都普遍采用"价格调整（修正）条款"，要求在订约时只规定初步价格，同时规定如原料价格、工资水平发生变化，卖方保留调整价格的权利。

上述价格调整条款的基本内容是按原料价格和工资水平的变动来计算合同的最后价格。在通货膨胀的条件下，它实质上是出口厂商转嫁国内通货膨胀、确保利润的一种手段。这种做法已被联合国欧洲经济委员会纳入它所制定的一些"标准合同"之中，而且其应用范围已从原来的机械设备交易扩展到一些初级产品交易，因而具有一定的普遍性。由于这类条款是以工资水平和原料价格的变动作为调整价格的依据，因此，在使用这类条款时，就必须注意工资指数和原料价格指数的选择，并在合同中予以明确。

此外，在国际贸易中，人们有时也应用物价指数作为调整价格的依据，如合同期间的物价指数发生的变动超出一定的范围，价格即做相应的调整。在使用价格调整条款时，合同价格的调整是有条件的。只要用来调整价格的各个因素在合同期间所发生的变化没有超过约定的限度，合同原定的价格对双方当事人就仍然有约束力，双方必须严格履行。

四、计价货币的选择

计价货币是指合同规定用来表示价格的货币。如果合同中的价格是用一种双方当事人约定的货币如英镑来表示的，但没有规定用其他货币支付，则合同中规定的货币既是计价货币又是支付货币。如在计价货币之外还规定了用其他货币支付，如美元支付，则美元就是支付货币。

在国际货物买卖中，计价货币通常与支付货币为同一种货币。但是，也可以规定计价货币是一种货币，而支付货币为另一种甚至另几种货币。这些货币可以是出口国的货币或进口国的货币，也可以是第三国的货币，由交易双方协商确定。

（一）选择计价货币应遵循的原则

在国际金融市场上，既有本币与外币之分，又有硬币与软币之分。从成交至收汇这段时期内，汇价比较稳定且趋势上浮的货币称为"硬币"或"强币"；相反，从成交至付汇这段时期内，汇价比较疲软且趋势下浮的货币称为"软币"或"弱币"。

在进出口业务中，选择使用何种货币计价或支付，首先要考虑货币是不是可自由兑换的货币。使用可自由兑换的货币有利于调拨和使用，也有助于在必要时转移货币汇价风险。对可自由兑换的货币，还需考虑其稳定性。企业在交易过程中，选择合适的计价货币是防范外汇风险的重要方法。选择计价货币应遵循以下原则。

1. 收硬付软

出口贸易应力争选择硬货币来计价结算；进口贸易应力争选择软货币计价结算。但是，在实际业务中，货币选择并不是一厢情愿的事情，因为交易双方都希望选择对自己有利的货币，从而将汇率风险转嫁给对方。因此，交易双方在计价货币的选择上往往会产生争论，甚至出现僵局。为打破僵局促成交易，使用收硬付软原则时要灵活多样。比如，通过调整商品价格把汇率变动的风险计进商品价格中，同时还可以采取软硬对半策略等，使交易双方互不吃亏、平等互利。

2. 进口、出口货币一致

一家外贸企业，进口商品使用哪种货币计价，出口商品也应采用该种货币计价。这样做可以将外汇风险通过一收一支相互抵消。比如，计价货币升值，则进口成本因此而升高，企业遭损失；然而，出口收益却因此而增加，企业有盈利。两者相抵，风险降低或消除。

3. 借、用、收、还货币一致

当今世界，任何一种货币都无法长期保持坚挺的地位，在企业使用贷款的整个过程——借、用、收、还四个环节中，只要发生货币兑换，就存在汇率风险。因此，企业应尽量争取使这四个环节币种相一致，避免汇率风险，保证按时偿还。

4. 以本币作为计价货币

在国际经济交易中，如果用本币计价结算，进出口商不需要买卖外汇，也就不承担汇率变动的风险。但是，这种方法会给贸易谈判带来一定的困难，因为这实际上是将汇率风险转嫁给了对方，只能在价格或期限上让步，作为给对方的风险补偿，才能达成交易。我国的人民币已实行经常项目下可自由兑换，是我国对外贸易中使用的货币之一，但总的来说人民币在国际贸易中使用有限。我国很多进出口企业在对外贸易和引进技术设备时不得不采用其他外币。

（二）利用货币保值条款

在签订贸易、信贷或投资等协议时，若确定以某种货币作为计价和支付货币，则按当时的市场汇率将协议金额折算成相应的"一篮子货币"额，到结汇时再按结汇时的市场汇价将"一篮子货币"额折算成相应数额的计价货币进行偿付。"一篮子货币"是多种货币的组合货币。它实际上是利用多种货币之间的负相关效应，来综合抵消降低风险的。

（三）其他外汇风险规避方法

1. 提前收付或拖延收付法

在国际交往中，如果当事人对汇率变化预测有较大把握，就可以通过更改外汇资金的收付日期来抵补或转嫁外汇风险。其具体做法有以下两种。

（1）在出口贸易中，如果预期支付货币的汇率将下浮，即外币贬值，本币升值，则出口企业应与外商尽早签订出口合同，提前收汇。相反，预期支付货币的汇率将上升，则可设法拖延出口商品，延长汇票期限或鼓励进口商延期付款。

（2）在进口交易中，若进口企业预测支付货币的汇率将上浮，则进口企业应设法提前购买所需进口商品，或采取预付货款方式。相反，若预测支付货币的汇率将下浮，则进口企业可推迟向国外购货，或要求延期付款。提前或延期收付汇，除考虑汇率走势外，还应考虑商品的储存和利息因素。

2. 调整价格法

在国际贸易中，通过调整进出口商品的价格将外汇风险分摊到价格中去，以转嫁外汇风险，就是调整价格法。其做法主要有以下两种。

（1）加价保值法。出口商接受软币计价成交时，将汇价损失摊入出口商品的价格中，以转嫁汇率风险。

（2）压价保值法。进口商在接受硬币计价成交后，将汇价损失从进口商品价格中剔除，以转嫁汇率风险。

 知识小结

价格条款是买卖合同中的重要条款。合同中的价格条款通常由计量单位、单位价格、计价货币和贸易术语四部分组成，如有需要，单价中还可以包括佣金和折扣。在规定合同价格的同时，一般还规定价格调整条款。在国际货物买卖中，货物的价格构成包括成本、费用和预期利润三大要素。在国际贸易中，有时会遇到卖方报出某种贸易术语下的价格，而买方要求改报其他贸易术语下价格的情况，卖方在销售收入不变的情况下可以进行价格转换。价格中包含的佣金和折扣直接影响实际价格的高低。如何正确运用佣金和折扣是外贸企业必须重视的问题之一。外贸企业在制定出口商品价格时，要加强成本核算，其指标主要有出口商品盈亏率、出口商品换汇成本和出口创汇率。

 引导案例分析

要报出靴子的 FOB、CFR、CIF 价格，需要经过以下几个步骤。

1. 核算成本

实际购货成本＝进货成本－退税金额＝进货成本－进货成本÷（1+增值税税率）×出口退税率＝90－90÷（1+17%）×14%＝79.230 8（元/双）

2. 核算费用

（1）国内费用＝包装费+运杂费+商检费+报关费+港区港杂费+其他费用+进货总价×贷款利率÷12×贷款月份＝3×6 000+12 000+350+150+900+1 500+540 000×8%÷12×2＝18 000+14 900+7 200＝40 100（元）

单位货物所摊费用＝40 100÷6 000＝6.683（元/双）

（注：贷款利息通常以进货成本为基础。）

（2）银行手续费＝报价×0.5%

（3）客户佣金＝报价×3%

（4）出口运费＝3 800÷6 000×8.25＝5.225（元/双）

（5）出口保险费＝报价×110%×0.85%

3. 核算利润

利润＝报价×10%

4. 三种贸易术语的报价核算过程

（1）FOB报价的核算。

FOB报价＝实际购货成本＋单位国内费用＋客户佣金＋银行手续费＋预期利润＝79.230 8＋6.683＋FOB报价×3%＋FOB报价×0.5%＋FOB报价×10%＝85.913 8＋FOB报价×13.5%

等式两边移项并计算得：FOB报价＝99.322 3（元/双）。

折成美元：FOB报价＝99.322 3÷8.25＝12.04（美元/双）。

（2）CFR报价的核算。

CFR报价＝实际购货成本＋单位国内费用＋出口运费＋客户佣金＋银行手续费＋预期利润＝79.230 8＋6.683＋5.225＋CFR报价×3%＋CFR报价×0.5%＋CFR报价×10%

等式两边移项并计算得：CFR报价＝105.362 8（元/双）。

折成美元：CFR报价＝105.362 8÷8.25＝12.77（美元/双）。

（3）CIF报价的核算。

CIF报价＝实际购货成本＋单位国内费用＋出口运费＋客户佣金＋银行手续费＋出口保险费＋预期利润＝79.230 8＋6.683＋5.225＋CIF报价×3%＋CIF报价×0.5%＋CIF报价×110%×0.85%＋CIF报价×10%

等式两边移项并计算得：CIF报价＝106.514 1（元/双）。

折成美元：CIF报价＝106.514 1÷8.25＝12.91（美元/双）。

5. 三种价格对外报价

（1）USD 12.04 per pair FOBC 3 Dalian（每双12.04美元，包括3%佣金，大连港船上交货）

（2）USD 12.77 per pair CFRC 3 Dublin（每双12.77美元，包括3%佣金，成本加运费至都柏林）

（3）USD 12.91 per pair CIFC 3 Dublin（每双12.91美元，包括3%佣金，成本加运费、保险费至都柏林）

 复习思考题

一、简答题

1. 在确定进出口商品价格时应考虑哪些因素？

2. 试写出FOB、CFR、CIF价格转换公式。

3. 在选用计价货币时，应如何防范外汇风险？

4. 佣金和折扣的含义是什么？其如何表示？举例说明。

5. 国际贸易中成本核算的方法及其主要内容是什么？

二、计算分析题

1. 某商品 CIF 纽约每吨 600 美元, 设运费为每吨 50 美元, 投保加一成, 保险费率为 5‰, 求该商品的 FOB 价。

2. 某外贸公司出口一批商品, 国内进货价共 10 000 元, 加工费支出 1 500 元, 商品流通费为 1 000 元, 税金支出为 100 元, 该批商品出口销售外汇净收入为 2 000 美元。请问:

(1) 该批商品的出口总成本是多少?

(2) 该批商品的出口销售换汇成本是多少?

(3) 该商品的出口商品盈亏率是多少? (USD 1＝CNY 7.050 0)

3. 某公司向香港客户报水果罐头 200 箱, 每箱 132.6 港元 CIF 香港。客户要求改报 CFR 香港含 5% 佣金价。假定保险费相当于 CIF 价的 2%, 在保持原报价价格不变的情况下, 请问:

(1) CFRC 5 香港价应报多少?

(2) 出口 200 箱应付给客户多少佣金?

(3) 该公司出口 200 箱水果罐头可收回多少外汇?

4. 某公司以每箱 50 元购进 1 000 箱货物, 设国内费用为 15%, 退税总额为 5 000 元, 以 FOB 上海价格出口, 美国客户要求 2% 的佣金, 若换汇成本要求控制在 6.15 元之内。请问最低的报价为多少?

5. 我方出口某商品, 对外报价为每吨 1 000 美元 CIF 新加坡, 而外商还盘为 902 美元 FOB 中国口岸。经查, 该货物由中国港口运至新加坡每吨运费为 88 美元, 保险费率合计为 0.95%。请问单纯从价格角度上讲, 我方可否接受该项还盘?

6. 我国某出口公司希望扩大其产品在国外的市场份额, 某进口国中间商主动来函与该公司联系, 表示愿意为其提供推销产品服务, 并要求该出口公司按每笔交易的成交额给予其 5% 的佣金。不久, 该公司经中间商介绍与当地用户达成 CIF 总金额 50 000 美元的交易, 装运期为订约后 1 个月从中国港口装运, 并签订了销售合同。合同签订后, 该中间商即来电要求我国出口公司立即支付佣金 2 500 美元。我国出口公司称佣金需待货物装运并收到全部货款后才能支付。于是, 双方产生争议。请分析争议产生的原因, 以及我方公司是否有失误。

7. 我国某出口公司出口货物 100 件, 每件重 40 千克, 体积为 100 厘米×40 厘米×25 厘米, 由新加坡船公司承运。经查运费表, 该货物的 W/M 等级为 5 级, 目的港是巴生港, 运费率为每吨运费 60 美元, 另加收港口附加费 30% 和燃油附加费 20%。请问该出口公司应向船公司交多少运费? 原报价为每件 FOB 宁波 200 美元, 现在需报 CFR 巴生, 每件应报价多少?

第七章

国际货款的收付

学习目标
XUEXI MUBIAO

掌握国际结算工具的使用，尤其是汇票的使用；熟悉各种国际结算方式的流程及风险；能够在不同贸易条件下选择适当的国际结算方式，培养学生具备工匠精神、爱岗敬业精神、爱国情怀。

引导案例
YINDAO ANLI

国内某市 A 轻工产品进出口公司向外国 B 公司进口一批小家电产品，货物分两批装运，支付方式为不可撤销议付信用证，每批分别由中国银行某分行开立一份信用证。第一批货物装运后，卖方 B 在有效期内向银行交单议付，议付行审单后，未发现不符点，即向 A 公司商议付货款，随后中国银行对议付行做了偿付。A 公司在收到第一批货物后，发现货物品质不符合合同的规定，进而要求中国银行对第二份信用证项下的单据拒绝付款，但遭到中国银行的拒绝。请问中国银行这样做是否合理？为什么？

国际结算是指国际上由于政治、经济、文化、外交、军事等方面的交往联系而发生的以货币表示的债权债务的清偿行为或资金转移行为。随着世界经济全球化和一体化程度的日益加深以及科学技术的快速发展，国际结算在世界范围内越来越普遍，且结算效率也有了质的飞跃。就各方面而言，国际贸易货款的收付是国际结算最常见的一种形式。目前，各银行开办的国际结算业务既包括贸易结算也包括非贸易结算，以贸易结算为主，同时非贸易结算量有上升趋势。这与国际贸易的发展大体相适应。大多数银行采用的结算方式既包括汇款、托收、信用证等已被广泛采用的传统结算方式，也包括保函、备用信用证、国际保理等使用日渐广泛、潜力巨大的新型结算方式。

国际结算方式又称支付方式，通常是指在一定的条件下，通过银行实现一定金额货币预期转移的方式。国际结算方式的具体内容包括以下几点。

（1）交易双方为了保证买方可靠地获得代表货物所有权的单据及卖方安全地收汇，所采取的交单与付款方式。

（2）在结算过程中，买方、卖方和相关银行之间各自权责的确定。

（3）订明具体的付款时间、使用货币、所需单据和凭证。

（4）相关银行之间的汇款头寸划拨安排。

（5）交易双方为了加速资金的周转、提高经营效益，结合结算方式争取银行融资的安排。

完成一笔贸易的结算，既要依赖一定的结算方式，也要使用到结算工具。本章第一节介绍了国际结算工具——票据，第二节至第五节则介绍了四种国际结算方式。

第一节 结算工具

票据有广义和狭义之分。广义的票据是指商业上的权利单据，即用来表明某人对不在其实际控制下的资金或物资的所有权的书面凭证，如股票、债券、仓单、提单、保险单、汇票、本票、支票等。

狭义的票据是指由出票人签发，约定自己或命令他人在一定日期无条件支付确定金额的书面凭证。它是以支付金钱为目的的特定凭证。约定由出票人自己付款的是本票，命令第三者付款的则是汇票或支票。

国际结算工具中的票据指的是狭义的票据。它能够代替货币现金起流通和支付作用，从而抵消和清偿国际债权债务，或者完成资金转移，因而是国际结算中的重要工具。现代国际结算是以票据为基础的非现金结算。

一、汇票

（一）汇票的含义

根据 2004 年 8 月 28 日施行的《中华人民共和国票据法》（以下简称《票据法》）的规定，汇票是出票人签发的，委托付款人在见票时或者在指定日期无条件支付确定的金额给收款人或者持票人的票据。

各国广泛引用或参照的《英国票据法》关于汇票的定义是"由一人开给另一人的书面的无条件命令，由发出命令的人签名，要求接受命令的人立即或在固定时间或在可以确定的将来时间，把一定金额的货币支付给一个特定的人或他的指定人或来人"。

（二）汇票的基本内容

汇票必须要式齐全。所谓要式齐全，就是必须具备法定的形式要件，必须载明必要的法定事项，才能成为完整的汇票，从而具有票据的效力。各国票据法对汇票内容的规定不同。根据我国《票据法》第二十二条的规定，汇票必须记载下列事项：表明"汇票"的字样，无条件支付的委托，确定的金额，付款人名称，收款人名称，出票日期，出票人签章。汇票上未记载这些规定事项之一的，视为无效汇票。

1. 票据名称

汇票上必须写明"汇票"字样，如"Bill of Exchange""Exchange""Draft"等。例如，"Exchange for USD 10 000"或"Draft for USD 10 000"。这样有利于将汇票与其他支付工具（本票、支票等）区别开来，也有利于在实际业务中使用和操作汇票。

2. 无条件支付的委托

汇票是无条件的书面付款委托。这是汇票的本质。这里所说的"无条件"，是指汇票上行文遣词不能附加任何条件，凡是附有条件的委托将使汇票失效，所以不能使用"Pay to providing"和"Pay to on the condition that"这类语句。例如，"Pay to A company the sum of five thousand USD providing the goods they supply are complied with contract"（如果 A 公司供应的货物符合合同，支付给它 5 000 美元），存在这样语句的汇票为无效汇票。

3. 确定的金额

（1）以确定的货币表示。汇票的支付标的必须是金钱，其金额必须是可以确定的。任何选择的或者浮动的记载或未定的记载，都使汇票无效。例如：

①GBP 1 000 or GBP 2 000.

②Between GBP 1 000 and GBP 2 000.

③About GBP 1 000.

汇票金额必须是任何人根据汇票上的规定都能准确计算出来的。

（2）大写和小写。汇票的金额包括两部分，货币名称和货币金额，金额同时以大小写表示。一般地，"Exchange for"后面填小写金额，"the sum of"后面填大写金额。

我国《票据法》规定，票据金额的大小写必须一致，两者不一致的，票据无效，银行以退票处理。

（3）利息条款。汇票上注明按一定的利率或某一日市场利率加付利息是被允许的。但是，利息条款须注明利率、起算日和终止日。例如：

Pay to ABC company or order the sum of five thousand pounds plus interest.

——无效汇票

Pay to ABC company or order the sum of five thousand pounds plus interest calculated at the rate of 6% per annum from the date hereof to the date of payment.

——有效汇票

（4）分期付款。分期付款的条款必须具体可操作。例如：

Pay to the order of ABC company the sum of five thousand US dollars by instalments.

——无效汇票

At 60 days after date pay to the order of ABC company the sum of five thousand US dollars by 5 equal consecutive monthly instalments.

——有效汇票

（5）支付等值其他货币。支付等值其他货币是指按一定的或可以确定的汇率折算后付款。例如：

Pay to the order of ABC company the sum of five thousand US dollars converted into sterling equivalent at current rate of exchange.

——有效汇票

现时汇率即按照付款日当天的汇率折成英镑，任何人按此汇率都能算出相同的金额。因此，该汇票可以接受。之所以这么规定，也是体现了《票据法》的冲突的行为地原则：在票据的付款地实行严格的外汇管制，而票据上以外汇表示金额时，就必然有货币兑换的问题。票据行为必须尊重付款地点的国家法律。

4. 付款人名称

付款人是指汇票委托的接受者，即受票人。出票人应在汇票上明确付款人，以便持票人能顺利找到。实务中一般都注明详细地址。在进出口业务中，付款人通常是进口商或其指定的银行。

5. 收款人名称

收款人又称受款人，即受领汇票所规定金额的人。我国习惯称其为汇票的"抬头"，在进出口业务中，收款人通常是出口人或其指定的银行。

按汇票能否转让流通和转让方式的不同，收款人名称的记载方法分为以下两种。

（1）限制性抬头。这种汇票不能流通转让，只有汇票上指定的收款人才能接受票款。例如：

Pay to John Brown only. （仅付 John Brown。）

Pay to John Brown not transferable. （付给 John Brown，不得转让。）

这类汇票由于不能流通转让，在一定程度上限制了它的支付功能的发挥。因此，这种汇票在实务中的应用不是很普遍。

（2）指示性抬头。这种汇票可以经过背书转让。例如：

Pay to the order of A company. （付给 A 公司指定的人。）

Pay to A company or order. （付给 A 公司或其指定人。）

Pay to A company. （付给 A 公司。）

还有一种写法习惯上叫作记名抬头，虽然没有"指定人"字样，但收款人仍有权将票据背书转让。

这类汇票既实现了汇票流通转让的基本性质，又赋予了收款人转让票据的权利，并要求背书，具有一定的转让条件，使转让更可靠、更安全，所以在实务中使用最为广泛。

另外，按照《英国票据法》的规定，票据还可以做成来人抬头（Pay to bearer）。这种汇票不指定收款人名称，而只写明付给持票人或来人。汇票的债务人对持有来人抬头汇票的持票人负责，无需持票人背书，仅凭交付就可以转让。例如：

Pay to bearer. （支付给来人。）

Pay to A company or bearer. （支付给 A 公司或来人。）

但是，我国《票据法》不允许做成来人抬头。我国《票据法》第二十二条明确规定，汇票必须记载收款人名称，否则汇票无效。

6. 出票日期

各国票据法都将出票日期作为必要项目，否则汇票无效。汇票必须记载出票日期的意义在于：可以决定票据的有效期；可以判明出票人当时有无行为能力；如果汇票的到期日是以出票日为基础计算的，可以借此确定汇票的到期日。

7. 出票人签章

出票人是出具汇票、创设票据债权的人。票据必须经过出票人签字才能成立。出票人签字是承认自己的债务，收款人因此有了债权。出票人在汇票上签字以示承担汇票的责任，不签字就不负责。如果签字是伪造的，则汇票无效。

以上内容是我国《票据法》规定必须记载的事项，缺一不可，否则汇票无效。

银行汇票上出票人的签章、银行承兑商业汇票的签章，为该银行的汇票专用章加其法定代表人或其授权的代理人的签名或盖章。

银行本票上出票人的签章，为该银行的本票专用章加其法定代表人或其授权的代理人的签名或盖章。

商业汇票上出票人的签章，为该单位的财务专用章或者公章加其法定代表人或其授权的代理人的签名或盖章。

支票上出票人的签章，出票人为单位的，为与该单位在银行预留签章一致的财务专用章或者公章加其法定代表人或其授权的代理人的签名或盖章；出票人为个人的，为与该个人在银行预留签章一致的签名或盖章。

（三）汇票的类型

1. 按出票人不同划分

按出票人不同划分，汇票可分为银行汇票和商业汇票。

（1）银行汇票，是指一家银行向另一家银行签发的书面支付命令。其出票人和付款人都是银行，主要用于银行的票汇业务。

（2）商业汇票，是指由公司、企业或个人签发的汇票。其付款人可以是公司、企业或个人，也可以是银行，常用于托收和信用证业务。

2. 按有无随附单据划分

按有无随附单据划分，汇票可分为光票和跟单汇票。

（1）光票，是指无需附带任何单据即可收付票款的汇票。这类汇票全凭票面信用在市面上流通。银行汇票多为光票。

（2）跟单汇票，是指附带有关单据的汇票。跟单汇票一般为商业汇票。跟单汇票的流通转让及资金融通，除与当事人的信用有关外，更取决于随附单据所代表货物的价值及单据质量。

第七章 国际货款的收付

3. 按付款时间不同划分

按付款时间不同划分，汇票可分为即期汇票和远期汇票。

（1）即期汇票，是指注明付款人在见票或持票人提示时立即付款的汇票。未载明具体付款日期的汇票一般视为即期汇票。

（2）远期汇票，是指载明一定期间或特定日期付款的汇票。远期汇票的付款时间有以下几种规定办法：

①见票后若干天付款（At ×× days after sight）。

②出票后若干天付款（At ×× days after date）。

③提单签发日后若干天付款（At ×× days after date of bill of lading）。

④指定日期付款（Fixed date）。

除此之外，汇票还可以有许多其他的分类方法。同时，一张汇票往往会同时具有几种不同的特征，如一张即期的商业汇票。常见的汇票格式如图 7-1 和图 7-2 所示。

Bill of Exchange

No____①____

Exchange for____②____　　　____③____

At____④____sight of this First Exchange

(Second of the same tenor and date unpaid), pay to the order of____⑤____

the sum of____⑥____

Drawn under____⑦____

To:____⑧____

____⑨____

图 7-1　汇票

图 7-1 中的序号含义分别如下：① 商业汇票编号；② 汇票金额（小写）；③ 出票时间和地点；④ 付款期限；⑤ 收款人名称；⑥ 汇票金额（大写）；⑦ 取款依据；⑧ 付款人名称、地址；⑨ 出票人签名。

BILL OF EXCHANGE

凭 Drawn Under　WESTPAC BANKING CORPORATION ADELAIDE, AUSTRALIA　不可撤销信用证 Irrevocable L/C No.　AD25009/504919

日期 Date　MAY,23. 2001　支取 Payable With interest @ % 按 息 付款

号码 No.　9005　汇票金额 Exchange for　US$32095.00　南京 Nanjing　AUG.15, 2001 NANJING, CHINA

见票 at　---------------　日后（本汇票之副本未付）付交 sight of this FIRST of Exchange (Second of Exchange

Being unpaid) Pay to the order of BANK OF CHINA JIANGSU BRA NCH

金额 the sum of　U.S.DOLLARS THIRTY TWO THOUSAND AND NINETY FIVE ONLY.

此致 To　WESTPAC BANKING CORPORATION ADELAIDE, AUSTRALIA

图 7-2　一张填写好的商业汇票

（四）汇票的使用

1. 出票

出票是指出票人填写汇票的各个必要项目并签字，然后将汇票交给收款人的行为。由于汇票是设立债权债务的行为，所以只有经过交付，汇票才开始生效。

汇票通常需要签发一式两份（银行汇票只签发一份），其中一份写明"正本"（original）或"第一份汇票"（first of exchange），另一份则写明"副本"（copy）或"第二份汇票"（second of exchange）。两份汇票具有同等法律效力，但只对其中一份承兑或付款。为了防止重复承兑和付款，均写明"付一不付二"（second unpaid）或"付二不付一"（first unpaid）。

2. 提示

提示是指持票人将汇票提交付款人要求承兑或付款的行为。付款人见到汇票后称见票。提示可以分为以下两种：

一是提示付款，即持票人向付款人提交汇票，要求付款的行为。

二是提示承兑，即持票人向付款人提交远期汇票，付款人见票后办理承兑手续，承诺到期后付款的行为。

提示付款和提示承兑的时间规定如下。

（1）提示付款。

即期汇票：持票人应自出票日起1个月之内提示付款。

远期汇票：持票人应自票据到期日起10日之内提示付款。

银行本票：持票人应自出票日起2个月之内提示付款。

支票：持票人应自出票日起10日内提示付款。

（2）提示承兑。

定日付款和出票日后定期付款的汇票，应当在到期日之前提示承兑。

见票后定期付款的汇票自出票日起1个月内提示承兑。

未遵期提示，持票人丧失对前手的追索权。

3. 承兑

承兑是指付款人对远期汇票表示承担到期付款责任的行为。付款人在汇票上写明"承兑"字样，注明承兑日期并签字，交给持票人。付款人对汇票做出承兑，即成为承兑人。承兑人要在远期汇票到期时承担付款的责任。

4. 付款

付款是汇票付款人或承兑人向持票人清偿部分或全部汇票金额的行为。对即期汇票，付款人在持票人提示时即应付款；对远期汇票，付款人办理承兑手续后，在汇票到期日付款。付款后，汇票上的一切债务责任即告终止。

5. 背书

在国际市场上，汇票是一种流通工具，可以在票据市场上流通转让。背书是转让票据权利的一种法定手续，是由汇票持有人在汇票背面签上自己的名字或者再加上受让人（被背书人）的名字，并把汇票交给受让人的行为。经背书后，汇票的收款权利便转让给受让人。汇票可以经过背书不断转让下去。对于受让人来说，所有在他以前的背书人以及原出票人都是他的前手；而对于出让人来说，所有在他以后的受让人都是他的后手。前手对后手负有担保汇票必然会被承兑或付款的责任。

一张远期汇票的持有人如果想在付款人付款前取得票款，可以经过背书转让汇票，即将汇票进行贴现。贴现就是指远期汇票承兑后并未到期，由银行或贴现公司从票面金额中扣减按一定贴现率计算的贴现利息后，将余款付给持票人的行为。

6. 拒付

持票人提示汇票要求承兑时遭到拒绝承兑，或者持票人提示汇票要求付款时遭到拒绝付款，均称为拒付，也称为退票。除拒绝承兑和拒绝付款外，付款人拒不见票、死亡或宣告破产，以致付款事实上已经不可能时，也称为拒付。

如果汇票遭到拒付，则持票人立即产生追索权，即他有权向其前手追索票款。所谓追索权，是指汇票遭到拒付，持票人对其前手（背书人、出票人）有请求偿还汇票金额及费用的权利。按照有些国家的法律，持票人为了行使追索权应及时做出拒付证书。拒付证书是付款地的法定公证人或其他依法有权做出证书的机构（法院、银行、公会等）所做的能够证明拒付事实的文件，是持票人凭以向前手进行追索的法律依据。

我国的《票据法》规定，持票人行使追索权时，应当提供被拒绝承兑或者被拒绝付款的有关证明。《票据法》同时还规定，持票人提示承兑或者提示付款被拒绝的，承兑人或者付款人必须做出拒绝证明，或者出具退票理由书。

二、本票

1. 本票的含义

我国《票据法》规定："本票是出票人签发的，承诺自己在见票时无条件支付确定的金额给收款人或者持票人的票据。本法所称本票，是指银行本票。"

2. 本票的基本内容

按照我国《票据法》第七十五条的规定，本票必须记载下列事项：表明"本票"的字样，无条件支付的承诺，确定的金额，收款人名称，出票日期，出票人签章。本票上未记载规定事项之一的，本票无效。

3. 本票的类型

本票可分为商业本票和银行本票。由工商企业或个人签发的称为商业本票或一般本票，由银行签发的称为银行本票。商业本票有即期和远期之分，银行本票则都是即期本票。在国际贸易结算中使用的本票大都是银行本票。常见的商业本票和银行本票如图 7-3 和图 7-4 所示。

<table>
<tr><td colspan="2" align="center">**PROMISSORY NOTE**</td></tr>
<tr><td>£ 60，000.00</td><td>London, May 15,2003</td></tr>
<tr><td colspan="2">Three months after date I promise to pay John Tracy or order the sum of SIXTY THOUSAND POUNDS for value received.</td></tr>
<tr><td colspan="2" align="right">**William Taylor**</td></tr>
</table>

图 7-3　商业本票

```
ASIA INTERNATIONAL BANK, LTD.
18 Queen's Road, Hongkong
CASHIER'S ORDER
                                          Hongkong, Aug 8, 2003
Pay to the order of Dockfield & Co.
The sum of Hongkong Dollars Eighty Thousand and Eight Hundred Only...

                          For Asia International Bank, Ltd.
                          HK $ 80,800.00
```

图 7-4　银行本票

4. 本票与汇票的区别

本票与汇票除上述定义上的不同外，主要有以下区别。

（1）当事人。汇票是委托式票据，所以汇票有三个基本当事人，即出票人、付款人和收款人；而本票是承诺式票据，所以本票的基本当事人只有出票人和收款人两个。本票的付款人就是出票人自己。

（2）份数。汇票能够开一式多份（银行汇票除外）；而本票只能一式一份，不能多开。

（3）承兑。远期汇票都要经付款人承兑；而本票的出票人就是付款人，远期本票由其本人签发，就等于本人已承诺在本票到期日付款，因此无须承兑。

（4）责任。汇票在承兑前，出票人是绝对的主债务人，承兑后，承兑人是主债务人；而本票则自始至终由出票人负责。

三、支票

1. 支票的含义

支票是特殊的汇票，即以银行为付款人的即期汇票。它是存款人向其开户银行开出的，要求该银行即期支付一定金额的货币给特定人或其指定人或持票人的无条件的付款命令。我国《票据法》规定："支票是出票人签发，委托办理支票存款业务的银行或其他金融机构在见票时无条件支付确定的金额给收款人或持票人的票据。"

2. 支票的主要内容

根据我国《票据法》第八十四条的规定，支票必须记载下列事项：表明"支票"的字样，无条件支付的委托，确定的金额，付款人名称，出票日期，出票人签章。未记载上述规定事项之一的，支票无效。

3. 支票的类型

在许多国家，支票可以分为一般支票和划线支票。一般支票也被称为未划线支票。此种支票的持票人既可以通过银行将票款转入自己的账户，也可以凭票在付款行提取现金。划线支票是指在支票票面左上角划上两道平行线的支票。此种支票的持票人不能凭票提取现金，而只能通过银行收款入账。划线支票比一般支票更安全，如果支票遗失或被窃，失主可通过银行查询票款的下落，然后向冒领者讨还票款。

我国《票据法》对支票分类的规定与以上分类有所不同。我国《票据法》将支票分为普通支票、现金支票和转账支票三种。该法第八十三条规定，支票可以支取现金，也可以转账，用于转账时应当在支票正面注明。这是指普通支票。该条又规定，支票中专门用于支取现金的，可以另行制作现金支票，现金支票只能用于支取现金；支票中专门用于转账的，可以制作转账支票，转账支票只能用于转账，不得支取现金。

常见的支票格式如图 7-5 所示。

```
          Cheque for   £ 10,000.00 London, 30th, May, 2003
          Pay to the order of United Trading Co
          The sum of TEN THOUSAND POUNDS
                    TO: Midland Bank
                       London


                           For ABC Corporation
                                London
                               (Signed)
```

图 7-5　一般支票

四、支票与汇票、本票的区别

支票与汇票、本票虽均具有票据的一般特性，其票据行为除《票据法》特别规定的以外，均适用汇票的规定，但也存在明显差别。主要表现在以下几个方面。

（1）当事人。汇票和支票均有三个基本当事人，即出票人、付款人和收款人；而本票的基本当事人只有两个，即出票人和收款人，本票的付款人即出票人自己。

（2）证券的性质。汇票与支票均是委托他人付款的证券，故属委托支付证券；而本票是由出票人自己付款的票据，故属自付证券或承诺证券。

（3）到期日。支票均为见票即付；而汇票和本票可以是即期付款或远期付款。

（4）承兑。远期汇票需要付款人履行承兑手续。本票无须提示承兑；支票均为即期，故也无须承兑。

（5）出票人和付款人的关系。汇票的出票人对付款人没有法律上的约束，付款人是否愿意承兑或付款，是付款人自己的独立行为，但一经承兑，承兑人就应承担到期付款的绝对责任；本票的付款人即出票人自己，一经出票，出票人即应承担付款责任；支票的付款人只有当出票人在付款人处有足以支付支票金额的存款时才负有付款义务。

第二节　汇付

一、汇付的含义及当事人

1. 汇付的含义

汇付又称汇款，是指付款人（债务人）主动通过银行或其他途径将款项汇交收款人（债权人）的一种结算方式。国际贸易货款的收付如采用汇付，一般是由买方按买卖合同约定的条件（收到单据或货物等）和时间，将货款通过银行汇交给卖方。

2. 汇付方式的当事人

在汇付业务中，通常涉及以下当事人。

（1）汇款人。汇出款项的人，在进出口交易中，通常是进口商。

（2）收款人。收取款项的人，在进出口交易中，通常是出口商。

（3）汇出行。受汇款人的委托汇出款项的银行，通常是进口地的银行。

（4）汇入行。受汇出行委托解付汇款的银行，又称解付行。在进出口交易中，汇入行通常是出口地的银行。

汇款结算的业务流程如图7-6所示。

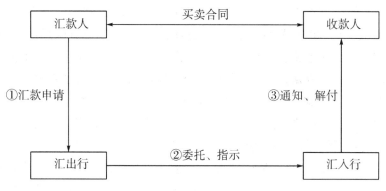

图7-6　汇款结算流程图

二、汇付的类型

采用汇付方式结算货款，汇款人在委托汇出行办理汇款时，通常要出具汇款申请书，写明收款人的名称和地址、汇款金额、具体采用的汇款方式等内容交汇出行。汇出行接受委托后即有义务按照汇款人的指示，用申请书列明的方式通知汇入行将汇款解付给收款人。

根据不同的汇款方法，汇付方式可分为电汇、信汇和票汇三种。

1. 电汇

电汇（telegraphic transfer，T/T）是指汇出行按照汇款人的申请，拍发加押电报、电传或SWIFT给在另一国家的分行或代理行（汇入行），指示解付一定金额给收款人的一种汇款方式。电汇方式的优点是收款人可迅速收到汇款，缺点是费用较高。电汇业务流程如图7-7所示。

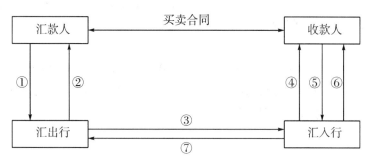

图7-7　汇付（电汇）业务流程图

图 7-7 中的序号含义分别如下：

①汇款人递交电汇申请书并交款、付费。

②汇出行发给汇款人电汇回执。

③汇出行发出电报或电传。

④汇入行缮制电汇通知书，通知收款人取款。

⑤收款人持通知书一式两联向汇入行取款，并在收款人收据上签字。

⑥汇入行解付汇款。

⑦汇入行向汇出行寄送付讫借记通知书并索偿。

SWIFT 是环球同业银行金融电讯协会（Society for Worldwide Interbank Financial Tele-communication）的英文缩写。它是一个银行同业间的非营利国际合作组织，成立于 1973 年，总部设于比利时首都布鲁塞尔，在美国和荷兰分别设有国际作业中心。目前，全球大多数国家的大多数银行已使用 SWIFT 系统，各国都能通过 SWIFT 网络直接办理国际各币种之间的外汇清算。它是目前全球金融通信和资金清算的重要系统。

SWIFT 的使用，为银行的结算提供了安全、可靠、快捷、标准化、自动化的通信业务，从而大大提高了银行的结算速度。SWIFT 需要会员资格，我国的大多数专业银行都是其成员；它的费用较低，同样的内容，SWIFT 的费用只有 TELEX（电传）的 18% 左右，只有 CABLE（电报）的 2.5% 左右；它的安全性也较高，SWIFT 的密押比电传的密押可靠性强、保密性高，且具有较高的自动化程度。另外，SWIFT 的格式具有标准化，对于 SWIFT 电文，SWIFT 组织有着统一的要求和格式。因此，目前信用证的格式主要都是用 SWIFT 电文。

采用 SWIFT 信用证，必须遵守 SWIFT 使用手册的规定，使用 SWIFT 手册规定的代号（tag），而且信用证必须符合国际商会制定的《UCP 600》的规定。目前，开立 SWIFT 信用证的格式代号为 MT700 和 MT701。如对已经开出的 SWIFT 信用证进行修改，则须采用 MT707 标准格式进行传递。

采用 SWIFT 信用证后，信用证具有标准化、固定化和统一格式的特性，且传递速度快捷，成本较低，从而大大提高了银行的结算速度。目前，全球大多数银行已使用 SWIFT 系统；我国银行电开的信用证或收到的信用证电开本中，SWIFT 信用证也占很大比重。

2. 信汇

信汇（mail transfer，M/T）是指汇出行应汇款人的申请，将信汇委托书寄给汇入行，授权解付一定金额给收款人的一种汇款方式。信汇方式的优点是费用较为低廉，缺点是收款人收到汇款的时间较迟。

3. 票汇

票汇（remittance by banker's demand draft，D/D），是指汇出行应汇款人的申请，代汇款人开立以其分行或者代理行为解付行的银行即期汇票，支付一定金额给收款人的一种汇款方式。票汇业务流程如图 7-8 所示。

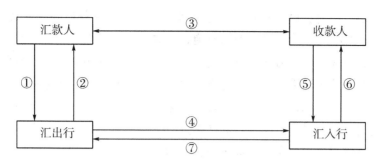

图 7-8   票汇业务流程

图 7-8 中的序号含义分别如下：

①汇款人填写汇票申请书并交款、付费。

②银行开出即期汇票给汇票人。

③汇款人将即期汇票自行邮寄给收款人。

④汇出行将汇款通知书和汇票票根寄给汇入行。

⑤收款人持汇票向汇入行取款。

⑥汇入行核对无误后付款。

⑦汇入行向汇出行寄送付讫借记通知书并索偿。

三、汇付的性质及其在国际贸易中的使用

汇付是一种简便、快速的支付方式。在国际贸易中使用汇付方式结算货款时，银行在此过程中仅承担收付委托款项的责任，对交易双方在履行合同中的义务并不提供任何担保。因此，使用汇付方式完全取决于交易双方的信任。卖方交货出单后买方是否按时付款，则取决于买方的信用。因此，汇付方式的性质属于商业信用。

在国际贸易中，汇付方式通常用于预付货款、订货付现和赊销等业务。采用预付货款和订货付现时，对卖方来说就是先收款、后交货，资金不受积压，因而对卖方最为有利；反之，采用赊销时，对卖方来说就是先交货、后收款，卖方不仅要占用资金，还要承担买方不付款的风险，因而对卖方不利，而对买方最为有利。此外，汇付方式还用于支付定金、分期款、货款尾数以及佣金等费用。

 课堂案例

我国某市 A 进出口公司对外推销某种货物。该商品在新加坡市场的销售情况日益向好，逐渐成为抢手货。新加坡贸发公司来电订购大批商品，但坚持用汇付方式支付。此时，在进出口公司内部就货款支付方式问题产生不同的意见：一些业务员认为汇付的风险较大不宜采用，主张使用信用证方式；有些人认为汇付方式可行；还有一部分业务员认为托收可行。如果你是进出口公司的业务员，应如何选择恰当的支付方式？并说明理由。

【案例分析】

在国际贸易中，汇付方式通常用于货到付款、赊销、预付货款及随订单付现等业务。货到付款是指出口商在没有收到货款以前，先交出单据或货物，然后由进口商主动

汇付货款的方法。因此，除非进口商的信誉可靠，出口商一般不宜轻易采用此种方式。预付货款是指进口商先将货款汇付给出口商，出口商收到货款后再发货的方法。这对出口商较为有利，但其只意味着进口方预先履行付款义务，并不等于货物的所有权是在付款时转移。在 CIF 等装运港交货的条件下，出口方在没有交出装运单据以前货物的所有权仍归其所有。由此可见，预付货款对出口方来说有预先得到一笔资金的明显好处。在本案例中，进出口公司对外推销的货物在新加坡市场的销售情况日益向好，逐渐成为抢手货，可坚持使用汇付中的预付货款方法作为结算方式。

四、合同中的汇付条款

合同中的汇付条款举例如下：

（1）买方应不迟于××年××月××日将全部货款用电汇（信汇或票汇）方式预付给卖方。

The buyer shall pay the total value to the sellers in advance by T/T not later than××.

（2）买方应不迟于××月××日将 100% 的货款用电汇预付交给卖方。

The buyer shall pay 100% the sales proceeds in advance by T/T to reach the sellers not later than××.

（3）买方同意在本合同签字之日起 1 个月内将本合同总金额××% 的预付款以电汇方式汇交卖方。

××% of the total contract value as advance payment shall be remitted by the buyer to seller through telegraphic transfer within one month after signing this contract.

（4）买方收到本合同所列单据后，应于××天内电汇付款。

Payment by T/T: payment to be effected by the buyer shall not later than ×× days after receipt of the documents listed in the contract.

第三节 托收

托收是国际结算中常见的一种方式。用于货款结算时，托收是出口商委托银行向进口商收款的一种方法。目前，在我国外贸实践中，有些交易的货款也采用托收方式进行收取。

一、托收的含义

国际商会制定的《托收统一规则》对托收做了如下定义："托收是指由接到托收指示的银行根据所收到的指示处理金融单据或商业单据以便取得付款或承兑，或凭付款或承兑交出单据，或凭其他条款或条件交出单据。"

金融单据是指资金单据，如汇票、本票、支票、付款收据或其他类似的用于付款的凭证。商业单据是指发票、运输单据、物权单据或其他类似单据，或除金融单据外的其他单据。

简言之，托收是指债权人（出口商）出具债权凭证（汇票、本票、支票等）委托银行向债务人（进口商）收取货款的一种支付方式。

托收方式一般都通过银行办理，所以又叫银行托收。银行托收的基本做法如下：出口商根据买卖合同先行发运货物，然后开立汇票（或不开汇票），连同商业单据一起向出口地银行提出托收申请，委托出口地银行（托收行）通过其在进口地的代理行或往来银行（代收行）向进口商收取货款。

二、托收的当事人

1. 托收方式的基本当事人

托收方式的基本当事人有四个，即委托人、托收行、代收行和付款人。

（1）委托人，即开出汇票（或不开汇票）委托银行向国外付款人收款的出票人，通常为出口商。

（2）托收行，又称出口方银行，即接受出口商的委托代为收款的出口地银行。托收行有义务按照委托人的指示办事，与委托人之间是委托代理关系。因此，托收行对单据的正确性不负责任。对于因委托人的指示利用外国银行的服务而发生的一切费用和风险，托收行也不负责任。

（3）代收行又称进口方银行，是指接受托收行的委托向付款人收取票款的进口地银行。它通常是托收银行的国外分行或代理行。代收行应遵从托收行的指示尽快向付款人提示汇票，要求其付款或承兑，付款人付款或承兑后，应无延误地通知托收行。

（4）付款人，通常就是买卖合同的买方，是汇票的受票人。

2. 托收方式的特殊当事人

在托收业务中，有时还可能出现下列当事人。

（1）提示行，是指向付款人提示汇票或单据并收取款项的银行。在一般情况下，代收行可以兼任提示行。但是，如果付款人与该代收行不在同一城市或者因无往来关系处理不便时，需转托与付款人在同一城市或有业务往来关系的银行代向付款人提示收款。此时，提示行就是付款人所在地的另一银行。在跟单托收情况下，付款人为了便于向银行融通资金，有时也会主动要求指示上述代收行转托与其有业务往来并与其有融资关系的银行担任提示行向其提示汇票或单据。

（2）需要时的代理，是指委托人指定的在付款地的代理人。若托收发生拒付，此代理人便可代替委托人处理货物的存仓、保险、转售、运回等事宜。托收的业务流程如图 7-9 所示。

图 7-9 托收的业务流程图

三、托收的类型

根据是否附有单据，托收主要分为光票托收和跟单托收两种。

1. 光票托收

光票托收是指委托人仅签发金融单据不附有商业单据的托收。光票托收如以汇票为收款凭证，则使用光票。在国际贸易中，光票托收用于收取货款的尾数、佣金、样品费以及其他贸易从属费用等小额款项。

2. 跟单托收

跟单托收是指委托人签发附有商业单据的金融单据或不附有金融单据的商业单据的托收。跟单托收如以汇票作为收款凭证，则使用跟单汇票。国际贸易中货款的收取大多采用跟单托收。在跟单托收的情况下，按照向进口商交单条件的不同，又可分为付款交单和承兑交单两种。

（1）付款交单（documents against payment，D/P），是指出口商的交单是以进口商付款为条件的。也就是说，出口商发货后，取得装运单据，委托银行办理托收，并指示银行只有在进口商付清货款后，才能把商业单据交给进口商。

付款交单按付款时间不同，又可分为即期付款交单和远期付款交单。

即期付款交单（documents against payment at sight，D/P at sight），是指出口商发货开具即期汇票，连同商业单据通过银行向进口商提示，进口商见票后立即付款，并在付清货款后向银行领取商业单据。即期付款交单流程如图7-10所示。

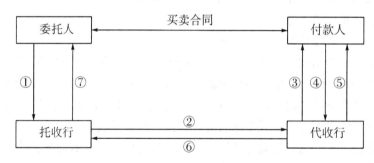

图 7-10　即期付款交单流程图

图7-10中的序号含义分别如下：

①出口商按买卖合同规定装货后填写托收申请书，开立即期汇票，连同货运单据（或不开立汇票，仅将货运单据）交托收行委托代收货款。

②托收行根据托收申请书缮制托收委托书，连同汇票（或没有汇票）、货运单据寄交进口地代收银行委托代收。

③代收行按照委托书的指示向进口商提示汇票与单据，或仅提示单据。

④进口商审单无误后付款。

⑤代收行交单。

⑥代收行办理转账，并通知托收行款已收妥。

⑦托收行向出口商交付货款。

远期付款交单（documents against payment after sight，D/P after sight），是指出口商

发货后开具远期汇票，连同商业单据通过银行向进口商提示，进口商审核无误后即在汇票上进行承兑，于汇票到期日付清货款后再领取商业单据。远期付款交单流程如图7-11所示。

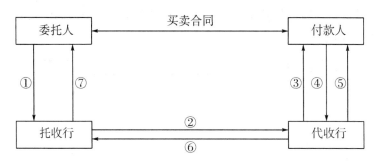

图 7-11　远期付款交单流程图

图 7-11 中的序号含义分别如下：

①出口商按买卖合同规定装货后填写托收申请书，开立远期汇票，连同货运单据交托收行委托代收货款。

②托收行根据托收申请书缮制托收委托书，连同汇票、货运单据寄交进口地代收银行委托代收。

③代收行按照委托书的指示向进口商提示汇票与单据，进口商经审核无误在汇票上承兑后，代收行收回票据与单据。

④进口商到期付款。

⑤代收行交单。

⑥代收行办理转账，并通知托收行款已收妥。

⑦托收行向出口商交付货款。

上述即期付款交单和远期付款交单两种做法，都说明进口商必须付清货款之后才能取得单据，提取或转售货物。在远期付款交单的条件下，如果付款日和实际到货日基本一致，则不失为对进口商的一种资金融通。如果付款日晚于到货日期，进口商为了抓住有利时机转售货物，可以采取两种做法：一种做法是在付款到期日之前付款赎单，扣除提前付款日至原付款到期日之间的利息，以此作为进口商享受的一种提前付款的现金折扣；另一种做法是代收行对于信用较好的进口商，允许其凭信托收据（trust receipt, T/R）借取货运单据，先行提货，于汇票到期日再付清货款。

所谓信托收据，就是进口商借单时提供的一种书面信用担保文件，用来表示愿意以代收行委托人的身份代为提货、报关、存仓、保险或出售，并承认货物的所有权仍属于银行。货物售出后所得的货款，应于汇票到期时交给银行。这是代收行自己向进口商提供的信用便利，与出口商无关。如果代收行借出单据后，到期不能收回货款，则应由代收行负责。因此，在采取这种做法时，必要时还要进口商提供一定的担保或抵押品后，代收行才肯承做。但是，如果是出口商指示代收行借出单据，就是出口商主动授权银行凭信托收据借单给进口商，即所谓的远期付款交单凭信托收据借单（D/P·T/R）方式。此时，进口商承兑汇票后凭信托收据先行借单提货，日后如进口商到期拒付，风险应由出口商自己承担。这种做法的性质与承兑交单相差无几。因此，使用时必须特别慎重。

（2）承兑交单（documents against acceptance，D/A），是指出口商的交单是以进口商在汇票上承兑为条件的。也就是说，出口商在装运货物后开具远期汇票，连同商业单据通过银行向进口商提示；进口商承兑汇票后，代收银行即将商业单据交给进口商；在汇票到期时，进口商方履行付款义务。承兑交单方式只适用于远期汇票的托收。承兑交单流程如图 7-12 所示。

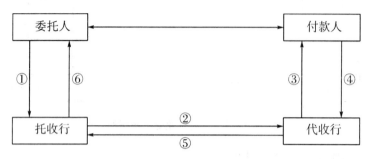

图 7-12　承兑交单流程图

图 7-12 中的序号含义分别如下：

①出口商按买卖合同规定装货后填写托收申请书，开立远期汇票，连同货运单据交托收行委托代收货款。

②托收行根据托收申请书缮制托收委托书，连同汇票、货运单据寄交进口地代收行委托代收。

③代收行按照委托书的指示向进口商提示汇票与单据；进口商经审核无误在汇票上承兑后，代收行在收回汇票的同时将货运单据交给进口商。

④进口商到期付款。

⑤代收行办理转账，并通知托收行款已收妥。

⑥托收行向出口商交付货款。

由于承兑交单中进口商在承兑汇票后即可获得货运单据，并凭以提货。这对出口商来说，已经交出了物权凭证，其收款的保证只能取决于进口商的信用状况，一旦进口商到期不付款，出口商有可能遭受货款两空的损失。所以，如采取承兑交单这种做法，必须从严控制。

☞ **课堂案例**

2018 年尚通外贸公司与美国 LADA 公司做了几笔顺利的小额交易，付款方式为预付。后来 LADA 公司称销路已经打开，要求增加数量，可是由于数量太多，资金一时周转不开，最好将付款方式改为 D/P at sight。当时尚通外贸公司考虑到采用 D/P at sight 的情况下，如果对方不去付款赎单，就拿不到单据，货物的所有权仍归己方所有。于是尚通外贸公司未对 LADA 公司的资信进行全面调查，就发出了一个 40 英尺货柜的货物，金额为 3 万美元。事情发展极为不顺。货物到达目的港后，LADA 公司借口资金紧张，迟迟不去赎单。10 天后，各种费用相继发生。考虑到这批货物的花色品种为 LADA 公司特别指定，运回来也是库存，尚通外贸公司便被迫将付款方式改为 D/A 30 天。可是，LADA 公司将货提出之后就再无音信。从这个案例中可以得到哪些教训？

【案例分析】

尚通外贸公司要从中吸取以下教训：

LADA 公司在开始时往往付款及时，后来突然增加数量，要求出口方给予优惠的付款条件，如 D/P、D/A 或 O/A（Open Account）。如果尚通外贸公司答应 LADA 公司条件，那就为以后的纠纷埋下了隐患。尚通外贸公司在接受 LADA 公司 D/P 条件后，LADA 公司没有付款赎单，反而提出 D/A 30 天的要求，尚通外贸公司应考虑到 D/A 的风险和后果。

四、托收的性质与风险

托收的性质是商业信用。托收虽然是通过银行办理，但是，银行只是按照卖方的指示办事，不承担付款的责任，不过问单据的真伪，如无特殊约定，对已运到目的地的货物不负提货和看管责任。因此，卖方交货后，能否收回货款，完全取决于买方的信誉。所以，托收的支付方式是建立在商业信用基础上的。

托收方式对卖方来说是先发货后收款。如果是远期托收，卖方还可能要在货到后才能收回全部货款。这实际上是向买方提供信用。而卖方能否按时收回全部货款，取决于买方的商业信誉。因此，卖方要承担一定的信用风险。

卖方的信用风险表现在若买方倒闭、丧失付款能力，或是因为行市下跌买方借故不履行合同、拒不付款，卖方不但要承担无法按时收回货款或货款落空的损失，而且要承担转售可能发生的价格损失等。但是，托收对于买方来说也有一定的风险。这主要表现在由于付款交单强调了货物单据的重要性，有可能在买方付款赎单提货后发现货物与合同不符，或者卖方伪造单据骗取买方的钱财，从而使买方遭受财货两空的风险。

总之，托收相对于买方而言会使卖方承担更大的风险，因此，对买方较为有利。买方可以减少费用支出，有利于资金融通。所以，在出口业务中采用托收有利于调动买方采购货物的积极性，从而有利于促进成交和扩大出口，故许多卖方都把采用托收方式作为加强对外竞争的手段。

五、托收风险的防范

为加强对外竞销能力和扩大出口，在我国出口业务中，可针对不同商品、不同贸易对象和不同国家与地区的习惯，适当和慎重地使用托收方式。但是，在使用此种方式时，应注意下列问题。

（1）认真调查和考虑进口商的资信情况和经营作风，成交金额应妥善控制，不宜超过其信用程度。

（2）了解进口国家的贸易管制和外汇管制情况，以免货到目的地后，由于不准进口或收不到外汇而造成损失。

（3）了解进口国家的商业惯例，以免由于当地的习惯做法影响安全收汇。例如，有些拉美国家的银行把远期付款交单改为按承兑交单处理，因而会使出口商增加收汇的风险，并可能引起争议和纠纷。

（4）出口合同应争取按 CIF 或 CIP 条件成交，由出口商办理货运保险或投保出口信

第七章 国际货款的收付

用险。在不采取 CIF 或 CIP 条件时，应投保卖方利益险。

（5）对托收方式的交易，要建立健全管理制度、定期检查、及时催收清理，发现问题应迅速采取措施以避免或减少可能发生的损失。

六、合同中的托收条款

现将合同中有关的托收条款举例如下。

1. 即期付款交单

买方应凭卖方开具的即期跟单汇票，于见票时立即付款，付款后交单。

Upon first presentation, the buyers shall pay against documentary draft drawn by the sellers at sight. The shipping documents are to be delivered against payment only.

2. 远期付款交单

买方对卖方开具的见票后 45 天付款的跟单汇票，于提示时应即予承兑，并应于汇票到期日予以付款，付款后交单。

The buyers shall duly accept the documentary draft by the sellers at 45 days sight upon first presentation and make payment on its maturity. The shipping documents are to be delivered against payment only.

3. 承兑交单

凭付款日为提单日（装船日）后 60 天的汇票付款，承兑交单。

Payment by drafty payable 60 days after on board B/L date, documents against acceptance.

第四节 信用证

在国际贸易中，进出口双方分别处在不同的国家，彼此之间难以完全信任，如进口商担心付款后收不到货或收到的货与合同不符，出口商则担心发货后不能安全及时地收到货款。仅仅依靠前述商业信用已不能解决这种矛盾。于是，银行信用开始介入，并与代表物权的货运单据相结合，产生了以单据买卖为对象、以银行信用为特征的跟单信用证制度。在信用证支付方式下，出口方有了双重保障，一个是进口方在买卖合同中提供的付款承诺，另一个是开证银行的付款承诺。对进口方来说，也有一定的好处，其不仅在付款后可以取得代表物权的单据，还可以通过信用证条款促使出口方履行合同上的一些规定。正因为如此，信用证支付方式已成为国际贸易中的一种主要支付方式，为国际贸易的顺利发展创造了有利条件。

一、跟单信用证的含义和特点

（一）跟单信用证的含义

国际商会制定的《UCP 600》第二条规定："信用证（letter of credit，L/C）是指一项不可撤销的安排，无论其名称或描述如何，该项安排构成开证行对相符交单予以承付的确定承诺。"其中涉及以下两个相关的含义：

（1）相符交单，是指与信用证条款、本惯例的相关适用条款以及国际标准银行实务一致的交单。

（2）承付，是指如果信用证为即期付款信用证，则即期付款；如果信用证为延期付款信用证，则承诺延期付款并在承诺到期日付款；如果信用证为承兑信用证，则承兑受益人开出的汇票并在汇票到期日付款。

简言之，信用证是一种银行开立的、有条件的、承诺付款的书面文件。

（二）跟单信用证的特点

（1）跟单信用证是一种银行信用，开证行负第一性的付款责任。在信用证业务中，开证行一旦开出信用证，就承担了第一性的付款责任。只要受益人在规定的期限内交单，并做到"单内相符、单单相符、单证相符"，开证行就必须毫不延误地履行付款的责任，而不能以各种不正当理由（申请人不付款、拖延付款等）对受益人拒绝付款或延迟付款。

（2）跟单信用证是一项独立于贸易合同的文件，不依附于贸易合同而存在。根据《UCP 600》的规定，信用证虽然以贸易合同为依据开立，但一经开出，便成为独立于贸易合同之外的一项文件，不再受贸易合同的约束。贸易合同是进出口商之间的契约，只对进出口双方有约束力。而信用证则是开证行与受益人之间的法律文件，开证行、受益人和其他参与信用证业务的银行受信用证的约束。

（3）跟单信用证业务是纯粹的单据业务。银行处理的是单据而非货物。根据《UCP 600》的规定，在信用证业务中，各有关方面处理的是单据，而不是与单据有关的货物、服务及其他行为。银行只根据表面相符的单据付款，而对任何单据的形式、完整性、准确性、真实性以及法律效力等概不负责。所以，在单据相符的情况下，开证申请人付款后发现货物与单据不一致，也只能由开证申请人自己凭买卖合同向受益人交涉。相反，如果单据与信用证规定不符，那么即使货物与音据相符，银行和开证申请人也有权拒付。

正是信用证的这些特点，使得信用证有其不足之处。例如，手续烦琐、费用多、业务成本高；审证、审单要求的技术性强，稍有不慎就会造成损失；等等。

☞ 课堂案例

2018 年 1 月，越南 VIATEM 贸易公司与我国宏泰进出口公司订立合同，购买大米 800 吨。合同规定，2018 年 3 月 31 日前开出信用证，4 月 10 日前装船。3 月 20 日 VIATEM 贸易公司开来信用证，有效期至 4 月 18 日。由于宏泰进出口公司按期装船发生困难，故电请 VIATEM 贸易公司将装船期延至 4 月 20 日并将信用证有效期延长至 4 月 28 日。VIATEM 贸易公司回电表示同意，但未通知开证银行。4 月 19 日货物装船后，宏泰进出口公司到银行议付时遭到拒绝。请问银行是否有权拒付货款？为什么？宏泰进出口公司应当如何处理此事？

【案例分析】

银行有权拒绝议付。根据《UCP 600》的规定，信用证虽是根据贸易合同开出的，但一经开出就成为独立于贸易合同的法律文件。银行只受信用证条款的约束，而不受交易双方之间合同的约束。合同条款改变，信用证条款未改变，银行就只能按原信用证条款办事。交易双方达成修改信用证的协议，但并未通知银行并得到银行同意，所以银行可以拒付。

当银行拒付时，宏泰进出口公司可依据修改后的合同条款直接要求 VIATEM 贸易公司履行付款义务。

二、信用证的当事人

1. 开证申请人

开证申请人又称开证人，通常是指进口商或买方。其填写开证申请书并签字，请求往来银行开出以出口商或卖方为受益人的信用证。开证申请人有义务确保在适当的或合理的时间内，按照贸易合同中的规定开出信用证。

2. 开证行

开证行是应开证申请人的申请开出信用证的银行。其一般是进口地的银行，通常是开证申请人的账户行。

3. 受益人

受益人是指信用证上所指定的有权使用信用证并获得付款的人，即出口商或卖方。

4. 通知行

通知行是指应开证行的委托将信用证通知指定受益人的银行，往往是出口方的银行。通知行的责任是审核信用证表面的真实性和开证行的资信状况。如果开证行或开证申请人直接将信用证寄交受益人，受益人应把信用证提交银行，以证实信用证的真实性和开证行的资信状况，以免上当受骗。

5. 保兑行

保兑行是指应开证行或信用证受益人的要求在信用证上加具保兑的银行。信用证一经保兑行保兑，受益人就获得开证行和保兑行的双重付款保证。保兑行承担与开证行相同的承诺和独立的付款责任。

6. 议付行

议付行是指愿意购买该信用证项下的汇票或单据的银行，往往是由通知行担当议付行。

7. 付款行

付款行是指开证行在信用证中指定一家银行，并授权其在单据相符时对受益人付款。付款行可以是开证行本身，也可以是另外一家银行。付款行一旦付款，即为最终付款，对出票人或善意持票人不能追索。

8. 承兑行

承兑行是指在汇票正面签字承诺到期付款的银行。在承兑信用证下，承兑行可以是开证行本身，也可以是信用证所指定的其他银行。

9. 偿付行

偿付行是开证行指定的对议付行、承兑行或付款行进行偿付的代理人。偿付行只负责替开证行付款，而不负责审单；偿付行不凭单据，只凭议付行或付款行交来的索偿书付款。

三、跟单信用证业务的基本流程

跟单信用证支付方式程序比较复杂，从进口商向银行申请开立信用证，一直到开证行付款后又向进口商收回垫款，要经过多道环节，并办理各种手续。跟单信用证结算流程如图 7-13 所示。

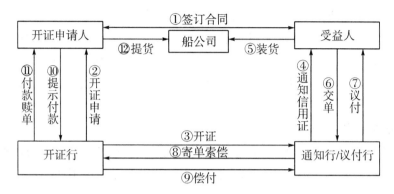

图 7-13 跟单信用证结算流程图

图 7-13 中的序号含义分别如下：

①买卖双方签订销售合同，并在合同中规定使用信用证结算方式。

②进口商按照合同规定向当地银行提出申请，在外汇管制国家，申请人还必须向外汇管制部门提出用汇申请，在得到批准后才可使用外汇。在提出开证申请时，进口商还要缴纳若干押金或提供其他担保。

③开证行将信用证开给出口商所在地的分行或代理行，并请其通知信用证。

④通知行核对信用证上印鉴或密押无误后将信用证通知受益人。

⑤受益人将信用证与贸易合同核对无误后，立即备货装运，并取得运输单据。

⑥备齐信用证所规定的单据，在信用证有效期内向当地银行交单议付，或向信用证明确指定的议付行交单议付。

⑦议付行将单据与信用证核对无误后，按汇票金额扣除邮程利息后付款给受益人（即押汇）。

⑧议付行将汇票和单据寄给开证行或其指定的银行索偿。

⑨开证行或其指定银行审核单证无误后，偿付给议付行。

⑩开证行通知开证申请人付款。

⑪开证申请人向开证行付款赎取单据。

⑫开证申请人凭提单向船公司提货。

四、跟单信用证的开证形式和内容

（一）跟单信用证的开证形式

跟单信用证包括信开和电开两种基本开证形式。

1. 信开信用证

信开信用证是指开证行用书信格式缮制并通过邮寄方式送达通知行的信用证。目前，这种开证方式较少使用。

2．电开信用证

电开信用证是指开证行用电信方式（一般都是指 SWIFT 电文）开立和通知的信用证。它又可分为全电开信用证和简电开信用证两类。

（1）全电开信用证，是以电文形式开出的完整信用证。这种信用证是有效的，可以凭以交单付款，采用 MT700/701 的 SWIFT 电文开立。

（2）简电开信用证，是指将信用证金额、有效期等主要内容用电文预先通知受益人，目的是让受益人早日备货。但由于内容不完整，在简电开信用证中往往会注明"随寄证实书"（mail confirmation to follow）。简电开信用证是无效的。受益人要注意在证实书未收到之前千万不能仓促出货，万一证实书内容与简电开信用证有出入，将可能使受益人无法正常收款。

（二）跟单信用证的内容

在国际贸易中，各国银行开出的信用证并没有统一的格式，有繁有简，有标准格式的，也有非标准格式的。但其内容基本相似，以 SWIFT 开的信用证为例，主要包括以下几个方面。

1．信用证的当事人

（1）开证申请人：applicant。

（2）受益人（卖方）：beneficiary。

（3）开证行：opening bank，issuing bank。

（4）通知行：advising bank。

（5）议付行：negotiating bank。

（6）付款行：paying bank。

（7）偿付行：reimbursing bank。

2．信用证的性质、种类

信用证一般为不可撤销的跟单信用证，即 irrevocable documentary credit。其他种类如下：

（1）保兑信用证/非保兑信用证（confirmed/unconfirmed L/C）。

（2）即期信用证/远期信用证（sight/usance L/C）。

（3）可转让信用证/不可转让信用证（transferable/untransferable L/C）。

（4）循环信用证（revolving L/C）。

（5）延期付款信用证（deferred payment L/C）。

3．信用证号码、开证日期与地点

（1）信用证号码。例如，L/C No：E-02-L-02969。

（2）开证日期与地点。例如，date and place of issue：2016/09/28 HONGKONG。电开证的发电日为开证日。

4．信用证的有效期及到期地点、装运期

常见的条款如下：

（1）Expiry date：May 25，2019 in the country of the beneficiary for negotiation.（有效期：2019 年 5 月 25 日前，在受益人国家议付有效。）

（2）Date and place of expiry：April 30，2018 IN CHINA.（有效期和有效地点：2018年 4 月 30 日前，中国。）

（3）Latest date of shipment：July 6，2018.（最迟装运期：2018 年 7 月 6 日。）

5. 金额、币种

金额条款是信用证的核心内容之一，其表达方式如下：

amount：USD××（金额：××美元）

6. 汇票条款

汇票条款主要注明汇票的金额、付款人、付款期限、出票依据等。例如：

Credit available with any bank by negotiation，against presentation of beneficiary's draft(s) at sight，drawn on us in duplicate.（本信用证可由任何一家银行议付，议付时需提供由受益人向开证行开出的即期汇票一式两份。）

7. 货物说明

货物说明的内容一般包括货名、品质、数量、单价、贸易术语等。常见的贸易术语有 FOB、CFR、CIF、FCA、CPT、CIP 等。例如：

Description of goods：100% cotton apron as per S/C，No. AH107.（货物说明：纯棉围裙，合同号 AH107。）

8. 单据条款

信用证项下所需要的单据除汇票外，通常还有商业发票、装箱单、海运提单、保险单、普通（普惠制）原产地证书、各种受益人证明及各种其他证明等全套单据条款。例如：

documents required：（in triplicate unless otherwise stipulated）

signed commercial invoice；

signed packing list；

certificate of Chinese origin；

marine insurance policy…

full set of clean "on board" marine bills of lading…

［需要的单据：（除非另有规定，每份单据一式三份）

签字的商业发票；

签字的装箱单；

中国原产地证书；

海运保险单……

全套清洁"已装船"海运提单……］

9. 运输单据条款

Full set of clean on board ocean bills of lading made out to order of bank of communications，Hong kong marked freight prepaid and notify applicant or full set of clean original railway cargo receipt consigned to bank of communications，Hong kong marked freight prepaid and notify applicant.

（全套清洁已装船海运提单抬头做成凭香港交通银行指示，注明运费预付并通知开証申请人，或全套清洁正本铁路货物收据收货人为香港交通银行，注明运费预付并通知开证申请人。）

10. 保险单据条款

Marine insurance policy or certificate in duplicate，indorsed in blank，for full invoice value plus 10 percent stating claim payable in Thailand covering FPA as per ocean marine cargo clause of the People's Insurance Company of China dated 1/1/2019.

（保险单或保险凭证一式两份，空白背书，按发票金额加10%投保，声明在泰国赔付，根据中国人民保险公司2019年1月1日的海洋运输货物保险条款投保平安险。）

11. 受益人证明条款

Beneficiary's certified copy of fax dispatched to the accountee with 3 days after shipment advising name of vessel，date，quantity，weight，value of shipment，L/C number and contract number.

（受益人证明的传真件，在船开后三天内已将船名航次、日期、货物的数量、价值、信用证号和合同号通知付款人。）

12. 溢短装条款

Both quantity and amount 10 percent more or less are allowed.

（允许数量和金额公差在10%左右。）

13. 特别条款

All banking charges outside the openning bank are for beneficiary's account.

（除开证行之外的所有费用由受益人承担。）

SWIFT信用证的格式代号为MT700和MT701，MT700和MT701格式代码汇总如表7-1所示。

表7-1　MT700和MT701格式代码汇总表

M/O	代码（Tag）	栏目名称（Field Name）
M	27	合计次序（Sequence of Total）
M	40A	跟单信用证类别（Form of Documentary Credit）
M	20	信用证编号（Documentary Credit Number）
O	23	预告的编号（Reference to pre-advice）
O	31C	开证日期（Date of Issue）
O	★40E	适用的惯例（Applicable Rules）
M	31D	到期日及地点（Date and Place of Expiry）
O	51a	开证行（Applicant Bank）
M	50	申请人（Application）
M	59	受益人（Beneficiary）
M	32B	币别代号、金额（Currency Code，Amount）
O	39A	信用证金额加减百分率（Percentage Credit Amount）
O	39B	最高信用证金额（Maximum Credit Amount）
O	39C	可附加金额（Additional Amount Covered）

表7-1（续）

M/O	代码(Tag)	栏目名称（Field Name）
M	41a	向……银行押汇，押汇方式为……（Available With... By...）
O	42C	汇票期限（Drafts at...）
O	42a	付款人（Drawee）
O	42M	混合付款指示（Mixed Payment Details）
O	42P	延期付款指示（Deferred Payment Details）
O	43P	分运（Partial Shipments）
O	43T	转运（Transshipment）
O	★44A	接管地/接收地（Place of Taking in Charge/of Receipt）
O	★44E	装运港/始发港（Port of Loading/Airport of Departure）
O	★44F	卸货港/目的港（Port of Discharge/Airport of Destination）
O	★44B	最终目的地/交货地（Place of Final Destination/of Delivery）
O	44C	最迟装运日（Latest Date of Shipment）
O	44D	装运期（Shipment Period）
O	45A	货物和/或各种服务描述（Description Goods and/or Services）
O	46A	应提交的单据（Documents Required）
O	47A	附加条件（Additional Conditions）
O	71B	费用（Charges）
O	48	交单期（Period for Presentation）
M	49	保兑指示（Confirmation Instructions）
O	53a	偿付行（Reimbursement Bank）
O	78	对付款/承兑/议付行之指示（Instructions to the Paying/Accepting/Negotiation bank）
O	57a	通过……银行通知（"Advise Through" Bank）
O	72	附言（Sender to Receiver Information）

注：①M/O 为"mandatory"与"optional"的首字母缩写，前者是指必选项目，后者为可选项目。

②带★号的栏目在 2006 年 11 月后发生了变动。由于《UCP 600》在 2006 年 10 月获得 ICC 委员会通过，SWIFT 组织马上对 SWIFT 中有关信用证的格式进行了修改。MT700 中有两处修改。

a. 增加了 40E 栏目，一般都写上"UCP LATEST VERSION"；

b. 把原先的 44A 和 44B 分别拆分为 44A、44E 和 44B、44F。

对已开出的 SWIFT 信用证进行修改，则需要采用 MT707 标准格式。MT707 标准格式如表 7-2 所示。

表 7-2　MT707 标准格式

代号（Tag）	栏位名称（Field Name）
20	送讯银行的编号（Sender's Reference）
21	收讯银行的编号（Receiver's Reference）
23	开证银行的编号（Issuing Bank's Reference）
52a	开证银行（Issuing Bank）
31c	开证日期（Date of Issue）

表7-2（续）

代号（Tag）	栏位名称（Field Name）
30	修改日期（Date of Amendment）
26E	修改序号（Number of Amendment）
59	受益人（修改以前的）（Beneficiary（before this amendment））
31E	新的到期日（New Date of Expiry）
32B	信用证金额的增加（Increase of Documentary Credit Amount）
33B	信用证金额的减少（Decrease of Documentary Credit Amount）
34B	修改后新的信用证金额（New Documentary Credit Amount After）
39A	信用证金额加减百分率（Percentage Credit Amount Tolerance）
39B	最高信用证金额（Maximum Credit Amount）
39C	可附加金额（Additional Amount Covered）
44A	由……装船/发送/接管（Loading on Board/Dispatch/Taking in Charge at /from...）
44B	装运至……（For Transportation to...）
44C	最后装船日（Latest Date of Shipment）
44D	装船期间（Shipment Period）
79	叙述（Narrative）
72	银行间备注（Sender to Receiver Information）

五、跟单信用证的类型

（一）根据信用证是否加保兑划分

1. 保兑信用证

保兑信用证（confirmed L/C），是指另外一家银行应开证行的要求，对其开立的信用证承担保证兑付责任的信用证。

2. 非保兑信用证

非保兑信用证（unconfirmed L/C），是指未经另一家银行加具保兑的信用证。

☞ **课堂案例**

我国尚通公司向欧洲 HAZA 公司出口货物一批。HAZA 公司按时开来不可撤销即期议付信用证。该证由设在我国境内的外资汇丰银行通知并加保兑。尚通公司在货物装运后，将全套合格单据送交汇丰银行议付并收妥货款。但是，汇丰银行向开证银行索偿时，得知开证行因经营不善已宣布破产。于是，汇丰银行要求尚通公司将议付的货款退还，并建议尚通公司委托其向 HAZA 公司直接索取货款。对此你认为尚通公司应如何处理？为什么？

【案例分析】

尚通公司应拒绝汇丰银行的要求。根据《UCP 600》的规定，信用证一经保兑，保兑行即与开证行同样承担第一付款责任，保兑付款后，无追索权。因此，尚通公司应拒绝汇丰银行的要求。

（二）根据信用证付款方式划分

1. 即期付款信用证

即期付款信用证（sight payment L/C），是指受益人根据开证行的指示开立即期汇票，或无需汇票仅凭运输单据即可向指定银行提示请求付款的信用证。

2. 延期付款信用证

延期付款信用证（deferred payment L/C），是指开证行指定一家银行或自己进行延期付款的信用证。延期付款信用证的付款期限一般是海运提单日或交单日后一段时间（at ×× days after B/L date or the date of presentation）。延期付款信用证不要求受益人出具汇票。

3. 承兑信用证

承兑信用证（acceptance L/C），是指开证行指定一家银行或自己承兑受益人递交的远期汇票，并在到期后付款的信用证。该指定的银行即为承兑行。承兑信用证要求受益人出具远期汇票。

4. 议付信用证

议付信用证（negotiating L/C），是指开证行指定一家银行买入该信用证下的汇票或单据的信用证。该指定的银行即为议付行。议付信用证一般要求受益人出具即期或远期汇票。

（三）根据信用证可否转让划分

1. 可转让信用证

可转让信用证（transferable L/C），是指开证行授权有关银行在受益人（第一受益人）的要求下，可将信用证的全部或部分转让给第三者（第二受益人）使用的信用证。《UCP 600》规定可转让信用证只限转让一次，即只能由第一受益人转让给第二受益人，第二受益人不得要求将信用证转让给其后的第三受益人。但若再转让给第一受益人，则不属于被禁止转让的范畴。只有在信用证中明确标明"可转让"（transferable）字样时，信用证方可转让。

2. 不可转让信用证

不可转让信用证（untransferable L/C），是指受益人不能将信用证权利转让给他人的信用证。一般的信用证都是不可转让信用证。

（四）其他形式信用证

1. 循环信用证

循环信用证（revolving L/C），是指受益人在一定时间内利用完规定金额后，能重新恢复到原来金额并再度使用，周而复始，直至达到该证规定次数或累计总金额用完为止。循环信用证一般用于定期分批均衡供货、分批结汇的长期合同。对进口方来讲，可节省逐笔开证的手续和费用，减少押金，有利于资金周转；对出口方而言，既可减少逐批催证审证的不便，又可获得收回全部货款的保证。

2. 预支信用证

预支信用证（anticipatory L/C），是指允许受益人在装货和交单前事先支取部分或全部货款的信用证。这种信用证使出口方在发货前得到一种资金融通的便利。

对于这种信用证，如果出口方取得款项后不履行信用证义务，其后果由开证人负责。预支信用证的预支条款为引人注目，通常用红字标明，故又被称为"红条款"信用证。

3. 对背信用证

对背信用证（back to back L/C），是指受益人要求原证的通知行或其他指定银行以原证为基础，另开一张内容相似的新信用证。对背信用证通常用于中间商为转售他人货物谋利或两国不能直接进行交易，需通过第三者以此方法来进行贸易的情形。

4. 对开信用证

对开信用证（reciprocal L/C），是指两张信用证的开证申请人互以对方为受益人而开立的信用证，多用在易货贸易中为实现交易双方货款之间的平衡，采取互相开立信用证的办法，把进口和出口联系起来。第一张信用证的受益人就是第二张信用证（回头证）的开证申请人，第一张信用证的开证申请人就是回头证的受益人，第一张信用证的通知行常常就是回头证的开证行。两证的金额大致相等。

六、《UCP 600》

（一）《UCP 600》简介

经过国际商会 UCP 600 小组三年多的修订工作，《UCP 600》成功问世。这次修订对《跟单信用证统一惯例（UCP 500）》（以下简称《UCP 500》）进行了大幅改动，将原来的四十九条条款调整、增删为现有的三十九条，格式编排参照了《国际备用信用证惯例》（简称 ISP 98）和《关于审核跟单信用证项下单据的国际标准银行实务》。《UCP 600》不论是在逻辑安排、名词术语，还是各当事人权利、义务方面，都有更为清晰明确的解释。在修订过程中，国际商会全面回顾了《UCP 500》实施以来 ICC 发布的各类出版物、意见及决定，吸收了其中的合理条款；力求反映近年来国际银行业、运输业和保险业出现的变化，体现了一定的前瞻性。在 2006 年 10 月的 ICC 秋季会议上，各国国际商会国家委员会代表对《UCP 600》予以表决，表决获得通过。《UCP 600》于 2007 年 7 月 1 日起正式生效。

（二）《UCP 600》较之《UCP 500》的实质性变动

1. 结构和逻辑方面

《UCP 600》在结构上主要借鉴了 ISP98 的形式，弥补了以前《UCP 500》条款次序排列上存在的不足。其在第二条定义及第三条释义中，集中归结了概念和某些词语在本惯例下的特定解释。它把原本散落在各个条款中的解释定义归集在一起，使全文变得清晰，并补充了一些《UCP 500》中未加以明确的定义。从各关系方的定义来看，其责任和义务没有实质变化。但相比《UCP 500》，《UCP 600》在一些用词上更加清晰和简洁，并补充了数个《UCP 500》中未加以明确的定义。这方面的调整对于企业，特别是涉足信用证业务不多的企业来讲，是一项有力的举措。

《UCP 600》在全文结构上的另一个变化是按照业务环节对条款进行了归结。简言之，《UCP 600》就是把通知、修改、审单、偿付、拒付等环节涉及的条款在《UCP 500》原来分散的基础上分别集中，使得对某一问题的规定更加明确和系统化。这一点同样会大大方便使用者。

2. 新增的名词及定义方面

《UCP 600》在对《UCP 500》的修改中，出现了一些十分重要的新定义，如"banking day""complying presentation""honor""nominated bank"等。这些定义的出现，使得惯例的解释更为清晰简洁，并可以在条款的规定中达成统一明确的解释。

3. 单据处理的天数的变化

《UCP 600》对单据处理时间较之《UCP 500》做了较大改动。一是删除了《UCP 500》中"合理时间"的概念，因为在各国的银行惯例中，何为"合理时间"存在很大争议，使用这一词语并不利于受益人及时收汇。二是将《UCP 500》中各当事银行处理单据的时间"不超过收单翌日起第 7 个工作日"缩短为"最多为收到单据次日起第 5 个工作日"。这有助于受益人提前收汇，并将促使银行更有效率地处理信用证业务。

4. 拒付后对单据的处理变化

《UCP 600》第十六条 C 款将拒付后开证行对银行单据的处理办法由《UCP 500》中的两种增加为四种，分别为持单听候交单人的处理、持单直到开证申请人接受不符单据、径直退单和依据事先得到交单人的指示行事。这顺应了业务的实际需要，也将缩短不符点单据的处理周期，减少了不符点争议的产生。

5. 可转让信用证的变化

《UCP 600》可转让信用证的最大修改在于保护了没有过错的第二受益人。在《UCP 500》下，可转让信用证有可能对第二受益人不利，特别是在第一受益人替换第二受益人单据时。而在《UCP 600》中则规定，如果第二受益人提交的单据与转让后的信用证一致，而第一受益人替换单据时导致出现不符点，转让行有权在第一受益人未能及时予以修正的情况下，直接提交第二受益人的单据给开证行。这一点无疑有利于第二受益人。

《UCP 600》其他变化如下：第二十八条规定，保险单可以显示任何除外条款；第三十八条规定转让信用证的第二受益人的交单必须经过转让行；增加了议付/兑付等重要定义；删除了可撤销信用证和货代提单等过时规定；海运提单和多联式运单条款有细微调整等。

七、合同中的信用证支付条款

信用证支付条款的订法因进出口合同和信用证种类的不同而各异。下面举例说明出口合同中信用证支付条款的具体订法。

（一）即期信用证支付条款

买方应于装运月份前××天通过卖方可接受的银行开立并送达卖方即期信用证，有效期至装运日后第 15 天内在中国议付。

The buyers shall open through a bank acceptable to the sellers a sight letter of credit to reach the sellers ×× days before the month of shipment, valid for negotiation in China until the 15th day after the date of shipment.

（二）远期信用证支付条款

买方应于××年××月××日前通过××银行开立以卖方为受益人的见票后××天付款的银

行承兑信用证，信用证议付有效期延至装运期后第 15 天在中国到期。

The buyers shall arrange with ×× bank for opening an acceptance letter of credit in favor of the sellers before××, the said letter of credit shall be available by draft at ×× days after sight and remain valid for negotiation in China until the 15th day after the time of shipment.

第五节　银行保函与备用信用证

在国际贸易业务中，当交易双方不便使用跟单信用证而一方当事人担心对方不履行合同义务时，通常会要求对方通过银行出具银行保函或者备用信用证。银行保函和备用信用证都是银行开立的保证文件，均属于银行信用。它们不仅适用于一般的货物买卖，还适用于国际劳务承包、项目融资等有关的国际经济合作业务。

一、银行保函

（一）银行保函的含义及作用

银行保函又称保证书，是指银行或其他金融机构应申请人的要求，向第三方（受益人）开立的一种书面信用担保凭证，保证在申请人未能按双方协议履行其责任或义务时，由担保人代其履行一定金额、一定期限范围内的某种支付责任或经济赔偿责任。

银行保函具有两种不同的担保作用：

（1）作为双方交易合同项下的价款得以支付的担保。保证受益人在履行合同义务后，将肯定得到其应得到的合同价款。

（2）作为违约事件发生进行赔偿的担保。保证申请人将履行某种合同义务，一旦出现相反情况，负责对受益人做出赔偿。

（二）银行保函的当事人

1. 申请人

申请人也称委托人，是向银行申请开立保函的人。其主要责任是履行合同的有关义务，并在担保人履行担保责任后向担保人补偿其所做的任何支付。

2. 受益人

受益人是指收到保函并有权凭保函规定的各种文件向银行索偿的一方。在投标保函项下，其通常为招标人；在承包工程的履约保函和预付款保函项下，其通常为工程的业主。其责任是履行有关合同的义务。

3. 担保行

担保行是指按申请人的申请开立保函的银行。其责任是在收到索赔书和保函中规定的其他文件后，确定这些文件表面与保函条件一致时，即支付保函中规定的经济赔偿。

（三）银行保函的类型

1. 按受益人索偿条件划分

（1）见索即付保函。国际商会《见索即付保函统一规则》规定："见索即付保函是指由银行、保险公司或其他组织或个人出具的书面保证，在提交符合保函条款的索赔书

（工艺师或工程师出具的证明书、法院判决书或仲裁裁定书等）时，承担付款责任的承诺文件。"因此，见索即付保函的担保人承担的是第一性的、直接的付款责任。所以，这种保函又称无条件保函。

（2）有条件保函。它是指保证人向受益人付款是有条件的，只有在符合保函规定的条件下，保证人才予以付款。可见，有条件保函的担保人承担的是第二性的、附属的付款责任。

在实际业务中，能够充当担保人并能开出保函的机构一般为信誉卓著的大银行和金融机构。

2. 按用途划分

（1）投标保函，是指在以招标方式成交的购买和承建项目中，招标方为了达到制约各种投标人行为的目的而要求投标人通过其往来银行所出具的一种书面保证文件。投标人凭此文件向招标人做出保证：在投标报价的有效期内，投标人将遵守其诺言，不撤标、不改标、不更改原报价条件，且一旦中标，将按招标文件规定与招标人签约。如果投标人违反上述规定，担保行将负责赔偿招标人的损失。

（2）履约保函，是指担保行应出口方、劳务方或承包人的请求而向进口方或业主所做出的一种履约保证承诺，即担保出口方、劳务方或承包人诚信、善意、及时地履行合约。如果日后未能如期履行，则担保行将负责赔偿。

在国际货物买卖业务中，履约保函分出口履约保函和进口履约保函。前者约束出口方保证按合同供货，后者则约束进口方保证按合同接货、付款等。

（3）借款保函，是指银行应借款人的要求，向贷款银行或其他贷款人所出具的一种旨在保证借款人按照借款合约的规定向贷款方归还所有所借款项以及支付由此而产生的利息的付款保证承诺，一旦出现借款人因某种原因（破产、倒闭、资金周转困难等）而无力偿还或拒绝偿还的情况时，则由银行负责履行偿还的职责。

☞ 课堂案例

2019 年 1 月，我国泛海公司受用户委托向意大利 MENA 公司订购精密仪器一套，价值 150 万美元，交货期为次年 3 月份。泛海公司订购的仪器技术较先进，需经巴黎统筹委员会的批准方能出口。合同规定，签订基础交易合同一个月后，泛海公司在收到 MENA 公司银行出具的履约保函后必须支付 20% 的定金，凭泛海公司开出的信用证支付 70%，凭泛海公司在安装调试后出具的验收报告支付最后的 10%。关于 MENA 公司银行出具的保函有效期，交易双方经过多次商谈，最后同意该保函到次年 4 月底失效，即交货期后一个月。合同执行情况如下：当年 2 月，MENA 公司银行开立履约保函。3 月初，泛海公司审核无误后支付 20% 的定金计 30 万美元。7 月，MENA 公司按合同规定向巴黎统筹委员会提出申请出口许可证。11 月，泛海公司开出信用证。次年 1 月，MENA 公司通知货已备妥，请泛海公司告知订舱情况，泛海公司电告 MENA 公司班轮航次等信息。MENA 公司顺利将货物装船，获得结汇所需单据。MENA 公司向银行交单议付，银行审核无误后议付给 MENA 公司合同价款的 70% 计 105 万美元。银行将有关单据转递给泛海公司，泛海公司核实后付款赎单。货物于次年 2 月底运达我国上海港口。随行的 MENA 公司技术人员在设备安装调试过程中比较认真，所有微小的质量问题都及时得到了解决。经双方努力，设备安装调试成功。双方在设备验收报告上签字。后泛海公司支付了最后的尾款 15 万美元。基础交易合同于次年 3 月份顺利履行，履约保函随合同终止而失效。MENA 公司银行及时注销了该合同项下的保函，为自己和申请人都降低了风险。

【案例分析】

本案例是一个履约保函成功、顺利应用的案例，主要说明了作为具有非贸易融资性质的履约保函在国际贸易实务中发挥担保作用时的业务流程。

（四）银行保函与跟单信用证的区别

1. 银行的付款责任不同

在信用证业务中，开证行承担第一性付款责任；而银行保函的担保行可能承担第一性付款责任（如见索即付保函等），也可能承担第二性付款责任（有条件保函）。

2. 银行的付款依据不同

在信用证业务中，开证行凭受益人递交的符合信用证条款的单据付款；在银行保函业务中，担保行凭受益人递交的违约声明和索赔书付款。

3. 使用的范围不同

信用证主要用于国际货物贸易；而银行保函的使用范围远远大于信用证的使用范围。

二、备用信用证

（一）备用信用证的含义及性质

备用信用证是指开证行根据开证申请人的请求对受益人开立的承诺承担某项义务的凭证。也就是说，开证行在开证申请人未能履行其应履行的义务时，受益人只要凭备用信用证的规定向开证行开具汇票（或不开汇票），并提交开证申请人未履行义务的声明或证明文件，即可取得开证行的偿付。

备用信用证属于银行信用。开证行对受益人保证，在开证申请人未履行其义务时，即由开证行付款。因此，备用信用证对受益人来说是备用于开证申请人毁约时，取得补偿的一种方式。如果开证申请人按期履行合同的义务，受益人就无须要求开证行在备用信用证项下支付货款或赔款。这是其称作"备用"的由来。

备用信用证起源于 19 世纪中叶的美国。当时，美国的联邦法律只允许担保公司开立保函，而禁止商业银行为客户提供担保或保证书服务。为了拓展业务，适应经济往来的需要，美国商业银行创立了备用信用证，从而避免使用"保函"字样，规避了法规的管制。备用信用证实质上是一种银行保函。

备用信用证一般用在投标、技术贸易、补偿贸易的履约保证、预付货款和赊销等业务中，也用于带有融资性质的还款保证。近年来，有些国家已开始把备用信用证用于买卖合同项下货款的支付。

（二）备用信用证的基本运作程序

从理论上讲，备用信用证交易涉及三方基本当事人，即申请人、开证人、受益人。但是，在备用信用证实务中，一般还会涉及通知人、保兑人等被指定人。在实践中备用信用证基本运作程序如下。

（1）开证申请人根据合同的规定向其所在地的开证人（银行或其他机构）申请开立备用信用证，经开证人审核同意后，该申请书构成申请人和开证人之间的合同。申请人通常要提供押汇等担保，并有义务支付开证费；开证人有义务根据申请书的指示开证，并承诺首先向受益人付款。

（2）开证人开证后，由开证人或申请人直接寄交受益人，或通过通知人向受益人转交备用信用证。通知人无通知义务。若该通知人不欲履行通知义务，则须及时通知开证人；若该通知人欲履行通知义务，则在开证人和通知人之间形成一种合同关系。通知人有义务审核备用信用证的表面真实性，有权利从开证人处获得报酬。在较大金额的备用信用证交易中，受益人通常会要求通过通知人的专业审核来防止备用信用证欺诈。

（3）在大宗交易中或在开证人的资信状况不足以让受益人信任时，受益人往往要求对备用信用证保兑。在实践中，通常由通知人担任保兑人。通知人无义务必须进行保兑。若该通知人不提供保兑，则须及时通知开证人；若该通知人对备用信用证进行保兑，则成为保兑人。其对受益人承担与开证人同样的义务和责任。

（4）受益人收到备用信用证后，如果备用信用证中约定的偿付情形没有发生，那么，备用信用证期满之后，受益人应将备用信用证退还给开证人或备用信用证自动失效。至此，备用信用证的全部交易程序结束。这也是大多数正常情况下备用信用证的运作程序。

（5）如果备用信用证约定的偿付情形发生，那么受益人即可向开证人或保兑人提交符合备用信用证规定的索偿要求以及与备用信用证相符的单据，向开证人或保兑人索偿。开证人或保兑人经审查认为受益人提交的索偿要求和相关单据符合信用证的规定，就必须按约定向受益人支付备用信用证中约定的金额。如果开证人或保兑人指定一家银行或其他金融机构，即被指定人替其向受益人付款，那么受益人应向被指定人提交符合备用信用证规定的索赔要求及与备用信用证相符的单据，向被指定人索偿。被指定人经审查认为受益人提交的索偿要求和相关单据符合备用信用证的规定，就必须按约定向受益人支付备用信用证中约定的金额。被指定人付款后，将单据寄交开证人索偿已付款项。

（6）开证人或保兑人做了最后偿付后，向申请人转交受益人提交的备用信用证所要求的索偿要求和相关单据要求偿付。如果开证人或保兑人履行了谨慎审单义务做了最后偿付，则申请人应当付款。若申请人不付款或不能付款，则开证人可以从押汇等担保中获得偿付；如果开证人或保兑人没有履行谨慎审单义务，则丧失对申请人的求偿权。

（三）备用信用证与跟单信用证的异同

1. 备用信用证与跟单信用证的相同点

《UCP 600》将备用信用证包括在跟单信用证范畴内，可见备用信用证与跟单信用证有相同的特点。其主要表现在以下方面：开证行所承担的付款义务都是第一性的；均凭符合信用证规定的凭证或单据付款；都是在买卖合同和其他合同的基础上开立的，但一旦开立就与这些合约无关，成为开证行对受益人的一项独立的义务。

2. 备用信用证与跟单信用证的不同点

（1）在跟单信用证下，受益人只要提交与信用证要求相符的单据，即可向开证银行要求付款。而在备用信用证下，受益人只有在开证申请人未履行义务时，才能行使信用证规定的权利。如开证申请人履行了约定的义务，则备用信用证就成为备而不用的文件。

（2）跟单信用证一般只适用于货物买卖；而备用信用证可适用于货物以外的多类型的交易。例如，在投标业务中，可保证投标人履行其职责；在借款、垫款中，可保证借款人到期还款等。

（3）跟单信用证一般以符合信用证规定的货运单据为付款依据；而备用信用证一般只凭受益人出具的说明开证申请人未能履约的证明文件，开证行即保证付款。

三、备用信用证与银行保函的异同

银行保函和备用信用证作为国际结算和担保的重要形式，在国际金融、国际租赁和国际贸易及经济合作中应用十分广泛。事实上，两者之间既有基本相同之处，又有许多不同之处。

（一）备用信用证与银行保函的相同点

两者都是银行应申请人要求，向受益人开立的书面保证；都是用银行信用代替商业信用或补充商业信用的不足；都适用于诸多经济活动中的履约担保。

（二）备用信用证与银行保函的不同点

1. 银行的付款责任不同

备用信用证中的开证行承担第一性付款责任；而银行保函的担保行可能承担第一性付款责任（如见索即付保函等），也可能承担第二性付款责任（如有条件保函等）。

2. 付款的依据不同

只要受益人能够提供符合备用信用证规定的文件或单据，开证行即验单付款。但是，当受益人凭银行保函向担保银行索偿时，银行大多需经过调查证实申请人的确有不履行合同义务的事实后才向受益人偿付。

3. 两者适用的惯例不同

备用信用证可适用《UCP 600》和《国际备用信用证惯例》；而银行保函可适用《见索即付保函统一规则》。

 知识小结

票据是国际结算的主要工具，使用汇票是国际结算的基本业务。汇付以商业信用为基础。在国际贸易中，汇付是使用较多的结算方式，尤其是其中的电汇。托收也以商业信用为基础，常用的是跟单托收中的即期付款交单。以托收方式成交，卖方先行发货，存在一定的风险。信用证以银行信用为基础，对先行发货的卖方而言，降低了结算风险。信用证还有强大的融资功能，是一种在交易双方缺乏信任的交易中经常采用的结算方式。但是，信用证的资金和费用成本较高，尤其对买方而言，还存在单货不符的风险。国际贸易中的信用风险是双方当事人，尤其是授信方特别关注的问题。国际贸易中可以采用的信用保障手段还有银行保函、备用信用证等。

引导案例分析

　　信用证是一种银行开立的有条件的承诺付款的书面文件。对出口商来说，只要按信用证规定条件提交了单据，在"单单一致、单证一致"的情况下，即可从银行得到付款；对进口商来说，只要在申请开证时，保证收到符合信用证规定的单据便可付款并交付押金，从而从银行取得代表货物所有权的单据。因此，银行开立信用证实际上是进行单据的买卖。此外，开证行与受益人之间的关系属于一种对双方都有约束力的合同关系。这种合同关系约束开证行应在对单据做出合理审查之后，按照信用证的规定，承担向受益人付款的义务，而不受交易双方买卖合同或者开证行和买方依开证申请书成立的合同以及其他合同的影响。因此，在引导案例中，中国银行的做法是合理的。

 复习思考题

一、简答题

1. 汇票和本票的区别是什么？
2. 汇票的必要记载项目有哪些？
3. 汇付有哪几种方式？其应用在贸易中有何优缺点？
4. 简述跟单托收的业务程序。
5. 比较远期付款交单与承兑交单风险的异同。
6. 信用证有何特点？简述其一般业务程序。
7. 简述《UCP 600》与《UCP 500》的主要区别。
8. 信用证项下，银行付款的条件是什么？
9. 何谓银行保函？简述银行保函与跟单信用证的区别。
10. 简述备用信用证的含义。并比较其与银行保函的异同。
11. 简述汇付、跟单托收、跟单信用证这三种结算方式的主要区别。

二、计算分析题

1. 某出口商收到一份信用证，上面没有明确该信用证属于可撤销信用证还是不可撤销信用证。出口商在备货过程中忽然收到通知，声明信用证已被撤销。请问这种做法是否符合《UCP 600》的惯例？

2. 甲国的 A 公司出口机电设备给乙国的 B 公司。由于货款金额较大，B 公司在申请开证时，银行要求其支付较高的押金。B 公司的流动资金比较紧张，觉得支付该数量的押金比较困难。因此，B 公司转而与 A 公司商量采用托收的结算方法。A 公司基于收汇安全的考虑，认为全额托收不可接受。请分析在这种情况下，如何结合不同的结算方式，既可以使 B 公司少付押金，又可以保证 A 公司的收汇安全？作为 B 公司的开证行，应该在信用证中怎样注明？在出口合同中，又应怎样反映？

3. 某公司收到国外开来的即期议付信用证。信用证规定了装运日期但未规定信用证的到期日，该笔贸易合同中规定："……信用证于装运日后18天内在装运口岸有效。"请问：

（1）受益人能否接受该合同？为什么？

（2）合同条款规定信用证的有效期能否理解为信用证的有效期？为什么？

（3）假如你是受益人，接到这样的信用证会怎样处理？这笔业务的交单地点在哪儿？

4. 中国某出口公司与外商成交一批货物，共 15 000 套，装 1 500 箱。贸易条件为CIF，采用信用证方式结汇，并订明可分批（期）装运，每批 500 箱，分别于 7 月、8 月、9 月装运。出口公司于 7 月份装运了 500 箱，顺利结汇。第二批如期装运，但数量为 480 箱，当出口公司向银行结汇时遭到拒付。于是，出口公司以电信方式要求买方接受 480 箱，买方迟迟不做答复。此时，第三批货物亟待装运。在未知晓买方对第二批货物是否同意接受的情况下，出口公司将第三批货物按期按数装船，但第三批货物的货运单据又遭银行拒付。请问银行的两次拒付是否合理？

5. 国内 A 出口公司收到由香港某银行开立的不可撤销跟单信用证，开证申请人为香港 B 进口公司。信用证内容中关于货物的包装条款与销售合约有不同之处。销售合约中货物包装条款规定："均以三夹板盛放，每箱净重 10 千克，两箱一捆，外套麻袋。"而信用证却规定："均以三夹板盛放，每箱净重 10 千克，两箱一捆。"与合约不同的是，在信用证中没有要求在包装货物时外套麻袋。A 公司为保证安全收汇，在包装货物时，完全按照信用证条款的规定，没有外套麻袋。从货物运出之后的第一天起，B 公司数次来函称货物未套麻袋而拒绝付款；A 公司则认为在信用证条件下应凭信用证来履行义务，对 B 公司的来函不予理会。在这种情况下，B 公司通知开证行以"单据不符"为由拒付货款。请问：

（1）B 公司的做法合适吗？为什么？

（2）开证行会如何做？

（3）A 公司的做法有无不妥之处？为什么？

商品的检验

学习目标
XUEXI MUBIAO

了解商品检验的含义、范围和商品检验证书；熟悉商品检验的标准和合同中商品检验的条款；掌握商品检验的程序以及商品检验的时间和地点，培养学生具备法治意识、爱岗敬业精神、爱国情怀。

引导案例
YINDAO ANLI

中国唐氏公司于2014年从国外进口一批牛肉，合同规定货物运抵目的港后30天内为索赔期限。货物运抵港口后因没有泊位而延误10天，10天后货物卸至码头，经检验发现有30%发生霉烂变质，原因尚未查明。请问唐氏公司应如何处理？

商品检验是国际贸易发展的产物，在国际货物买卖中占有十分重要的地位，也是国际货物买卖中不可或缺的一个重要环节。

第一节 商品检验概述

英国《1893 年货物买卖法案》规定："当货物交付买方时，除另有协议外，买方有权要求有合理的机会检验货物，以便确定它们是否与合同的规定相符。"《公约》规定："买方必须在按情况实际可行的最短时间内检验货物或由他人检验货物。"同时，《公约》还规定如果合同涉及货物的运输，检验可推迟到货物到达目的地后进行。

一、商品检验的含义和范围

在国际贸易活动中，商品检验通常简称为商检工作。它是指由商品检验机构对交易双方成交商品的质量、数量、重量、包装、安全、卫生以及装运条件等进行检验，并对涉及人、动物、植物的传染病、病虫害、疫情等进行检疫的工作。

商检工作是使国际贸易活动能够顺利进行的重要环节，也是进出口货物交接过程中不可缺少的一个重要环节。它是一个国家为保障国家安全，维护国民健康，保护动物、植物和环境而采取的技术和行政措施。为了加强对进出口商品的检验工作，我国颁布了《中华人民共和国进出口商品检验法》。该法规定，我国商检机构和国家商检部门应对进出口商品实施检验；凡未经检验的进口商品，不准销售、使用；凡未经检验合格的商品不准出口。

我国进出口商品检验的范围主要有以下几个方面。

（1）现行《商检机构实施检验的进出口商品种类表》规定的商品。

（2）《中华人民共和国食品卫生法》和《中华人民共和国进出境动植物检疫法》规定的商品。

（3）船舱和集装箱检验。

（4）海运出口危险品的包装检验。

（5）对外贸易合同规定由商检机构实施检验的进出口商品等。

二、商品检验的作用

商品检验的作用主要表现在下列几个方面。

（1）作为报关验放的有效证件。

（2）交易双方结算货款的依据。

（3）计算运输、仓储等费用的依据。

（4）办理索赔的依据。

（5）计算关税的依据。

（6）作为证明情况、明确责任的证件。

（7）作为仲裁、诉讼举证的有效文件。

三、进出口商品检验的工作程序

我国进出口商品检验的工作程序主要有申请报验、抽样、检验和签发证书四个环节。

1. 申请报验

在进出口贸易中，有关当事人要求对成交商品进行检验先要向商检机构提出申请。申请的手续分为以下三种。

（1）出口检验申请。具有该商品出口经营权的单位或受其委托的单位填写"出口商品检验申请单"，向当地商检机构申请报验。报验时，须随附下列单据或证件：出口货物明细单；出口货物报关单或其他供通关用的凭证（"×商检局放行通知单"等）；对外贸易合同或售货确认书及有关函电、信用证（购买证），如信用证有修改的，要提供修改函电；凭样成交的，提供成交小样；经生产经营单位自行检验的，须附加生产经营单位检验结果单或化验报告单，同时申请鉴定重量的，须加附重量明细单（磅码单）等。

（2）进口检验申请。在口岸，对列入国家商检部门进出口商检种类表的进口商品进行报验，由口岸外运公司或收、用货部门持货运单据和"进口货物报关单"向口岸商检机构申请办理报验，由口岸商检机构予以审核、编号登记并在"进口货物报关单"上加盖"已接受报验"印章；申请人凭此向海关办理进口报关，海关凭国家商检机构"已接受报验"印章验关放行，准予提货。在货到目的地，对列入"种类表"的进口商品报验，由报验单位填写"进口商品检验申请单"，然后向当地商检机构申请报验。报验时应随附下列单据或证件：对外贸易成交合同（副本）；国外商业发票；装箱清单；提单；进口货物通知书；如果申请检验品质、规格，还须提供国外品质证书、使用说明书及有关标准和技术资料；凭样成交的，须提供成交小样；需申请残损鉴定的，须提供"货物残损报告单"或铁路商务记录等有关单证；需申请数量、重量鉴定的，还须提交发货人提供的重量明细单、理货清单。上述单证是检验、鉴定和判断责任方的依据。未列入"种类表"的进口商品，由收、用货部门自行组织检验，并将检验结果告知当地商检机构，如发现质量、数量等问题，应保持现状，并向当地商检机构申请报验。

（3）委托检验申请。填写"委托检验申请单"并自送样品。检验结果一般不得用作对外成交或索赔的依据。

2. 抽样

抽样是检验的基础。除委托检验外，一般不得由报验人送样，必须由商检部门自行抽样，并由抽样员当场发给"抽样收据"。

3. 检验

检验是商检机构的中心工作，如检验不认真就会影响检验结果的准确性。因此，商检机构在接受报验之后，根据申报的检验项目确定检验内容；在仔细审核合同（信用证）对品质、规格、包装的规定，即在弄清检验依据的基础上，确定检验的标准和方法，然后抽取货样，对所取样品进行检验。

4. 签发证书

商检机构在对商品检验合格后，向有关当事人签发证明商品符合合同规定的检验证书。

四、商品检验的方法

使用不同的检验方法可能得到不同的结果，容易引起争议。因此，为了避免争议，必要时应在合同中订明检验方法。在我国，检验方法的标准由国家市场监督管理总局制定。商品的检验方法主要分为以下两大类。

（一）商品质量的检验方法

商品质量的检验方法有很多，如感官检验法、理化检验法、生物学检验法等。

1. 感官检验法

感官检验法是借助人体感觉器官的功能和实践经验来检测评价商品质量的一种方法，它主要分为视觉检验、听觉检验、味觉检验、嗅觉检验和触觉检验。感官检验法在商品检验中有着广泛的应用。因为消费者面对任何商品总是先用感觉器官来进行质量评价的，所以感官检验十分重要。

2. 理化检验法

理化检验法是在实验室的一定环境条件下，借助各种仪器、设备和试剂，运用物理、化学的方法来检测评价商品质量的一种方法。它主要用于检验商品的成分、结构、物理性质、化学性质、安全性、卫生性以及对环境的污染性和破坏性等。

3. 生物学检验法

生物学检验法是通过仪器、试剂和动物来测定食品、药品和一些日用工业品以及包装对人体健康、安全等危害程度的检验。

检验商品品质需采用的检验方法因商品种类不同而异。有的商品采用感官检验法即可评价质量（茶叶等）；有的商品既需要采用感官检验法，也需要采用理化检验法（搪瓷等）；有的商品还可能需要生物学检验法来进行检验。要想商品检验的结果准确无误，符合商品质量的实际情况，经得起复验，就要不断提高检验的技术、总结经验的经验，采用新的检验方法和新的检测仪器。随着科技的发展，现在的检验方法向着快速、准确、少损和自动化方向不断发展。

（二）商品数量的检验方法

在我国，商品数量的检验方法按照 2007 年 10 月 1 日起施行的《进出口商品数量重量检验鉴定管理办法》进行。该办法规定：进口商品应当在收货人报检时申报的目的地检验，大宗散装商品、易腐烂变质商品、可用作原料的固体废物以及已发生残损和/或短缺的进口商品，应当在卸货口岸实施数量、重量检验；出口商品应当在商品生产地实施数量、重量检验，散装出口商品应当在装货口岸实施数量、重量检验；检验检疫机构按照国家技术规范的强制性要求实施数量、重量检验，尚未制定技术规范、标准的，检验检疫机构可以参照国家市场监督管理总局指定的有关标准检验；检验检疫机构在实施数量、重量检验时，发现报检项目的实际状况与检验技术规范、标准的要求不符，影响检验正常进行或检验结果的准确性时，应当及时通知报检人；检验检疫机构实施衡器鉴重的方式，包括全部衡重、抽样衡重、监督衡重和抽查复衡；对于以公量、干量交接计价或对含水率有明确规定的进出口商品，检验检疫机构在检验其数量、重量的同时应当抽取样品检测水分，检验中发现有异常水的，检验检疫机构应当责成有关单位及时采取有效措施，确保检验的顺利进行；报检人提供用于进出口商品数量、重量检验的各类衡器计重系统，流量计重系统，船舶及其计量货舱，计量油罐、槽罐及相关设施，计算机处理系统，相关图表、数据资料必须符合有关的技术规范、标准要求；用于数量、重量检验的各类计量器具，应当依法经检定合格并在有效期内方可使用。

一、商品检验时间

在国际贸易中，商品检验是有时间限制的。货物装运前经商检机构检验合格的，出口方应在检验证书或放行单签发之日起 60 日内出口，否则必须向商检机构重新报验；进口商检一般应在合同索赔期限内进行。在我国，进口商一般应在合同规定的对外索赔有效期的 1/3 时间内向商检机构报验；若货物到达报验地点已经临近索赔期限结束日，进口方应提前要求出口方延长索赔期。检验工作必须在合同规定的索赔期限内进行；收、用货部门向商检机构申请报验，应考虑商检机构检验、出证的时间。在检验中发现质量问题，并估计在索赔有效期内不能完成检验、鉴定的，收、用货部门应及时与订货公司联系，对外办理延长索赔期或保留索赔权。超过索赔期限而又未提供延长索赔期或保留索赔权依据的，商检机构有权拒绝受理检验。

二、商品检验地点

货物运达目的地后，买方是否接受很大程度上取决于检验的结果。依据国际惯例和我国外贸实践，选择检验地点通常有以下几种做法。

1. 出口国生产地检验

按照国际惯例，在大型成套设备贸易中，买方委托检验机构在货物离开工厂发运前进行检验；卖方只对商品离开产地前的品质负责，离开产地后的运输途中风险，由买方负责。

2. 装运港（地）检验

货物在装运前或装运时由双方约定的商检机构检验，并出具检验证明，作为确认交货品质和数量的依据。这种规定称为以"离岸品质和离岸数量"为准。货物到达目的港（地）后，即使买方发现货物的品质、数量、包装等与合同不符，也无权向卖方提出索赔或拒收货物。买方一般不愿采用此种做法。

☞ **课堂案例**

某合同商品检验条款中规定以装船地商检报告为准。但在目的港交付货物时，买方却发现品质与约定规格不符。买方经当地商检机构检验并凭其出具的检验证书向卖方索赔，卖方却以上述商检条款拒赔。请问卖方拒赔是否合理？

【案例分析】

卖方拒赔是合理的。其原因是合同中规定商品检验以装船地商检报告为准。这就决定了卖方交货品质的最后依据是装船地商检报告书。在这种情况下，买方在目的港收到货物后，虽然可以委托商检机构对货物再次进行检验，但原则上无权提出异议。因此，卖方的拒赔是合理的。

第八章　商品的检验

3. 目的港（地）检验

货物在目的港（地）卸货后，由双方约定的商检机构检验，并出具检验证明，作为确认交货品质和数量的依据。这种规定称为以"到岸品质和到岸数量"为准。如买方发现货物的品质、数量、包装等与合同不符而责任属于卖方时，可以提出索赔，即卖方对运输途中的货物承担风险责任。卖方一般不愿采用此种做法。

4. 买方营业处所或用户所在地检验

对于那些密封包装、精密复杂的商品，不宜在使用前拆包检验，或需要安装调试后才能检验，可将检验推迟至货物到达用户所在地后，由双方认可的检验机构检验并出具证明。

5. 出口国检验、进口国复检

按照这种做法，装运前的检验证书作为卖方收取货款的出口单据之一，但货到目的地后，买方有复验权。如经双方认可的商检机构复验后，发现货物不符合合同规定，且系卖方责任，买方可在规定时间内向卖方提出异议和索赔，甚至拒收货物。

上述各种做法各有特点，应视具体的商品交易性质而定。但对大多数商品交易来说，"出口国检验、进口国复验"的做法最为方便且合理。因为这种做法一方面肯定了卖方的检验证书是有效的交接货物和结算的凭证，另一方面又确认了买方在收到货物后有复验权。这符合各国法律和国际公约的规定。我国对外贸易中大多采用这一做法。

👉 **课堂案例**

某公司从国外采购一批特殊器材，合同规定该器材由指定的国外某商品检验机构检验合格后买方才能收货。后来该公司接到此商检机构的报告。报告称该器材质量合格，但在其报告附注内说明此项报告的部分检验记录由制造商提供。请问这种情况下，买方能否以为质量合格而接受货物？

【案例分析】

买方不能接受货物。其理由是买方之所以要求卖方出具某商检机构签发的商检证书，目的在于让商检机构检验货物，避免因卖方自己出具发货单而可能出现不真实问题，而且商检机构对其签发的商检证书负有保证其真实性的责任。在案例中，商检部门所出具的证书尽管说明质量合格，但又言明部分检验记录由制造商提供。这说明商检机构未尽到自己的责任，对买方来说接受这种商检证书风险很大。因此，买方不能接受商检证书，也不能凭此证书接受货物。

第三节　商品检验机构

在国际货物买卖中，买卖双方除自行对货物进行必要的检验外，通常还要委托独立于交易双方之外的第三方进行检验。有时交易双方未要求对所交易的商品进行检验，但根据有关法律法规的规定，进出境商品必须由某机构进行检验，经检验合格后方可出境或入境。这种根据客户的委托或有关法律法规的规定对进出境商品进行检验、鉴定和管理的机构，就是商品检验机构，简称检验机构或商检机构。

一、国际上商品检验机构的类型

（1）国家设立的官方商检机构。它是指由国家或地方政府投资，按照国家有关法律法规对出入境商品实施强制性检验、检疫和监督管理的机构，如美国食品药品监督管理局（US Food and Drug Administration，FDA）。

美国食品药品监督管理局总部设在华盛顿特区及马里兰州罗克威尔城。该机构十分庞大，分支机构遍布全美各地。为了加强药品质量管理，FDA 将全美划分成六个大区，即太平洋区（旧金山、西雅图、洛杉矶）、西南区（达拉斯、丹佛、堪萨斯）、中西区（芝加哥、明尼阿波利斯、底特律）、东北区（波士顿、纽约、布法罗）、中大西洋区（费城、辛辛那提、纽瓦克、巴尔的摩）、东南区（亚特兰大、纳什维尔、新奥尔良、奥兰多、波多黎各的圣吉安）。每区设立一个大区所，大区所下又设若干个地区所。太平洋区的大区所所在地为旧金山，西南区的大区所所在地为达拉斯，中西区的大区所所在地为芝加哥，东北区的大区所所在地为波士顿，中大西洋区的大区所所在地为费城，东南区的大区所所在地为亚特兰大。

区所负责对本地区的食品、药品、化妆品、器械、血库等进行监督检查工作。各地区所按工作需要又设立若干工作站，以保证工作面能覆盖本区范围。全美目前共有 143 个工作站。大区所、地区所及工作站均属 FDA 的各级直属机构。区所的规模视工作量而定，全美的药品 65% 以上在中大西洋区生产，故该区的规模较大。其共有职工 525 名，其中监督员有 250 名，约占 FDA 总部监督员的 1/4，分析检验人员有 150 名。

各州对药品的管理按地方药品管理法规进行。主要工作是对药师进行考试和注册，对药品经营部门和药房进行监督检查，发放或换发许可证，吊销违法户的许可证，对所在地的药学院校进行评价，审查见习药房等。

（2）民间私人或社团经营的非官方机构。除政府设立的官方商品检验机构外，世界上许多国家还有由商会、协会、同业公会或私人设立的半官方或民间商品检验机构，担负着国际贸易货物的检验和鉴定工作。由于民间商品检验机构承担的民事责任有别于官方商品检验机构承担的行政责任，因此，在国际贸易中更易被交易双方所接受。民间商品检验机构根据委托人的要求，以自己的技术、信誉及对国际贸易的熟悉，为贸易当事人提供灵活、及时、公正的检验鉴定服务，受到对外贸易关系人的共同信任。目前，在国际上比较有名望、有权威的民间商品检验机构有瑞士通用公证行、英国英之杰检验集团、日本海事检定协会、新日本检定协会、日本海外货物检查株式会社、美国安全试验所、美国材料与试验学会、加拿大标准协会、国际羊毛局、中国检验认证（集团）有限公司等。

瑞士通用公证行（SGS）创建于 1878 年，是目前世界上规模最大、资格最老的民间第三方从事产品质量控制和技术鉴定的跨国公司。该公司总部设在日内瓦，在世界各地设有 1 000 多家分支机构和专业实验室，拥有 59 000 多名专业技术人员，在 142 个国家开展产品质检、监控和保证活动。

1991 年，瑞士通用公证行和中国标准开发公司（质监总局下属单位）成立合资公司，即通标标准技术服务有限公司，并在全国成立 46 个分支机构，其员工超过 8 000

人。该公司主要从事检验、测试、认证、验厂等贸易保障相关工作。

通标标准技术服务有限公司是 SGS 集团在中国的唯一官方机构，且没有授权其他任何代理机构。目前，世界上有 24 个国家（主要是发展中国家）的政府实施 SGS 检验，如安哥拉、阿根廷、玻利维亚、布基纳法索、布隆迪、柬埔寨、喀麦隆、中非、刚果共和国、科特迪瓦、厄瓜多尔、几内亚、肯尼亚、马拉维、马里、毛里塔尼亚、墨西哥、巴拉圭、秘鲁、菲律宾、卢旺达、塞内加尔、刚果民主共和国、赞比亚等。这些国家的进口商基于对 SGS 的公正性、科学性、权威性和技术能力的充分信任，委托 SGS 对进口货物实施"装船前全面监管计划（comprehensive import supervision scheme，CISS）"。其既发展贸易，又抑制非法的进出口活动。

国际认证部提供全方位的审核及培训服务。这些服务涵盖 ISO 9001、ISO 14001、OHSAS 18001、ISO 22000、ISO 13485、ISO/TS 16949、TL 9000、ISO 27001、TAPA、IECQ HSPM QC 080000、ISO 29001、服务认证 TM、六西格玛标准 TM 等。

（3）工厂、企业、用货单位设立的化验室、检测室等。

二、我国的商品检验机构

1. 海关总署

2018 年 3 月，根据第十三届全国人民代表大会第一次会议批准的国务院机构改革方案，将国家质量监督检验检疫总局的职责整合，组建中华人民共和国国家市场监督管理总局；将国家质量监督检验检疫总局的出入境检验检疫管理职责和队伍划入海关总署；将国家质量监督检验检疫总局的原产地地理标志管理职责整合，重新组建中华人民共和国国家知识产权局；不再保留中华人民共和国国家质量监督检验检疫总局。

目前海关总署主管出入境商品检验、出入境卫生检疫、出入境动植物检疫、进出口食品安全等。

2. 中国检验认证（集团）有限公司

中国检验认证（集团）有限公司［China Certification & Inspection（Group）Co.，Ltd，CCIC］是经中国政府批准，按中国的法律注册登记的，以从事进出口商品检验为主业的综合性检验公司。公司总部设在北京，在全国 31 个省（自治区、直辖市）共设有 36 家分（子）公司，在美国、德国、荷兰、法国、英国、西班牙、日本、泰国、新加坡、菲律宾、澳大利亚、新西兰、俄罗斯、巴西等国设立了海外公司或代表处。

目前，CCIC 是中国国内唯一的、全国性的进出口商品检验公司。CCIC 是按国际惯例建立和运作的，主要根据客户的委托从事进出口商品的检验、鉴定业务及其他服务业务。根据国家市场监督管理总局的指定，其也进行国家法律规定的对进出口商品实施的法定检验。CCIC 的地位是独立的，与贸易各方均没有利益上的联系。因此，CCIC 出具的检验、鉴定证书，已成为国际贸易中交接、结算、索赔、仲裁的重要证明。同时，CCIC 出具的咨询报告，对贸易各方有重要价值。

此外，我国还有其他出入境检验检疫部门，主要包括药品检验部门及其他专业检验机构等。

商品检验证书又称商检证书，是各种进出口商品检验证书、鉴定证书和其他证明书的统称，是对外贸易有关各方履行契约义务、处理索赔争议和仲裁、诉讼举证具有法律依据的有效证件，也是海关验放、征收关税和减免关税的必要证明。

一、商检证书的种类和用途

（1）品质检验证书。它是出口商品交货结汇和进口商品结算索赔的有效凭证。法定检验商品的证书是进出口商品报关、进出境的合法凭证。商检机构签发的放行单和在报关单上加盖的放行章具有与商检证书同等的通关效力，签发的检验情况通知单等同为商检证书性质。

（2）重量或数量检验证书。它是出口商品交货结汇、签发提单和进口商品结算索赔的有效凭证。出口商品的重量证书也是国外报关征税和计算运费、装卸费用的证件。

（3）兽医检验证书。它是证明出口动物产品或食品经过检疫合格的证件，适用于冻畜肉、冻禽、禽畜罐头、冻兔、皮张、毛类、绒类、猪鬃、肠衣等出口商品，是对外交货、银行结汇和进口国通关输入的重要证件。

（4）卫生/健康证书。它是证明可供人类食用的出口动物产品、食品等经过卫生检验或检疫合格的证件，适用于肠衣、罐头、冻鱼、冻虾、食品、蛋品、乳制品、蜂蜜等，是对外交货、银行结汇和通关验放的有效证件。

（5）消毒检验证书。它是证明出口动物产品经过消毒处理，保证安全卫生的证件，适用于猪鬃、马尾、皮张、山羊毛、羽毛、人发等商品，是对外交货、银行结汇和国外通关验放的有效凭证。

（6）熏蒸证书。它是用于证明出口谷物、油籽、豆类、皮张等商品以及包装用木材与植物性填充物等已经过熏蒸灭虫的证书。

（7）残损检验证书。它是证明进口商品残损情况的证件，适用于进口商品发生残、短、渍、毁等情况，可作为收货人向发货人、承运人或保险人等有关责任方索赔的有效证件。

（8）积载鉴定证书。它是证明船方和集装箱装货部门正确配载积载货物、履行运输契约义务的证件，可供货物交接或发生货损时处理争议之用。

（9）财产价值鉴定证书。它是对外贸易关系人和司法、仲裁、验资等有关部门索赔、理赔、评估或裁判的重要依据。

（10）船舱检验证书。它是证明承运出口商品的船舱清洁、密固、冷藏效能及其他技术条件符合保护承载商品的质量和数量完整与安全的证明文件，可作为承运人履行租船契约适载义务，对外贸易关系方进行货物交接和处理货损事故的依据。

（11）生丝品级及公量检验证书。它是出口生丝的专用证书。其作用相当于品质检验证书和重量/数量检验证书。

（12）产地证明书。它是出口商品在进口国通关输入、享受减免关税优惠待遇和证明商品产地的凭证。

（13）舱口检视证书、监视装/卸载证书、舱口封识证书、油温空距证书、集装箱监装/拆证书。它们是证明承运人履行契约义务，明确责任界限，便于处理货损货差责任事故的证明。

（14）价值证明书。它是进口国管理外汇和征收关税的凭证。在发票上签盖商检机构的价值证明章与价值证明书具有同等效力。

（15）货载衡量检验证书。它是证明进出口商品的重量、体积吨位的证件，可作为计算运费和制订配载计划的依据。

（16）集装箱租箱交货检验证书、租船交船剩水/油重量鉴定证书。它们是契约双方明确履约责任和处理费用清算的凭证。

二、普惠制原产地证明书、中国原产地证和 RCEP 原产地证

1. 普惠制原产地证明书

普惠制是普遍优惠制的简称，是一种优惠关税制度，是指发达国家（给惠国）对从发展中国家和地区（受惠国和地区）进口的某些商品给予减税或免税的优惠待遇。我国是发展中国家，目前已有英国、法国、德国、意大利、荷兰、卢森堡、比利时、爱尔兰、丹麦、希腊、葡萄牙、西班牙、日本、挪威、新西兰、澳大利亚、瑞士、瑞典、芬兰、奥地利、加拿大和波兰等国家给予我国普惠制待遇。享受普惠制待遇的商品必须符合下列条件。

（1）原产地标准。一切商品均可分为两类：一类为"完全原产地"，即商品完全是受惠国生产或制造的，没有使用任何进口原料或零部件；另一类为全部或部分使用进口原料或零部件（包括来源不明的原料和零部件）生产的产品。从普惠制的角度来说，受惠国出口的商品要获得享受普惠制关税的待遇，该出口商品必须在受惠国进行生产和制造，其中所使用的进口原料或零部件必经过充分的加工，使这些进口原料或零部件有了实质性的改变，或者符合给惠国提出的其他条件。

（2）商品要符合直接运输规则。也就是说，出口商品必须直接从受惠国运往给惠国。如果需要通过第三国过境运输，则必须在过境国海关监管之下，没有投入当地市场销售或交付当地使用，更不能在那里进行其他再加工。

（3）必须提供有效的证明文件，即普惠制原产地证明书及其他有关的单证。

2. 中国原产地证

中国原产地证是证明我国出口货物在中国境内生产和制造的证明文件，是出口产品进入国际贸易领域的"经济国籍"和"护照"。我国目前所签发的原产地证已成为国际贸易中的一个重要证件，货物进口国据此对进口货物给予不同的关税待遇和决定限制与否。商检部门出具中国原产地证是依据《中华人民共和国出口货物原产地规则》的规定而出具的。

3. RCEP 原产地证

根据 RCEP 协定，符合下列条件之一满足第三章其他适用要求的货物应当视为原产

货物。

（1）根据第三章第三条（完全获得或者生产的货物）在一缔约方完全获得或者生产。

（2）在一缔约方仅使用来自一个或一个以上缔约方的原产材料生产。

（3）在一缔约方使用非原产材料生产，并且符合第三章附件一（产品特产原产地规则）所列适用要求。

三、订立商品检验条款时应注意的事项

在合同中订立进出口商品检验条款时应注意以下事项。

（1）品质条款应订得明确、具体，不能含糊其词、模棱两可，致使检验工作失去确切依据而无法进行。

（2）凡以地名、牌名、商标表示品质时，卖方所交合同货物既要符合传统品质的要求，又要有确切的质量指标说明，为检验提供依据。

（3）出口商品的抽样、检验方法，一般均按中国的有关标准规定和商检部门统一规定的方法办理。如果买方要求使用别的抽样、检验方法，应在合同中具体订明。

（4）对于一些规格复杂的商品和机器设备等的进口合同，应根据商品的不同特点在条款中加列一些特殊规定，如详细具体的检验标准、考核及测试方法、产品所使用的材料及其质量标准、样品及技术说明书等，以便货到后对照检验与验收。凡凭样品成交的进口货物，合同中应加订买方复验权条款。

（5）进出口商品的包装应与商品的性质和运输方式的要求相适应，并详列包装容器所使用的材料、结构及包装方法等，防止采用诸如"合理包装""习惯包装"等订法。如果采用这种订法，检验工作将难以进行。

【条款示例】

The certificates of quality and quantity（weight）issued by ××（name of the inspection organization）at port of shipment shall be part of the documents to be presented for negotiation under the relevant letter of credit. Any claim by the buyer regarding the goods shipped shall be field within ×× days after the arrival of the goods at the port of destination, and supported by a survey report issued by a surveyor approved by the seller.

由装运港××（检验机构名称）签发的品质和重量检验证明书为信用证议付项下所提交单据的一部分。买方对已运货物的索赔必须在货物到达目的港后××天内提出，并且须经卖方同意的公证机构出具检验报告。

第五节　商品检验标准

商品检验标准是指对进出口商品实施检验时所依据的标准。在国际货物买卖合同中，即使是同一种商品，对其实施检验所依据的标准不同，得到的检验结果也会不一样。

一、国际上对检验标准的分类

在国际货物买卖中，商品的检验标准可归纳为以下三类。

1. 对交易双方具有法律约束力的标准

这是国际货物买卖中普遍采用的检验标准，最常见的是买卖合同和信用证。

2. 与贸易有关国家所制定的强制执行的技术法规

这主要指商品生产国、出口国、进口国、消费国或过境国所制定的技术法规，如货物原产地规则、安全法规、卫生法规、环保法规、动植物检疫法规等。

3. 国际权威性标准

这是指在国际上具有权威性的检验标准，其中包括国际标准、区域性标准化组织标准、国际商品行业协会标准和某国权威性标准四种。

二、我国商检机构对进出口商品实施检验的标准

根据《中华人民共和国进出口商品检验法实施条例》的有关规定，我国商检机构按下述标准对进出口商品实施检验。

（1）法律、行政法规规定有强制性标准或者其他必须执行的检验标准的，按照法律、行政法规规定的检验标准检验。

（2）法律、行政法规未规定有强制性检验标准或者其他必须执行的检验标准的，按照对外贸易合同规定的检验标准检验；凭样成交的，应当按照样品检验。

（3）法律、行政法规规定的强制性检验标准或者其他必须执行的检验标准，低于对外贸易合同约定的检验标准的，按照对外贸易合同约定的检验标准检验；凭样成交的，应当按照样品检验。

（4）法律、行政法规未规定有强制性检验标准或者其他必须执行的检验标准，对外贸易合同又未约定检验标准或者约定检验标准不明确的，按照生产国标准、有关国际标准或者国家商检部门指定的标准检验。

 知识小结

商品检验工作是使国际贸易活动能够顺利进行的重要环节。商品检验条款主要包括商品检验地点、商品检验时间、商品检验标准、商品检验方法、商品检验机构和商品检验证书。

 引导案例分析

唐氏公司应在货物到达目的港 30 天内通知外商，要求延展索赔期限或向其提出保

留索赔权。有关法律规定，买方对于交货如果来不及于限期内检验完毕，或经检验发现交货不符合合同规定但在索赔期限内做不出最终结论时，必须在原定索赔期限内通知卖方，要求延展索赔期限或向其提出保留索赔权。逾期索赔是无效的。

 复习思考题

一、简答题

1. 为什么要对进出口商品进行检验检疫？

2. 商品检验条款包括哪些内容？

3. 在国际货物买卖中，商品检验标准可分为哪几类？

4. 商检证书主要分为哪几类？

二、计算分析题

1. 江苏一家外贸公司采用 D/A 90 天方式出口五金工具到美国。在货到一个月后，美方来电称，由于几家批发商相继毁约，销售遇到困难，但不会延误付款。然而，在付款到期日，中方没有收到货款。之后，美方突然发来一份据称是美国一家著名金属研究所出具的质检证明，称货物有严重质量问题，要求折价 50%；否则，全部退货。请问美方要求是否合理？中方应采取何种措施避免损失？

2. W 国公司与 X 国商人签订一份食品出口合同并按 X 国商人要求将该批食品运至某港通知 Y 国商人。货到目的港后，经 Y 国卫生检疫部门抽样化验发现霉菌含量超过该国标准，决定禁止在 Y 国销售并建议就地销毁。Y 国商人去电请示，并经 X 国商人的许可将货就地销毁。而后 Y 国商人凭 Y 国卫生检疫机构出具的证书及有关单据向 X 国商人提出索赔。X 国商人理赔后又凭 Y 国商人提供的索赔依据向 W 国公司索赔。对此你认为 W 国公司应如何处理？

第九章
争议的预防与处理

学习目标
XUEXI MUBIAO

　　了解争议产生的原因及索赔的相关概念；掌握索赔的类型和依据；熟悉违约金和定金的概念；掌握不可抗力的范围；熟悉仲裁的概念和程序，培养学生具备良好的职业素养、法治意识、爱国情怀。

引导案例
YINDAO ANLI

　　中国的北海公司与美国的乙公司签订了购销麻纺织品的合同，约定由北海公司于2016年12月底之前交付200吨麻纺织品给乙公司。而当乙公司收到100吨货物后，于2016年5月明确通知北海公司由于麻纺织品销路不畅，不会接收北海公司的继续供货。这时，北海公司的仓库里存有麻纺织品10吨。北海公司为了盈利，在收到乙公司通知后，继续按双方合同的约定为乙公司收购了其余的90吨麻纺织品。后因乙公司拒绝接收剩下的100吨麻纺织品，酿成纠纷。请问谁违约？其属于哪种违约行为？应如何处理？

在国际贸易业务中，从交易磋商到签订合同，再到履行合同，要涉及多个部门，经过多个环节。在此过程中，进出口双方及其他相关部门之间常会因为各种原因未能部分或全部履行合同规定的责任和义务，从而引起争议并引发索赔。索赔直接关系到对外贸易有关各方的经济权益，故各方都十分重视索赔和理赔，在合同中订立索赔条款以维护自身的利益。从法律观点来说，违约的一方应该承担赔偿责任，对方有权提出赔偿的要求直到解除合同。只有当履约过程中发生不可抗力事故致使一方不能履约或如期履约时，才可根据合同规定或法律规定免除责任。

第一节 争议与索赔

一、争议

争议是指交易的一方认为另一方未能全部或部分履行合同规定的责任而引起的业务纠纷。在国际贸易业务中，这种纠纷屡见不鲜。其原因主要有以下几种。

（1）卖方不交货，或未按合同规定的时间、品质、数量、包装条款交货，或单证不符等。

（2）买方不开或缓开信用证，不付款或不按时付款赎单，无理拒收货物，在 FOB 条件下不按时派船接货等。

（3）合同条款的规定欠明确，交易双方国家的法律不一致，或对国际贸易惯例的解释不一致，甚至对合同是否成立有不同的看法。

（4）在履行合同过程中遇到了交易双方不能预见或无法控制的情况，如某种不可抗力等，对此双方有不一致的解释。

由上述原因引起的争议，其实质为双方对违约的事实有分歧、对违约的责任及其后果的认识相悖。对此，双方应本着友好协商、互谅互认精神，妥善解决。

二、索赔

（一）索赔的相关概念

1. 索赔和理赔

索赔是指履行国际货物买卖合同的受损方向违约方提出损害赔偿的要求。违约方对受损方所提出的赔偿要求予以受理并进行处理称为理赔。可见，索赔与理赔是一个问题的两个方面：对受损方而言，称作索赔；对违约方而言，称作理赔。索赔事件多因交货期、交货品质、交货数量等问题发生。一般来说，买方向卖方提出索赔的情况较多。当然，买方不按期接运货物或无理拒付货款的情况也时有发生，因此，也有卖方向买方索赔的情况。

在我国的进出口贸易中，索赔情况时有发生。特别是在市场情况发生变化，国外商人觉得履约对他们不利时，往往寻找各种借口拒不履约或拖延履约，甚至弄虚作假或提出无理要求。

第九章　争议的预防与处理

此外，由于各种原因，我方有时也会延迟或拒绝对外履约。因此，如何正确处理对外的索赔和理赔是一个十分重要的问题。它既关系到维护国家的权益和声誉，又涉及比较复杂的业务技术问题。所以，索赔和理赔是一项政策性、技术性很强的涉外工作，必须严肃对待、认真处理。

2. 违约

买卖合同是对缔约双方具有约束力的法律文件。任何一方违反了合同义务，就应承担违约的法律后果，受损方有权提出损害补偿要求。

（1）违约的不同救济方法。

①实际履行，指直接要求或通过法院强制违约方履行合同的做法。

②解除合同，当一方违反要件时受害方有权主张解除合同并要求损害赔偿。

③损害赔偿，指违约方就因其违约而对另一方造成的损失进行赔偿。

（2）不同法律对违约行为的解释。各国的法律或国际组织的文件对于违约方的违约行为及由此产生的法律后果、对该后果的处理有不同的规定和解释，相关人员对此应该了解和熟悉。

① 英国的法律把违约分成违反要件与违反担保两种。所谓违反要件，是指违反合同的主要条款，受害方有权因之解除合同并要求损害赔偿。违反担保，通常是指违反合同的次要条款，受害方有权因之要求损害赔偿，但不能解除合同。一般认为，与商品直接相关的品质、数量和交货期等条件属于要件，与商品无直接联系的条件为担保。值得注意的是，英国《货物买卖法》却规定，受害方有权把卖方的违反要件当作违反担保处理，而不把它作为废弃合同的理由。

②《公约》把违约区分为根本性违约和非根本性违约。所谓根本性违约，是指一方当事人违反合同的结果如使另一方当事人蒙受损害，以致实际上剥夺了其根据合同规定有权期待得到的东西，即为根本性违反合同。这种根本性违反合同是由于当事人的主观行为造成的，以至于给另一方当事人造成实质性的损害，如卖方完全不交付货物，或买方无理拒收货物、拒绝付款。如果由于当事人不能预知，而且处于相同情况的另外一个通情达理的人也不能预知会发生这种结果，那么就不构成根本性违约。《公约》规定，如果是根本性违约，一方当事人可以宣告合同无效，并要求损害赔偿；如果是非根本性违约，则不能解除合同，只能要求损害赔偿。

③《民法典》第三编合同第五百七十七条规定："当事人一方不履行合同义务或者履行合同义务不符合约定的，应当承担继续履行、采取补救措施或者赔偿损失等违约责任。"该规定对违约形态没有做出具体规定，但是它使用的概念却把这些违约形态都涵盖起来了。不履行合同义务主要的表现形态就是履行不能、履行迟延和先期违约的拒绝履行，履行义务不符合合同约定就是指不完全履行。

（二）索赔的类型

涉及国际货物买卖的索赔，一般有以下三种情况。

1. 贸易索赔

它是以买卖合同为基础的。当一方当事人违反买卖合同规定时，受损方可依据买卖合同规定和违约事实提出索赔。属于卖方违约的，主要是交货的时间、品质、数量、包装等不符合合同的规定；属于买方违约的，主要是不按时接货、付款、办理租船订舱等。

2. 运输索赔

它是以运输合同（契约）为基础的。当一方当事人违反运输合同（契约）规定时，受损人可以依据运输合同（契约）规定和违约事实提出索赔。如收货人持有清洁提单而收到的货物发生残损短缺，与发货人（卖方）无关，只能凭运输合同（契约）向承运人索赔。

3. 保险索赔

它是以保险合同为基础的。当发生保险合同承保范围内的风险并由此造成损失时，被保险人可向保险公司索赔。例如，按 CIF 条件成交的货物，在运输途中遭遇暴雨而被水浸损坏，买方可凭保险单（保险合同）向保险公司索赔。

（三）索赔条款的内容

国际货物买卖合同中的异议与索赔条款的主要内容包括以下几点。

1. 索赔依据

索赔的依据视索赔情形、对象而定。向贸易对方索赔，买卖合同为主要依据；向承运人索赔须提供运输合同；向保险公司索赔，保险单据为主要凭证；而检验证书则是任何索赔均须出具的。关于检验证书的出具机构，交易双方也须事先在合同中约定。对于规定买方有复验权的出口合同，则应在合同中规定要以卖方同意的检验机构出具的检验报告作为索赔的依据。

【条款示例】

Any claim by the buyer regarding the goods shipped should be supported by a survey report issued by a surveyor approved by the seller.

买方对于装运货物的任何索赔，须提供经卖方同意的检验机构出具的检验报告。

2. 索赔期限

索赔期限通常在合同中加以约定。超过约定的索赔期限，受损害的一方即丧失索赔权。如果在合同中未约定索赔期限，则参照法律规定的索赔期限。法定索赔期限一般较长，《公约》规定为自买方实际收到货物之日起两年之内。营业地处于《公约》缔约国的交易双方，在合同中未约定索赔期限时，将以《公约》规定的两年为索赔期限。合同中约定索赔期限的长短应结合不同商品的特性而定：对于易变质的商品，索赔的期限应规定得短一些，为 30~45 天；一般商品的索赔期限可定得长一些；成套设备的索赔期则可更长一些，按照全套设备安装、调试所需时间而定。索赔期限一经约定，索赔就须在期限内提出，逾期则索赔无效。

 课堂案例

2019 年 11 月，我国内地大坤公司与香港天一公司签订了一个进口香烟生产线的合同。设备是二手货，共 18 条生产线，由美国 UT 公司出售，价值 100 多万美元。合同规定，出售商保证设备在拆卸之前均在正常运转，否则更换或退货。设备运抵目的地后，买方发现，这些设备在拆运前早已停止使用，在目的地装配后也因设备损坏、缺件根本无法马上投产使用。但是，由于合同规定如要索赔需商检部门在"货到现场后 14 天内"

出证，而实际上货物运抵工厂并进行装配就已经超过 14 天，无法在这一期限内向外索赔。这样，大坤公司只能依靠自己的力量进行加工维修。经过半年多时间，大坤公司花了大量人力、物力，也只开发出了 4 条生产线。请对案例进行分析。

【案例分析】

本案例的要害问题是合同签订者把引进设备仅仅看作订合同、交货、收货几个简单的环节，完全忽略了检验、索赔这两个重要环节，特别是索赔有效期问题。合同质量条款订得再好，索赔有效期订得不合理，质量条款就成为一句空话。大量事实证明，外商在索赔有效期上提出不合理意见，往往表明其质量存在问题，需要设法掩盖。如果只满足于合同中形容质量的漂亮辞藻，不注意索赔条款，就很可能发生此类事故。

合同中索赔期限的起算主要有下列几种方法：

（1）货到目的港后××天起算。

（2）货到目的港卸离海轮后××天起算。

（3）货到买方营业处所或用户所在地后××天起算。

（4）货物检验后××天起算。

【条款示例】

Any claim by the buyer regarding the goods shipped should be filed within 30 days after the arrival of the goods at the port of destination specified in the relative bill of lading or transport document.

买方对于装运货物的任何索赔，必须于货物到达提单或运输单据所定目的港之日起 30 日内提出。

3. 索赔处理办法

关于索赔的处理办法，因事先无法预测违约的后果，故合同中不做具体规定，一般只做笼统规定，如整修、换货、退货、退款等。交易双方有时将索赔处理办法与商品检验条款合订在一起，称为检验与索赔条款。

（四）索赔的程序

1. 向出口商索赔

进口商向出口商进行索赔时，应遵循以下程序。

（1）索赔声明。发现问题后应在合同索赔期内通知对方，并声明保留索赔权利。

（2）准备证明文件。索赔时务必提出证据，作为证明的文件。

（3）正式索赔。备齐证明文件，发出索赔函电。

2. 向承运人索赔

（1）索赔时限。货主向承运人提出索赔时主要遵循以下规定：提货前发现货物损坏，立即发出索赔通知；提货后发现货物损坏，于提货日起 3 日内发出通知；货主的损害赔偿请求权为 1 年。航空货运索赔时限如下：货物有损坏或短少时为收货后 7 天内，货物迟延时为收货后 14 天内，货物遗失或灭失时为运单发单日起 120 天内。

（2）索赔依据。索赔人提出索赔时应提供证据，并邀请有关单位派人会同查看证件。

3. 向保险公司索赔

（1）保险公司受理被保险人的索赔时需具备一定的条件。这些条件主要包括必须有保险契约，必须有损害发生，必须发生保险公司所承保的风险。

（2）提出索赔申请。保险索赔可分为以下两种情况。

①属于出口货物遭受损失的，对方（进口方）向保险单所载明的国外理赔代理人提出索赔申请。进口方在向国外理赔代理人提出索赔时，要同时提供下列单证：保险单或保险凭证正本、运输契约、发票、装箱单、向承运人等第三者责任方请求补偿的函电或其他单证、证明被保险人已经履行应办的追偿手续的文件，以及由国外保险代理人或由国外第三者公证机构出具的检验报告、海事报告、货损货差证明、索赔清单等。

②属于进口货物遭受损失的，进口方向保险公司提出索赔申请。当进口货物运抵我国港口、机场或内地后发现有残损短缺时，应立即通知当地保险公司会同当地国家商检部门联合进行检验。若经确定属于保险责任范围的损失，则由当地保险公司出具"进口货物残短检验报告"。

对于国外发货人、承运人、港务局、铁路或其他第三者所造成的货损事故责任，只要由收货人办妥向上述责任方的追偿手续，保险公司即予赔款。但是，对于涉及国外发货人的有关质量、规格责任的问题，根据保险公司条款规定，保险公司不负赔偿责任，而应由收货人请国家商检机构出具公证检验书，然后由收货单位通过外贸公司向发货人提出索赔。收货人向保险公司办理索赔，可按下列途径进行：海运进口货物的损失，向卸货港保险公司索赔；空运进口货物的损失，向航空运单上注明的目的地保险公司索赔；邮包进口货物的损失，向包裹单上注明的目的地保险公司索赔；陆运进口货物的损失，向国际铁路运单上注明的目的地保险公司索赔。

（3）审定责任，予以赔付。被保险人在办妥上述有关索赔手续和提供齐全的单证后，即可等待保险公司审定责任，给付赔款。在我国，保险公司的赔款方式有两种：一是直接赔付给收货单位；二是集中赔付给各有关外贸公司，再由各外贸公司与各订货单位进行结算。

 课堂案例

我国宏海进出口公司以 CIF 鹿特丹条件出口食品 1 000 箱，并向中国人民保险公司投保一切险。货到目的港后，经进口商复验发现下列问题：

（1）该批货物共 10 个批号，抽查 20 箱，发现其中 1 个批号（即 100 箱）内出现玷污现象。

（2）收货人实收 998 箱货物，短少 2 箱。

（3）有 15 箱货物外表良好，但箱内货物共短少 60 千克。

根据以上情况，进口商应当分别向谁索赔？

【案例分析】

对于上述情况，进口商应就不同损失向不同的责任人进行索赔：

（1）出现的玷污现象包含在一切险范围内，应向保险公司索赔。

（2）货物发生短缺属于短量险，应向保险公司索赔。

（3）货物外表良好而箱内出现短缺，应为出口商所装货物量不足所致，是交货以前发生的，应向出口商索赔。

一、违约金

（一）违约金的概念

违约金又称罚金，是指合同当事人一方未履行合同义务而向对方支付的约定金额。违约金条款一般适用于卖方延期交货，或者买方延迟开立信用证和延期接运货物等情况。

各国在法律上对违约金条款的解释和规定存在差异，实务中应引起重视。例如，东欧国家都承认和执行该项条款，而英国、美国、澳大利亚、新西兰等国家的法律则有不同的解释。英国的法律把合同中的固定赔偿金额条款按其性质分为两种：一种是固定的损害赔偿金额，是由当事人双方在订立合同时，根据预计未来违约造成损失而估定的；另一种是罚款，是当事人为了保证合同的履行而对违约方收取的罚金。

（二）违约金条款的内容

违约金条款的主要内容是在合同中规定如一方未履约或未完全履约，应向对方支付一定数量的约定金额（罚金或违约金）以补偿对方的损失，罚金的支付并不解除违约方继续履行合同的义务。因此，违约方除支付罚金外，仍应履行合同义务。如因故不能履约，则另一方在收受罚金之外仍有权索赔。罚金的数额大小，根据违约时间的长短由交易双方商定，并规定最高限额。在一方违约没有给对方造成损失的情况下，按照约定的违约金支付；在当事人约定了违约金的情况下，一方违约同时给对方造成了损失时，确定违约金数额的参考标准就是损失的数额。

（三）违约金起算日期的计算方法

计算违约金起算日期的方法有两种：一种是在约定的交货期或开证期终止后立即起算；另一种是规定优惠期，即在约定的有关期限终止后再宽限一段时期，在此优惠期内仍可免于罚款，优惠期满后再起算罚金。

【条款示例】

Unless caused by the force majeure specified in clause ×× of this contract, in case of delayed delivery, the sellers shall pay to the buyers for every week of delay a penalty amounting to 0.5% of the total value of the goods whose delivery has been delayed, any fraction part of a week is to be considered as a full week. The total amount of penalty shall not, however, exceed 5% of the total value of the goods involved in late delivery and is to be deducted from the amount due to the sellers by the paying bank at the time of negotiation, or to the buyers direct at the time of payment. In case the period of delay exceeds ten weeks later than the time of shipment as stipulated in the contract, the buyers have the right to terminate this contract but the sellers shall not thereby be exempted from payment of penalty.

除本合同第××条所列举的不可抗力原因外，在延期交货的情况下，卖方应向买方支付延期交货的 0.5% 的罚金，罚金率按每 7 天收取延期交货部分总值的 0.5%，不足 7 天者以 7 天计算。罚金总额不得超过逾期交付货物总额的 5%，并由付款银行在议付时从卖方支付的金额中扣除，或在付款时直接支付给买方。如延误时间超过合同规定的装运期 10 周，买方有权终止合同，但卖方仍需支付罚金。

二、定金

（一）定金的含义与定金罚则

定金是指合同一方当事人根据合同的约定预先付给另一方当事人一定数额的金额，以保证合同的履行。它是作为债权的担保而存在的，不同于预付款。预付款是合同当事人预先付给对方一定数额的价款，即对合同义务的预先履行，其本身就是预付的价款或价款的一部分，而不是对合同履行的担保。在买卖合同中，只要约定了定金条款，无论合同当事人哪一方违约，都要承担与定金数额相等的损失。也就是说，如果是支付定金的一方违约，即丧失定金的所有权，定金归收取定金的一方所有；如果是收受定金的一方违约，则除返还支付方支付的定金外，还应支付给支付方与定金数额相等的钱款。这种以定金方式确保合同履行的方法称为定金罚则。

定金罚则适用的条件：一是以违反有效合同为前提，也可以说，它以违约责任的存在为前提，是承担违约责任的一种形式，无违约责任，则不能适用定金罚则；二是只针对不履行这种违约形态，对部分履行的，定金罚则可针对不履行部分适用。

（二）约定定金条款的意义

在国际贸易中，由于种种原因，违约情况时有发生。为了促使合同双方当事人自觉地履行合同义务。提高履约率，采用定金制度是行之有效的举措。为贯彻"重合同，守信用"的原则，我国《民法典》第三编合同的第五百八十六条规定："当事人可以约定一方向对方给付定金作为债权的担保。定金合同自实际交付定金时成立。"《民法典》第三编合同的第五百八十七条规定："债务人履行债务的，定金应当抵作价款或者收回。给付定金的一方不履行债务或者履行债务不符合约定，致使不能实现合同目的的，无权要求返还定金；收受定金的一方不履行债务或者履行债务不符合约定，致使不能实现合同目的的，应当双倍返还定金。"此外，定金必须以书面形式签订，且定金的总额不得超过合同标的 20%。定金具有双向担保的作用，根本目的并不在于惩罚违约行为，而在于担保或督促当事人依照诚实信用原则履行合同义务。当事人的任何违约行为，均构成对设定定金担保目的的违反。实践表明，此项规定对提高履约率、维护合同当事人的合法权益、减少贸易纠纷和解决争议都有重要的意义。

在合同履行中应注意定金和订金的区别。合同履行的订金作为预付款的一部分，只能抵充货款，无论哪一方不履行，都必须将其如数返还给付订金的一方，不能起到担保的作用。在法律上，定金比较正式，既是一种担保方式，又是一种违约责任形式；而订金一般仅具有预付款的性质，不具有担保性质。但是，同时约定定金和订金是可以的。

（三）运用定金条款的注意事项

1. 注意定金与预付款内容的区别

在合同中，如需要订立定金条款，要注意定金条款内容与预付条款内容的区别。两者应分别签订，不能在同一条款中约定，以防产生歧义。

2. 定金条款的规定应明确具体

在合同中，对定金的金额、支付定金的时间和方式以及定金的处置办法都要在定金条款合同中具体订明。

3. 违约金、赔偿金和定金的适用

在合同中同时约定违约金和定金的，如出现一方违约，对方只能选择其中之一适用，不能同时并用。由于《民法典》第四编担保物权对定金的数额已做了限制性的规定，因此，当一方当事人不履行合同给对方当事人造成的损失较大，超过定金罚则的数额时，对于超出的部分还可以要求违约方赔偿经济损失，即请求赔偿金。所以说，定金与赔偿金可以并用。

第三节　不可抗力

在国际贸易中，交易双方洽商交易时，对成交后由于自然力量或社会原因而可能引起的不可抗力事件是无法预见、无法控制的，加之国际上对不可抗力事件及其引起的法律后果并无统一的解释，为避免因发生不可抗力事件而引起不必要的纠纷，防止合同当事人对发生不可抗力事件的性质、范围做任意的解释，或提出不合理的要求，或无理拒绝对方的合理要求，有必要在买卖合同中订立不可抗力条款，明确规定不可抗力事件的性质、范围、处理原则和处理办法，以利于合同的履行。

一、不可抗力的含义和范围

1. 不可抗力的含义

不可抗力又称人力不可抗拒，是指在货物买卖合同签订以后，不是由于订约的任何一方当事人的过失或疏忽，而是由于发生了合同当事人不能预见和预防，又无法避免和控制的意外事故，以致其不能履行或不能如期履行合同。发生意外事故的一方，可以免除履行合同的责任或延期履行合同，对方无权要求赔偿。

不可抗力是合同中的一项条款，也是一项法律原则。对此，在国际贸易中，不同的法律法规等各有自己的规定。《公约》在其免责一节中做了如下规定：如果他（当事人）能证明此种不履行义务，是由于某种非他所能控制的障碍，而且对于这种障碍没有理由预期他在订立合同时能考虑到或能避免或克服它。该规定指明了一方当事人不能履行义务，是由于发生了他不能控制的障碍，而且这种障碍在订约时是无法预见、避免或克服的，可予免责。

在国际贸易中，各国的法律法规对不可抗力有不同的叫法和解释。英美法称其为"合同落空"，意思是说合同签订以后，不是由于双方当事人自身的过失，而是由于事后发生了双方当事人意想不到的根本性的不同情况，因而未能履行合同义务，当事人可以据此免除责任。在大陆法系国家的法律中称其为"情势变迁"或"契约失效"，意思是说因不属于当事人的原因而发生了当事人预想不到的变化，致使合同不可能履行或对原来的法律效力需做相应的变更。不过，法院对援引此项规定来免除履约责任的要求是很严格的。

综上所述，虽然《公约》和各国的法律法规对不可抗力的叫法不统一，解释也不一致，但其基本精神大体相同。基本精神主要包括以下几点：意外事故必须是发生在合同签订以后，不是由于合同当事人双方自身的过失或疏忽而导致的，意外事故是当事人双方所不能控制的、无能为力的。

2. 不可抗力的范围

不可抗力事件有其特定的含义，并不是任何一种意外事件都可以作为不可抗力事件。不可抗力事件的范围通常包括以下两种情况：由于自然原因引起的，如地震、洪水、飓风、寒流、火山爆发、大雪、火灾、冰灾、暴风雨等；由于社会原因引起的，如战争、罢工、政府禁令、封锁等。

二、认定不可抗力时的注意事项

处理不可抗力事件的关键就是对不可抗力事件的认定，尽管合同的不可抗力条款对不可抗力事件做了一定的说明，但在具体问题上，双方会对不可抗力事件是否成立产生分歧。在认定不可抗力事件时通常应注意下列事项。

1. 区分商业风险和不可抗力事件

商业风险往往也是无法预见和不可避免的。但是，它和不可抗力事件的根本区别在于一方当事人承担了风险损失后有能力履行合同义务。典型情况是对"种类货"的处理，此类货物可以从市场中购得，因而，卖方通常不能免除其交货责任。需要注意的是，商品价格的波动、汇率变化、股市涨跌、零配件供应不及时等属于正常贸易风险，不构成不可抗力事件。

2. 重视"特定标的物"的作用

通过运输单据等已将货物确定为某项合同的标的物，称为"特定标的物"。此类货物由于意外事件而灭失，卖方可以将之确认为不可抗力事件。如果货物并未特定化，则会造成免责的依据不足。例如，30 000 米棉布在储存过程中由于不可抗力损失了10 000米，若棉布分别售于两个货主而未对棉布做特定化处理，则卖方对两个买主都无法引用不可抗力条款免责。

三、不可抗力的法律后果

发生不可抗力事件后，双方当事人应按约定的处理原则和办法及时进行处理。不可抗力引起的法律后果有两种：一种是解除合同，是指全部免除当事人一方履行合同的责任；另一种是变更合同，是指由一方当事人提出并经另一方同意，对原订立的合同条款或内容做部分变更，包括延期履行、分期履行、替代履行或增减履行。如变更合同不能达到合理的结果，则可以采取解除合同的方法。

至于什么情况下可以解除合同，什么情况下只能变更合同，应视事件的原因、性质、规模及其对履行合同所产生的实际影响程度而定。一般认为，不可抗力事故影响严重，使履行合同成为不可能，如特定的标的物灭失且无法再造，或事故影响比较严重，一定时间内无法恢复，则可以解除合同；如果不可抗力事故影响不大，只在某种程度上阻碍了合同的履行，则发生事件的一方当事人只能采用变更合同的方法，以减少对方的损失。

值得注意的是，我国《民法典》第三编合同的第五百九十条规定："当事人迟延履行后发生不可抗力的，不能免除责任。"另外，《公约》规定，一方当事人享受的免责权利只在履约障碍存在期间有效，如果合同未经双方同意宣告无效，则合同关系继续存在，一旦履行障碍消除，双方当事人仍须继续履行合同义务。同时，一方当事人对于上述障碍不履行合同义务的免责，只以免除损害赔偿的责任为限，不排除另一方行使《公约》规定的要求损害赔偿外的任何权利，包括要求履约、减价和宣告合同失效。

☞ **课堂案例**

我国某进出口公司与英国某公司以 FOB 价签订了一份进口合同，装货港为伦敦。合同签订后不久，英方通知我方货已备妥，要求我方按时派船接货。然而，在我方安排的船舶前往英港途中突然爆发中东战争，苏伊士运河被封锁，禁止一切船舶通行。我方船舶只好改变航线绕道好望角航行，增加航行近万千米，到达装运港时已过装运期。这时，国际上的汇率发生变化，合同中的计价货币英镑贬值，英方便以我方未按时派船接货为由要求提高货物价格，并要求我方赔偿由于延期接货而产生的仓储费。对此，我方表示不能接受，双方遂发生争议。面对这种情况，我方应如何处理？

【案例分析】

中东战争是不可抗力，我方不负赔偿责任，因此，不支付由于延期接货而产生的仓储费。但是，依据损益相抵原则，我方可以接受适当提高货物价格的要求。

四、不可抗力的通知与证明

根据《公约》的规定，在不可抗力事件发生后，违约方必须及时通知另一方，并提供必要的证明文件，而且在通知中应提出处理意见。如果违约方因未及时通知而使另一方受到损害，则应负赔偿责任。我国《民法典》第三编合同的第五百九十条也规定，当事人一方因不可抗力不能履行合同的，应当及时通知对方，以减轻可能给对方造成的损失，并应当在合理期限内提供证明。

因此，在不可抗力事件发生后如影响合同履行时，发生事件的一方当事人应按约定的通知期限和通知方式，将不可抗力事件情况如实通知对方，如以电报通知对方，并在15 天内以航空信提供事故的详尽情况和影响合同履行程度的证明文件。另一方接到不可抗力事件的通知和证明文件后，应根据事件性质决定是否确认其为不可抗力事件，并把处理意见及时通知对方，如有异议也应及时提出。

在国际贸易中，当一方援引不可抗力条款要求免责时，必须向对方提交有关机构出具的证明文件，作为发生不可抗力的证明。在国外，一般由当地的商会或合法的公证机构出具证明文件。在我国，由中国国际贸易促进委员会（简称"贸促"）或其设在口岸的贸促分会出具证明文件。

五、合同中的不可抗力条款

不可抗力条款是一种免责条款，即免除由于不可抗力事件而违约的一方的违约责任。一般应规定的内容包括不可抗力事件的范围，事件发生后通知对方的期限，出具证明文件的机构以及不可抗力事件的后果。合同中的不可抗力条款通常有下列三种规定办法。

1. 概括规定

概括规定即在合同中不具体规定不可抗力事件的范围，只做概括的规定。这类规定办法过于笼统，含义模糊，解释伸缩性大，容易引起争议，一般不宜采用。

【条款示例】

If the fulfillment of the contract is prevented due to force majeure, the seller shall not be liable. However, the seller shall notify the buyer by cable and furnish the sufficient certificate attesting such event or events.

如果由于不可抗力的原因导致卖方不能履行合同规定的义务，卖方不负责任。但是，卖方应立即电报通知买方，并须向买方提交证明发生此类事件的有效证明书。

2. 具体规定

具体规定即在合同中明确规定不可抗力事件的范围。凡在合同中没有订明的，均不能作为不可抗力事件加以援引。在合同中详列不可抗力事件这种一一列举的办法虽然明确具体，但文字烦琐，且可能出现遗漏情况，因此，也不是最好的办法。

【条款示例】

If the shipment of the contracted goods is delayed by reason of war, flood, fire, earthquake, heavy snow and storm, the seller can delay to fulfill, or revoke part or the whole contract.

如果由于战争、洪水、火灾、地震、雪灾、暴风雨的原因致使卖方不能按时履行义务，卖方可以推迟这些义务的履行时间，或者撤销部分或全部合同。

3. 综合规定

综合规定即采用概括和列举综合并用的方式。列明经常可能发生的不可抗力事件（战争、洪水、地震、火灾等）的同时，再加上"以及双方同意的其他不可抗力事件"的文句。这种规定办法既明确具体，又有一定的灵活性，是一种可取的办法。在我国进出口合同中，一般都采取这种规定办法。

【条款示例】

If the fulfillment of the contract is prevented by reason of war or other causes of forcemajeure, which exists for three months after the expiring the contract, the non-shipment of this contract is considered to be void, for which neither the seller nor the buyer shall be liable.

如果因战争或其他人力不可控制的原因，交易双方不能在规定的时间内履行合同，并且此种行为或原因，在合同有效期后持续三个月，则本合同的未交货部分即视为取消，交易双方的任何一方不负任何责任。

合同当事人在援引不可抗力条款和处理不可抗力事件时，应注意以下事项：发生事件的一方当事人应按约定期限和方式将事件情况通知对方，对方也应及时答复；双方当事人都要认真分析事件的性质，看其是否属于不可抗力事件的范围；发生事件的一方当事人应出具有效的证明文件，以作为发生事件的证据；双方当事人应就不可抗力的后果，按约定的处理原则和办法进行协商处理，处理时应弄清情况，体现实事求是的精神。

第四节　仲裁

国际贸易的情况复杂多变，也存在交易双方签订合同后，由于种种原因致使合同没有履行，从而引起交易双方之间争议的情况。选择合适的途径处理争议，既关系到维护国家和企业的正当权益和对外声誉，也关系到交易双方贸易关系的前景。解决争议的途径一般有四种：友好协商、调解、仲裁和诉讼。其中，仲裁是解决国际贸易争议的一种重要方式。

一、解决争议的途径

1. 友好协商

争议双方通过友好协商达成和解。这是解决争议的好办法，但这种办法有一定的局限性。

2. 调解

在争议双方自愿的基础上，由第三者出面从中调解。实践表明，这也是解决争议的一种好办法。其具体的做法是结合仲裁的优势和调解的长处，在仲裁程序开始之前或之后，仲裁庭可以在当事人自愿的基础上，对受理的争议进行调解解决，如调解失败，仲裁庭仍按照仲裁规则的规定继续进行仲裁，直到做出终局裁决。因此，这种办法也有一定的局限性。

3. 仲裁

仲裁又称公断，是指交易双方在争议发生之前或发生之后，签订书面协议，自愿将争议提交双方所同意的第三者予以裁决。这一裁决是终局性的，对双方都有约束力，双方必须遵照执行。仲裁是解决对外贸易争议的一种重要方式。

根据《中华人民共和国仲裁法》的规定，当事人采用仲裁方式解决纠纷，双方应当自愿达成仲裁协议。没有仲裁协议，一方申请仲裁的，仲裁委员会不予受理；当事人达成仲裁协议，一方向人民法院起诉的，人民法院不予受理，但仲裁协议无效的除外。

仲裁与其他解决对外贸易争议的方式相比，特别是同司法诉讼相比，具有以下特点。

（1）仲裁机构是社会性民间团体所设立的组织，不是国家行政机关，不具有强制管辖权，对争议案件的受理以当事人自愿为基础。

（2）当事人双方通过仲裁解决争议时，必先签订仲裁协议；双方均有在仲裁机构中推选仲裁员以裁定争议的自由。

（3）仲裁比诉讼的程序简单，处理问题比较迅速及时，而且费用也较为低廉；同时，仲裁比诉讼的专业权威性更强。

（4）仲裁机构之间互不隶属，各自独立，实行一裁终局。所以，仲裁机构的裁决一般是终局性的，已生效的仲裁裁决对双方当事人均有约束力。

4. 诉讼

诉讼具有以下特点。

（1）诉讼带有强制性，只要一方当事人向有管辖权的法院起诉，另一方就必须应诉。争议双方都无权选择法官。

（2）诉讼程序复杂，处理问题比仲裁慢。

（3）诉讼处理争议，双方当事人关系紧张，有伤和气，不利于今后贸易关系的继续发展。

（4）诉讼费用较高。

友好协商和调解都有一定的局限，诉讼又有一定的缺陷。因此，仲裁就成为双方当事人解决国际贸易争议时广泛采用的一种行之有效的重要方式。

二、仲裁协议的形式和作用

1. 仲裁协议的形式

仲裁协议是双方当事人自愿将争议交付仲裁机构进行仲裁解决争议的书面协议，有以下两种形式。

（1）在争议发生之前订立。它通常作为合同中的一项仲裁条款出现。中国国际经济贸易仲裁委员会向中外当事人推荐如下示范仲裁条款："凡因本合同引起的或与本合同有关的任何争议，均应提交中国国际经济贸易仲裁委员会，按照申请仲裁时该会现行有效的仲裁规则进行仲裁。仲裁裁决是终局的，对双方均有约束力。"

（2）在争议发生之后订立。它是把已经发生的争议提交仲裁的协议。该协议是独立于合同之外的协议。

这两种形式的仲裁协议，其法律效力是相同的。

2. 仲裁协议的作用

根据我国和多数国家仲裁法的规定，仲裁协议主要有以下三个作用。

（1）表明在发生争议时，是双方当事人自愿将争议交付仲裁机构进行仲裁，并约束双方当事人只能以仲裁方式解决争议，不得向法院起诉。

（2）仲裁协议是仲裁机构取得对争议案件的管辖权的依据。任何仲裁机构都必须根据仲裁协议受理争议案件。这是仲裁的基本原则。

（3）排除法院对有关案件的管辖权。世界上除极少数国家，一般国家的法律都规定法院不受理争议双方订有仲裁协议的争议案件。如果一方违背仲裁协议自行向法院起诉，另一方可根据仲裁协议要求法院不予受理，并将争议案件退交仲裁庭裁决。

上述三项作用的中心是第三条，即排除法院对争议案件的管辖权。

根据中国法律的有关规定，有效的仲裁协议必须载有请求仲裁的意思表示、选定的仲裁委员会和约定仲裁事项（该仲裁事项依法应具有可仲裁性）；必须是书面的；当事人具有签订仲裁协议的行为能力；形式和内容合法。否则，该仲裁协议无效。

三、仲裁程序

仲裁程序是指双方当事人将所发生的争议根据仲裁协议的规定提交仲裁时应办理的各项手续。仲裁程序的主要内容大致如下。

1. 提出仲裁申请

提出仲裁申请是仲裁程序开始的首要手续。各国法律对申请书的规定不一致。在我国，《中国国际经济贸易仲裁委员会仲裁规则》（以下简称《仲裁规则》）规定，当事人一方申请仲裁时，应向该委员会提交包括下列内容的签名申请书：申诉人和被诉人的名称、地址，申诉人所依据的仲裁协议，申诉人的要求及所据的事实和证据。

申诉人向仲裁委员会提交仲裁申请书时，应附具本人要求所依据的事实的证明文件，指定一名仲裁员，预缴一定数额的仲裁费。委托代理人办理仲裁事项或参与仲裁的，应提交书面委托书。

2. 组织仲裁庭

根据我国《仲裁规则》的规定，申诉人和被申诉人各自在仲裁员会仲裁员名册中指定一名仲裁员，并由仲裁委员会主席指定一名仲裁员为首席仲裁员，共同组成仲裁庭审理案件；双方当事人也可在仲裁员名册中共同指定或委托仲裁委员会主席指定一名仲裁员为独任仲裁员，成立仲裁庭，单独审理案件。

3. 审理案件

仲裁庭审理案件的形式有两种：一是不开庭审理，一般是经当事人申请，或由仲裁庭征得双方当事人同意，只依据书面文件进行审理并做出裁决；二是开庭审理，即按照仲裁规则的规定，采取不公开审理，双方当事人要求公开进行审理时，由仲裁庭做出决定。

4. 做出裁决

裁决是仲裁程序的最后一个环节。裁决做出后，审理案件的程序即告终结，因而这种裁决被称为最终裁决。根据我国《仲裁规则》的规定，除最终裁决外，仲裁庭认为有必要或接受当事人之提议，在仲裁过程中，还可就案件的任何问题做出中间裁决或者部分裁决。中间裁决是指对审理清楚的争议所做的暂时性裁决，以利于对案件进一步审理。部分裁决是指仲裁庭对整个争议中的一些问题已经审理清楚，而先行做出的部分终局性裁决。这种裁决是构成最终裁决的组成部分。仲裁裁决必须于案件审理终结之日起45天内以书面形式做出，除由于调解达成和解而做出的裁决书外，其余裁决书应说明裁决所依据的理由，并写明裁决是终局的和做出裁决书的日期、地点，以及仲裁员的署名等。

四、合同中的仲裁条款

合同中仲裁条款的主要内容一般应包括仲裁地点、仲裁机构、仲裁规则、仲裁裁决的效力、仲裁费用的负担等。

1. 仲裁地点

在什么地方进行仲裁是交易双方在磋商仲裁时的一个重点。这主要是因为仲裁地点与仲裁所适用的程序法，以及合同适用的实体法关系极为密切。按照有关国家法律的解释，凡属程序方面的问题，除非仲裁协议另有规定，一般都适用审判地法律，即在哪个国家仲裁，就往往适用那个国家的仲裁法规。交易双方都愿意在本国仲裁。

我国进出口贸易合同中的仲裁地点根据贸易对象和情况的不同，一般采用下述三种规定方法。

（1）力争规定在我国仲裁。

（2）有时规定在被申请人所在国仲裁。

（3）规定在双方同意的第三国仲裁。若是这样，应选择受理双方当事人都不是本国公民的争议案的仲裁机构。

2. 仲裁机构

国际贸易中的仲裁可由双方当事人在仲裁协议中规定在常设的仲裁机构进行，也可以由当事人双方共同指定仲裁员组成临时仲裁庭进行仲裁。当事人双方选用哪个国家（地区）的仲裁机构审理争议，应在合同中具体说明。

常设仲裁机构是指依据国际条约或国内法成立的具有固定组织和地点、固定的仲裁程序规则的永久性仲裁机构。目前，国际上影响较大的几个常设商事仲裁机构有：国际商会仲裁院，成立于 1923 年，总部设在巴黎；瑞典斯德哥尔摩商事仲裁院，成立于 1917 年；英国伦敦仲裁院，成立于 1892 年；美国仲裁协会，成立于 1926 年，总部设在纽约；瑞士苏黎世商会仲裁院，成立于 1911 年。我国的国际商事仲裁机构主要有：中国国际经济贸易仲裁委员会，成立于 1956 年，总部设在北京，在深圳、上海设有分会；中国海事仲裁委员会，成立于 1959 年，总部设在北京。

临时仲裁机构是指根据当事人的仲裁条款或仲裁协议，在争议发生后由双方当事人推荐的仲裁员临时组成的，负责裁断当事人的争议，并在裁决后即行解散的临时性仲裁机构。

3. 仲裁规则

各国仲裁机构都有自己的仲裁规则，但值得注意的是，所采用的仲裁规则与仲裁地点并非绝对一致。按照国际仲裁的一般做法，原则上采用仲裁所在地的仲裁规则，但在法律上也允许根据双方当事人的约定，采用仲裁地点以外的其他国家（地区）仲裁机构的仲裁规则进行仲裁。在中国，双方当事人通常约定适用《中国国际经济贸易仲裁委员会仲裁规则》。

4. 仲裁裁决的效力

仲裁裁决的效力主要是指由仲裁庭做出的裁决对双方当事人是否具有约束力，是否为终局性的，能否向法院起诉要求变更裁决。进出口中的仲裁条款一般都规定仲裁裁决是终局的，对争议双方都有约束力，任何一方都不得向法院提出诉讼。但是，有些国家则规定允许双方向上一级仲裁庭或法院上诉。即使向法院提起诉讼，法院也只是审查程序，而不审查裁决本身是否正确。即便如此，双方当事人在签订仲裁条款时仍应规定：仲裁裁决是终局的，对双方都有约束力。

5. 仲裁费用的负担

通常仲裁条款应明确规定仲裁费用由谁负担。一般规定由败诉方承担，也有的规定为由仲裁庭酌情决定。

【条款示例】

All disputes arising out of the performance of, or relating to this contract, shall be settled amicably through negotiation. In case no settlement can be reached though negotiation, the case shall then be submitted to the Foreign Economic and Trade Arbitration Commission of the China Council for the Promotion of International Trade, Beijing, China, for arbitration in accordance with its Provisional Rules of Procedure. The arbitrary award shall be accepted as final and binding upon both parties.

凡因执行本合同所发生的或与本合同有关的一切争议，双方应通过友好协商解决。如果协商不能解决应提交北京中国国际贸易促进委员会对外经济贸易仲裁委员会依据其仲裁程序暂行规则进行仲裁。仲裁是终局性的，对双方均有约束力。

五、仲裁裁决的承认和执行

仲裁裁决对双方当事人都具有法律上的约束力，当事人必须执行。当事人对于仲裁裁决书，应按照其中所规定的时间自动履行，裁决书未规定期限的，应立即履行。

当事人拒不执行仲裁裁决时，便发生仲裁执行问题。这包含两种情况：对本国仲裁裁决的执行与对外国仲裁裁决的执行。前者手续较为简单，如双方当事人都在本国，一方不执行裁决，另一方可请求法院强制其执行。而对于外国仲裁裁决的执行就较为复杂，因为这不但涉及双方当事人的利益，还涉及两国间的利害关系。故各国对执行外国的仲裁裁决都规定了一些限制，存在许多分歧。关于承认和执行外国仲裁裁决的国际公约有三个：1923 年缔结的《1923 年日内瓦仲裁条款议定书》；1927 年缔结的《关于执行外国仲裁裁决的公约》；1958 年在纽约缔结的《承认及执行外国仲裁裁决公约》（以下简称《纽约公约》）。我国于 1986 年 12 月 2 日正式加入《纽约公约》，但有两项保留：一是仅适用于互惠基础上对另一缔约国领土内做出的裁决，二是只适用于商事法律关系所引起的争议。如一方当事人在国外拒不执行裁决，则只有到国外法院去申请执行，或通过外交途径要求对方国家有关主管部门或社会团体（商会、同业公会等）协助执行。

 知识小结

争议是指交易的一方认为另一方未能全部或部分履行合同规定的责任而引起的业务纠纷。索赔是指履行国际货物买卖合同的受损方向违约方提出损害赔偿的要求，主要包括贸易索赔、运输索赔和保险索赔三种类型。索赔条款的主要内容有索赔依据、索赔期限、索赔处理办法。不可抗力是合同中的一项条款，也是一项法律原则。发生不可抗力事件后，双方应按约定的处理原则和办法及时进行处理。不可抗力引起的法律后果有解除合同和变更合同。仲裁是解决争议的重要方式，有仲裁条款和仲裁协议两种形式，其法律效力相同。合同中仲裁条款的主要内容包括仲裁地点、仲裁机构、仲裁规则、仲裁裁决的效力、仲裁费用的负担等。

 ## 引导案例分析

在引导案例中，美国乙公司属于违约的一方，其行为构成了不完全履行的违约责任。根据有关法律的规定，当事人一方不履行合同义务或者履行合同义务不符合约定的，应当承担继续履行、采取补救措施或者赔偿损失等违约责任。一方违约后，另一方应当采取适当措施防止损失的扩大；没有采取适当措施致使损失扩大的，不得就扩大的损失要求赔偿。在引导案例中，北海公司应该要求乙公司承担继续履约的责任。但是，由于北海公司在乙公司明确告知即将违约的情况下仍然继续采购了 90 吨的麻纺织品，扩大了损失的范围，所以，北海公司也要承担相应的责任。

 ## 复习思考题

一、简答题

1. 国际货物买卖中订立的索赔条款主要包括哪些内容？

2. 何为索赔期限？为何要在买卖合同的索赔条款中加以规定？

3. 各国法律对罚金的解释有哪些分歧？我国法律对此又是如何规定的？

4. 国际货物买卖中不可抗力条款有哪几种规定方法？各有何特点？

5. 为什么说仲裁是交易双方较易接受的一种解决争议的方式？

6. 仲裁协议有哪几种形式？各有何作用？

7. 简述仲裁条款的主要内容。

8. 为什么进出口双方对确定仲裁地点非常重视？我国外贸公司应优先采取哪一种订立方法？

二、计算分析题

1. 我国荣塔公司向日本富士株式会社订购彩电 800 台。合同规定，彩电价格为每台 600 美元 CIF 宁波，在长崎港装货。货物装船时外包装有严重破损，富士株式会社向船舶公司出具了货物品质的保函；船长应富士株式会社的请求，出具了清洁提单。富士株式会社据此取得了货款。货物到达宁波后，荣塔公司发现电视机外包装箱有严重破损。船舶公司出示了富士株式会社提供的保函，认为该事应向富士株式会社索赔。请问在此案例中，船舶公司是否应承担责任？富士株式会社是否应承担责任？保险公司如何对待荣塔公司的索赔？荣塔公司的损失如何得到补偿？

2. 我国北方某粮油进出口公司与澳大利亚 PM 公司成交油炸花生米 200 吨，每吨 CFR 悉尼 400 美元，总金额为 80 000 美元。当年，我国部分花生产地发生自然灾害，花生减产，又加上供货的加工厂停止生产这种产品，我方公司无力组织货源，于是致电澳方公司，以不可抗力为理由，要求免除交货责任。请问我方免除交货责任的理由是否充分？

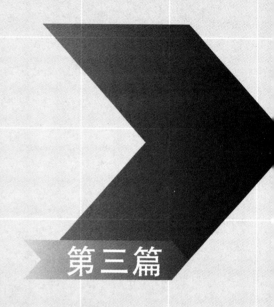

第三篇

国际货物买卖合同的商订与履行

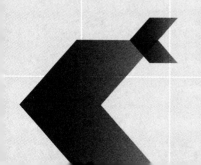

国际货物买卖合同的商订

学习目标
XUEXI MUBIAO

熟悉交易磋商的各个环节，尤其是发盘和接受这两个必不可少的法律步骤；了解合同成立的时间和有效条件；掌握合同的形式、内容以及签订合同的注意事项，培养学生具备良好的职业素养、法治意识、爱国情怀。

引导案例
YINDAO ANLI

美国某中间商 A 针对某商品向我方询价。我方在 2016 年 5 月 10 日向 A 商以电报形式发盘，发盘有效期为 5 月 21 日。16 日，我方突然收到英国 B 公司按照我方发盘的规定开来的信用证，随后又收到 A 商的电报，称："你方 10 日发盘已经转给 B 公司。"当时，该商品的价格在国际市场上正要上涨，我方将信用证退回，对价格进行调整，并将调整后的价格向 B 公司发盘。但 B 公司称："信用证在有效期内送到你处，以行为表示接受你的发盘，所以合同已经成立。"B 公司以此拒绝接受新报价，并要求我方按原价发货；否则，将追究我方的责任。请问对方的要求是否合理？为什么？

国际货物买卖合同是国际贸易的基础。在国际商务谈判中要注意谈判的细节，以及合同磋商过程中的具体问题，避免在以后的交易过程中产生分歧和纠纷。这样有利于国际贸易活动的顺利开展。

第一节　国际商务谈判

国际商务谈判是指国际商务活动中不同的利益主体，为了达成某笔交易而就交易的各项条件进行协商的过程。在国际商务活动中，不同的利益主体需要就共同关心或感兴趣的问题进行磋商，协调和调整各自的经济利益或政治利益，谋求在某一点上取得妥协，从而在使双方都感到有利的情况下达成协议。所以，国际商务谈判是对外经济贸易活动中普遍存在的一项十分重要的经济活动，是调整和解决不同国家（地区）政府及商业机构之间不可避免的经济利益冲突的必不可少的手段。

一、国际商务谈判的基本原则

（一）求同存异原则

在国际商务活动中，谈判的双方或多方都有着一定的共同利益，也存在商业利益的冲突。

就买卖合同来讲，一般都有单独的条款规定解决合同纠纷的方法。例如，双方应先通过友好协商解决，也可请专家或双方信任的第三者进行调解；如果还不能解决合同争议，合同当事人可以将争议提交指定的仲裁机构来进行裁决。即使当事人不约定仲裁条款，合同当事人还可以选择司法诉讼的方式来解决争议。但是，一般来讲，买卖合同的当事人都不愿采取将合同争议提交仲裁或诉讼来解决，因为仲裁或诉讼等方式使得合同的任何当事人对争议的解决失去了控制。这些解决争议的方法只是作为备用措施，在万不得已的情况下才使用。

国际商务谈判的地点可能在国外，涉及的对象可能有外国人。因此，谈判双方之间就存在商业习俗、法律制度、文化背景甚至是人的因素等方面的差别。尽管存在上述差别，但谈判人员应该看到其中的共性，特别是在国际经济一体化趋势下，讨论共性更具有实际意义。谈判人员本着求同存异的原则，针对不同情况进行适当调整，以达到最佳的谈判效果。

（二）尽量扩大总体利益原则

在谈判中双方应一起努力扩大双方的共同利益，而后再来讨论与确定各自分享的比例。

从另一个角度来看，现实中的总体利益是客观存在的，而发掘这些现实的潜在利益却需要双方的合作精神和高超的技艺。在谈判中，为了扩大双方的总体利益，有时会遇到对传统做法的挑战。当然，涉及双方的基本原则和立场的问题一般不容做出让步，但对一些传统的规定则是可以通过谈判予以调整的。其实，扩大双方共同利益的方法有很多，如降低风险，扩大双方利益而不减少我方利益，扩大我方利益而不减少对方利益，增加部分开支而使利益的增长幅度超过开支的增长幅度，减少部分开支而使利益的减少小于开支的减少等。这些因素谈判者只有周到全面地分析经济、技术、金融、贸易等条件后才能找到。这些因素的综合平衡要相关人员对项目各种条件做出定量分析和系统概括后才能达到。

在国际商务谈判中，如果先把一些主要方面的原则确定好，然后通过努力扩大双方的共同利益，那么其他方面的利益及其划分问题就显得容易多了。

（三）善于营造公开、公平、公正的竞争局面原则

在商务谈判中应避免选择单一的伙伴，而要善于营造公开、公平、公正的竞争局面，以利于扩大自己的选择余地，从而在技术方案制订、资金运作、合作伙伴选择等方面获得有利的地位。这样做也有利于打破垄断，避免因不了解情况而陷入被动的局面。

☞ **课堂案例**

某公司打算引进一组大型化工装置，事先技术部门做了一些技术规划方案。消息公布之后，有6个国家的10余家公司表示愿意承办这一项目，并各自提供了方案。通过比较分析这些方案，该公司的技术人员发现了更先进、更经济的工艺技术，并在此基础上将原先的技术方案进行了完善，为高水平地完成项目引进迈出了关键的一步。

【案例分析】

公平竞争的局面能为企业带来最公平、合理的价格与最合适的合作伙伴。

（四）明确目标，善于妥协原则

谈判就如一个天平，每当找到一个可以妥协之处，就等于找到了一个可以加重己方的砝码。善于妥协是一个成熟谈判者的标志之一。从某种程度上讲，妥协也是一种创造性的工作。当然，并不是什么都可以妥协，在原则问题上是不允许退让半步的。但是，在非原则问题上，如果能找到可以退让的地方，并在适当的时候运用自如，就说明谈判者准备得比较充分。通常，一个对国内国外情况心中有数，且知己知彼的谈判者更容易找到妥协点。在谈判中应该牢记谈判的出发点是成功而非失败。

（五）实现双赢原则

商务谈判是谈判各方当事人在追求共同商业目标、实现双方商业利益的过程中不断地化解冲突、实现各方最大利益的手段。谈判双方首先要树立"双赢"的概念。一场谈判的结果应该使谈判的双方都要有"赢"的感觉。

在谈判双方彼此存在长期合作诚意的前提条件下，实现双赢的谈判可分为申明价值、创造价值和克服障碍三个步骤。

1. 申明价值

此阶段为谈判的初级阶段。谈判双方应充分沟通各自的利益需要。本阶段的关键是弄清对方的真正需求。因此，主要的技巧就是多向对方提出问题，探询对方的实际需要；与此同时，也要酌情申明自身的利益所在。你越了解对方的真正需求，就越能知道如何才能满足对方的要求；同时，对方知道了你的利益所在，也才能满足你的要求。

2. 创造价值

此阶段为谈判的中级阶段。在此之前双方通过沟通往往申明了各自的利益所在，了

解了对方的实际需要。但是，以此达成的协议并不一定能使双方都获得最大的利益。这一方案可能不是最佳方案。因此，谈判双方需要想方设法地去寻求更佳的方案，为谈判各方谋求最大的利益。这一步骤就是创造价值。

创造价值的阶段往往是商务谈判中最容易被忽略的阶段。在一般的商务谈判中，很少有谈判者能从全局的角度出发去充分创造、比较与衡量最佳的解决方案。因此，谈判者往往有种谈判结果不尽如人意，没有能够达到"赢"的感觉，或者总有一点儿遗憾。由此看来，采取什么样的方法使谈判双方达到利益最大化，寻求实现双赢的最佳方案就显得非常重要。

3. 克服障碍

此阶段往往是谈判的攻坚阶段。谈判的障碍一般来自两个方面：一是谈判双方彼此利益存在冲突，二是谈判者自身在决策程序上存在障碍。前者需要双方按照公平、合理的原则来协调利益，后者则需要谈判无障碍的一方主动去帮助另一方迅速做出适当决策。

只要谈判双方牢记这一谈判步骤，并有效地遵循适当的方法，就能使谈判达到双赢的结果，并使双方利益都得到最大化。

二、国际商务谈判的特点

1. 政治性强

国际商务谈判既是一种商务交易谈判，又是一项国际交往活动，具有较强的政策性。由于谈判双方的商务关系是两国或两个地区之间整体经济关系的一部分，常常涉及两国之间的政治关系和外交关系。因此，在谈判中两国（地区）的政府常常会干预和影响商务谈判。所以，国际商务谈判必须贯彻执行国家的有关方针政策和外交政策；同时，还应注意国别政策，以及执行对外经济贸易的一系列法律和规章制度。

2. 以国际商法为准则

国际商务谈判的结果会导致资产的跨国转移，必然会涉及国际贸易、国际结算、国际保险、国际运输等一系列问题。因此，在国际商务谈判中要以国际商法为准则，并以国际惯例为基础。这就要求谈判人员必须熟悉各种国际惯例，熟悉对方所在国的法律条款，熟悉国际经济组织的各种规定和国际法。这些问题是一般国内商务谈判所无法涉及的，要引起特别重视。

3. 坚持平等互利的原则

在国际商务谈判中，要坚持平等互利的原则，既不强加于人，也不接受不平等的条件。我国是社会主义发展中国家，平等互利是我国的一项重要对外政策原则。所谓平等互利，是指国家不分大小、不论贫富强弱，在相互关系中，应当一律平等。在相互贸易中，应根据双方的需要和要求，按照公平、合理的价格，互通有无，使双方都有利可得，以促进彼此经济发展。在进行国际商务谈判时，不论国家贫富、客户大小，只要对方有诚意就要一视同仁，既不可强人所难，也不能接受对方无理的要求。对某些外商利用垄断地位进行的抬价和压价行为，必须不卑不亢、据理力争。对某些发展中国家或经济落后地区，也不能以势压人、仗势欺人，应该践行平等互利的原则。

4. 谈判的难度大

由于国际商务谈判的谈判者代表了不同国家和地区的利益，有着不同的社会文化和经济政治背景，人们的价值观、思维方式、行为方式、语言及风俗习惯各不相同，从而影响谈判的因素更加复杂，谈判的难度更大。在实际谈判过程中，对手的情况千变万化、作风各异：有热情洋溢者，也有沉默寡言者；有果敢决断者，也有多疑多虑者；有善意合作者，也有故意寻衅者；有谦谦君子，也有傲慢自大、盛气凌人的自命不凡者。凡此种种表现，都与一定的社会文化、经济政治背景有关。不同的表现反映了不同的谈判者有着不同的价值观和思维方式。因此，谈判者必须有广博的知识和高超的谈判技巧，不仅能在谈判桌上因人而异、运用自如，还要在谈判前注意资料的准备、信息的收集，使谈判按预定的方案顺利进行。

第二节 国际货物买卖合同的订立步骤

磋商交易有询盘（inquiry）、发盘（offer）、还盘（counter offer）和接受（acceptance）四个环节。其中，发盘和接受是交易达成、合同成立不可缺少的两个基本环节和必经的法律步骤。

一、询盘

询盘是准备购买或出售商品的人向潜在的供货人或买主探询该商品的成交条件或交易可能性的业务行为，它不具有法律上的约束力。询盘的内容可以涉及某种商品的品质、规格、数量、包装、价格和装运等成交条件，也可以直接索要样品。其中多数是询问成交价格，所以在实际业务中，也有人把询盘称作询价。如果询盘的目的只是探询价格，并希望对方开出估价单，则对方所开出的估价单只是参考价格，并不是正式的报价。在国际贸易实务中，发出询盘的目的除探询价格或有关交易条件外，还表达了与对方进行交易的愿望，希望对方接到询盘后及时做出发盘，以便考虑接受与否，这种询盘实际上属于邀请发盘。邀请发盘是当事人订立合同的准备行为，其目的在于使对方发盘。询盘本身并不构成发盘。询盘不是每笔交易必经的程序，如交易双方彼此都了解情况，不需要向对方探询成交条件或交易的可能性，则不必使用询盘，可直接向对方做出发盘。询盘可分为买方询盘（又称递盘）和卖方询盘两种。

【条款示例】

买方询盘举例：

Interested in northeast soybean, please fax CIF London lowest price.

对东北大豆有兴趣，请电告 CIF 伦敦最低价。

卖方询盘举例：

Can supply soybean 1 000 M/T, please bid.

可以提供大豆 1 000 吨，请递盘。

第十章 国际货物买卖合同的商订

二、发盘

发盘又称发价或报价，在法律上称为要约。《公约》第十四条第一款规定："凡向一个或一个以上特定的人提出的订立合同的建议，如果其内容十分确定并且表明发盘人有在其发盘一旦得到接受就受其约束的意思，即构成发盘。"我国《民法典》第三编合同的第四百七十二条规定，要约是希望和他人订立合同的意思表示。该意思表示应当符合下列规定：内容具体确定；表明经受要约人承诺，要约人即受该意思表示约束。

发盘既可由卖方提出，也可由买方提出，因此，有卖方发盘和买方发盘之分。卖方发盘称为售货发盘；买方发盘称为购货发盘。

（一）发盘应具备的条件

《公约》第十五条第一款规定："发盘于送达被发盘人时生效。"一项发盘的构成必须具备以下四个条件。

1. 发盘应向一个或一个以上特定的人提出

发盘向特定的人提出，即向有名有姓的公司或个人提出。发盘的对象可以是一个，也可以是数个。但无论是几个，都必须是特定的对象。提出此项要求的目的在于把发盘同普通商业广告及向广大公众散发的商品价目单等行为区别开来。对于向广大公众发出的商业广告是否构成发盘的问题，各国法律规定不一。大陆法系规定，发盘需向一个或一个以上特定的人提出，凡向公众发出的商业广告不得视为发盘。例如，北欧各国认为，向广大公众发出的商业广告原则上不能作为发盘，而只是邀请看到广告的公众向登广告的人提出发盘。英美法系的规定则与此相反，如英国的判例认为，向公众发出的商业广告，只要内容确定，在某些场合下也可视为发盘。《公约》对此问题持折中态度。《公约》第十四条第二款规定："非向一个或一个以上特定的人提出的建议，仅应视为邀请发盘，除非提出意见的人明确地表示相反的意向。"根据此项规定，商业广告本身并不是一项发盘，通常只能视为邀请对方提出发盘。但是，如果商业广告的内容符合发盘的条件，而且登此广告的人明确表示它是作为一项发盘提出来的，如在广告中注明"本广告构成发盘"或"广告项下的商品将售给最先支付货款或最先开来信用证的人"等，则此类广告也可作为一项发盘。鉴于《公约》对发盘的灵活性规定以及世界各国对发盘的不同理解，在实际应用时要特别小心。如果是对外做广告宣传和寄发商品价目单，就不要使对方有我方"一经接受，即受约束"的误解。在寄发商品价目单时，最好在其中注明"可随时调整，恕不通知"或"须经我方最后确认"等字样。

2. 发盘内容必须十分确定

根据《公约》第十四条第一款的规定，发盘的内容必须十分确定。所谓十分确定，是指在提出的订约建议中，至少应包括下列三项基本要素。

（1）标明货物的名称。

（2）明示或默示地规定货物的价格或规定确定货物价格的方法。

（3）明示或默示地规定货物的数量或规定确定数量的方法。

凡是包括上述三项基本要素的订约建议，即可构成一项发盘。如该发盘被对方接受，买卖合同即告成立。在实际业务中，发盘人发盘时如能明确表明要出售或要购买的货物的价格和数量，当然是最好的处理办法。但是，合同项下货物的数量有时只能由当事人酌情处理或只能在交货时具体确定。例如，某商人向对方提出，在一年内向对方提供或购买一年生产的某项产品，可以认为在数量问题上是十分确定的。同样，确定价格也是如此。例如，在远期交货的情况下，交易双方为了避免承担价格波动的风险，可采取较为灵活的作价办法，即不规定具体价格，只规定一个确定价格的办法，如规定按交货时某一市场的价格水平来确定该货物的价格。在这里需要特别指出的是，订约建议中虽然没有提到交货时间、地点及付款时间、地点等内容，但并不妨碍它作为一项发盘，因而也不妨碍合同的成立。因为发盘中没有提到的其他条件，在合同成立以后，可以双方当事人建立的习惯做法及采用的惯例予以补充。在实际业务中，如果发盘的交易条件太少或过于简单，则容易引起双方的误解。因此，在对外发盘时，最好将品名、品质、数量、包装、价格、交货时间、交货地点和支付办法等主要交易条件逐一列明。

3. 必须表明发盘一旦被受盘人接受即受约束的意思

发盘是订立合同的建议。这个意思应当体现在发盘之中。如果发盘人只是就某些交易条件建议同对方进行磋商，而根本没有受其建议约束的意思，则此项建议不能被认为是一项发盘，而只能被看作发盘的邀请。例如，发盘人在其提出的订约建议中加注"以我方确认为准""以货物未售出为准""不受约束"等。

4. 发盘必须送达受盘人

一项发盘要能生效，必须送达受盘人。因为发盘是一种意思表示，受盘人只有在收到发盘后才能决定是否予以接受。发盘送达受盘人的时间也就是发盘生效的时间。如果发盘人以某种方式（电报或信函等）向受盘人发盘，而发盘在传递途中遗失，受盘人未能收到，那么该发盘不能生效。

（二）发盘的有效期

在实际业务中，发盘都会规定一个具体的有效期。发盘的有效期是指受盘人对发盘做出接受答复的期限。如果答复超过发盘规定的时限，发盘人即不受约束。发盘有效期的规定一方面是对发盘人的一种限制，另一方面也是对发盘人的一种保障。当发盘未具体列明有效期时，受盘人应在合理时间内接受才能有效。根据《公约》的规定，采用口头发盘时，除发盘人发盘时另有声明，受盘人只能当场表示接受方为有效。采用函电成交时，发盘人一般都明确规定发盘的有效期。其规定方法有以下几种。

1. 规定最迟接受的期限

例如，发盘限 5 月 8 日复（offer subject reply on May eighth）或限 5 月 8 日复到此地（offer subject arrive on May eighth）。当规定"限 5 月 8 日复"时，不同国家的法律有不同的解释。按照英美法系国家的投邮原则，受盘人只要在当地时间 5 月 8 日 24 点以前将表示接受的通知投邮或向电报局交发即可。而大陆法系和《公约》均采用到达原则，即受盘人的接受通知不得迟于 5 月 8 日内送达发盘人。

2. 规定一段接受的期限

例如，发盘有效期为 3 天（offer valid for three days）或发盘限 5 天内复（offer reply in five days）。关于期限的计算，《公约》规定，这一期限应从电报交发时刻或信上载明的发信日期起算。如信上未载明发信日期，则从信封所载日期起算。采用电话、电传发盘时，则从发盘送达受盘人时起算。如果时限的最后一天在发盘人营业地是正式假日或非营业日，则应顺延至下一个营业日。

（三）发盘的撤回

发盘的撤回是指发盘送达受盘人之前，发盘人采取措施阻止其生效。对于发盘的撤回，各国法律都认可。《公约》第十五条第二款规定："一项发盘，如果撤回的通知在发盘送达受盘人之前或同时送达受盘人，即使是不可撤销的也可以撤回。"因此，如果发盘人的发盘内容有误或因其他原因想改变主意，可以用更迅速的通信方法将发盘撤回或更改通知，并赶在受盘人收到该发盘之前或同时送达受盘人，则发盘即可撤回或修改。

（四）发盘的撤销

发盘的撤销不同于撤回。它是指发盘已送达受盘人（发盘已生效），发盘人采取措施解除其效力的行为。

关于发盘能否撤销的问题，英美法系与大陆法系存在严重的分歧。为了调和上述两大法系在发盘可否撤销问题上的分歧，《公约》采取了折中的办法。《公约》第十六条规定，在发盘已送达受盘人（发盘已生效），但受盘人尚未表示接受之前这一段时间内，只要发盘人及时将撤销通知送达受盘人，仍可将其发盘撤销。一旦受盘人发出接受通知，发盘人则无权撤销该发盘。此外，《公约》还规定，并不是所有的发盘都可撤销。下列两种情况下的发盘，一旦生效则不得撤销：一是在发盘中规定了有效期，或以其他方式表示该发盘是不可能撤销的；二是受盘人有理由信赖该发盘是不可撤销的，并本着对该发盘的信赖采取了行动。

（五）发盘效力的终止

发盘效力的终止又称发盘的失效；即发盘失去了法律效力，发盘人不再受到发盘的约束。任何一项发盘，其效力均可在一定条件下终止。关于发盘失效问题，《公约》第十七条规定："一项发盘，即使是不可撤销的，于拒绝通知送达发盘人时终止。"发盘效力终止的原因一般有以下几个。

1. 过了发盘有效期

在发盘规定的有效期内未被接受，过了有效期该发盘就终止了；或虽未规定有效期，但在合理时间内未被接受，则发盘的效力即告终止；对于口头发盘，受盘人未予接受，离开现场发盘即告终止。

2. 发盘被撤回或撤销

一项发盘如果被宣布过撤回或撤销，则失效。

3. 被受盘人拒绝或还盘

如果受盘人表示了不接受，拒绝通知送达发盘人时，发盘的效力即告终止。另外，受盘人做出还盘也是对原发盘的拒绝。

4. 不可抗力事件的发生

发盘人发盘之后发生了不可抗力事件，如所在国政府对发盘中的商品发布禁令等，在这种情况下，按出现不可抗力可免除责任的一般原则，发盘的效力即告终止。

5. 能力丧失

发盘人或受盘人在发盘被接受前丧失行为能力（患精神病、发盘人死亡、法人破产等），则该发盘的效力也可终止。

【条款示例】

Offer HEBEI wheat FAQ 2001 crop 5 000 MT, net weight 25 kg per bag, USD 540 per MT CFR KOBE shipment Oct., sight L/C, subject to your reply reaching here by the 16th.

报河北小麦大路货 2001 年产 5 000 吨，净重 25 千克麻袋包装，每吨 540 美元 CFR 神户 10 月份装运，即期信用证支付，限本月 16 日复至有效。

三、还盘

还盘又称还价，在法律上称为反要约，是指受盘人接到发盘后，不同意或不完全同意发盘提出的各项条件，为了进一步磋商交易，用书面或口头的形式对发盘提出修改意见。简言之，还盘是对发盘条件进行添加、限制或其他更改的答复。对发盘表示有条件的接受，也是还盘的一种形式。例如，受盘人在答复发盘人时，附加有"以最后确认为准""未售有效"等规定或类似的附加条件，只能被视作还盘或邀请发盘。如还盘的内容不具备发盘条件，即为"邀请发盘"；如还盘的内容具备发盘条件，就构成一个新的发盘。在实际业务中，还盘可以明确使用"还盘"字样，也可以不使用。还盘不仅可以针对价格，也可以针对交易商品的品质、数量、装运、支付等条件提出不同的意见。对于在还盘中没有提到的其他交易条件，则意味着还盘人提出的与发盘中的相同而不再重复。还盘不是交易磋商中必不可少的步骤。有时发盘后没有还盘直接被受盘人表示接受。

【条款示例】

针对上面的发盘示例，国外客户做如下还盘：

Your offer price is too high, counter offer USD 480 per MT, shipment Sept., reply 12th.

你方发盘价格太高，每吨 480 美元，9 月份装运，限 12 日复到。

对于还盘，原发盘人也可表示不同的意见，而进行再还盘。有时，一项交易需经过多次还盘才能达成最终协议。

☞ **课堂案例**

我国某公司于 2016 年 7 月 16 日收到法国某公司发盘："马口铁 500 吨，单价 545 美元 CFR 中国口岸，8 月份装运，即期 L/C 支付，限 7 月 20 日复到有效。"我方于 17 日复电："若单价 500 美元 CFR 中国口岸可接受，履约中如有争议，在中国仲裁。"法国公司当日复电："市场坚挺，价不能减，仲裁条件可接受，速复。"此时，马口铁价格确实趋涨。我方于 19 日复电："接受你方 16 日发盘，L/C 已由中国银行开出。"结果对方退回 L/C。请问合同是否成立？

【案例分析】

合同并未成立。我方 19 日电并不是有效的接受，因为 16 日的法商发盘经我方 17 日还盘后已经失效，法商不再受约束。我方应接受的是法国公司 17 日复电。

四、接受

接受在法律上称为承诺。它是指受盘人接到对方的发盘或还盘后，在发盘规定的时限内同意对方提出的各项条件，愿意与对方达成交易，并且用声明或行动表达出来。可见，接受的实质是对发盘表示同意。这种同意通常应以某种方式向发盘人表示出来。

（一）接受应具备的条件

受盘人声明或做出其他行为表示同意一项发盘，即接受。《公约》第十八条和第十九条规定，构成一项法律上的有效接受必须具备以下条件。

1. 接受必须由特定的受盘人做出

这一条件与构成发盘的第一项条件是相呼应的。对发盘表示接受必须是发盘中指明的特定受盘人，该指明的受盘人包括其本人及其授权的代理人。其他人即使知道发盘的内容，并向发盘人做出了接受的表示，该接受对发盘人也无约束力，接受无效，不能据以成立合同。

2. 接受必须在发盘规定的时限内做出

一般发盘都规定了有效期。因此，受盘人必须在发盘规定的有效期内（若发盘未规定具体有效期，则在"合理时间内"）做出接受表示并送达发盘人。在发盘的有效期过后才送达发盘人的接受，构成逾期接受。逾期接受在法律上构成一项新的发盘或发盘人可拒绝的接受。

3. 接受必须表示出来

《公约》第十八条第一款规定："缄默或不行动本身不等于接受。"因此，接受必须由受盘人以一定的方式表示出来。受盘人表示接受有以下两种方式：

（1）用声明做出表示。这种方式是用口头或书面形式向发盘人表示同意发盘的条件。一般来说，如果发盘人采用口头形式发盘，则接受也采用口头的形式；如果发盘采用书面的形式，则接受也采用书面的形式。

（2）用行为来表示。《公约》规定，如果根据该项发盘或者按照当事人之间确立的习惯做法或惯例，受盘人可以做出某种行为，如卖方用发运货物，买方用支付价款有关行为来表示同意，那么就不需要向发盘人发出通知。该项行为做出的时刻即可视为接受，但行为的做出必须在规定的时间内。对于要求以书面形式才能达成协议的国家，接受必须以书面形式做出。

4. 接受的内容必须与发盘的内容相符

接受是受盘人愿意按照发盘的内容与发盘人达成交易的意思表示。因此，接受是无条件的，接受内容应当与发盘内容完全一致。在实际业务中，受盘人在表示接受时往往对发盘做出某些添加、限制或其他更改。这在法律上构成有条件的接受。有条件的接受不能成为有效的接受，应当叫作还盘。《公约》第十九条规定："对发价表示接受但载有添加、限制或其他更改的答复，即为拒绝该项发价，并构成还价。"与此同时，《公约》还规定，对发价表示接受但载有添加或不同条件的答复，如所载的添加或不同条件在实质上并不改变该项发价的条件，除发价人在不过分迟延的期间内以口头或书面通知反对其间的差异外，仍构成接受。如果发价人不做出这种反对，合同的条件就以该项发价的条件以及接受通知内所载的更改为准。该条款明确规定，对于一项有条件的接受不能构成法律上的有效的接受，但有条件的接受按所附条件是否在实质上改变了发盘的内容，可视为还盘和发盘人可及时予以拒绝的接受。

对于接受所附条件是否构成实质性的变更发盘内容，《公约》第十九条第三款规定："有关货物价格、付款、货物质量和数量、交货地点和时间，一方当事人对另一方当事人的赔偿责任范围或解决争端等的添加或不同条件，均视为实质上变更发价的条件。"

对于附有条件的接受，受盘人在接受发盘时，所附的条件只是某种"希望"或"请求"性质。也就是说，受盘人只是要求发盘人如有可能按所附条件办理，若发盘人不同意请求，并不影响合同的有效成立。

☞ 课堂案例

我国某公司与某外商洽谈交易一宗，经往来电传磋商，就合同的主要条件全部达成协议，但在最后一次我方所发的表示接受的电传中列有"以签订确认书为准"。事后对方拟就合同草稿，要我方确认。由于对某些条款的措辞尚待进一步研究，我方未及时给予答复。不久，该商品的国际市场价格下跌，外商催我方开立信用证，我方以合同尚未有效成立为由拒绝开证。试分析我方的做法是否合理。

【案例分析】

我方的做法合理。因为我方在最后一次所发的表示接受的电传中列有"以签订确认书为准"，并在对方要求确认时没有给予及时答复。这种接受是有保留的，不能构成有效的接受，对发盘人也无约束力，所以我方可以拒开信用证。

☞ 课堂案例

我国某出口公司于 2 月 1 日向美商报出某农产品价格。美商在接受中除列明各项必要条件外，还表示："Packing in sound bags."不久，美商复电称："我方对包装条件做了变更，你方未确认，合同并未成立。"而我国出口公司则坚持合同已成立。于是双方对此发生争执。请问此项合同是否成立？

【案例分析】

合同已成立。如果受盘人在做出接受表示的同时对发盘的内容做出了更改，则构成有条件的接受。对于有条件的接受，只要所添加或变更的条件在实质上不改变该项发价的条件，且发价人不做出任何反对，视为合同成立，合同的条件以更改后的为准。在本案例中，美方对包装条件做的变更，并不是实质性的变更。

（二）接受生效的时间

在接受生效的时间问题上，英美法系与大陆法系存在着严重的分歧。英美法系采用投邮生效原则，即采用信函、电报等通信方式表示接受时，接受的信函一经投邮或交给电报局发出，则立即生效，即使信函在途中丢失，也不影响接受的效力。大陆法系采用到达生效原则，即接受的电函必须在规定的时间内送达发盘人才能生效。《公约》对以书面形式表示接受的情况采取的是到达生效的原则。《公约》第十八条第二款明确规定，接受通知送达发盘人时生效。如接受通知未在发盘规定的时限内送达发盘人，或者发盘没有规定时限且在合理时间内未送达发盘人，则该项接受称作逾期接受。按各国法律规定，逾期接受不是有效的接受。此外，接受还可以在受盘人采取某种行为时生效。《公约》第十八条第三款规定，如根据发盘或依照当事人业已确定的习惯做法或惯例，受盘人可以做出某种行为来表示接受，接受自行动发生时刻开始生效。

（三）逾期接受

逾期接受又称迟到的接受。虽然各国法律一般认为逾期接受无效，只能视作一个新的发盘，但《公约》对这一问题做了灵活的处理。

（1）只要发盘人毫不迟延地用口头或书面形式通知受盘人，认为该项逾期的接受可以有效，愿意承担逾期接受的约束，合同仍可于通知送达受盘人时成立。

（2）如果发盘人对逾期的接受表示拒绝或不立即向发盘人发出上述通知，则该项逾期的接受无效，合同不能成立。

（3）如果载有逾期接受的信件或其他书面文件显示，依照当时寄发情况，只要传递正常，它本来是能够及时送达发盘人的，则此项逾期的接受应当有效，合同于接受通知送达发盘人时成立。除非发盘人毫不延迟地用口头或书面形式通知受盘人，认为其发盘因逾期接受而失效。

以上表明，逾期接受是否有效关键要看发盘人如何表态。

（四）接受的撤回

在接受的撤回或修改问题上，《公约》采取了大陆法系送达生效的原则，故接受通知发出后在一定条件下是可以撤回的。《公约》第二十二条规定："如果撤回通知于接受原发盘应生效之前或同时送达发盘人，接受得予撤回。"由于接受在送达发盘人时才产生法律效力，故撤回或修改接受的通知只要先于原接受通知或与原接受通知同时送达发盘人，则接受可以撤回或修改。如接受通知已送达发盘人，即接受已经生效，合同已经成立，就不得撤回接受或修改其内容。而在英美法系中，由于采用的是投邮生效原则，接受一经投邮立即生效，也就不存在接受的撤回了。需要注意的是，接受是不可撤销的。因为接受一旦送达发盘人，接受生效，此时宣布撤销接受无疑是一种毁约行为。

【条款示例】

Yours 10th accepted "Green Peony" Dyed Poplin 40 000 yards in wooden cases HK $ 3. 00 per yard CIFC 3 Singapore shipment during May payment in sight irrevocable L/C.

你方 10 日电接受"绿牡丹"染色府绸 40 000 码木箱装，每码 3. 00 港元 CIF 新加坡，佣金3%，5 月份交货，不可撤销即期信用证支付。

第三节 合同成立的时间和生效要件

一、合同成立的时间

根据《公约》的规定，合同成立的时间为接受生效的时间，而接受生效的时间，又以接受通知送达发盘人或受盘人按交易习惯及发盘要求做出接受行为为准。也就是说，当有效接受的通知送达发盘人时，或者受盘人做出接受行为时，合同成立。但是，有些国家的法律规定签订正式书面合同才是合同生效的条件，还有的国家规定合同需要政府机构审批。对于需要审批的合同，授权机构批准的时间才是合同生效的时间。我国《民法典》第三编合同的第四百九十条规定："当事人采用合同书形式订立合同的，自当事人均签名、盖章或者按指印时合同成立。"也就是说，合同成立的时间以签约时合同上所写明的日期为准，或以收到对方确认合同的日期为准。签字或盖章不在同一时间的，最后签字或盖章时合同成立。

二、合同生效的要件

营业地在不同国家（地区）的当事人之间订立的货物买卖合同统称为国际货物销售合同，或国际货物买卖合同。国际货物销售合同是以逐笔成交、货币结算、单边进口或出口的方式与不同国家（地区）的商人达成的货物买卖合同。国际货物买卖正是以这种合同为中心进行的。依法成立的合同体现了当事人之间的经济关系，对双方当事人都具有法律约束力，当事人都应履行合同约定的义务。倘若发生不属于不可抗力或其他免责范围内的不符合合同规定的行为或不行为，就构成违约。违约方应赔偿对方因此而造成的损失。如违约方不赔偿或不按对方的实际损失进行赔偿，对方有权视不同情况采取合理措施以取得法律保护。据此，对外达成和履行销售合同不仅是一种商业行为，也是一种法律行为，应从法律角度严肃对待国际货物买卖合同。

（一）合同的法律规范

合同对当事人构成的约束力是建立在法律基础上的，所以合同必须符合法律规范才能得到法律的承认和保护。但是，国际贸易是一种超越国界的经济活动。它所涉及的法律关系比较复杂，一般要涉及三个方面：各国的国内法、国际条约和国际惯例。

1. 我国的国内法

在我国的对外经济活动中，国际货物销售合同是一种最重要的涉外经济合同。改革开放以来，我国根据发展社会主义市场经济及改革开放的要求，在不断处理合同争议的实践中，逐步形成了一套比较明确和完整的有关销售合同的法律概念、原则和程序。1999 年 3 月 15 日，《中华人民共和国合同法》颁布，并于同年 10 月 1 日起实施。2020 年5 月 28 日第十三届全国人民代表大会第三次会议通过了《中华人民共和国民法典》，并于2021 年 1 月 1 日起实施。在该法第三编合同中，就经济合同的订立、履行，违反合同的责任，合同的转让、变更、解除、终止，争议的解决及法律适用等事项做了明确的规定。

在对外贸易活动中，合同的订立与履行必须符合法律规范才能受法律保护并受法律约束。但是，国际货物销售合同的当事人分别居于不同国家，而不同国家的有关法律规定又往往不一致，一旦发生纠纷或争议，究竟将哪方国家的法律作为判断或处理的依据就成了问题。这就是通常所称的"法律冲突"问题。为了解决这一问题，各国法律大多对适用何国法律做了具体规定，可是各国的规定又不尽相同，有适用缔约地法律的，也有适用履约地法律的。较多国家法律规定适用与合同有最密切联系的国家的法律或允许当事人选择合同适用的法律。例如，一家设在上海的中国外贸公司与一家设在东京的日本企业在广交会上签订了一项买卖合同，贸易条件是上海港船上交货。合同虽未规定处理争议所适用的法律，但由于该合同的缔约地（广州）和履行交货的地点（上海）均在中国，按一般的国际司法规则，可以认为与该合同有最密切联系的国家是中国，应当适用中国的法律。也就是说，在一定情况下，国际货物销售合同应当符合合同选择的或根据国际司法规则适用的其中一个国家的国内法。由此可见，在处理国际货物销售合同的争议时，一个国家的法院或仲裁机构除适用本国的国内法（实体法）外，有时也可适用外国的国内法。

2. 国际条约

国际货物销售合同的订立和履行还应符合当事人所在国缔结或参加的国际条约。这些条约包括公约、宪章、协定、议定书等。目前与我国对外贸易有关的国际条约除《公约》外，还有我国与一些国家缔结的双边贸易协定、贸易支付协定、贸易议定书以及与某些国家签订的"交货共同条件"等。我国已经参加和批准了于 1988 年 1 月 1 日起正式生效的《公约》。这是与我国进行对外货物买卖业务关系最大的一项国际公约。截至 2015 年 12 月 29 日，已有阿根廷、澳大利亚、奥地利、保加利亚、白俄罗斯、加拿大、智利、中国等 84 个国家交存了对《公约》的批准书或核准书。根据目前各国的动态，参加国还将继续增加。我国政府在交存核准书时，对《公约》的规定提出了两项保留：一是不受公约第一条第一款（b）项的约束，即我国不同意扩大《公约》的适用范围，对中国企业来说，《公约》仅适用于《公约》缔约国的当事人之间订立的合同；二是对《公约》的第十一条、第二十九条及有关的规定提出保留，即我国企业对外订立、修改、终止合同时应采用书面形式，包括信件、电报、电传。

应当注意的是，合同的形式在《民法典》第三编合同中又重新做了规定。该法第十条规定："当事人订立合同，有书面形式、口头形式和其他形式。"而且我国政府于 2013 年年初向联合国秘书长正式交存有关撤销其在《公约》项下"书面形式"声明的申请，目前已正式生效。至此，中国也与绝大多数《公约》缔约国一样不再要求国际货物销售合同必须采用书面形式。《公约》是联合国国际贸易法委员会制定的与国际贸易有关的规约之一。为减少和消除各国法律间的冲突，联合国或其所属机构国际贸易法委员会已起草或制定的重复规约还有经联合国于 1958 年在纽约开会通过的《纽约公约》（我国于 1987 年正式参加），以及《联合国国际汇票和国际本票公约草案》等。此外，国际上还就国际海运、陆运、空运、工业产权等方面定有国际公约。法院和仲裁机构在处理非参加国和适用国内法国家的当事人间的涉外经济合同纠纷时，即使在有关合同未明确承认和使用也未明确排除有关公约规定的情况下，也往往将其作为参考或予以引用这些国际条约。

3. 国际惯例

作为国际贸易法律的主要渊源之一的国际惯例，也是国际货物销售合同应当遵循的重要规范。国际惯例只有在当事人承认或在实践中采用时才对当事人有法律约束力；否则，不具有法律效力。常见的国际惯例有很多，如国际商会制定的《2020 年通则》和《UCP 600》，都已被世界上绝大多数国家的银行和进出口商普遍采用。除地区性和世界性的惯例外，还有双方当事人形成的习惯做法。在现行的国际惯例中，有些已被某些国家纳入国内法；有些已为国际条约所采用，成为国际条约的内容，即惯例的"条约化"。

（二）合同有效成立的条件

国际货物销售合同的达成必须符合有效合同成立的条件。对此，各国民法一般都有规定，但要求不尽相同。一般说来，构成一项有效的国际货物销售合同需具备以下几个条件。

1. 交易双方当事人应具有法律行为的资格和能力

我国《民法典》第一章自然人第一节的第十三条至第二十五条和第三章法人第一节一般规定中对当事人的民事权利能力和民事行为能力进行了界定。签订买卖合同的当事人主要为自然人或法人。自然人签订合同的行为能力是指精神正常的成年人才能订立合同，未成年人对达成的合同可以不承担合同的法律责任；精神病患者和醉汉在发病期间和神志不清时达成的合同，也可免去合同的法律责任。对于法人签订合同的行为能力，各国法律一般认为，法人必须通过其代理人在法人的经营范围内签订合同，即越权的合同不能发生法律效力。法人采取的最普遍的具体形式是公司。英国的《公司法》规定，公司的行为不得越权，公司的订约能力要受公司章程的约束。如果公司订立的合同超出了公司章程规定的范围，则属越权行为，这种合同在法律上是无效的。法人的行为人应是公司的全权代表。非公司负责人代表公司达成合同时，一般应有授权证明书、委托书或类似的文件。在中国，只有依法登记获得外贸经营权的企业才能从事对外贸易活动，才能就其有权经营的商品对外达成销售合同。世界上有许多国家也有类似规定。

2. 当事人意思一致、真实

国际货物销售合同是交易双方的法律行为，不是单方面的行为。因此，双方当事人必须表示意思一致，这种合同才能成立。而这种一致必须建立在双方自愿的基础上。所以，通常要通过一方发盘和另一方对这个发盘接受的程序，方能证明这是在双方自愿基础上的意思一致。构成当事人意思不一致或不真实的情况有以下几种：

（1）胁迫。各国法律都主张凡在胁迫的情况下订立的合同，受胁迫的一方可以主张合同无效。

（2）欺诈。欺诈是指以他人发生错误为目的的故意行为。凡因欺诈订立的合同，蒙受欺诈的一方可以撤销合同。

（3）错误。错误是指当事人的意思表示有错误。错误导致意思表示不真实，从而影响合同的有效性。各国法律根据错误的不同性质和可能产生的后果，采取区别对待的原则。一般认为，只有当该项错误导致当事人之间在合同标的物的存在、性质、数量或有关交易的其他重大事项上发生严重争议时，方可主张合同无效。

3. 合同必须有对价或约因

国际货物销售合同是商务合同，是有偿的交换。有偿的交换是由国际货物销售合同的性质所决定的。英美法系中对此称作对价，大陆法系将其称作约因。所谓对价或约因，一般就是说双方行为有偿，双方都拥有权利又都承担义务，不履行合同规定的义务时，有向对方赔偿损失的责任。卖方交货，买方付款，是互为有偿；不按合同规定交货或付款，都负有赔偿对方损失的责任，也是互为有偿。在国际贸易中，合同只有在有对价或约因时才是法律上有效的合同；无对价或无约因的合同，是得不到法律保障的。

4. 合同的标的和内容必须合法

所谓标的合法，是指货物和货款等必须合法。货物应是政府允许出口或进口的商品，属于政府管制的，则应有许可证件或配额。外汇的收付必须符合国家规定。我国定有一系列对外贸易的法律法规、规章并采取一系列管制措施，一切对外销售合同都必须遵守，不得有任何违反。有些国家的法律和行政法规除规定合同的标的物必须合法外，还规定合同的目的、合同的内容必须合法，其中包括不得违反法律、不得违反公共秩序、不得违反善良风俗和道德等。如限制价格、限制销售地区、限制竞争等的合同，不符合反垄断法、竞争法等的规定，属于违反公共政策的合同范围，是无效的。

5. 必须符合法律规定的形式和审批手续

国际货物销售合同是基本的经济合同。在大陆法系中，合同形式分为要式合同和不要式合同。前者是指依据法律规定的形式和程序成立的合同，后者则规定合同无须一定要采用书面形式。英美法系中也有类似的规定。但有的国家法律规定合同必须采用书面形式，或超过一定金额的合同必须采用书面形式，而不承认口头合同的有效性。《公约》第十一条规定，销售合同无须书面订立或书面证明，在形式方面也不受任何其他条件的限制。

上述条件为合同生效的要件。符合以上条件或原则的合同才具有法律效力，才能为法律所承认，受法律保护，又为法律所约束。法律既保护双方的权利，又要求双方各自承担义务。当事人双方必须恪守合同规定，按规定条款履行合同，任何一方都无权片面变更或废止合同。履行合同过程中发生争议时，合同是解决争议的法律依据。司法机关或仲裁机构审理争议时，根据合同规定的条款按照法律判定责任方履行义务，赔偿对方的损失，并在必要时强制执行。需要指出的是，凡违反法律、行政法规的合同不仅无效，当事人还可能受到法律的制裁。

第四节 合同的内容及其变更、解除和终止

一、合同的形式

在合同的形式上，交易双方既可采用正式的合同、确认书、协议等形式，也可采用备忘录等形式。如果双方建立业务关系时已经订有一般交易条件，如对洽谈内容较复杂的交易，往往先签订一个初步协议，也可先签订备忘录，把双方已商定的条件确定下来，其余条件以后再行洽商。在这种情况下，可采用确认书的方式，将已签协议作为该确认书的一个附件。合同的形式归纳起来有以下几种。

1. 合同

合同的特点在于内容比较全面。在签订正式合同时，交易双方不但要对商品的品质、数量、包装、价格、保险、运输及支付加以明确规定，而且对检验条款、不可抗力条款、仲裁条款都要详尽列明，明确地划分双方的权利和义务。为了明确责任、避免争议，合同内容应该全面详细，对双方的权利、义务以及发生争议时的处理方法均有详细规定，使用的文字应为第三人称语气。根据起草人的不同，合同分为售货合同和购货合同，前者由卖方起草，后者由买方起草。一般，各公司会以固定格式印刷（有的制成表格）合同。贸易达成后，由业务员按双方谈定的交易条件逐项填写并经有权人签字，然后寄交对方审核签字。合同一般一式两份，一份供对方留存，一份经对方签字认可后寄回。大宗商品或成交额较大的交易，多采用此种形式的合同。

2. 确认书

确认书属于一种简式合同，所包括的条款比合同简单。一般而言，确认书中只规定一些主要条款，诸如品质、数量、包装、价格、支付等，而对检验、不可抗力、仲裁条款加以省略。确认书是合同的简化形式，使用的文字为第一人称语气。这种确认书一般用于一些成交金额不大、批次较多的轻工日用品、小土特产品，或已有包销、代理等长期协议的交易。根据起草人的不同，确认书分为售货确认书和购货确认书。

3. 协议

协议在法律方面与合同是同一个意思。只要协议明确、肯定、具体地规定了交易双方的权利和义务，并经过双方签署确认，即使书面文件被称为协议或协议书，也与合同一样对交易双方具有约束力。有时，协议是主合同中一项必要的组成部分，和主合同一样具有法律效力。

4. 备忘录

备忘录是用来记录当时洽谈的内容，以供今后核查的文件。如果交易双方洽谈的交易条件完整、明确、具体地写在备忘录中，并经过双方的签字，那么这种备忘录就与合同的性质一样。

5. 定单和订单

定单是指由进口商或买方拟定的货物订购单。订单是指代理商或佣金商拟定的代客户购买货物的订购单。

二、合同的基本内容

国际贸易合同一般由约首、本文和约尾三部分组成。

1. 约首

约首是合同的序言部分，主要包括合同的序号，订立合同的日期、地点，双方名称、地址（包括通信地址、住址、电报挂号、传真号码、电话号码）等。其中，当事人双方的名称和法定详细地址往往是合同成立的条件，缔约地点可作为判断合同适用法律的依据。若合同中未对合同适用的法律做出规定，根据有些国家的法律规定和贸易习惯的解释，可适用合同缔约地所在国的法律。

例如，"The sellers agree to sell and the buyers agree to buy the under mentioned goods on the terms and conditions stated below…"

2. 本文

本文是合同的主体部分。这部分规定了双方的权利和义务，主要包括合同的各项条款，如货物名称、品质、数量、包装、单价和总值、交货期、装运港和目的港、支付方式、保险条款、异议索赔条款、仲裁条款、不可抗力等。其中，后面三项一经双方谈妥，在以后的交易中则很少变动，往往在合同中以印好的形式固定下来。此外，根据不同货物和不同交易情况，有时会加列其他条款，如保值条款、溢短装条款、品质公差条款以及合同适用的法律条款等。在大宗、成交额较大或重要的成套机械设备买卖合同中，销售合同的内容比较全面、详细。对于成交额不大、批量较多的小土特产、轻工业品以及交易双方已订有包销、代理等长期协议或一些内容比较简单的合同，通常不订索赔条款。

本文主要包括以下条款。

（1）标的物条款。这一条款又称商品条款，主要订明货物名称、品质、规格、数量、包装等。货物的品质是指商品所具有的内在质量与外观形态。在国际贸易中，商品的品质首先应符合合同的要求，对于某些由国家制定品质标准的商品，如某些食品、药物的进出口，其品质还必须符合有关国家的规定。数量条款的主要内容是交货数量、计量单位与计量方法。包装条款的主要内容有包装方式、规格、包装材料和运输标志。

（2）价格条款。这一条款主要规定货物的单价、总价和计价货币等，用国际通用的价格术语表达。

（3）装运条款。这一条款主要根据价格条件订明运输方式、装运地（港）与目的地（港）、装卸时间、装卸费用的计算和负担等。

（4）保险条款。这一条款主要订明由买方或卖方负责投保。如为卖方投保，具体订明险别和保险加成。

（5）支付条款。这一条款主要订明付款时间、付款方式、付款所使用的货币或票据。支付条款的主要内容包括支付手段、支付方式、支付时间和地点等。

（6）商检条款。这一条款主要订明进出口货物检验的时间、地点、方法和标准，以及检验机构。声明商检机构签发的品质证明和数量证明是结算货款的重要依据，并在商检条款中写明以买方或卖方的商检证书为最后依据。订约时最好争取以我方的商检证书为准。

（7）免责条款。这一条款又称不可抗力条款。为避免日后发生不必要的纠纷，合同中应订明不可抗力的范围及对其后果的处理。不可抗力条款可分为概括式、列举式和综合式（同时采用概括和列举方式）。我国目前进出口合同的不可抗力条款大多采用第三种方式。

（8）索赔条款。在国际贸易中经常发生货物的品质、数量、重量、包装、运输、保险与合同规定不符的情况，从而导致索赔和理赔的问题。因此，合同中应订明索赔的依据、期限、赔偿方法和金额等。

（9）法律适用条款。这一条款也叫准据法条款。根据国际司法通行的"意思自治"原则，合同双方当事人可以选择合同所适用的法律。我国对外贸易企业在拟订合同时，多采用中国法律。

（10）仲裁条款。这一条款主要规定仲裁的地点、机构，仲裁程序，裁决的效力以及仲裁费用等方面的内容。

（11）备注。

以上条款只是国际货物销售合同的基本内容。对于条款的多寡繁简，当事人可根据货物的性质、交易量的大小等因素协商拟定。

3. 约尾

约尾是合同的结尾部分。这部分包括对合同文字效力的规定、合同份数的说明、适用法律条款的规定及双方的签字，必要时可加上附件作为合同不可分割的一部分。约尾一般列明合同的份数，是否为正本，使用的文字及生效的时间（有时这一部分也在约首订明），最后双方签字盖章。

常见的销售合同和销售确认书范例参考以下两个示例。

售货合同
SALES CONTRACT

编号：
NO：____

卖方：　辽宁省工艺品进出口公司　　　　　签约日期：　　签约地点：
SELLERS：LIAONING ARTS AND CRAFTS IMPORT AND EXPORT CORP.　DATE：____　SIGN AT：_____
地址：　　　　　　　　　　　　　　　　　传真：
ADDRESS：_____　FAX：_____
买方：
BUYERS：_____
地址：　　　　　　　　　　　　　　　　　传真：
ADDRESS：_____　FAX：_____

兹经买卖双方同意，成交下列商品，订立条款如下：
The undersigned buyers and sellers have agreed to close the following transactions according to the terms and conditions stipulated below：

品名及规格 NAME OF COMMODITY & SPECIFICATIONS	单价 UNIT PRICE	数量 QUANTITY	金额及术语 AMOUNT & PRICE TERMS

数量及总值均允许增加或减少__%，由卖方决定。　　　　　　总金额：
With__ percent more or less both in the amount and quantity of the S/C allowed.　Total Value：_____
包装：
PACKING：_____
装运期：
TIME OF SHIPMENT：_____
装运港和目的港：　　　　　　　是否允许分批装运，是否允许分批转船：
PORTS OF LOADING & DESTINATION：From any Chinese Port to _____ With Partial shipments and transshipment_____allowed.

保险：由卖方按中国人民保险公司条款照发票总值110%投保一切险及战争险。如买方欲增加其他险别，须于装船前征得卖方同意，所增加的保险费由买方负担。

INSURANCE：To be covered by the sellers for 110% of invoice value against all risks and war risk as per the relevant clauses of The Peoples insurance Company of China. If other coverage is required, the buyers must have the consent of the sellers before shipment and the additional premium is to be borne by the buyers.

付款方式：买方应在卖方所接受的银行，于装运月份前30天，开具以卖方为受益人的不可撤销即期信用证。至装运月份后第15天在中国议付有效。

PAYMENT：The buyers shall open with a bank acceptable to the sellers an irrevocable, confirmed, without recourse, transferable divisible Sight Letter of Credit to reach the sellers 30 days before the month of shipment, valid for negotiation in China until 15th days after the month of shipment.

唛头：买方应在合同装运期前30日内，将唛头的详细说明以明确的形式通知卖方，否则由卖方自行决定。

SHIPPING MARKS：The detail instructions about the shipping marks shall be sent in a define form and reach the sellers 30 days before the time of shipment aforesaid. Otherwise, it will be at the seller's option.

一般条款：（请参看本合同背面）
GENERAL TERMS AND CONDITIONS：
（Please see overleaf）

> 买方开证时，请注明本合同号码。
> When opening L/C please mention our S/C Number.

买方签字：　　　　　　　卖方签字：
THE SIGNATURE OF BUYERS：　　　　THE SIGNATURE OF SELLERS：

一般条款
GENERAL TERMS AND CONDITIONS

1. 付款条件

买方所开信用证不得增加和变更任何未经卖方事先同意的条款。若信用证与合同条款不符，买方有责任修改，并保证此修改之信用证在合同规定的装运月份前至少15天送达卖方。即期付款交单：买方须凭卖方开具的即期跟单汇票，于见票时立即付款，付款后交单。否则卖方有权向买方追索逾期利息。

Terms of Payment：

In the buyer's Letter of Credit, no terms and conditions should be added or altered without prior to the sellers consent. The buyers must amend the letter of credit, if it is inconsistent with the stipulation of this contract, and the amendment must reach the sellers at least 15 days before the month of shipment stipulated in this contract.

2. 商品检验

买卖双方同意以装运口岸中国进出口商品检验局提供的检验证书，作为品质和数量的交货依据。

Commodity Inspection：

It is mutually agreed that the Certificate of Quality and Quantity issued by the Chinese Import and Export Commodity Inspection Bureau at the port of shipment shall be talked as the basis of delivery.

3. 装船通知

卖方在货物装船后，立即将合同号、品名、数量、毛重、净重、发票金额、提单号、船名及装船日期以传真形式通知买方。

Shipping Advice：

The sellers shall, immediately upon the completion of the loading of he goods, advise by fax the buyers of the contract number, commodity, quantity, gross and net weight, invoiced value, bill of lading number, name of vessel and sailing date etc.

4. 索赔

有关质量的索赔，应于货到目的地后三个月内提出，有关数量的索赔，应于货到目的地后30天内提出，提出索赔时，买方须提供卖方认可的公证机构出具的检验报告，但属于保险公司或轮船公司责任范围内者，卖方不负任何责任。

Claims：

Claims concerning quality shall be made within 3 months and claims concerning quantity shall be made within 30 days after the arrival of the goods at destination. Claims shall be supported by a report issued by a reputable surveyor approved by the sellers, claims in respect of matters within the responsibility of the insurance company or of the shipping company will not be considered or entertained by the sellers.

5. 不可抗力

因不可抗力事件所致，不能如期交货或不能交货时，卖方不负任何责任。但卖方必须向买方提供由中国国际贸易促进委员会或其他有关机构所出具的证明。

Force Majeure：

The sellers shall not be responsible for late delivery or non-delivery of the goods due to the Force Majeure. However, in such case, the sellers shall submit to the buyers a certificate issued by the China Council for the Promotion of International Trade of other related organization as evidence.

6. 仲裁

因执行本合同所发生的或与本合同有关的一切争议，双方应友好协商解决，若协商不能获得解决，则应提交北京中国国际贸易促进委员会对外贸易仲裁委员会，根据该仲裁委员会的程序进行仲裁，仲裁裁决是终局的，对双方均有约束力。

Arbitration：

All disputes arising from the execution of or in connection with this contract shall be settled through amicably negotiation, if no settlement can be reached through negotiation, the case shall then be submitted to the Foreign Trade Arbitration Commission of China Council for the Promotion of the International Trade, Beijing, for arbitration in accordance with its provisional rules of procedure. The arbitrated award is final and binding upon both parties.

7. 其他

对本合同的任何变更和增加，仅在以书面经双方签字后，方为有效，任何一方在未取得对方书面同意前，无权将本合同规定之权利及义务转让给第三者。

Other Conditions：

Any alterations and additions to the contract shall be valid only if they are made out in writing and signed by both parties. Neither party is entitled to transfer its right and obligation under this contract to a third party before obtaining a written consent from the other party.

8. 本合同附件为本合同不可分割的一部分，在合同中，中英文两种文字具有同等法律效力。

All annexes to this contract shall form an integral parts of this contract. Both texts of this contract in English and Chinese are equally valid.

9. 其他条款

Other Terms：

本合同自双方签字之日起生效〈〉

This contract shall be valid from the date when it is signed by both parties.

【示例2】

卖方

Seller：

买方

Buyer：

NO.：

DATE：

SIGNED IN：

经买卖双方同意成交下列商品，订立条款如下：

This contract is made by and agreed between the BUYER and SELLER, in accordance with the terms and conditions stipulated below.

唛头 Marks and Numbers	名称及规格 Description of goods	数量 Quantity	单价 Unit Price	金额 Amount

总值 TOTAL：

Transshipment（转运）：

☐ Allowed（允许）   ☐ not allowed（不允许）

Partial shipments（分批装运）：

☐ Allowed（允许）   ☐ not allowed（不允许）

Shipment date（装运期）：

Insurance（保险）：

由 ____ 按发票金额110%投保 _____ 险，另加保 ____ 险至 ____ 为止。

To be covered by the ____ FOR 110% of the invoice value covering ____ additional ____ from ____ to ____ .

Terms of payment（付款条件）：

☐ 买方不迟于 ____ 年 ____ 月 ____ 日前将100%的货款用即期汇票/电汇送抵卖方。

The buyers shall pay 100% of the sales proceeds through sight（demand）draft/by T/T remittance to the sellers not later than ____ .

☐ 买方须于 ____ 年 ____ 月 ____ 日前通过 ____ 银行开出以卖方为受益人的不可撤销 ____ 天期信用证，并注明在上述装运日期后 ____ 天内在中国议付有效，信用证须注明合同编号。

The buyers shall issue an irrevocable L/C at ____ sight through __ in favor of the seller's prior to ____ indicating L/C shall be valid in China through negotiation within __ day after the shipment effected, the L/C must mention the Contract Number.

☐ 付款交单：买方应对卖方开具的以买方为付款人的见票后 ____ 天付款跟单汇票，付款时交单。

Documents against payment：（D/P）

The buyers shall duly make the payment against documentary draft made out to the buyers at __ sight by the sellers.

□ 承兑交单：买方应对卖方开具的以买方为付款人的见票后 ＿ 天承兑跟单汇票，承兑交单。

Documents against acceptance：（D/A）

The buyers shall duly accept the documentary draft made out to the buyers at   days by the sellers.

Documents required（单据）：

卖方应将下列单据提交银行议付/托收。

The sellers shall present the following documents required for negotiation/collection to the banks.

□ 整套正本清洁提单。

Full set of clean on Board Ocean Bills of Lading.

□ 商业发票一式 ＿ 份。

Signed commercial invoice in ＿ copies.

□ 装箱单或重量单一式 ＿ 份。

Packing list/weight memo in ＿ copies.

□ 由 ＿ 签发的质量与数量证明书一式 ＿ 份。

Certificate of quantity and quality in ＿＿ copies issued by ＿＿ .

□ 保险单一式 ＿ 份。

Insurance policy in ＿ copies.

□ 由 ＿ 签发的产地证一式 ＿ 份。

Certificate of Origin in ＿ copies issued by ＿ .

Shipping advice（装运通知）：

一旦装运完毕，卖方应立即电告买方合同号、商品号、已装载数量、发票总金额、毛重、运输工具名称及启运日期等。

The sellers shall immediately, upon the completion of the loading of the goods, advise the buyers of the Contract number, names of commodity, loaded quantity, invoice values, gross weight, names of vessel and shipment date by TLX/FAX.

Inspection and Claims（检验与索赔）：

1. 卖方在发货前由 ＿＿＿＿＿＿＿ 检验机构对货物的品质、规格和数量进行检验，并出具检验证明书。

   The buyers shall have the qualities, specifications, quantities of the goods carefully inspected by the ＿＿＿＿＿＿ ＿＿＿＿＿ Inspection Authority, which shall issue Inspection Certificate before shipment.

2. 货物到达目的口岸后，买方可委托当地的商品检验机构对货物进行复检。如果发现货物有损坏、残缺或规格、数量与合同规定不符，买方须于货到目的口岸的 ＿ 天内凭 ＿＿＿＿＿ 检验机构出具的检验证明书向卖方索赔。

   The buyers have right to have the goods inspected by the local commodity inspection authority after the arrival of the goods at the port of destination. If the goods are found damaged/short/their specifications and quantities not in compliance with that specified in the contract, the buyers shall lodge claims against the sellers based on the Inspection Certificate issued by the Commodity ＿＿＿＿＿＿ Inspection Authority within ＿ days after the goods arrival at the destination.

3. 如买方提出索赔，凡属品质异议须于货到目的口岸之起 ＿ 天内提出；凡属数量异议须于货到目的口岸之日起 ＿ 天内提出。对货物所提任何异议应由保险公司、运输公司或邮递机构负责的，卖方不负任何责任。

   The claims, if any regarding to the quality of the goods, shall be lodged within ＿ days after arrival of the goods at the destination, if any regarding to the quantities of the goods, shall be lodged within ＿ days after arrival of the goods at the destination. The sellers shall not take any responsibility if any claims concerning the shipping goods is up to the responsibility of Insurance Company/Transportation Company/Post Office.

Force Majeure（不可抗力）：

如因人力不可抗拒的原因造成本合同全部或部分不能履约，卖方概不负责但卖方应将上述发生的情况及时通知买方。

The sellers shall not hold any responsibility for partial or total non-performance of this contract due to Force Majeure. But the sellers advise the buyers on time of such occurrence.

Disputes settlement（争议之解决方式）：

凡因执行本合约或有关本合约所发生的一切争执，双方应协商解决。如果协商不能得到解决，应提交仲裁。仲裁地点在被告方所在国内，或者在双方同意的第三国。仲裁裁决是终局的，对双方都有约束力，仲裁费用由败诉方承担。

All disputes in connection with this contract of the execution thereof shall be amicably settled through negotiation. In case no amicable settlement can be reached between the two parties, the case under dispute shall be submitted to arbitration, which shall be held in the country where the defendant resides, or in third country agreed by both parties. The decision of the arbitration shall be accepted as final and binding upon both parties. The Arbitration Fees shall be borne by the losing party.

Law application（法律适用）：

本合同之签订地，或发生争议时货物所在地在中华人民共和国境内或被诉人为中国法人的，适用中华人民共和国法律，除此规定外，适用《联合国国际货物销售合同公约》。

It will be governed by the law of the People's Republic of China under the circumstances that the contract is signed or the goods while the disputes arising are in the People's Republic of China or the defendant is Chinese legal person, otherwise it is governed by the Untied Nations Convention on Contract for the International Sale of Goods.

本合同使用的价格术语基于国际商会《INCOTERMS 1990》。

The terms in the contract based on INCOTERMS 1990 of the International Chamber of Commerce.

Versions（文字）：

本合同中、英两种文字具有同等法律效力，在文字解释上，若有异议，以中文解释为准。

This contract is made out in both Chinese and English of which version is equally effective. Conflicts between these two languages arising there from, if any, shall be subject to Chinese version.

本合同共 __ 份，自双方代表签字（盖章）之日起生效。

This contract is in __ copies, effective since being singed/sealed by both parties.

The Buyer：　　　　　　　　　The Seller：

三、合同的变更、解除和终止

合同的变更是指在合同有效期内，基于一定的法律事实而改变合同的法律行为。双方当事人仍应在平等、自愿、互利、协商一致的原则基础上对合同进行变更。合同的变更不影响当事人要求赔偿的权利。

合同的解除是指在合同期限尚未届满前，合同一方当事人按照法律行为或者约定行使解除权，提前终止合同效力的法律行为。依据《民法典》第三编合同的有关规定，当事人协商一致可以解除合同。当事人一方要求解除合同的原因主要如下：不可抗力致使不能实现合同目的；在履行期限届满之前，当事人一方明确表示或者以自己的行为表示不履行主要债务；当事人一方延迟履行主要债务，经过催告后在合理期限内仍未履行；当事人一方延迟履行债务或者有其他违约行为致使不能实现合同目的；法律规定的其他情形。一方主张解除合同时应通知对方，合同自通知到达对方时解除。

合同的终止是指在合同的有效期内，由于一定事由的发生，合同失效或效力终止。其一般包括自然终止、判决终止和协议终止。

四、签订合同时的注意事项

国际贸易合同是一个法律文件，必须严肃认真地对待。合同从形式的选择到内容的确定无不关系着整个交易的成败，故在签订合同时应格外小心。

1. 合同条款要体现我国的对外政策

（1）成交对象。在对外签订合同时首先要考虑成交对象以及交货的目的港（地）

是否符合我国的对外政策。政策不允许的货物不能成交，也不能将货物发往政策不允许的地区。

（2）对香港、澳门的合同。对香港、澳门出口合同的装运口岸不能写"中国口岸"或"中国上海"，必须写具体港口名称如"上海"等，不能将港、澳与中国并列。有的外贸公司在固定格式出口合同的装运口岸栏里已铅印了"CHINESE PORTS"字样的，在制作合同时更应引起注意。

（3）贸易术语的选择。在我国对外出口业务中，应尽量选用 CIF 贸易术语。但对于那些明确规定需在本国内办理投保业务的国家，不要强制对方接受 CIF 条件。

2. 合同各条款之间内容要一致

（1）成交条件与保险条款要一致。按 CIF 条件成交的应当是我方投保，按 FOB 或 CFR 条件成交的应当是对方投保。

（2）成交条件与交货港口要一致。CIF 或 CFR 条件要附带一个目的港，FOB 条件要有装运港。

（3）单价和总值要保持一致，在币别的使用上也要一致。

（4）包装条件与刷唛标记要一致，散装货不能有刷唛的要求。

（5）付款期限与装运期限要一致。

（6）合同总数量与分批装运的数量要一致。

（7）交货期与信用证开到日期要一致。

（8）有的格式合同中某些条款须填写内容和进行选择的，在制作合同时要正确填写或删除。不删除或删除错了都会造成条款内容不一致。

3. 合同条款的内容要明确

（1）明确溢短装比例。合同一般要求订立溢短装比例，散装大宗货一般为 5%~10%，一般件杂货为 1%~5%。

（2）明确包装条件。对包装条件的规定要明确，应列明用什么材料包装及每件（包）的重量。对合同中的唛头标记，应争取按国际通常做法制作，即横式，共为四行，每行不超过计算机可识别的 17 个字符。第一行为收货人的缩写，第二行为参考号码（一般为合同号码），第三行为目的港（地）名称，第四行为箱号或件数。

（3）准确列明港口。对交货目的港不要只写国名地区名称，如美国港口等。因为一个国家有很多港口，只写国名不利于船舶的安排。对有重名的港口，名称后要写上国名。如加拿大、几内亚等国家都有叫维多利亚的港口。若为买方派船合同，装运港必须明确，目的港则可按买方要求办理。

（4）滞期费与速遣费。对租船出运的货物，往往会涉及滞期/速遣条款。我方派船合同一般发生在国外目的港，对方派船合同发生在国内装运港。因此，应根据不同情况，分别在合同上附上一份运输条款。

（5）明确支付方式。若为信用证支付必须明确是不可撤销的，并须明确开到地点和时间，到期地点以及受益人名称。开到地点、开到时间和到期地点一般均应在中国境内，信用证的有效期至少应到装船期后 15 天。

（6）各种期限要书写完整。对合同的交货期、信用证开到日期等的书写，应写清楚年月，不能只写月不写年。

4. 加强审核，尽量避免差错

（1）合同签订后，要对合同号、买方地址、电话、电传、传真、成交方式、单价、币别、包装、重量、溢短装比例、装卸港、保险、信用证开到地点等一一进行审核，防止漏打、错打。

（2）要防止英文拼写错误，特别是对品名、价格、目的港等更要认真审核，防止打印上的错误，尽量减少和避免差错。

 知识小结

交易磋商是交易双方洽商交易，以求达成买卖协议的具体过程。交易磋商的程序一般包括询盘、发盘、还盘和接受四个环节。其中，发盘和接受是法律上必经的两个环节。发盘必须具备四个条件。发盘在送达受盘人时生效，在特定条件下可以失效。至于发盘是否能撤销，各法系规定各异。有效接受必须由受盘人在发盘有效期内做出，必须是无条件地同意原发盘，并以符合发盘要求的方式传递给发盘人。合同是约束双方的法律文件，关系到缔约双方的利益。根据各国法律的规定，一项有效的合同必须符合法律规范，其构成要符合法律要求的要件。合同的形式有正式的合同、确认书、协议书、备忘录、定单、委托订购单等。合同的基本内容一般由约首、本文和约尾三部分构成。约首，即合同的序言部分，包括合同的名称、订约双方当事人的名称和地址等；本文，即合同的主体部分，具体列明各项交易的条件或条款，如品名、品质、数量、单价、包装、交货时间、交货地点、运输方式、保险条件、支付方式、检验、索赔、不可抗力和仲裁条款等；约尾，一般列明合同的份数，使用的文字及其效力，订约的时间、地点及生效的时间等内容。

 引导案例分析

对方的要求不合理。根据《公约》的规定，构成一项接受应具备的条件是接受由特定的受盘人做出，接受的内容必须与发盘相符，必须在有效期内表示接受，接受方式必须符合发盘的要求。在引导案例中，我方发盘的特定受盘人是美国某中间商 A，其发出的接受通知才具有接受的效力。16 日，我方收到英国 B 公司开来的信用证可视作一项新的发盘。该发盘必须得到我方的接受，合同才成立。在合同未成立的情况下，B 公司就要求我方发货是不合理的。

复习思考题

一、简答题

1. 构成一项法律上有效的发盘必须具备哪些条件？

2. 国际上关于发盘生效问题有哪些不同的规定？明确发盘生效的时间有何意义？

3. 发盘能否撤回和撤销？《公约》关于发盘的撤回与撤销问题是怎样规定的？

4. 发盘在哪些情况下失效？

5. 何谓接受？构成接受应具备哪些条件？

6. 国际上关于接受生效时间的问题有哪些不同的规定？

7. 何谓逾期接受？逾期接受的法律后果如何？《公约》对逾期接受有何规定？

8. 接受能否撤回或修改？《公约》关于接受撤回与修改问题有何规定？

9. 一项有法律约束力的合同应具备哪些条件？

10. 一份合同的主要内容有哪些？

11. 签订书面合同时应注意哪些问题？

二、计算分析题

1. 宏大外贸公司于 2016 年 3 月 1 日向日商发去电传，发盘供应某农产品 1 000 吨，并列明"牢固麻袋包装"。日商收到我方电传后立即复电表示"接受，新麻袋装"。我方收到上述复电后即着手备货，准备于双方约定的 4 月份装船。两周后，该农产品国际价格猛跌，日商于 3 月 25 日来电称："由于你方对新麻袋包装的要求未予确认，双方之间无合同。"而我方坚持合同已有效成立。双方发生争执。请对此进行评析。

2. 我国某公司向美国某贸易商出口工艺品一批，我方于周一上午 10 时，以自动电传向美商发盘，公司原定价为每单位 500 美元 CIF 纽约。但我方工作人员由于疏忽而误报为每单位 500 元 CIF 纽约。请问：

(1) 如果是在当天下午发现问题，应如何处理？

(2) 如在第二天上午 9 时发现问题，客户尚未接受，应如何处理？

(3) 如在第二天上午 9 时发现问题，客户已经接受，应如何处理？

3. 某土特产品进出口公司拟向某外商出口一批土特产品。双方就出口商品品名、规格、质量、数量、价格、包装、交货日期、付款方式等交易条件通过电报往来进行磋商。3 月份基本达成协议，唯有价格一项，中方坚持单价不得低于每吨 1 500 元，并要求外商在"两个月内答复"。下半年，该土特产品的国际市场价格猛涨，外商才复电可按中方的 1 500 元/吨的价格成交。此时，中方发现国内货源已紧缺，无法供货，故未予理睬。外商于数日后未接到中方答复，便指责中方违约，并要求中方承担违约责任。请问中方是否要承担违约责任？为什么？

第十一章

出口合同的履行

学习目标
XUEXI MUBIAO

熟悉采用信用证付款方式签订的 CIF 出口合同履行的全过程；掌握各种单据的制作、审核和修改技巧，以及在各个环节卖方应做的工作，培养学生具备良好的职业素养、法治意识、诚信意识、爱国情怀。

引导案例
YINDAO ANLI

我国某进出口公司与外商就某商品按 CIF、即期信用证付款条件达成一项数量较大的出口合同。合同规定 2016 年 11 月装运，但未规定具体的开证日期。后因该商品市场价格趋降，外商便拖延开证。我方为防止延误运期，从 10 月中旬起多次电催开证，终于使外商在 11 月 16 日开来了信用证。但是，由于开证太晚，使得安排装运发生困难，我方遂要求对方对信用证的装运期和议付有效期进行修改，分别推迟一个月。外商拒不同意，并以我方未能按期装运为由单方面宣布撤销合同。我方也就此作罢。请分析我方如此处理是否适当？应从中吸取哪些教训？

在进出口业务中，卖方履行合同的基本义务是向买方提交符合合同规定的货物，移交一切与货物有关的单据并转移货物的所有权。采用不同的价格术语和支付方式，卖方履行合同时就会采取不同的做法。在我国的外贸业务中，广为使用的是以 L/C 为支付方式和 CIF 价格术语成交的合同。在 CIF 条件和凭 L/C 支付的方式下，履行合同一般需经过下列各环节：备货、催证、审证、改证、租船订舱、商品检验、投保、报关、装船、制单、交单、结汇。这些环节可以归纳为货、证、船、款四个方面。

第一节　催证、审证和改证

针对信用证付款的合同，在履行过程中，对信用证的掌握、管理和使用，直接关系到进出口公司的收汇安全。信用证的掌握、管理和使用主要包括催证、审证和改证几项内容。这些都是与履行合同有关的重要工作。

一、催证

以信用证方式作为支付条件时，买方有时未能按合同要求及时开来信用证。常见的买方未及时开证的原因如下：市场发生变化，销售受阻；资金短缺；工作繁忙，甚至遗忘，致使买方拖延开证。而买方按时开证（即使合同中对买方开证时间未做规定，买方也应在合理的时间内开出）是卖方履约的前提。因此，对大宗商品的交易，特别是应买方要求而特制的商品的交易，更应结合备货情况进行催促。有时在我方的货源、运输情况允许提前装运时，也可以通过信函、电报、电话、传真或其他方式催促对方迅速及时开出信用证，以便于我方早日发货。这一环节就是催证。

催证时应该注意以下事项：

（1）必须根据合同条款规定的开证期限催证。

（2）必须根据我方出口商品的备货情况以及出口商品能否及时出运的可能性，结合国际货物联合运输的情况催证。

（3）催证是出口方履行合同的正常程序，应注意催证时所使用语言的礼貌、客观，不能言语过激，以免破坏双方的正常贸易关系。

二、审证

一般来说，对方开来的信用证是建立在合同的基础上的，其内容理应与合同内容完全一致。但由于种种因素造成信用证的条款与合同规定不符，就会给出口方造成履约不顺、收汇风险，甚至造成政治上、经济上的更大损失。所以，出口方在收到买方开来的信用证后应对信用证的内容进行认真、仔细的审核，以确保其与双方签订的合同保持一致。这一环节就是审证。在实际业务中，审证的工作是由银行和出口方共同承担的。银行主要审核开证行的业务往来情况、政治背景、资信能力、付款责任和索汇路线等方面的内容以及鉴别信用证的真伪等；经审查无问题，银行则在信用证正本上加盖"证实书"印戳后交卖方审查。卖方主要审核信用证业务方面的内容是否与双方所签合同一致，如信用证的种类，货物名称、包装、数量、唛头、单价、总价以及信用证对单据的要求等，包括整个信用证的业务范围。

1. 信用证不符合合同规定的常见原因

（1）工作的疏忽。

（2）电文传递的错误。

（3）贸易习惯的不同。

（4）市场行情的变化。

（5）买方故意利用开证的主动权加列对其有利而对卖方不利的条款。

（6）其他政治、经济的原因等。

2. 审证的具体内容

（1）对政治、政策的审查。来证各项内容应符合我国方针政策。

（2）对开证行资信的审查。开证行的资信状况涉及能否安全收取货款。

（3）对信用证的性质及开证行付款责任的审查。如信用证是否可撤销，是否保兑，信用证是否在证内对开证行付款责任方面加列"限制性"或"保留"条款等。

（4）对信用证金额、货币和受益人的审查。信用证金额应与合同金额一致，金额要书写正确。如果合同中订有溢短装条款，信用证金额也应包括溢短装部分的金额。

（5）对商品的品质、规格、数量、包装等条款的审查。

（6）对信用证有效期和装运期的审查。装运期必须与合同规定的时间相一致。信用证的有效期应与装运期有一定的合理间隔以便出口方制单结汇。

（7）对单据的审查。货物单据主要有提单、保险单、商业发票、原产地证明书、品质检验证书、装箱单、重量或数量明细单、合同规定需要提供的其他单据和证件。对单据的审核要注意确认单据的种类、单据的份数和单据的制作方法。

（8）对信用证特殊条款的审核。例如，指定船公司、船籍，或不准在某个港口转船等。

审证工作是一项政策性强、涉及面广的工作。搞好审证工作是高质量履行出口合同，确保安全、及时收汇的重要环节。应针对不同的国家、地区银行开来的信用证，依照合同认真审核。

☞ **课堂案例**

2014 年 4 月份，广交会上某公司 A 与科威特某一老客户 B 签订合同。客户欲购买 A 公司的玻璃餐具（名为 GLASS WARES），A 公司报价 FOB WENZHOU，温州出运到科威特，海运费到付。合同金额达 25 064.24 美元，共 1×40′高柜，支付条件为全额信用证。B 客户回国后开信用证到 A 公司，要求 6 月份出运货物。A 公司按照合同与信用证的规定在 6 月份按期出货，并向银行交单议付，但在审核过程中发现以下两个不符点：

① 发票上"GLASS WARES"错写成"GLASSWARES"，中间没有空格。

② 提单上提货人一栏"TO THE ORDER OF BURGAN BANK, KUWAIT"错写成了"TO THE ORDER OF BURGAN BANK"，漏写了"KUWAIT"。

A 公司认为这两个是极小的不符点，根本不影响提货，而且该客户是老客户，所以就不符点担保出单。但是，A 公司很快接到由议付行转来的拒付通知。银行以上述两个不符点作为拒付理由拒绝付款。A 公司立即与 B 客户取得联系，原因是 B 客户认为到付的运费（2 275 美元）太贵（A 公司报给客户的是 5 月份的海运费，到付价大约是 1 950 美元，6 月份海运费价格上涨，但客户并不知晓）而拒绝到付运费。因此，货物滞留在码头，A 公司也无法收到货款。后来 A 公司进行各方面的协调后，与船公司联系要求降低海运费。船公司将运费降到 2 100 美元，客户才勉强接受，到银行付款赎单。A 公司被扣了不符点费用。整个解决纠纷过程使得 A 公司推迟收汇 20 天。请就此案例进行分析。

【案例分析】

① 不符点没有大小之分。在本案例中，A 公司在事先知道单据存在不符点的情况下仍然出单，存在潜在的风险。A 公司认为十分微小的不符点却恰恰成了银行拒付的正当理由。因此，在已知不符点的情况下，最好将其修改过来。

② FOB 运费的上涨与 A 公司并无关系，因此，客户主要是借不符点进行讨价还价。

三、改证

改证是履行出口合同的重要环节。要贯彻"重合同，守信用"的原则，掌握好改与不改的界线。在对买方开来的信用证进行了全面、细致的审核之后，如发现问题，按其性质、范畴，分别同银行、保险、运输、商检等有关部门进行沟通，做出恰当处理。凡属非改不可的，应及时要求开证行改证，并坚持收到开证行的修改通知书后才发运货物。按照信用证业务的国际惯例，一份信用证的修改通知书中包括两项或两项以上的内容时，信用证的受益人对此通知的内容要么全部接受，要么全部拒绝，不能接受一部分而又拒绝其余部分。如出口合同使用的是银行担保书（L/G）或其他银行信用凭证，则可按同样原则与手续进行审核和修改，直至其内容与出口合同完全吻合或者卖方觉得满意，可以接受为止。

改证时应注意以下事项。

（1）修改的各项内容应尽量一次性提出，避免多次修改，以免增加双方的手续和费用，浪费双方的时间。

（2）凡能办到而又不增加费用的，应尽量不修改。

（3）修改应及时提出，以避免因拖延时间过长，造成银行认为我方已接受的误解。

（4）对信用证的修改书也应认真审核，防止国外客户趁机修改、添加、删除一些重要内容。

（5）在改证的电函中必须注明原信用证的证号、合同号、货物名称，避免混淆。

（6）修改书应由原通知行传递。

（7）如不接受应尽早退回说明情况，否则等于默认。

☞ **课堂案例**

A 公司在 2015 年 11 月与阿联酋迪拜 B 公司签订了一份出口合同，货物为 1×20 集装箱一次性打火机。不久，B 公司即开来一份不可撤销即期信用证，来证规定装船期限为 2016 年 1 月 31 日，要求提供 "Full set original clean on board ocean bill of lading..."

（全套正本清洁已装船海运提单……）。由于装船期太紧，A公司便要求B公司展期，将装船期限改为2016年3月31日。B公司接受了A公司的要求修改了信用证。A公司收到信用证并经全面审查后未发现问题，遂于3月30日办理了货物装船，4月13日向议付行交单议付。4月27日A公司收到议付行转来的开证行的拒付通知："你第××号信用证项下的单据经我行审查，发现如下不符点：提单上缺少'已装船'批注。以上不符点已经与申请人联系，亦不同意接受。单据暂代保管，听候你方的处理意见。"

A公司立即电洽B公司，提单缺少"已装船"批注是A公司业务人员的疏忽所致，A公司同意买方在收到目的港船代的提货通知书后再向开证行付款赎单。B公司回复，由于当地市场上一次性打火机的售价大幅下降，只有在降价30%后方可向开证行赎单。A公司只好被迫同意降价30%了结此案。从这个案例中可以得到哪些启示？

【案例分析】

在国际贸易中，交易双方应严格按照信用证与《UCP 600》的要求制作与审核单据。信用证要求提供"已装船"提单，我方应提供相应的提单，以便做到单证相符。根据《UCP 600》的规定，除非信用证另有规定，提单应注明货物已装船或已装具名船只，可由提单上印就的"货物已装上具名船只"或"货物已装运具名船只"的词语来表示。在此情况下，提单的出具日期即视为装船日期与装运日期。在其他情况下，装上具名船只，必须以提单上注明货物装船日期的批注来证实，此时装船批注日期即视为装运日期。本案例中的提单（提单上没有印就上述词语）则属于后一种情况，只要在提单上注明货物装船日期的批注就行了。如果我方业务人员能按照信用证的要求制作托运单（在托运单上注明要求提供"已装船"提单），承运人或其代理能根据托运单内容与《UCP 600》的规定制作并签发提单，银行能根据信用证与《UCP 600》的规定来审核A公司交来的议付单据，那么上述案例中的拒付也许就不会发生了。因此，本案例的拒付带给我们的启示是应在信用证的装船期内尽快办理装运，严格按照信用证与《UCP 600》的要求制作与审核单据。

第二节 备货与报验

一、备货

备货工作是指卖方根据出口合同的规定，按时、按质、按量地准备好应交的货物。备货工作的主要内容包括及时向生产、加工或供货部门安排货物的生产、加工、收购和催交，核实应交货物的品质、规格、数量和交运时间，并进行必要的包装和刷制唛头等工作。

备货应符合下列要求。

1. 有关货物问题

（1）货物的品质、规格。按合同的要求核实，必要的时候应进行加工整理，以保证货物的品质、规格与合同或信用证规定一致。

第十一章 出口合同的履行

（2）货物的数量。保证满足合同或信用证对数量的要求。备货的数量应适当留有余地，万一装运时发生意外或损失，以备调换和适应舱容之用。

（3）备货的时间。与合同和信用证规定的装运期限以及船期紧密衔接，防止交货脱期；同时又要注意适当留有余地，以免造成延误。

2. 有关货物包装问题

（1）严格按照合同的要求对商品进行包装。如果合同中未对包装做具体规定，应按同类货物通用的方式进行包装。较安全的做法是将货物装载到集装箱中或牢固的托盘上。对于装集装箱的货物，注意将货物充满集装箱，均匀放置，均匀受力，并做好铅封工作。

（2）为防止货物被盗窃，货物的外包装上不应注明识别货物的标签或货物的品牌。

（3）由于运输公司一般按重量或体积计算运费，出口公司应在保证货物安全的情况下尽量选择重量轻的小体积包装，以节省运输费用。

3. 有关货物外包装的运输标志问题

（1）刷制运输标志应符合有关进出口国家的规定。有些国家的海关要求所有的包装箱必须单独注明重量和尺寸（用规定的计量单位），用英语或目的国的语言注明。

（2）运输标志应既简洁明了，又能提供充分的运输信息。

（3）包装上的运输标志应与所有出口单据上对运输标志的描述一致。

（4）运输包装上运输标志的大小、尺寸应适中，确保相关人员在一定距离内能看清楚。此外，运输标志应该至少在包装箱的四面都刷制，以防货物丢失。

二、报验

凡属国家规定或合同规定必须经中国商品出入境检验检疫局检验、出证的商品，在货物备好后，应向当地出入境检验检疫局申请检验。出口报验是指出口商品的生产、经营单位按照《中华人民共和国进出口商品检验法》的规定，向当地出入境检验检疫局申请办理检验手续。一般在货物备妥后填写"出境货物报验单"，附上合同和信用证副本等凭据，向商检部门报验，实施"先报验，后报关"的通关模式。商检部门根据厂家、公司的货源、生产环境、生产设施和加工技术等做出免检、抽检、全检的决定。货物经检验合格后，由商检机构发给检验证书。只有取得商检局所发给的检验合格证书，并于证书规定的有效期内进行报关，海关才予放行。如超出有效期装运出口，应向商检部门申请展期，并由商检机构进行复验，经复验合格后才能出运。

1. 出境货物报验注意事项

（1）填写各类报验申请单均需加盖公章，并随附全套有关单据。如发货人委托其他单位代理报验，在原单据基础上还应加附正本委托书。

（2）协调好报验、报关、装运之间的时间安排。报验时间一方面要保证商检机构有必要的检验出证时间，另一方面又要和装运期紧密相连。

（3）凭样品成交的商品在报验时应提供成交样品。

（4）法检商品报验时，应提供商检机构签发的"出境货物运输包装性能检验结果单"正本，并须在原产地办理报验手续。运往口岸的法检商品，须在原产地商检机构预先检验合格，取得出口商品换证凭单后，方可运往口岸办理出口检验换证或放行手续。

（5）每份出境货物报验单仅限填报一批商品。

（6）商检机构签发的证书为全国统一格式，如接受国外提出的其他格式或其他语种的证书要求，需经商检机构同意，然后在报验单中注明。

（7）预检商品，应附商检机构签发的"出口商品预验结果单"正本。

2. 出口商品预检

出口商品预检是针对一些品质稳定、非易腐烂变质、非易燃易爆的商品而言的。当整批出口的商品已备齐存放仓库，只是未签合同或信用证未到，未定数量、唛头等时，可以先办理预检；或者整批货物已备好、计划分批出运的商品可以整批货物提前办理预检。办理预检报验的程序如下。

（1）填写预检报验单。

（2）预检合格后领取"出口商品检验换证凭单"或"出口商品预验结果单"。

（3）正式出口时，在有效期内逐批向检验检疫局办理换证或放行手续，并在两单的登记栏内对货物数量予以登记核销。

第三节　办理出口手续

一、租船订舱

在 CIF 条件下，租船订舱是卖方的责任之一。如果出口货物数量较大，需要整船载运的，则要租船；一般情况下，出口货物数量不足以整船载运时，只需订舱。订舱的具体手续如下：

（1）卖方填写托运单，作为订舱依据。托运单又称订舱委托书，是托运人（发货人）依据贸易合同、信用证条款所填写的向承运人（轮船公司，一般为装运港的船方代理人）办理货物托运的单证。托运人在填写托运单时，要填明出口货物的名称、数量、毛重、净重、尺码、装运港、目的港、最迟装运期限等内容，然后将填制好的托运单交给承运人。承运人根据托运单内容，结合运输情况（航线、停靠港、船期、舱位等），认为合适后即接受这一托运，并在托运单上签章，留存一份，退回托运人一份。这样，订舱手续即告完成，运输合同即告成立（有时还需附上销售合同和信用证副本）。

（2）船公司或其代理人接受托运后，向托运人发出装货单。装货单俗称下货纸，其作用有三：一是通知托运人，表明货物已配妥某航次、某船名，以及装货日期，让托运人提前备妥货物、准时装船；二是便于托运人及时向海关办理出口申报手续，海关凭以验放货物；三是作为船长接受该批货物上船的命令。

二、出口报关

出口报关是出口货物装船出运前必须向海关办理的手续。按照我国《海关法》的规定，进出境货物必须经由设有海关的港口、车站、国际航空站进出，并由进出口货物收发货人或其代理人向海关申报，获得海关放行后，货物才可被提取或者装运进出境。货物在装船前，必须填写出口货物报关单，连同其他必要的单证（装货单、出口许可证、卫生检疫证明、合同副本、发票等）向海关申报，有时还须提供商检证书、重量清单。货物经过海关查验，如果货、证、单相符无误，凭加盖了海关放行章的装货单才可装船。应缴纳关税的货物还需办理纳税手续。出口报关一般包括以下几个步骤。

1. 出口申报

（1）申报地点。出口货物一般应在出境地申报。经发货人申请，海关同意，出口货物也可以在设有海关的货物启运地申报。

（2）申报时间。出口货物应在货物运抵海关监管区后，装货的 24 小时以前向海关申报。经海关批准准予集中申报的货物，自装载货物的运输工具进境之日起一个月内申报。经电缆、管道或其他特殊方式出境的货物，出口货物的发货人或其代理人应当按照海关的规定定期申报。

（3）申报单证。主要单证有报关单，基本单证有托运单、商业发票、装箱单等，特殊单证有出口许可证、原产地证明、担保文件等，预备单证有贸易合同、进出口公司的有关证明文件等。

（4）申报方式。先以电子数据报关单形式向海关申报，后提交纸质报关单。单证申报可选择终端申报方式、电子数据交换（EDI）申报方式和网上申报方式。

（5）提交报关单及随附单据。海关审结电子数据报关单后，出口货物的发货人或其代理人自接到海关"现场交单"或"放行交单"之日起 10 日内，持打印的纸质报关单，备齐相关单证，到货物所在地海关办理海关相关手续。

2. 出口查验

（1）查验的时间和地点。一般在海关正常工作时间内、在海关监管仓库内进行。特殊情况如出口大宗散货、危险品、鲜活商品等，发货人或其代理人可向海关申请结合装卸环节在作业现场予以查验放行。

（2）配合查验。发货人或其代理人在海关查验时应配合做好相关工作。

3. 缴纳出口关税

按照我国进出口关税征收办法的规定，目前海关对鳗鱼苗等几十种商品征收出口关税。出口关税的计算应先确定出口商品的完税价格，然后按出口关税税率计算应纳税额。具体公式为

$$完税价格＝FOB 价格／（1+出口关税税率）$$
$$出口关税税额＝完税价格×出口关税税率$$

4. 放行

出口货物的发货人或其代理人按照海关规定办理了申报、查验和纳税手续后，由海关在出口货物报关单和装货单上加盖海关放行章予以放行，出口货物才可以装运出境。

三、装船

（1）货物装船后，由船长或大副签发收货单。常见的装货单一般为一式多联：一联为装货单，即港务局通知托运人装运货物的凭单；一联是收货单，即大副收据——船

上收完货后，由船长或大副签发表明收货情况的凭单。托运人凭此收货单向外轮代理公司交付运费并换取正式提单。

（2）发出装船通知。出口公司拿到提单后，根据合同要求向买方发出已装船通知，告知其船名、航次以及预计到达目的港的时间，以便其了解装运情况和进行接货准备。

四、投保

按 CIF 价格成交的出口合同，卖方在装船前须及时向保险公司办理投保手续，填制投保单。出口商品的投保手续一般都是逐笔办理的，投保人在投保时应将货物名称、保额、运输路线、运输工具、开航日期、投保险别等一一列明。保险公司接受投保后，即签发保险单或保险凭证。

上述几个环节可以按"四排""三平衡"工作来进行检查。"四排"是指以买卖合同为对象，根据进程卡片反映的情况，其中包括信用证是否开到、货源能否落实，进行分析排列，并归纳为四类，即有证有货、有证无货、无证有货、无证无货。通过排列发现问题，及时解决。"三平衡"是指以信用证为依据，根据信用证规定的货物装船期和信用证的有效期远近，结合货源和运输能力的具体情况，分清轻重缓急，力求做到证、货、船三方面的衔接和平衡。尽量避免交货期不准、拖延交货期或不交货等现象的发生。

第四节 信用证条件下制单结汇

出口货物装运之后，出口公司应按照信用证的规定正确缮制各种单据。在信用证规定的交单有效期内，递交银行办理议付结汇手续。

一、信用证条件下制单结汇的三种做法

在信用证付款条件下，我国出口商在银行办理出口结汇的做法主要有三种：收妥结汇、押汇和定期结汇。不同的银行，其具体的结汇做法不一样。即使是同一家银行，针对不同的客户信誉度，以及不同的交易金额等情况，所采用的结汇方式也有所不同。

1. 收妥结汇

收妥结汇，又称收妥付款，是指信用证议付行收到出口公司的出口单据后，经审查无误，将单据寄交国外付款行索取货款的结汇做法。这种方式下，议付行都是待收到付款行的货款后，才将货款给付出口公司，即议付行收到国外付款行转来的该行账户的贷记通知书时，按当日外汇牌价以及出口公司的指示，将货款折成人民币拨入出口公司的账户。

2. 押汇

押汇，又称买单结汇，是指议付行在审单无误的情况下，按信用证条款贴现受益人（出口公司）的汇票或者以一定的折扣买入信用证项下的货运单据，从票面金额中扣除从议付日到估计收到票款之日的利息，将余款按议付日外汇牌价折成人民币，拨给出口公司。

议付行向受益人垫付资金、买入跟单汇票后，即成为汇票持有人，可凭票向付款行索取票款。银行之所以做出口押汇，是为了给出口公司提供资金融通的便利。这有利于加速出口公司的资金周转。

3. 定期结汇

定期结汇是指议付行根据向国外付款行索偿所需时间，预先确定一个固定的结汇期限，并与出口公司约定该期限到期后，无论是否已经收到国外付款行的货款，都主动将票款金额折成人民币拨给出口公司。

二、处理单证不符情况的办法

在信用证项下的制单结汇中，议付银行要求"单、证表面严格相符"。但是，在实际业务中，由于种种原因，单证不符情况时常发生。如果信用证的交单期允许，交易双方应及时协商，修改单据，使之与信用证的规定一致。如果不能及时改证，进出口公司应视具体情况，选择如下处理方法。

1. 表提

表提，又称为表盖提出，即信用证受益人在提交单据时，如存在单证不符情况，主动向议付行书面提出单、证不符点；议付行要求受益人出具担保书，担保如日后遭到开证行拒付，由受益人承担一切后果。在这种情况下，议付行为受益人议付货款。因此，这种做法也被称为凭保议付。表提一般适用于单证不符情况并不严重，或虽然是实质性不符但事先已经开证人（进口商）确认可以接受等情形。

2. 电提

电提，又称为电报提出，即在单、证不符的情况下，议付行先向国外开证行拍发电报或电传，列明单、证不符点，待开证行复电同意再将单据寄出。电提一般适用于单、证不符属实质性问题、金额较大等情形。用电提方式开证行可以在较短的时间内征求开证申请人的意见。如获同意，则可以立即寄单收汇；如未获同意，受益人可以及时采取必要措施对运输中的货物进行处理。

3. 跟单托收

如果出现单、证不符，议付行又不愿用表提或电提方式征询开证行的意见，则信用证彻底失效。出口公司只能采用托收方式，委托银行寄单代收货款。

需要指出的是，无论是采用表提、电提，还是跟单托收方式，信用证受益人都失去了开证行在信用证中所做的付款保证，从而使出口收汇从银行信用变成了商业信用。

第五节　制作主要出口单据

出口货物装运之后，出口公司应按信用证的规定缮制各种单据，并在信用证规定的有效期内送交银行办理议付结汇手续。出口单据种类很多，根据其作用和性质的不同，可以分为主要单据和辅助单据两种。主要单据包括汇票、商业发票、提单、保险单等，辅助单据包括商检证书、出口许可证、原产地证明、装箱单和重量单等。按签发人的不同，出口单据可以分为出口商签发的单据和有关单位、政府机关、社会团体签发的单据。前者有汇票、发票、装箱单、重量单等，后者有提单、保险单、商检证书、出口许可证等。开证行只有在出口公司提交的单据与信用证规定完全相符时，才承担付款的责任。因此，正确完备地缮制各种单据，与安全迅速收汇有着十分重要的关系。

一般来说，对结汇单据的要求有以下几点。

（1）单据与信用证要求一致，单据与单据之间要一致。

（2）单据的份数和单据本身的项目必须完整无缺。

（3）在信用证有效期内，及时将单据送交议付银行。

（4）单据的内容应按信用证要求和国际惯例填写，力求简明。

（5）单据缮写或打印的字迹要清楚，单据表面要清洁。

一、汇票

在采用信用证支付的情况下，汇票是主要的出口单据之一。在缮制汇票时，应严格按照信用证规定办理。具体应注意以下几点。

（1）付款人。汇票的付款人是指汇票的受票人。采用信用证支付方式时，汇票的付款人应按信用证规定填写。如果来证没有具体规定付款人名称，可以理解为就是开证银行，写在汇票上"此致（To）"之处。

（2）受款人。汇票的受款人应为卖方的出口公司，个别来证另有规定的除外。

（3）开具汇票的依据。它是指汇票的出票条款。信用证方式下，应按来证的规定文句填写；如信用证没有具体的文句规定，可在汇票上注明开证行名称、地点、信用证号码、开证日期等内容。

（4）汇票金额。填写汇票所使用的货币名称缩写和金额小写数字（阿拉伯数字）。对于大写金额，应在金额后面加"only"，即"整"，此时货币名称不能缩写。大写金额与小写金额必须一致。汇票的金额必须明确、肯定。若来证允许有一定的增减幅度或有"约"字样，则一般不得超过信用证的开列金额，并且应与发票金额一致。

（5）付款期限。对于即期汇票，应在付款期限一栏内填写"at sight"。对于远期汇票，须根据来证规定分别填写"见票若干天付款（at ×× days sight）""出票后若干天付款（at ×× days after date of draft）""提单签发后若干天付款（at ×× days after date of B/L）"。

（6）出票日期和出票地点。出票日期即交单日期，向银行交单时填写；出票地点一般为议付地点。汇票必须填列出票日期和出票地点，以便确定付款到期日，计算利息金额，同时确定适用的法律。汇票日期已定时，发票日期一般不得迟于汇票日期。

（7）出票人签章。打印出口公司的全称，并由公司经理签字。汇票须经出票人签章方能有效。

（8）汇票的份数。一般为一式两份，均具同等效力；其中一份付讫，另一份自动失效。空白汇票格式如表 11-1 所示。

表 11-1　一份空白的商业汇票

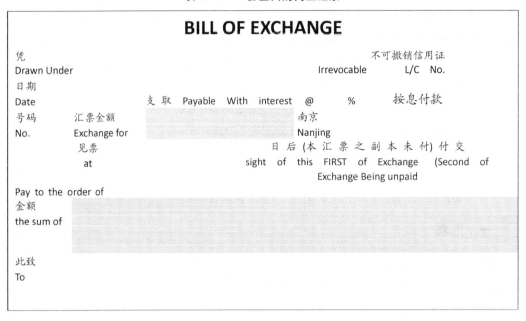

二、发票

发票种类较多，除通常所说的商业发票外，还有海关发票、领事发票、厂商发票等。

1. 商业发票

商业发票，又称发货单，是卖方开立的载有发货人和收货人名称、装运工具、合同号码、起讫地点以及品名、数量、单价、金额等内容的清单。它是双方交接货物、结算货款的主要单证，也是货物进出口报关完税必不可少的单证之一。此外，它还是缮制其他出口单据的依据。

（1）商业发票的基本内容有以下几点：

①注明"invoice"或"commercial invoice"字样。

②卖方、买方的详细名称和地址。

③起运地和目的地。

④货物详细名称、规格、数量、重量（毛重或净重）、体积。

⑤货物的单价、总值。

⑥唛头和件号、批号。

⑦发票、信用证、合同号码。

⑧卖方的正式签章。

此外，发票下端通常还印有"有错当查（E. & O. E.）"的字样。

（2）在采用信用证支付的情况下，缮制发票时应严格按照信用证的规定办理，其中特别应注意以下几个栏目的填写：

①收货人，一般是买方。如属信用证方式，除少数来证另有规定外，收货人应填开

证申请人或开证人。

②货物的品名、数量、规格、单价、总计金额。如是信用证方式，必须两者完全一致，注意不得更改、遗漏和增项。如果信用证没有详细规定，为明确起见，可以加注品名、规格，但不能有影响货物品质的词句，如"次品""二等品"等。加注内容（商品数量等）不得与信用证内容矛盾，如超量或不足，要查看来证是否允许溢短装或有"大约"字样；否则，国外开证行仍会对此挑剔（认为单、证不符等）而拖延甚至不予付款。

③如果来证规定或客户要求在发票上列出船名、原产地、生产企业名称、进口许可证号码等，只要符合合同、符合事实，一般照办。

④如果来证或合同规定的单价中含有"佣金"，发票得照样填写，不能以"折扣""现金折扣"或"贸易折扣"等代替而造成混淆。同理，如果来证或合同上有"现金折扣"的字样，在发票上也得原名照列，不能只写"折扣"，更不能以"贸易折扣"等字样代之。因为这些名词的含义是不同的。

⑤发票所开的总金额不能超过信用证的最高金额。按照银行惯例，开证行可以拒绝超过信用证开列金额的发票。单价也要按信用证中价格条款照打不误，不能省略。

⑥如果信用证内规定了"选港费""港口拥挤费"或"超额保险费"等费用为买方负担，并允许凭本信用证支取的条款，可在发票上将各项有关费用一一开列，加在总值内，一并向开证行收款。如果信用证中未做上述说明，即使在合同中有此约定，卖方也不能开列、支取这些款项，除非客户同意并经开证行加注上述内容；否则，只能按照合同另行制单罗列上述费用，办理托收。

⑦当来证要求在发票上加注"证明所列内容真实无误"或称"证实发票""货款已收讫""收妥发票"以及有关出口商国籍、原产地证明等文句时，只要可行且不违背我国方针、政策，均可酌情处理。

⑧出具"证实发票"时，应将发票下端通常印有的"有错当查（E. & O. E.）"的字样删去，以免自相矛盾。"有错当查"是一种预先申明、防备万一发生差错时便于改正的陈述。

⑨发票上的商品数量要和提单、保险单等其他单据上的数量一致。

⑩来证上所使用的货币与合同单价所标的货币不一致时，发票应按原单价计算，然后再将总金额折合成来证上所使用的货币，折合时应注意汇率要合理。

来证并无特别规定要求卖方提供原产地证明、装箱单时，为了精简单证，可将这些内容体现在发票上。这就是所谓的"联合发票"。空白的商业发票如表11-2所示。

表 11-2　空白的商业发票示样

ISSUER	商业发票 COMMERCIAL INVOICE		
TO			
	NO.		DATE
TRANSPORT DETAILS	S/C NO.		L/C NO.
	TERMS OF PAYMENT		

Marks and Numbers	Number and kind of package Description of goods	Quantity	Unit Price	Amount
	TOTAL: SAY TOTAL:			

2. 海关发票

海关发票是由进口国海关制定的、要求外国出口商填写，以用作海关统计、估价完税、征收差别关税以及核查该类商品在卖方国内的市价而决定是否征收反倾销税的依据。要求卖方填报海关发票的国家目前有美国、澳大利亚、加拿大、新西兰、加纳，以及东非、西非的一些国家，但各国对其叫法不一致。

（1）海关发票的主要内容有以下几点。

①商品的生产成本，如 FOB 价、运费、保险费等。

②商品的生产国家。

③出口国国内市场价格。

（2）填写海关发票时应注意以下事项。

①各国使用的海关发票都有其特定的格式，不得混用。

②凡海关发票与商业发票一致的内容，不得自相矛盾。

③出口国国内市场价格一栏，应按规定慎重填写。该栏目是征收反倾销税的重要依据。

④如果售价中包括运费或包括运费和保险费，应分别列明 FOB 价、运费、保险费各多少，FOB 价加运费应与 CFR 货值相等，FOB 价加运费和保险费应与 CIF 货值相等。

⑤海关发票的签字人与证明人不能为同一人。他们均以个人名义签字，且必须手签方能生效。

3. 领事发票

有些国家如拉丁美洲、菲律宾等国规定，凡输往该国的货物，卖方必须向该国海关提供经该国领事签证的发票，有的是固定格式，有的是在商业发票上有领事签证就行。所以，领事发票又叫"领事签证书"。领事发票主要是作为进口国核定进口税的依据，与海关发票基本类似。各国驻外领事在签发领事发票时，均需收取一定的签证费。国外来证要求我方提供领事发票的，一般不接受，或由银行注明当地无对方领事馆机构，争取取消，让对方改证。当然，如经两国政府协商同意，或可由我方贸易促进会签证的，按我国有关主管部门的规定办理。

4. 厂商发票

这是出口货物的制造厂商所出具的发票。它是以本国货币来计算价格的，用以证明出口国国内市场的出厂价格的发票。其目的也是供进口国的海关估价、核税，以及确定是否征收反倾销税。厂商发票与海关发票类似。如国外来证要求提供厂商发票，可按照海关发票有关国内价格的填制办法处理。

5. 形式发票

形式发票是卖方应买方的要求开立的一种非正式发票，发票上载明拟出口货物的名称、单价等内容，主要供进口商申请进口许可证或申请批准外汇时使用。发票上的价格仅仅是根据当时情况估算的，对交易双方都无约束力。形式发票也不能作为结汇单据。

三、提单

缮制提单时应注意以下事项。

（1）托运人。来证如无特别规定，应填写受益人名称（发货人名称）；来证如规定以第三者为发货人，可填写我方运输单位（对外贸易运输公司等）。

（2）收货人。收货人又称抬头人、受托人。这一栏目的填写关系到提单的权益和转让及转让的手续，所以要仔细填写。

（3）提单通知栏的填写。如来证未规定"被通知人"，提单的正本可不必填写；但不论来证有无规定，在提单的副本上均应将被通知人（买方的名称、详细地址等）的信息全部填写上。

（4）货物名称。提单上的货物名称可以用概括性的商品统称，不必列出详细规格，但应注意不能与来证所规定的货物名称、特征相抵触。

（5）目的港。提单上的目的港原则上应和运输标志上所列的内容相一致。如来证规定在某地转船，应在提单上加注转船地点，或由轮船公司出具转船地点的证明；如果要打制二程船的提单，由二程船公司包转，一程船提单的收货人应填二程船公司；但不管怎样，目的港仍要写明货物真正的目的港。

（6）货物的件数。提单上货物的件数原则上应和运输标志上所列的相一致。如果在装船时漏装少量的件数以致件号不相连续，则可在提单上运输标志件号的前面加"Ex（缺件）"字样。

（7）提单的签发份数。《UCP 600》规定，银行接受全套正本仅有一份的正本提单，也接受一份以上正本的提单。如果提单正本有多份，则每份正本提单的效力是相同的；其中一份凭以提货，其他各份立即失效。所以，合同或信用证中如规定出口商提供"全套提单"，就是指承运人在签发的提单上所注明的全部正本份数。

（8）提单的签署人。如果来证规定"港到港"的海运提单，则银行会接受由承运人、作为承运人的具体代理或代表、作为船长的署名代理或代表所签署的提单。

（9）其他装运条款。买方有时会限于本国法令，或为了使货物尽快到达，或由于其他原因，在来证中加列其他装运方面的条款要求出口商照办，如要求提供航线证明、船籍证明、船龄证明，或指定装运港、转运港，用集装箱货轮等，卖方可按有关规定，结合运输条件尽量满足。不能办到或要求不合理的，卖方可以要求买方修改信用证。

四、保险单

保险单是保险人与被保险人之间订立的一种正式合同。在缮制保险单时应注意以下事项。

（1）被保险人栏。如果来证无特殊规定，"被保险人名称"这一栏应是信用证的受益人。结汇时，一般只做空白背书，便于保险单办理过户转让。

（2）保险货物的品名、数量、包装、船名、起运港与目的港、运输标志等要与发票、提单上的相一致。提单上注明了转船地点的，保险单上也要注明。开航日期一般填的是预计开船日期，但与提单上所载的实际开航日期不能相隔太久。

（3）保险险别与保险金额。保险险别与保险金额一般应与信用证相符，具体要求如下。

①保险单所表明的货币应与信用证所规定的货币相符。

②保险金额按发票金额加成后只取整数。

③发票金额如扣除佣金，保险金额则按未扣佣金的金额投保。

④发票金额如扣除折扣或回扣，通常按净值投保。

（4）保险单的签发日期不得迟于提单日期。除保险单上注有承担自装船日起的风险（或注有保险责任最迟于货物装船或发运或接受监管之日起生效）外，银行将拒收出单日期迟于装船或发运日期或接受监管起始日的保险单。

五、原产地证明

这是一种用来证明出口货物的原产地或制造地的证件。不用海关发票或领事发票的国家常常要求提供原产地证明，以便按照国别确定应税税率，限制某些国家和地区的进口货物入境。

原产地证明一般由出口地的公证行或工商团体签发。我国由商检局或贸促会签发原产地证明。就我国而言，产地一般只写"中国制造"，其他内容应与发票、提单一致。

原产地证明除少数国家或地区可以联合体现在发票上外，一般应单独出具。例如，对德国、伊朗出口货物时，原产地证明就要单独出具。

六、普惠制单据

这是指给惠国要求受惠国必须提供的单据，以使受惠国商品得到普惠制待遇。普惠制（generalized system of preferences，GSP）是给惠国给予受惠国商品减免进口关税的一种待遇。目前，欧盟、日本、加拿大、挪威、瑞士、澳大利亚、新西兰、俄罗斯等国家和地区给予我国普惠制待遇。普惠制单据作为一种书面证书，一般由出口商按给惠国的规定填写；内容主要是按"原产地标准"填写，然后由受惠国的签证机构审核签发（目前我国由各地商检局签发）。普惠制单据有"普惠制产地证"（格式固定）、出口许可证和装船证明等。具体介绍如下：

（1）原产地证书格式 A。目前，除新西兰接受原产地证书格式 59A 外，几乎所有给惠国都接受原产地证书格式 A 作为获得优惠待遇的单证。它适用于一般商品，由出口公司填制，并经中国进出口商品检验检疫局签证出具。出口商在填制时要认真仔细，按各个栏目的要求填写，一旦填错，就可能失去应该享受的普惠制待遇。

（2）纺织品产地证。这种证明只适用于纺织品类，由中国进出口商品检验检疫局签发。

（3）手工制纺织品产地证。这种产地证明只适用于手工制造的纺织制品，仍由中国进出口商品检验检疫局签发。

（4）纺织品出口许可证。这种证明适用于配额纺织品。配额所限制的纺织品控制严格。其由出口地外贸主管部门签发。

（5）纺织品装船证明。这种证明由出口地外贸主管部门签发。

七、装箱单和重量单

装箱单和重量单用来弥补商业发票内容的不足。外国买方在货物到达目的港时，可将这两种单据提供给海关以便于其检查，也便于收货人提货时核对货物。装箱单又称花色码单，列明每批货物的逐件花色搭配情况。各类货物的要求不一致，主要内容有件号、箱号、品名、规格、数量、毛重、净重、尺码、唛头等。重量单只列明每件货物的重量（毛重、净重、皮重）。空白的装箱单示样如表 11-3 所示。

表 11-3　空白的装箱单示样

Marks and Numbers	Number and kind of package Description of goods	Quantity	Package	G. W	N. W	Meas.
ISSUER			装箱单 PACKING LIST			
TO						
		INVOICE NO.		DATE		
	TOTAL:					
	SAY TOTAL:					

八、检验证书

各种检验证书由于检验的项目不同，名称也不相同，但主要是用于证明货物的品质、数量、重量、卫生等。在实际业务中，这类证书多由商品检验机构出具。如果来证并无规定，也可由进出口公司或生产企业出具。当然，无论由谁出具，检验的内容、项目、结果，乃至检验证书的具体名称，都必须与合同、信用证相一致。

需要说明的是，《UCP 600》规定，当信用证要求提供除运输单据、保险单据和商业发票以外的单据时，信用证应该规定该单据的出单人及其内容；当信用证无此规定，如提交的单据内容能说明单据中述及的货物或服务与提交的商业发票上所述及的有关联，或者当信用证不要求商业发票与信用证中所述及的货物或服务有关联时，则银行将予接受。这就是我们强调各种单据必须与信用证完全一致的原因。

此外，随着通信、交通、管理的现代化发展，传统的国际贸易程序以及制单结汇的做法已不能适应当今社会发展的需要。因此，目前的发展趋势是对传统的贸易程序、制单手续加以改革，使之简化，取消不必要的环节，减少单证的种类和份数，统一单证格式，实行标准化、代码化和电子数据自动化处理。相信这些成果的推广定将进一步推动国际贸易的发展。

九、制单结束后的审查

制单工作结束后，为了避免差错，各种单据在送交银行之前应由富有经验、资深细致的把关人员对单据进行最后的审查。具体工作如下。

（1）查看信用证上有无议付行（中国银行等）加盖的通知图章；如无，则看是否有电开证、简电或转让委托书。

（2）查看信用证所附的有关附件，如修改通知书、授权书、信函及其他。凡修改的内容涉及单据的内容的，应查看两者是否一致。

（3）查看信用证的抬头，一般应为卖方；但也有填成银行的。

（4）受益人的名称要与发票上的名称一致。

（5）查看信用证上的内容是否逐条对应在有关单据上，务必使单证相符。

（6）以发票为主，核对其他单据，做到单单一致。这样，单证审查的工作才算完成。

第六节　出口退税

一、出口退税的相关内容

出口退税是指国家为了扶持和鼓励本国商品出口，将出口商品在国内生产和流通各环节已（应）征的间接税税款予以退还（免除）的制度，以便企业及时收回投入经营的流动资金，加速资金周转，降低出口成本，提高企业经济效益。

1. 出口退税的条件

（1）必须是属于增值税、消费税征税范围的货物。

（2）必须是已经报关离境的货物。

（3）必须是财务上已做销售处理的货物。

（4）必须是出口收汇并已核销的货物。

2. 退税凭证

（1）增值税专用发票（税额抵扣联）或普通发票。

（2）税收（出口货物专用）缴款书或出口货物完税分割单。

（3）出口销售发票和销售明细账。

（4）出口货物报关单（出口退税证明联）。

（5）出口收汇核销单（出口退税专用联）。

3. 退税程序

（1）货物出口后 15 日内，出口企业向海关申领"出口货物报关单出口退税证明联"。

（2）收汇后到外汇管理部门办理出口收汇核销，获取"出口收汇核销单出口退税专用联"。

（3）备齐退税凭证后定期到当地国家税务局办理退税手续。

4. 出口退税的单证

（1）单证备案明细表。

（2）提单。

（3）托单。

（4）场站收据。

（5）购货合同。

有些地方特别要求外加两样文件：报关单复印件和出口明细表，并要求外加封皮装订，放在公司备查。

二、不能退税的情况

（1）出口企业以自营名义出口，但不承担出口货物的质量、结汇或退税风险的。也就是说，出口货物发生质量问题不承担外方的索赔责任（合同中有约定质量责任承担者除外）；不承担未按期结汇导致不能核销的责任（合同中有约定结汇责任承担者除外）；不承担因申报出口退税的资料、单证等出现问题造成不能退税的责任。

（2）出口企业以自营名义出口，其出口业务实质上是由本企业及其投资的企业以外的其他经营者（企业、个体经营者及其他个人）假借该出口企业名义操作完成的。

（3）出口货物在海关验放后，出口企业自己或委托货代承运人对该笔货物的海运提单（以其他运输方式运输的，以承运人交给发货人的运输单据为准）上的品名、规格等进行修改，造成出口货物报关单与海运提单有关内容不符的。

（4）出口企业将空白的出口货物报关单、出口收汇核销单等出口退（免）税单证交由除签有委托合同的货代公司、报关行，或由国外进口方指定的货代公司（提供合同约定或者其他相关证明）以外的其他单位或个人使用的。

（5）出口企业以自营名义出口，其出口的同一批货物既签订购货合同，又签订代理出口合同（协议）的。

（6）出口企业未实质参与出口经营活动，只是接受并从事由中间人介绍的其他出口业务，但仍以自营名义出口的。

（7）其他违反国家有关出口退税法律法规的行为。

 ## 知识小结

就出口商而言，出口合同的履行一般包括出口许可证件的申领，催证、审证和改证，备货、报验，租船订舱、报关、装货、投保，制单、结汇等过程。其中，货（备货）、证（催证、审证和改证）、船（租船订舱）、款（制单结汇）四个方面最为重要。

货：按合同规定的品质、规格、数量、包装、唛头如期备料、生产或采购、出运，并经商检部门检验取得合格证书凭以报关。

证：催证、审证和改证。卖方在买方未按合同要求及时开证时，催请对方开证；收到信用证后，卖方按合同的规定逐一进行核对；如发现有任何不符之处，要及时通知对方进行修改。

船：按照合同要求及时租船或订舱，按期装船获取清洁提单，并办理有关报关手续。装船后，要及时通知买方，让其及时投保和做好收货准备。

款：按合同制作各种单据，做到"单单一致，单证一致"，并在信用证规定的有效期内到银行议付结汇。

 引导案例分析

在引导案例中，我方的处理是不恰当的。首先，在签订合同时未规定具体开证日期；其次，我方作为卖方，在不能按期交货的情况下，应要求买方给予合理时间继续履行合同而无权撤销合同；最后，我方就此作罢也是不恰当的，应积极争取继续履约。国际货物买卖合同一旦成立，对交易双方的责任与义务就有了明确的划分。交易双方应严格按照合同履行各自的义务，以此保证整个贸易过程的顺利进行。

 复习思考题

一、简答题

1. 对于采用 CIF 条件和信用证支付方式的出口合同，卖方履约时一般要经过哪些环节？

2. 简述由卖方租船订舱的程序。

3. 请列出在出口业务中常用的几种出口结汇单据。

4. 简述备货工作的主要内容及备货时应注意的问题。

5. 对于信用证的修改，受益人应注意哪些问题？

6. 简述定期结汇、收妥结汇和押汇三者的利弊。

7. 简述原产地证的作用。

二、计算分析题

1. 我国 A 公司向孟加拉国 B 公司出口一批货物，合同价值约为 20 000 美元，货物为汽车配件，共有 10 个型号，其中有 4 个型号是根据客户提供的样品制造的。付款方式如下：客户先支付 1 000 美元定金，剩余部分的 30% 和 70% 分别以 L/C 和 T/T 支付（货物生产完毕即通知客户支付）。客户随即开来信用证。A 公司按合同和 L/C 要求开始生产货物，但发现其中按客户样品要求定做的货物不能完成，因为客户订货的数量比较少，开发该产品十分不合算。因此，A 公司打算从其他厂家购进该产品，但遗憾的是，一直无法找到生产该产品的厂商。而此时已接近装船期限，其他货物也相继生产完毕。A 公司只好告诉 B 公司上述问题。B 公司要求取消所有的货物并退还定金和样品，理由是其要求定做的货物十分重要、不能缺少。A公司也感到无可奈何，确实理亏，只好答应客户的要求，承担一切货物积压的损失。请问我方从中应吸取哪些教训？

2. 温州某公司与国外A公司合作签订了一笔40 000美元FOB宁波的出口合同，付款方式是订单确认后先支付1 000美元作为订金，剩余货款于货物装船前通过电汇（T/T）付清，并且约定客户将在货物生产完毕之时来工厂检验。我方收到订金后开始生产，在货物即将生产完毕之时通知对方来工厂检验。但对方要求检验在装运港——宁波港实施，检验合格后，对方将直接给我方银行汇票。与此同时，我方了解到，船公司是客户指定的，提单将由船公司直接发给客户。这样做客户就改变了合同条款。请问合同条款的改变主要体现在哪些方面？我方应如何应对？

3. 青岛某公司向韩国出口水泥10 000吨，价值40万美元，以FOB术语成交。由韩方租用越南籍货船将整船货从青岛运至韩国港口，即期信用证支付。我方因国内货源紧张，无法按合同规定时间交货，遂请求韩方延迟派船。对方同意延迟派船，但提出信用证不展期，付款方式按随证托收办理。我方对此未表示反对。在信用证过期后，青岛公司方备齐货源，装船后取得船长签发的海运提单并随附其他所要求的单据送交中国银行青岛分行向韩国进口商办理随证托收。单据寄至韩国开证行后，因提单日期晚于信用证规定日期，单证不符，韩国银行只能向进口商按付款交单方式代收货款。此时，韩国进口商借故不付款赎单，并声称货物已失踪。后经我方调查，韩国进口商在无提单情况下早已从船方手中提走了货物，而该船从此再也未到过中国港口。我方无法据以申请法院采取扣船拍卖等补救措施，最终钱货两空。请问：

（1）如果是你，货源紧张时会如何处理？

（2）本案中我方有哪些失误？

（3）使用FOB术语时应如何监控承运人？

第十二章

进口合同的履行

学习目标
XUEXI MUBIAO

　　掌握采用 FOB 价格条件和即期信用证支付方式下进口合同履行的一般程序；熟悉进口单证的缮制和运用，培养学生具备良好的职业素养、法治意识、诚信意识、爱国情怀。

引导案例
YINDAO ANLI

　　我国北海公司向美国 A 公司买进生产灯泡的生产线。合同规定分批交货，分批开证。北海公司应于货到目的港后 60 天内进行复验，若与合同规定不符，北海公司凭所在国的商检证书向 A 公司索赔。北海公司按照合同规定，申请银行开出首批货物的信用证。A 公司履行装船并凭合格单据向议付行议付，开证行也在单证相符的情况下向议付行偿付了款项。在第一批货物到达目的港之前，第二批货物的开证日期临近，北海公司又申请银行开出信用证。此后，首批货物抵达目的港，经检验发现货物与合同规定严重不符。北海公司当即通知开证行，称："拒付第二次信用证项下的货款，并请听候指示。"然而，开证行在收到议付行寄来的第二批单据后，审核无误，再次偿付议付行。当开证行要求北海公司付款赎单时，该公司拒绝付款赎单。请分析此案例中如下问题：

　　（1）开证银行和北海公司的处理是否合理？为什么？

　　（2）北海公司应该如何处理此事？

在国际贸易中，进口合同的履行涉及各个环节。掌握每一环节的具体内容，避免交易过程中不必要的损失和纠纷具有重要的意义。下面以在 FOB 价格条件和即期信用证支付方式下签订的进口合同为例，说明进口合同履行的过程。

第一节 开立信用证

一、信用证的开立

1. 开立信用证的程序

在采用信用证支付方式的进口业务中，履行合同的第一个环节就是进口商向银行申请开立信用证。进口商开立信用证的程序如下。

（1）向开证行提交开证申请书。进口合同签订后，进口商按照合同规定填写开立信用证申请书，向银行办理开证手续。开证申请书是开证申请人请开证行开立信用证的一种书面文件，包含了开证申请人对开证行的指示以及开证申请人与开证行之间的权利和义务。它是开证银行开立信用证的依据。

（2）提交有关的文件和证明。进口商在办理开证申请时，应同时向开证行提交进口合同以及进口许可证或其他有关的进口批件；首次开证的申请人须提交工商行政部门颁发的营业执照和主管部门批准其成立的证书。

（3）提交开证保证金。在申请开立信用证的同时，进口商应向开证银行交付一定比率的押金，或提供担保人。开证申请人还应按规定向开证银行支付开证手续费。

（4）开证行对开证申请内容和开证人的资信进行审核。若审核无疑，开证行在收取开证申请人的保证金后，按照申请书的要求对外开证。

2. 信用证的内容

信用证的内容应与合同条款一致。例如，品质、规格、数量、价格、交货期、装货期、装运条件及装运单据等，应以合同为依据，在信用证中一一做出规定。信用证还需包括信用证本身的信息，如信用证的有效期、信用证的性质等。

3. 信用证的开证时间

信用证的开证时间应按合同规定办理。如果买卖合同中规定有开证日期，进口商应在规定的期限内开立信用证。如合同规定在卖方确定交货期后开证，进口商应在接到卖方上述通知后开证；如合同规定在卖方领到出口许可证或支付履约保证金后开证，进口商应在收到对方已领到出口许可证的通知，或银行转告保证金已照单收取后开证。如果合同中只规定了装运期而未规定开证日期，进口商应在合理时间内开证，一般在合同规定的装运期前 30~45 天申请开证，以便出口方收到信用证后在装运期内安排装运货物。

4. 开立信用证时应注意的问题

（1）单据条款要明确。信用证的特点之一是单据买卖。因此，进口商在申请开证时，必须列明需要出口商提供的各项单据的种类、份数及签发机构，并对单据的内容提出具体要求。

（2）文字表述力求完整明确。进口商要求银行在信用证上载明的事项必须完整、明确，不能使用含糊不清的文字。尤其是信用证上的金额必须具体明确，文字与阿拉伯数字的表示应一致，尽量避免使用"约""近似"或类似的词语。这样做，一方面可使银行在处理信用证或卖方在履行信用证的条款时有所遵循，另一方面可以保护买方的权益。

二、信用证的修改

对方收到信用证后，如提出修改信用证的请求，经买方同意后，即可向银行办理改证手续。最常见的修改内容有展延装运期和信用证有效期、变更装运港口等。按照国际惯例，修改信用证有以下原则。

（1）信用证的修改必须经过开证行、保兑行、受益人的同意。

（2）信用证修改的信息应该由同一银行通知受益人。

（3）开证行自发出修改书之时起，即对修改书负有不可撤销的义务。

（4）原信用证的条款在受益人告知修改的银行修改之前，仍对受益人具有约束力。这一点强调了修改必须是明示的。

第二节　办理运输和保险

一、办理运输

（一）领证

进口国家实行许可管理的商品时，才需要申领相应的许可证件。申领进口许可证件的程序一般如下。

1. 申请

由进口单位向发证机关提出申请报告。申请报告内容包括进口商品的名称、规格、数量、单价、总值，进口国别或地区、贸易方式、对外成交单位等项目。申请报告应随附相关证明材料及主管部门的批准文件。

2. 审核填表

发证机关收到上述申请报告和有关证件等材料后进行审核。审核通过后，由申请人按规定填写"中华人民共和国进口许可证申请表"，加盖公章后交发证机关。

3. 发证

发证机关核准后在收到申请表的 3 个工作日内签发"中华人民共和国进口许可证"一式四联，前三联交申请人。申请人可凭此向海关办理进口报关和银行结汇手续。同时，发证机关收取一定的办证费用。

我国目前仅对部分商品实行进口许可管理。

（二）租船订舱

1. 派船接运货物

履行 FOB 交货条件下的进口合同，应由买方负责派船到卖方口岸接运货物。如果合同规定卖方在交货前一定时间内应将预计装运日期通知买方，那么买方在接到上述通知后，应及时向运输公司办理租船订舱手续；在办妥租船订舱手续后，应按规定的期限将船名及船期及时通知卖方，以便卖方备货装船。进口公司是选择租船还是选择订舱，应视进口货物的性质和数量而定。凡需整船装运的，则需洽租合适的船舶承运；小批量的或零星杂货，则大都采用洽订班轮舱位。国外装船后，卖方应及时向买方发出已装船通知，以便买方及时办理保险和做好接货等项工作。

2. 租船订舱时应注意的问题

（1）班轮订舱：买方洽商班轮舱位时，应注意与信用证装船日期衔接，保证班轮按时在装运港接运货物；应在订舱前查明班轮费率表有无附加费、有无折让回扣，其计价标准是尺码吨还是重量吨；班轮运输附加费条件有多种，应注意与进口合同中的费用负担条件相衔接；应切实了解所订班轮是否直达目的港、停靠港口多少、中途是否转船等情况。

（2）租用整船：应注意运输市场的行情状况；必须了解装卸港口的情况；应根据实际情况选择船型，以保证货物安全运输和尽可能节约费用；应了解各航线港口的习惯、运输契约的格式。

（三）催装

在由买方办理进口合同下的租船订舱业务时，为了防止船货脱节和出现"船等货"的情况，买方应注意催促对方按时装运。对数量大或重要物资的进口，如有必要也可请驻外机构就地了解、督促对方履约，或派人员前往出口地点检验监督。

二、运输保险

FOB 交货条件下的进口合同，保险由买方办理。进口商（收货人）在向保险公司办理进口货物运输保险时，有两种做法：一种是逐笔投保方式，另一种是预约保险方式。

1. 逐笔投保方式

逐笔投保方式是进口商（收货人）在接到国外出口商发来的装船通知后，直接根据合同规定向保险公司提出投保申请，填写"进口货物国际运输预约保险起运通知书"（以下简称起运通知书）并送交保险公司。保险公司承保后即在起运通知书上签章。进口商以起运通知书上填明的保险金额为准，直接将保险费付给保险公司。进口商（收货人）缴付保险费后，保险公司出具保险单，保险单随即生效。

2. 预约保险方式

预约保险方式是进口商（收货人）同保险公司签订一个总的预约保险合同，按照预约保险合同的规定，所有预约保险合同项下按 FOB 条件进口货物的保险，都由该保险公司承保。预约保险合同对各种货物应保险的险别做了具体规定，故投保手续比较简单。对于每批进口货物，进口商（收货人）在收到国外装船通知后直接将装船通知寄到保险公司，或填制国际运输预约保险启运通知书，将船名、提单号、开航日期、商品名称、数量、装运港、目的港等项内容通知保险公司，即视为已办妥保险手续。保险公司对该批货物负自动承保责任，一旦发生承保范围内的损失，则由保险公司负责赔偿。该方式下保险费用的支付以"进口货物装船通知书"或其他具有保险要求的单证为依据，由保险公司每月计算一次保险费后向进口商（收货人）收取。

第三节　审单付款

进口交易的国外卖方在货物装运后，将汇票和全套货运单据经国外银行寄交我国国内开证银行。开证银行收到国外寄来的汇票和单据后通知进口商。进口商收到开证银行通知后，在其付汇之前，需要审核卖方凭以议付的全套单据（发票、提单、装箱单、原产地证书等），根据"单证一致、单单一致"的原则，对照信用证的条款核对单据的种类、份数和内容，如相符，进口商同开证银行按当日外汇牌价办理付汇赎单的清算手续。

一、即期信用证

1. 即期信用证的概念

即期信用证是指开证行或付款行收到符合信用证条款的跟单汇票或装运单据后，立即履行付款义务的信用证。即期信用证下，受益人一般不需要开立汇票，开证行或付款行只凭全套合格的货运单据付款。这种信用证使出口方得以迅速收回货款，是国际贸易中最常见的一种信用证。

2. 即期信用证的类型

即期信用证又可分为单到付款信用证和电汇索偿条款信用证两种。前者是指开证行或其指定付款行一旦收到符合信用证规定的汇票和单据便立即付款，开证人也应于单到时立即向开证行付款赎单；后者是指开证行将最后审单付款的权利交给议付行，只要议付行审单无误，在对受益人付款的同时，即以电报或电传向开证行或其指定付款行索偿，开证行或其指定付款行接到通知后立即以电汇方式向议付行偿付。使用电汇索偿条款信用证比一般即期信用证收汇快，通常只需2~3天时间，有时当天即可收回货款。

3. 即期信用证的特点

（1）受益人收汇安全迅速，有利于资金周转。

（2）付款时间为银行收到单据后5个工作日内。

（3）清算时，开证银行先行计算汇票金额及自往来银行议付之日起至进口公司赎单期间的垫款利息，扣除保证押金后向进口公司收回所垫付的外汇款项，然后将单据交给进口公司以便于其凭以提货。

二、远期信用证

1. 远期信用证的概念

远期信用证是指开证行或付款行收到信用证的单据时，在规定期限内履行付款义务的信用证，是银行（开证行）依照进口商（开证申请人）的要求和指示，对出口商（受益人）发出的、授权出口商签发以银行或进口商为付款人的远期汇票，保证在出口商交来符合信用证条款规定的汇票和单据时必定承兑，等到汇票到期时履行付款义务的保证文件。

2. 远期信用证的类型

远期信用证主要包括承兑信用证（acceptance L/C）和延期付款信用证（deferred payment L/C）。承兑信用证又可分为银行承兑信用证和商业承兑信用证。

3. 假远期信用证与远期信用证的区别

假远期信用证是信用证支付方式的一种。它是指开证银行应进口商的请求，在开出信用证中规定受益人开立远期汇票，由付款行进行贴现，并规定一切利息和费用由进口商承担的信用证。假远期汇票即期付款，并由进口商向融资银行支付贴现费用。

（1）开证基础不同。假远期信用证以即期付款的贸易合同为基础，而远期信用证以远期付款的贸易合同为基础。

（2）信用证的条款不同。假远期信用证中有"假远期"条款，而远期信用证中只有利息由谁负担条款。

（3）利息的负担者不同。假远期信用证的贴现利息由进口商负担，而远期信用证的贴现利息由出口商负担。

（4）收汇时间不同。假远期信用证的受益人能即期收汇，而远期信用证的受益人要等到汇票到期才能收汇。

远期信用证如规定应以进口商作为付款人而签发汇票，则开证银行将要求进口商进行承兑，进口商凭信托收据领取进口单据提货。在这一期间，等于银行贷款给进口商。所以，一般开证银行会要求进口商提供抵押物或交纳相当数量的保证金，以保证银行的债权。

三、单证不符

1. 常见的单证不符点

（1）信用证过期。

（2）信用证的金额不足以支付货款。

（3）信用证经修改，修改书不齐全。

（4）信用证的货名、单价有误。

（5）交易条件为 CIF（运费保险费在内条件）和 CFR（运费在内条件），但目的港却为没有海湾的内陆国家。

（6）信用证及修改书为伪造。

（7）信用证漏填开证日期与开证地点。

（8）受益人的名称或地址不详。

（9）信用证条款之间互相矛盾。

（10）信用证印鉴或密押不符。

（11）信用证大、小写金额不符。

（12）信用证有关单据的要求不合理。

（13）开证的依据有待商榷。

（14）信用证已转让。

（15）未在最迟交单期内提交单据。

2. 单证不符的处理方法

对于审核单证时发现的"单证不符"和"单单不符"问题，可以有以下几种处理方法。

（1）由开证银行向国外银行提出异议，根据不同情况采取必要的处理办法。

（2）由国外银行通知卖方更正单据。

（3）由国外银行书面担保后付款。

（4）拒付。

第四节　报关提货

不同类型的监管货物，进口报关提货的程序不同。本节以一般进口货物为例来讲解进口货物的报关提货。

一、一般进口报关

一般进口货物是按照海关监管方式划分的，指在进境环节缴纳了应征的进口税费并办结了所有必要的海关手续，海关放行后不再进行监管，可以直接进入生产和消费领域流通的进口货物。

一般进出口货物并不完全等同于一般贸易货物。一般贸易是指国际贸易中的一种交易方式。在我国的对外贸易中，一般贸易是指中国境内有进出口经营权的企业单边进口或单边出口的贸易。按一般贸易交易方式进出口的货物即为一般贸易货物。一般进出口货物是指按照海关一般进出口监管制度监管的进出口货物。两者之间有很大区别。一般贸易货物在进口时，可以按一般进出口监管制度办理海关手续，这时它就是一般进出口货物；也可以享受特定减免税优惠，按特定减免税监管制度办理海关手续，这时它就是特定减免税货物；还可以经海关批准保税，按保税监管制度办理海关手续，这时它就是保税货物。

（一）一般进出口货物的特征

1. 进出境时缴纳进出口税费

一般进出口货物的收、发货人应当按照《海关法》和其他有关法律、行政法规的规定，在货物进出境时向海关缴纳应当缴纳的税费。

2. 进出口时提交相关的许可证件

货物进出口应受国家法律、行政法规管制的，进出口货物收、发货人或其代理人应当向海关提交相关的进出口许可证件。

3. 海关放行

海关放行是指办结了海关手续——海关征收了全额的税费，审核了相关的进出口许可证件，并对货物进行实际查验或做出不予查验的决定以后，按规定签章放行。这时，进出口货物收、发货人或其代理人才能办理提取进口货物或者装运出口货物的手续。对一般进出口货物来说，海关放行就意味着海关手续已经全部办结，海关不再监管，其可以直接进入生产和消费领域流通。

（二）一般进口货物的报关范围

（1）一般贸易，除特定减免税和保税进口的货物；转为实际进口的原保税进口货物。

（2）易货、补偿贸易的货物，寄售代销（保税进口的寄售代销除外）的货物。

（3）承包工程项目实际进口货物。

（4）边境小额贸易进口货物。边境小额贸易是指我国沿陆地边境线经国家批准对外开放的边境县（旗）、边境城市辖区（以下简称边境地区）内经批准有边境小额贸易经营权的企业，通过国家指定的陆地口岸，与毗邻国家边境地区的企业或其他贸易机构之间进行的贸易活动，包括易货贸易、现汇贸易等各类贸易形式。

（5）外国驻华商业机构进口陈列用的样品。

（6）随展览品进境的小卖品。

（7）租赁货物。国际租赁大体有两种：一种是金融租赁，另一种是经营租赁。金融租赁带有融资性质，采用这种租赁方式进境的货物一般是不复运出境的；租赁期满，出租人会以很低的名义价格将货物转让给承租人；租金是分期支付的，租金的总额一般都大于货价。经营租赁进口的货物一般都是暂时性的，按合同规定的期限复运出境，租金的总额一般都小于货价。

（8）进口货样、广告品。进口货样是指专供订货参考的进口货物样品。进口广告品是指用以宣传有关商品内容的进口广告宣传品。进口货样、广告品不论是否免费提供，均应由在海关登记的进出口收、发货人或其代理人向海关申报，由海关按规定审核验收。

（9）免费提供的进口货物。这主要有三类：外商在经济贸易活动中赠送的进口货物，外商在经济贸易活动中免费提供的试车材料，我国在境外的企业、机构向国内单位赠送的进口货物。

（10）来料种植，来料养殖。

（三）进口报关的担保放行

有下列情形之一的，担保人可以向海关提供担保，申请放行货物。

（1）进出口货物的商品归类、完税价格、原产地尚未确定的。

（2）有效报关单证尚未提供的。

（3）在纳税期限内尚未缴纳税款的。

（4）减免税审批手续或者其他海关手续尚未办结的。

国家对进出境货物、物品有限制性规定，应当提供许可证件而不能提供的，以及法律、行政法规规定不得担保的其他情形，海关不予办理担保放行。

（四）进口报关需要的资料

（1）主要单证：报关单。

（2）基本单证：商业单据，如货运单据、商业发票、保险单据、装箱单等。

（3）特殊单证：公务单证，如进出口许可证件、加工贸易登记手册、特定减免税证明、原产地证明书、检验检疫证明、担保文件等。

（4）预备单证：贸易合同、营业执照、进出口企业有关证明文件等。

进出口货物收、发货人或其代理人向报关员提供以上单证，报关员审核这些单证后根据这些单证填制报关单。

二、进口报关程序

进口货物到货后，由进口公司或委托货运代理公司或报关行根据进口单据填具"进口货物报关单"向海关申报，并随附发票、提单、装箱单、保险单、进口许可证及审批文件、进口合同、产地证和所需的其他证件。如属法定检验的进口商品，还须随附商品检验证书。货、证经海关查验无误，才能放行。

1. 进口货物的申报

进口货物的申报是指在进口货物入境时，由进口公司或其代理人向海关申报、交验规定的单据文件，请求办理进口手续的过程。我国《海关法》对进口货物的申报时限做了如下规定："进口货物的收货人应当自运输工具申报进境之日起 14 天内向海关申报。进口货物的收货人超过 14 天期限未向海关申报的，由海关征收滞报金。对于超过 3 个月还没有向海关申报进口的，其进口货物由海关依法提取变卖处理。如果属于不宜长期保存的货物，海关可以根据实际情况提前处理。变卖后所得价款在扣除运输、装卸、储存等费用和税款后，尚有余款的，自货物变卖之日起 1 年内，经收货人申请，予以发还；逾期无人申请的，上缴国库。"进口报关时除应提交进口货物报关单外，还应随附进口许可证和其他批准文件、提单、发票、装箱单、减税或免税证明文件，海关认为必要时，还应交验买卖合同、产地证明和其他有关单证。如为"商检机构实施检验的进出口商品种类表"内的商品、应受动植物检疫管制的进口货物或受其他管制的进口货物，在报关时还应交验有关部门签发的证明。

海关一旦接受申报，其内容不得修改或撤销，但下列情况除外。

（1）由于计算机方面的原因导致电子数据的错误。

（2）出口退关情形。

（3）溢短装、不可抗力等原因造成的误差。

（4）报关员在操作或书写上的失误造成差错。

（5）海关审价、归类认定后需对申报数据进行修改。

（6）依贸易惯例先行采用暂时价格成交，实际结算时应按商检品质认定结果对应的价格，或国际市场实际价格成交，在此情形下需对内容进行修改。

2. 进口货物的查验

海关以进口货物报关单、进口许可证等为依据，对进口货物进行实际的核对和检查，一方面是为了确保货物合法进口，另一方面是通过确定货物的性质、规格、用途等，以进行海关统计，准确计征进口关税。海关查验货物时，进口货物的收货人或其代理人应当在场，并负责搬移货物、开拆和重封货物的包装。海关认为必要时，可以径行开验、复验或者提取货样。

3. 进口货物的征税

海关按照《中华人民共和国进出口税则》的规定，对进口货物征收进口关税。货物在进口环节由海关征收（包括代征）的税费主要有进口关税、进口环节的增值税、进口环节的消费税、海关监管手续费等。对进口关税、进口环节税的计算方法介绍如下。

（1）进口关税。进口关税是货物在进口环节由海关征收的一个基本税种。进口关税的完税价格以 CIF 价格为基数。如果是以 FOB 价格进口，还要加上国外运费和保险费。

进口关税=完税价格×关税税率

（2）进口环节税。进口环节税包括进口环节的增值税和进口环节的消费税。其中，进口环节的消费税仅对十几个类别的商品征收。

进口环节的增值税=组成计税价格×增值税税率

①当消费税税率为零时。

组成计税价格=完税价格+进口关税

②当消费税税率不为零时。

组成计税价格=（完税价格+进口关税）÷（1-消费税税费）

进口环节的消费税=组成计税价格×消费税税率

4. 进口货物的放行

进口货物在办完向海关申报、接受查验、缴纳税款等手续后，由海关在进口货物报关单和货运单据上签印放行。收货人或其代理人必须凭海关签印放行的货运单据才能提取进口货物。货物的放行是海关对一般进出口货物监管的最后一个环节，放行就是结关。但是，对于担保放行货物、保税货物、暂时进口货物和海关给予减免税进口的货物来说，放行不等于办结海关手续，还要在办理核销、结案或者补办进出口和纳税手续后，才能结关。

三、进口报关时应注意的事项

（1）进口报关单证（装箱单、发票、贸易合同等）等所有单证一定要与实际货物相一致。

（2）装箱单、发票、贸易合同等单证上的货物品名一定要一致，并且和实际货物的品名一致。

（3）装箱单上的货物重量、方数要和提单上的相一致，并且要和实际货物相一致。

（4）合同上面要有合同号，发票上面要有发票号。

（5）是木质包装的需要办理熏蒸证明，在木质包装上盖 IPPC 标识。

（6）从韩国和日本进口货物，还要有非木质包装证明。

（7）凡进口下列 9 类商品必须提前 5 天预申报：汽车零件、化工产品、高科技产品、机械设备、药品、多项食品、多项建材、钢材、摩托车零配件。

第五节　验收和拨交

一、进口货物检验

凡属进口的货物都应认真验收。如发现商品的品质、数量、包装有问题，应及时取得有效的检验证明，以便向有关责任方提出索赔或采取其他救济措施。

进口货物运达港口卸货时，要进行卸货核对。如发现短缺，应及时填制"短卸报告"交由船方签认，并根据短缺情况向船方提出保留索赔权的书面声明。卸货时如发现残损，货物应存放于海关指定仓库，待保险公司会同商检局检验后再做处理。

对于法定检验的进口货物，必须向卸货地或到达地的商检机构报验，未经检验的货物不准销售和使用。如果进口货物经商检局检验发现有残损短缺，应凭商检局出具的证书对外索赔。

为了在规定时效内对外提出索赔，凡属下列情况的货物，均应在卸货港口就地报验。

（1）合同订明须在卸货港检验的货物。

（2）货到检验合格后付款的。

（3）合同规定的索赔期限很短的货物或者合同规定的索赔期即将届满的货物等。

（4）卸货时已发现残损、短少或有异状的货物。

如无上述情况而用货单位不在港口的，可将货物转运至用货单位所在地，由其自选验收。验收中如发现问题，应及时请当地商检机构出具检验证明，以便在索赔有效期内对外提出索赔。

一旦发生索赔，有关的单证，如国外发票、装箱单、重量明细单、品质证明书、使用说明书、产品图纸等技术资料、理货残损单、溢短单、商务记录等，都可以作为重要的参考依据。

二、办理拨交手续

在办完上述手续后，若订货或用货单位在卸货港所在地，则就近转交货物；若订货或用货单位不在卸货地区，则委托货运代理将货物转运内地并转交给订货或用货单位。关于进口关税和运往内地的费用，在货运代理向进出口公司结算后，进出口公司再向订货部门结算。

第六节　进口索赔与理赔

进口商常因进口商品的品质、数量、包装等不符合合同的规定，而需向有关方面提出索赔。

一、进口索赔的对象

根据造成损失原因的不同，进口索赔的对象可分为以下三类。

1. 卖方

进口商收取货物后，如发现以下情况，均可向卖方提出索赔：原装数量不足，货物的品质、规格与合同规定不符，包装不良致使货物受损，未按期交货或拒不交货等。

2. 轮船公司

进口商收取货物后，如发现以下情况，均可向轮船公司提出索赔：包装数量少于提单所载数量，提单是清洁提单而货物有残缺情况且属于船方过失所致，货物所受的损失应由船方负责等。

3. 保险公司

自然灾害、意外事故或运输中其他事故的发生致使货物受损，并且属于承保险别范围以内的；凡轮船公司赔偿金额不足抵补损失的部分，并且属于承保范围内的。对于这些情况，进口商均可向保险公司提出索赔。

二、索赔时效

（一）向卖方提出索赔的时效

（1）如果合同中具体规定了索赔期，则买方应在合同规定的索赔期内向卖方提出索赔，通常是买方在此期限内正式发出索赔通知。

（2）如果合同中没有明确规定索赔期，则合同中的品质保证期限被认为是买方提出索赔的有效期限。

（3）如果合同中既没有规定索赔期也没有品质保证期，则按《公约》第三十九条的规定处理：买方必须在发现或理应发现不符情况后一段合理时间内通知卖方；否则，买方丧失索赔的权利。但无论如何，最长的索赔时效为买方收到货物之日起不超过两年。

（二）向运输公司提出索赔的时效

1. 海运

根据《海牙规则》的有关规定，托运人或收货人在收取货物时，如果发现货物灭失或损坏，应在提货日起3天之内向运输公司提出索赔的书面通知。如果在提货时，双方已对货物进行了联合检验，托运人或收货人就无须再发出上述索赔通知，有关索赔依据可事后补送。如果货主的索赔未被受理，则诉讼的时效为货物交付之日起算1年之内。如逾期不提起诉讼，运输公司可以免除对货物灭失或损害所负的一切责任。

值得注意的是，于1992年11月1日起生效的《汉堡规则》对向承运人索赔的时效做了新的修改。根据《汉堡规则》的规定，托运人或收货人应在提取货物后15天内发出索赔通知。对于承运人延迟交货的，收货人必须于收到货物后60天内以书面形式通知承运人；否则，承运人将不承担赔偿责任。关于诉讼时效，《汉堡规则》的规定为两年。

2. 空运

根据《1932年华沙—牛津规则》的规定，如果货物遭受损害，收货人必须在收货后 7 天内向承运人提出书面索赔通知。如果承运人延迟交货，则收货人应在交货后 14 天内提出索赔。有关空运合同的诉讼时效为两年，从货物到达之日或货物应到达之日或运输终止之日起算。

3. 国际多式联运

根据《联合国国际货物多式联运公约》的有关规定，如果货物灭失或损坏，收货人应在交货后 6 天内向多式联运经营人提出索赔。如果双方当事人在交货时进行联合调查或检验，就无须再发索赔通知。对于延迟交货的，收货人应于交货后 60 天内向多式联运经营人发出书面索赔通知。

有关国际货物多式联运的诉讼时效为两年，自货物交付之日起算，如果货物未交付，则自货物应当交付的最后一日的次日起算。

值得注意的是，《联合国国际货物多式联运公约》将诉讼时效与索赔时效联系起来，如果买方自货物交付之日起 6 个月内没有提出书面索赔通知，以说明索赔性质和主要事项，则诉讼在此期限届满后失去效力。

（三）向保险公司提出索赔的时效

中国人民保险公司的保险单规定，被保险人发现保险货物受损后，应立即通知当地的理赔、检验代理人进行检验。

中国人民保险公司规定的索赔时效为两年，即从被保险货物在最后卸载港全部卸离海轮后起算，最多不超过两年。但提出索赔时不一定提交全部赔偿单据。被保险人赔偿要求一经提出，即不受时效限制。

三、办理对外索赔的注意事项

1. 关于索赔证据

对外提出索赔需要提供证据。首先，应制备索赔清单，随附商检局签发的检验证书、发票、装箱单副本。其次，对不同的索赔对象还要另附有关证件。向卖方索赔时，应在索赔证件中提出确切根据和理由，如系 FOB 或 CFR 合同，须随附保险单一份；向轮船公司索赔时，须另附由船长及港务局理货员签证的理货报告和船长签证的短卸或残损证明；向保险公司索赔时，须另附保险公司与买方的联合检验报告等。

2. 关于索赔金额

除受损商品的价值外，有关的费用也可提出索赔。例如，商品检验费、装卸费、银行手续费、仓租、利息等都可包括在索赔金额内。至于包括哪几项，应根据具体情况确定。

3. 关于索赔期限

按各国法律的规定，索赔必须由索赔方在一定时限内提出，索赔方可有效。如果提出索赔要求时已超过了索赔时限，则认定索赔方自动放弃要求索赔的权利。因此，在处理索赔时要注意有关索赔时效的规定。

4. 关于卖方的理赔责任

进口货物发生了损失，除属于轮船公司和保险公司的赔偿责任外，如属卖方必须直接承担的职责，进口商应直接向卖方要求赔偿，防止卖方制造借口向其他方面推卸理赔责任。

目前，我国的进口索赔工作，属于船方和保险公司责任的由外运机构代办；属于卖方责任的由进口公司直接办理。为了做好索赔工作，要求进出口公司、外运机构、订货部门、商检局等各有关单位密切协作，要做到检验结果正确、证据属实、理由充分、赔偿责任明确，并要及时向有关方面提出，力争取得相应的补偿。

 知识小结

我国的进口合同大多数是以 FOB 价格条件和即期信用证结汇的合同。合同的履行程序一般是开证、租船订舱、办理保险、审单付款、接货报关、检验、拨交和索赔。其中，开证内容必须与合同内容一致，做到完备、明确、具体。进口商需要做好催交、租船订舱、派船工作，可采用预约保险或逐笔保险方式办理保险，并在规定时间内对银行转来的单据认真审核。进口商或其代理人在货到目的港后须按海关规定报关纳税，并由进口商向中国商检机构申请商品检验。进口索赔工作也是进口合同履行中的一个重要环节。

 引导案例分析

对引导案例的分析如下。

（1）开证行要求北海公司付款赎单完全合理，而北海公司拒绝付款赎单纯属无理。根据《UCP 600》的规定，开证行在受益人提供的单据与信用证规定表面相符的情况下，必须承担付款责任。

（2）在美国 A 公司提交的货物与合同规定严重不符的情况下，北海公司应根据合同规定向 A 公司提出索赔，而无权指令开证行拒付。

 复习思考题

一、简答题

1. 简述履行进口合同的一般程序。

2. 申请开证时应注意哪些问题？

3. 进口报关时应提供哪些单据？

二、计算分析题

瑞士 SKG 公司（卖方）和中国黄山贸易公司（买方）以 CIF 条件签订了一份 1 万吨钢材的买卖合同，支付条件为信用证，交货期为 2016 年 7 月 20 日。我方及时开出了信用证，SKG 公司也在 7 月 20 日前按合同规定的装运条件出运。此后不久，SKG 公司以传真通知我方："装运给贵公司的 1 万吨钢材是与另外发给厦门的 2 万吨钢材一起装在一条船上的。"我方收到传真后，立即通知 SKG 公司，这条船应在黄埔港卸完我方的货后再驶往厦门。SKG 公司复传真说，该船将先靠黄埔港。不料，该船实际上并没有先靠黄埔港，而是先靠了厦门港，并在那里停留了差不多一个月后才驶往黄埔港。在此期间，人民币与美元的兑换比率已发生很大变动，我方需付出更多的人民币才能兑换出支付这批钢材款所需的美元。其结果使得我方不仅得不到预期利润 8 万美元，还要亏损 2 万美元，共计损失 10 万美元。于是，我方在对方货物迟迟不到的情况下，以 SKG 公司单据与信用证不符为由通知银行拒付货款。货物抵达目的港黄埔港后，我方认为对方违反其"先靠黄埔港"的承诺，而且人民币对美元贬值，即使我方接受该批货物亦无利可图，于是拒收该批货物。由于我方的拒收，直接导致 SKG 公司所派的船不能按时卸货，对方不得不支付滞期费 4 万美元，并将货物卖与另一买主。SKG 公司认为，在 CIF 合同下，作为卖方，其已经在合同规定的期限内，在装运港把货物装上船，完成了交货义务。至于货物何时抵达目的港，并非 SKG 公司所能控制，系船方所为。因此，SKG 公司认为我方没有理由拒收货物，并要求我方赔偿其滞期费损失。我方以对方违约在先为由拒不赔偿。于是，SKG 公司将争议提交中国国际贸易仲裁委员会进行仲裁。请问：

（1）SKG 公司是否完成了交货义务？

（2）SKG 公司承诺"先靠黄埔港"是否构成一项明确的承诺？

（3）我方可否以"人民币与美元的兑换率发生变动"为由拒收货物？

（4）我方从此事件中应吸取哪些教训？

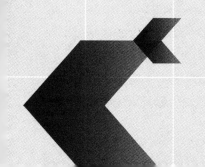

第四篇

国际贸易方式

第十三章
常见的国际贸易方式

学习目标
XUEXI MUBIAO

了解国际贸易中的不同贸易方式；熟悉拍卖、寄售和国际期货交易等国际贸易方式的具体内容；掌握经销、代理、招投标和国际加工贸易等国际贸易方式；熟悉各种对等贸易方式的特点和异同，并能处理相应的协议与条款，培养学生具备国际视野、爱国情怀。

引导案例
YINDAO ANLI

我国三利净水器公司与马来西亚 Coco 公司签订一份独家代理协议，将三利净水器公司经营的净水器在马来西亚的代理权授予 Coco 公司，期限为两年。两年来，由于 Coco 公司销售不利，致使三利净水器公司蒙受巨大损失。请问三利净水器公司为什么受损？从中应吸取哪些教训？

国际贸易方式是指国际贸易中采用的各种方法。随着国际贸易的发展，贸易方式也日趋多样化，除采用逐笔售定的方式外，还有经销、代理、寄售、拍卖、招标与投标、期货交易、对销贸易等方式。

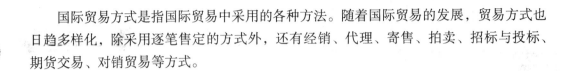

第一节 经销与代理

一、经销

经销是国际贸易中常见的一种出口推销方式。出口商可以通过订立经销协议与国外客户建立一种长期稳定的购销关系，利用国外经销商的销售渠道来推销商品，巩固并不断扩大市场份额，以促进其商品出口。

（一）经销的概念与性质

经销是指进口商（经销商）与国外出口商（供货商）达成协议，承担在规定的期限和地域内购销指定商品的义务。

按经销商权限的不同，经销方式可分为以下两种：

（1）独家经销。独家经销又称包销，是指经销商在规定的期限和地域内，对指定的商品享有独家专营权。

（2）一般经销。一般经销又称定销。在这种方式下，经销商不享有独家专营权，供货商可在同一时间、同一地区内委派几家商号来经销同类商品。这种经销商与国外供货商之间的关系同一般进口商和出口商之间的关系并无本质区别，所不同的只是确立了相对长期和稳固的购销关系。

经销也是售定，供货人和经销人之间是一种买卖关系，但又与通常的单边逐笔售定不同。当事人双方除签有买卖合同外，通常还须事先签订经销协议，确定对等的权利和义务。例如，在包销方式下，只有包销人承担从供货人那里购进指定商品的义务，供货人才授予他独家经营的权利。从法律上讲，供货人和经销商之间是本人对本人的关系，经销商以自己的名义购进货物；在规定的区域内转售时，也是以自己的名义进行；货价涨落等经营风险也由经销商自己承担。购买商品的当地客户与供货人之间不存在合同关系。

（二）经销协议的基本内容

经销协议是供货人和经销商订立的确立双方法律关系的契约，其内容的繁简可根据商品的特点、经销地区的情况以及双方当事人的意图加以确定。在实际业务中，许多经销协议只原则性地规定双方当事人的权利、义务和一般交易条件，对于以后每批货的交付，双方要依据经销协议再订立具体的买卖合同，明确价格、数量、交货期、支付方式等具体交易条件，或由供货人根据经销商发出的订单来交付货物。

通常，经销协议主要包括以下内容。

1. 经销商品的范围

经销商品可以是供货人经营的全部商品，也可以是其中的一部分。因此，在协议中要明确订明商品的范围，以及同一类商品的不同牌号和规格。经销商品的范围要同供货人的经营意图和经销商的经营能力与资信状况相适应。如经销商品范围规定为供货人经营的全部商品，为避免争议，最好在协议中明确供货人停止生产经销的商品或供货人有新产品推出时对协议是否适用。

2. 经销地区

经销地区是指经销商行使经营权的地理范围。它可以是一个或几个城市或地区，也可以是一个甚至几个国家。其大小的确定，除应考虑经销商的规模、经营能力及销售网络外，还应考虑地区的政治区域划分、地理和交通条件以及市场差异程度等因素。经销地区能否扩大，习惯上是根据业务发展的具体情况由双方协商后加以确定的。

在包销协议中，供货人在包销区域内不得再指定其他经销商经营同类商品，以维护包销人的专营权。为维护供货人的利益，包销协议也常常规定包销商不得将包销商品越区销售。

3. 经销数量或金额

经销协议还应规定经销商在一定时期内的经销数量或金额。在包销协议中，这更是必不可少的内容之一。此项数量或金额的规定对协议双方均有约束力。它既是经销商在一定时间内应承购的数额，也是供货人应保证供应的数额。经销数额一般采用最低承购额的做法，规定一定时期内经销商应承购的数额下限，并明确经销数额的计算方法。为防止经销商签约后拖延履行，可以规定最低承购额以实际装运数为准。规定最低承购额的同时，还应规定经销商未能完成承购额时供货人可行使的权利。

4. 作价方法

经销商品可以在规定的期限内一次作价，结算时以协议规定的固定价格为准。采用这种方法时，交易双方要承担价格变动的风险，故在实际中较少使用。在大多数经销协议中是采用分批作价的方法，也可由双方定期地根据市场情况加以商定。

5. 经销期限

经销期限是指协议的有效期，可规定为签字生效起一年或若干年。一般还要规定延期条款，可以经双方协商后延期，也可规定在协议到期前若干天如没有发出终止协议的通知，则可延长一期。

除协议期限届满可以终止外，如遇到下列情况之一，也可以终止协议。

（1）任何一方有实质性的违约行为，并在接到另一方要求纠正该违约行为的书面通知后的一段时间内未能加以纠正。

（2）任何一方发生破产清理或公司改组等严重事项，另一方提出终止协议的书面通知。

（3）由于发生了人力不可抗拒的意外事件，造成协议落空，而且遭受事件的一方在一定的期限之后仍无法履行协议规定的义务，另一方发出终止协议的书面通知。

6. 经销商品的其他义务

在许多经销协议中，往往要求经销商负责做好广告宣传、市场调研和维护供货人权益等工作。通常规定，经销商有促进销售和开展广告宣传的义务。有的协议也规定，供货人应提供必要的样品和宣传资料。对于广告宣传的方式以及有关费用的负担问题，也应明确规定，一般多由经销商自己负担。

在协议中，还可规定经销商承担市场调研的义务，以供供货人参考制定销售策略和改进产品质量。有的包销协议还规定，如在包销地区内发现供货人的商标权或专利权受到侵害，包销人要及时采取保护性措施。

除上述基本内容外，还应规定不可抗力及仲裁条款等一般交易条件。其规定方法与一般买卖合同大致相同。

（三）采用经销方式出口时应注意的问题

经销方式作为出口业务中常见的方式之一，如果运用得当，对于出口商拓展国外市场、扩大出口销售会产生良好的推动作用。然而，如果运用不当也会带来不好的后果。许多经验证明，在采用经销方式出口时要注意以下问题。

1. 要慎重选择经销商

供货人与经销商之间存在着一种相对长期的合作关系。如果经销商选择得当，对方信誉好，能够重合同守信用，而且经营能力强，即使在市场情况不好时，也能充分利用自己的经验和手段努力完成推销定额。这样，业务会越做越大，供销双方都会受益。然而，如果经销商选择失当，其经营能力不佳或资信不好，则会使供货人作茧自缚。这一问题在独家经销方式下尤为明显。有些包销商在市场情况不利时拒绝完成协议中规定的承购数额，结果使供货人原定的出口计划无法完成，又失掉其他客户。有些包销商凭借自己独家专营的特殊地位，反过来在价格及其他条件上要挟供货人，单为自己牟利，却损害了供货人的利益。为防止这类情况的发生，出口商在选择经销商时，事先应认真进行调查，了解对方的资信状况和经营能力。在任命独家经销商之前，这项工作尤为重要。

2. 要注意订好经销协议

经销协议是在经销方式下确定供货人和经销商之间权利和义务的法律文件，对双方均有约束力。协议规定的好坏关系到这项业务的成败，所以一定要认真对待。例如，在独家经销方式下，要慎重选择包销的商品种类，合理确定包销的地理范围，适当规定包销商在一定期限内的承购数额以及完不成的后果或超额完成的奖励等。这些都是至关重要的内容。在签订独家经销协议时，还应当了解当地有关的法律法规，并注意使用的文句，尽量避免与当地的法律发生抵触。

☞ 课堂案例

海天公司与新加坡波奥公司签订了一份独家经销协议，授予新加坡波奥公司飞水净水机产品的独家经销权。但该产品并非海天公司的自产商品，而是由国内艾达公司生产、由海天公司销往新加坡波奥公司的。艾达公司在向海天公司供货的同时，也自营进出口业务，又向新加坡另一家尚浩公司授予了该产品的独家经销权。这样，在新加坡就有了同种产品的两个独家经销商。这两家经销商得知该情况后，都向海天公司和艾达公司提出了索赔。请问应如何处理这起案件？

【案例分析】

在此案例中，艾达公司既然向新加坡尚浩公司授予了该产品的独家经销权，就有义务保证其产品不会经过其他渠道进入该地区。因此，艾达公司要么授予新加坡尚浩公司一般经销权，要么保证海天公司不向该地区出口该产品。

二、代理

代理是许多企业在从事进出口业务中习惯采用的一种贸易做法。所谓代理，是指代理人按照被代理人的授权，代表被代理人与第三人订立合同或进行其他法律行为，而由被代理人直接享有由此产生的权利与承担相应的义务。

（一）代理的类型

在国际贸易中，代理业务是以委托人为一方，以独立的代理人为另一方，在约定的时间和地区内，代理人以委托人的名义与资金从事业务活动。国际货物买卖中的代理可以从不同角度进行分类，按委托人授权范围的大小可分为以下几种。

1. 总代理

总代理是委托人在指定地区的全权代表，有权代表委托人从事一般商务活动和某些非商务性的事务。

2. 独家代理

独家代理是指在指定地区和期限内单独代表委托人行事，从事代理协议中规定的有关业务的代理人。委托人在该地区内，不得委托其他代理人。在出口业务中采用独家代理的方式，委托人须给予代理人在特定地区和一定期限内代销指定商品的独家专营权。

3. 一般代理

一般代理又称佣金代理，是指在同一地区和期限内委托人可同时委派几个代理人代表委托人行为，代理人不享有独家专营权。佣金代理完成授权范围内的事务后按协议规定的办法向委托人计收佣金。

代理按行业性质和职责分类，又可分为销售代理、购货代理、货运代理、保险代理、广告代理、投标代理、诉讼代理等多种类型。本节只介绍销售代理。

（二）代理的性质与特点

代理人在代理业务中，只是代表委托人行为。代理人与委托人通过代理协议建立的这种契约关系属于委托代理关系，不同于经销中的买卖关系。

在出口业务中，销售代理与经销有相似之处，但从当事人之间的关系来看，两者却有根本的区别。前已述及经销商与供货人之间是买卖关系，经销商完全是为了自己的利益购进货物后转售，自筹资金、自负盈亏、自担风险。而在代理方式下，代理人作为委托人的代表，其行为不能超出授权范围。代理人一般不以自己的名义与第三者订立合同，只居间介绍，收取佣金，并不承担履行合同的责任。履行合同义务的双方是委托人和当地客户。

（三）销售代理协议的主要内容

代理协议是明确委托人和代理人之间权利与义务的法律文件。协议内容由双方当事人按照契约自由的原则，根据双方的意思加以规定。销售代理协议主要包括以下内容。

1. 代理商品和地区

协议要明确规定代理商品的品名、规格以及代理权行使的地理范围。在独家代理的情况下，其规定方法与包销协议大体相同。

2. 代理人的权利与义务

这是代理协议的核心部分，一般应包括以下内容。

（1）明确代理人的权利范围，是否有权代表委托人订立合同，或从事其他事务。另外，还应规定代理人有无专营权。

（2）规定代理人在一定时期内应推销商品的最低销售额，并说明是按 FOB 价还是按 CIF 价计算。

（3）代理人应在代理权的行使范围内，保护委托人的合法权益。代理人在协议有效期内无权代理与委托人商品相竞争的商品，也无权代表协议地区内的其他相竞争的公司。对于在代理区域内发生的侵犯委托人工业产权等的不法行为，代理人有义务通知委托人，以便其采取必要措施。

（4）代理人应承担市场调研和广告宣传的义务。代理人应定期或不定期地向委托人汇报有关代销商品的市场情况，组织广告宣传工作，并与委托人磋商广告内容及广告形式。

3. 委托人的权利与义务

委托人的权利主要体现在对客户的订单有权接受，也有权拒绝。对于拒绝订单的理由，可以不做解释，代理人也不能要求佣金。但是，对于代理人在授权范围内按委托人规定的条件与客户订立的合同，委托人应保证执行。

委托人有义务维护代理人的合法权益，保证按协议规定的条件向代理人支付佣金。在独家代理的情况下，委托人要尽力维护代理人的专营权。如由于委托人的责任给代理人造成损失，委托人应予以补偿。

许多代理协议还规定，委托人有义务向代理人提供推销商品所需的材料；对于代理人代表委托人对当地客户进行诉讼所支付的费用，委托人应给予补偿。

4. 佣金的支付

佣金是代理人为委托人提供服务所获得的报酬。代理协议要规定在什么情况下代理人可以获得佣金。有的协议规定，对直接由代理人在规定的区域内获得的订单而达成的交易，代理人有权得到佣金。在独家代理的协议中，常常规定若委托人直接与代理区域内的客户签订买卖合同，代理人仍可获取佣金。

协议中还要规定佣金率、佣金的计算基础、佣金的支付时间和方法。佣金率的高低一般视商品特点、市场情况、成交金额及竞争程度等因素而定。佣金的计算基础有不同的规定方法，通常以发票净售价为基础，对发票净售价的构成或贸易术语也应予以明确。佣金的支付可在交易达成后逐笔结算支付，也可定期结算累计支付，支付佣金多采用汇付方式。

除上述基本内容外，关于不可抗力和仲裁等条款的规定，销售代理协议与经销协议和一般买卖合同的做法大致相同。

☞ **课堂案例**

韩国 ALIA 公司与我国宝达公司签订了一份独家代理协议，指定宝达公司为 ALIA 公司某项产品在中国的独家代理商。在订协议时，韩国 ALIA 公司正在试验改进该产品。不久，新产品试验成功，ALIA 公司又指定我国另一家蚕山公司为新产品的经销商。请问 ALIA 公司的这种做法是否合法？

【案例分析】

ALIA 公司在指定我国蚕山公司为新产品的经销商前，应查看一下其与我国宝达公司签订的代理协议中是否规定有新产品生产后协议的使用问题。若该协议中规定"协议适用新产品"，则 ALIA 公司无权与我国另一家蚕山公司签订新产品的经销协议，即 ALIA 公司的这种做法不合法。若该协议中规定"协议不适用新产品"，则 ALIA 公司可以与蚕山公司签订新产品的经销协议。

第二节　招标与投标

招投标是一种传统的贸易方式。一些政府机构、市政部门和公用事业单位经常用招标方式采购物资、设备、勘探开发资源或招包工程项目，有些国家也用招标方式进口大宗商品。世界银行贷款项目和国际政府贷款项目通常也在贷款协议中规定，运用这些贷款采购物资、设备、发包工程时，必须采用国际竞争性招投标方式。目前，这一贸易方式更多地用于国际工程承包业务。本节仅介绍商品采购中的招标与投标。

一、招标与投标的含义

招标与投标是一种贸易方式的两个方面。

招标是指招标人（买方）发出招标通知，说明拟采购的商品名称、规格、数量及其他条件，邀请投标人（卖方）在规定的时间、地点按照一定的程序进行投标的行为。

投标是指投标人（卖方）应招标人的邀请，按照招标的要求和条件，在规定的时间内向招标人递价，争取中标的行为。

招投标方式与逐笔售定的方式相比，有很大区别。在招投标方式中，投标人是按照招标人规定的时间、地点和交易条件进行竞卖，双方没有反复磋商的过程。投标人发出的投标书是一次性报盘。鉴于招投标是一种竞卖方式，卖方之间的竞争使买方在价格及其他条件上有较多的比较和选择。因此，在大宗物资的采购中，这一方式被广泛运用。

二、招投标的基本做法

商品采购中的招投标业务基本上包括四个步骤：招标、投标、开标评标和签约。

（一）招标

国际招标主要有公开招标和非公开招标两种。

1. 公开招标

公开招标是指招标人在国内外报纸杂志上发布招标通告，将招标的意图公布于众，邀请有关企业和组织参加投标。招标通知一般只简要地介绍招标机构、所采购物资的名称和数量、投标期限、索取招标文件的地点及方式等。这在法律上是一种邀请发盘的引诱行为。凡有意投标者均可按照招标通知的规定索取招标文件，详细考虑后办理各项投标手续。

招标文件的内容可归纳为两大部分。

第一部分是"投标人须知"，主要是制定规则，使报标人投标时能有所遵循。这些规则大致包括以下三项内容。

（1）一般情况。例如，资金来源、所需设备或货物的简要说明、投标资格及货物来源地、投标费用的负担等。

（2）程序性规定。例如，投标的时间、地点、投标格式、投标保证金的规定、投标有效期、标书修改或撤销的规定等。

（3）实质性规定。例如，是否可投标供应一部分，是否可提出代替性方案，分包以及投标报价的规定等。

第二部分是列明商品采购的合同条件。这部分内容与买卖合同的内容类似，其中还包括双方的责任和义务。

招标文件往往要求对投标人进行资格预审，以确保投标人在各方面具有投标能力。资格预审主要集中在以下方面（一般限于过去5年内的情况即可）：投标人的经验及过去完成类似合同的成绩、财务状况、生产能力、经营作风等。在利用国际金融机构或国外政府贷款进行物资采购或工程承包的招投标业务中，资格预审更是必不可少的环节。

2. 非公开招标

非公开招标又称选择性招标。招标人不公开发布招标通知，只是根据以往的业务关系和情报资料，向少数客户发出招标通知。非公开招标多用于购买技术要求高的专业性设备或成套设备，应邀参加投标的企业通常是经验丰富、技术装备优良、在该行业中享有一定声誉的企业。

（二）投标

投标人先要取得招标文件，认真分析研究后，编制投标书。投标书实质上是一项有效期至规定开标日期为止的发盘，内容必须十分明确，中标后与招标人签订合同所要包含的重要内容应全部列入，并在有效期内不得撤回标书、变更标书报价或对标书内容做实质性修改。因此，投标人必须综合各种因素慎重考虑。

为防止投标人在投标后撤标或在中标后拒不签订合同，招标人通常会要求投标人在投标时提供一定比例或金额的投标保证金。招标人选定中标人之后，未中标的投标人已缴纳的保证金即予退还。现今国际招标投标业务中一般都以银行保函或备用信用证代替保证金。

投标书应在投标截止日期之前送达招标人或其指定的收件人，逾期无效。投标书一般采用密封挂号邮寄，也可派专人送达。按照一般的惯例，投标人在投标截止期之前，可以书面提出修改或撤回标书。撤回的标书在开标时不予宣读，所缴纳的投标保证金也不没收。

（三）开标评标

开标有公开开标和不公开开标两种方式。招标人应在招标通知中对开标方式做出规定。

公开开标是指招标人在规定的时间和地点当众启封投标书、宣读内容，投标人都可参加，监视开标。不公开开标则是由开标人自行开标和评标，选定中标人，投标人不参加。

开标后，招标人进行权衡比较，选择最有利者为中标人。在现代国际招标投标业务中，中标与否不完全取决于报价的高低。但在世界银行贷款项目的国际竞争性招标投标中，招标人必须接受标价最低的产品或服务。如果招标人认为所有的投标均不理想，可宣布招标失败。造成招标失败的可能原因有以下几种。

（1）所有报价与国际市场平均价格差距过大。

（2）所有投标的内容都与招标要求不符。

（3）投标人太少，缺乏竞争性。

（四）签约

招标人选定中标人之后，要向其发出中标通知书，约定双方签约的时间和地点。中标人签约时要提交履约保证金，取代原投标保证金，用以担保中标人将遵照合同履行义务。

☞ 课堂案例

巴基斯坦某公司公开招标购买电缆 20 千米。我方 S 公司收到招标文件后，为了争取中标，立即委托招标当地的一家代理商代为投标。开标后 S 公司中标。除支付代理商佣金外，S 公司还立即在国内寻找生产电缆的厂家，以便履行交货任务。几经寻找其发现没有一家工厂能提供中标产品，因为中标产品的型号和规格在国内早已过时，要生产这种过时的产品需要重新安装生产线，涉及的费用较大，且仅生产 20 千米，势必造成极大的亏损。如果 S 公司撤销合同，则要向招标方支付赔款。请问 S 公司应从这项招投标业务中吸取什么教训？

【案例分析】

该案例中的 S 公司在事先没有了解国内是否有厂家能够提供招标产品的情况下，仅凭招标书的资料就主观委托国外代理人代为投标，势必造成非常被动的局面。今后在参加国际招投标业务前，必须对招标资料和供货可能进行详细的调查研究，然后再决定能否参加投标。

第三节　拍卖与寄售

一、拍卖

（一）拍卖的概念及特点

拍卖是一种具有悠久历史的交易方式，在今天的国际贸易中仍被采用。通过拍卖成交的商品通常是品质难以标准化或难以久存或按传统习惯以拍卖出售的商品，如裘皮、茶叶、烟草、羊毛、木材、水果、古玩以及艺术品等。

1. 拍卖的概念

国际贸易中的拍卖是由经营拍卖业务的拍卖行接受货主的委托，在规定的时间和场所，按照一定的章程和规则，以公开叫价的方法把货物卖给出价最高者的一种贸易方式。

2. 拍卖的特点

国际货物的拍卖方式具有以下特点。

（1）拍卖是在一定的机构内有组织地进行。拍卖一般都是在拍卖中心或拍卖行的统一组织下进行的。拍卖中心可以是由公司或协会组成的专业拍卖行，专门接受货主委托从事拍卖业务，也可以是大贸易公司内部设立的拍卖行，还可以是由货主临时组织的拍卖会。

（2）拍卖具有自己独特的法律和规章。拍卖不同于一般的进出口交易。这不仅体现在交易磋商的程序和方式上，也表现在合同的成立和履行等问题上。许多国家的买卖法中对拍卖业务有专门的规定。除此之外，各个拍卖行也会订立自己的章程和规则，供拍卖时采用。这些都使得拍卖方式形成了自己的特色。

（3）拍卖是一种公开竞买的现货交易。拍卖采用事先看货、当场叫价、落槌成交的做法。拍卖开始前，买主可以查看货物，做到心中有数。拍卖开始后，买主当场出价、公开竞买，由拍卖主持人代表货主选择交易对象。成交后，买主即可付款提货。

（二）拍卖的出价方法

1. 增价拍卖

增价拍卖也称英式拍卖，是最常用的一种拍卖方式。拍卖时由拍卖人提出一批货物、宣布预定的最低价格，然后由竞买者相继叫价，竞相加价，有时规定每次加价的金额额度，直到拍卖人认为无人再出更高的价格时，则用击槌动作表示竞买结束，将这批货物卖给最后出价最高的人。在拍卖人击槌前，竞买者可以撤销出价。如果竞买者的出价都低于拍卖人宣布的最低价格（或称价格极限），卖方有权撤回货物，拒绝出售。

2. 减价拍卖

减价拍卖又称荷兰式拍卖。这种方式先由拍卖人喊出最高价格，然后逐渐减低叫价，直到有某一竞买者认为已经低到可以接受的价格，表示买进为止。

减价拍卖成交迅速，经常用于拍卖鲜活商品，如花卉、水果、蔬菜等。

以上两种方法都是在预定的时间和地点，按照先后批次，公开进行。

3. 密封递价拍卖

密封递价拍卖又称招标式拍卖。采用这种方法时，先由拍卖人公布每批商品的具体情况、拍卖条件等，然后由各买方在规定时间内将自己的出价密封递交给拍卖人，以供拍卖人进行审查比较，决定将该货物卖给哪个竞买者。这种方法不是公开竞买，拍卖人有时要考虑除价格以外的其他因素。有些国家的政府或海关在处理库存物资或没收货物时往往采用这种拍卖方式。

（三）拍卖的一般程序

拍卖业务进行的程序，一般可分为以下三个阶段。

1. 准备阶段

参加拍卖的货主先要把货物运到拍卖地点、存入仓库，然后委托拍卖行进行挑选、分类、分级，并按货物的种类和品级分成若干批次。货主在办理委托事项时要与拍卖行订立委托拍卖合同。合同中一般要规定以下内容。

（1）双方当事人的名称和地点。

（2）拍卖货物的名称、规格及数量。

（3）拍卖的时间和地点。

（4）拍卖品的交付时间及交付方式。

（5）佣金及其支付方式、支付期限。

（6）价款的支付方式和期限。

（7）违约责任。

（8）其他事项。

拍卖行在此期间还要负责编印拍卖目录。所有经过挑选分批待售的货物都要载入目录。在拍卖目录中，一般要列明商品的种类，每批货的号码、等级、规格、数量、产地，拍卖的次序及拍卖条件。拍卖目录通常在拍卖日期前 10 天到半个月编印完毕，并提供给打算参加拍卖会的买主作为指南。

拍卖行在拍卖前一段时间要发布拍卖公告。拍卖公告主要包括以下内容。

（1）拍卖的时间和地点。

（2）拍卖的标的。

（3）拍卖标的展示的时间和地点。

（4）参与竞买须办理的手续。

（5）其他事项。

准备拍卖的商品都存放在专门的仓库。在规定的时间内，允许参加拍卖的买主到仓库查看货物，有些还可抽取样品。买方查看货物的目的是进一步了解货物的品质状况，以便按质论价。

2. 正式拍卖

拍卖会在规定的时间和地点开始，并按照拍卖目录规定的先后顺序进行。

在拍卖会场中，买主一般按照事先登记的座位号对号入座。在拍卖会主席台上就座的主要有拍卖主持人和工作人员。拍卖主持人又称拍卖师，作为货主的受托人控制拍卖业务的进行。

拍卖一般多采用由低到高的增价拍卖方式。增价拍卖可以由竞买人增价，也可以由拍卖人增价竞买人举牌应价。货主对于要拍卖的货物可以提出保留价，也可以无保留价。对于无保留价的，拍卖主持人在拍卖开始前要予以说明；对于有保留价的，竞买人的最高价未达到保留价时，主持人要停止拍卖。

关于竞买人喊价后能否撤回的问题，不同国家的拍卖法对此规定有所不同。有的拍卖法规定在拍卖主持人落槌之前，竞买人可以撤回其出价。我国的拍卖法则规定："竞买人一经应价不得撤回。当其他竞买人有更高应价时，其应价即丧失约束力。"

荷兰作为出口鲜花的大国，在花卉交易中通常采用减价拍卖方式。这种方式又称无声拍卖，即竞买人无须减价，只需在拍卖人由高到低的报价过程中选择自己能接受的价格及时应价。应价以前采用打手势表示，现在多用按电钮的方式。

3. 成交与交货

拍卖以其特有的方式成交后，拍卖行的工作人员即交给买方一份成交确认书，由买方填写并签字，表明交易正式达成。

拍卖商品的货款通常都以现汇支付。在成交时，买方即需支付货款金额的一定百分比，其余的也需尽快支付。货款付清后，货物的所有权随之转移。买方凭拍卖行开出的栈单或提货单到指定的仓库提货。提货也必须在规定的期限内进行。在仓库交货前，拍卖行控制着货物，其有义务妥善保管货物。作为卖方的代理人，拍卖行享有货款的留置权，即在买方付清货款之前有权拒绝交货，除非拍卖条件中允许买方在提货后的一定期限内付清货款。

拍卖行为交易的达成提供了服务，所以要收取一定的报酬，其通常称作佣金或经纪费。佣金的多少没有统一的规定，可以由交易双方与拍卖行加以约定。如果当事人没有约定，按照习惯，拍卖行可以向交易双方各收取不超过成交价5%的佣金。收取佣金的比例一般按照与成交价成反比的原则确定。

拍卖未成交的，拍卖行可以向委托人收取约定的费用；未做约定的，可向委托人收取为拍卖支出的合理费用。

拍卖会结束后，由拍卖行公布拍卖单。其内容主要包括售出商品的简要说明、成交价、拍卖前公布的基价与成交价的比较等。这些材料反映了拍卖商品的市场情况及国际市场价格，也是两次拍卖会的间隔期内，商人进行交易、掌握价格的重要参考资料。

（四）关于拍卖业务中若干问题的说明

1. 公平交易问题

拍卖业务中的交易双方须遵守公平竞争的原则，并遵照拍卖行的规章办事。拍卖业务中，有些货主为了卖高价，自己参与竞买或雇用其他人参与竞买，哄抬价格，误导不明真相的竞买人，是法律所不允许的。另外，有时竞买人为了自己单方面的利益，私下串通，压低价格。这些做法与招投标业务中的串通投标类似，均构成违法行为。因为他们违反了公平交易的原则，属于操纵市场、限制竞争的做法。《中华人民共和国拍卖法》（以下简称《拍卖法》）第三十条明文规定："委托人不得参与竞买，也不得委托他人代为竞买。"其第三十七条又规定："竞买人之间、竞买人与拍卖人之间不得恶意串通，损害他人利益。"

2. 关于品质的责任问题

由于拍卖前允许买主查验货物，使买主对所要购买货物的实际品质心中有数，而后再按质论价，因此，一般来说，拍卖后很少发生索赔现象。而且，许多拍卖条件中也规定，买方对货物过目或不过目，卖方对商品的品质概不负责。这一般是指货物的缺陷按通常的检查手段即可发现的，则由买主根据自己的业务水平和判断能力来决定出价标准。但对于有些货物存在的隐蔽缺陷，即凭借一般的查验手段不能发现的质量问题，还是允许买主提出索赔的。

我国《拍卖法》规定："委托人应当向拍卖人说明拍卖标的的来源和瑕疵。拍卖人应当向竞买人说明拍卖标的的瑕疵。未说明拍卖标的瑕疵给买受人造成损害的，买受人有权要求拍卖人赔偿；属于委托人责任的，拍卖人有权向委托人追偿。"但其同时又规定："拍卖人、委托人在拍卖前声明不能保证拍卖标的的真伪或者品质时，不承担瑕疵担保责任。"

3. 拍卖主持人的职责

拍卖主持人要有足够的业务知识，而且作为货主的受托人，有义务遵照其与货主之间达成的协议谨慎行事。主持人有权按照自己的方式描述货物，以利于吸引买主，但他的描述应与所售的货物相符。根据英国拍卖法的解释，拍卖主持人对货物的描述或声明，只是表示了单方面的意见，买主仍须依仗自己的判断行事。我国《拍卖法》还规定："拍卖人接受委托后，未经委托人同意不得委托其他拍卖人拍卖。委托人、买受人要求对其身份保密的，拍卖人应当为其保密。拍卖人及其工作人员不得以竞买人的身份参与自己组织的拍卖活动，并不得委托他人代为竞买。"

4. 解决争议的方式

在拍卖进行过程中，如果发生争议，如究竟谁是出价最高者，一般由拍卖主持人决定。如果当事人一方不同意主持人意见，可到场外进行协商；协商不成，可将争议提交仲裁。仲裁决定为最后裁决，双方必须遵守。

二、寄售

寄售是一种委托代售的贸易方式，也是国际贸易中为开拓商品销路、扩大出口而采用的一种通常做法。它与先出售后出运货物的一般贸易方式不同，其是先出运后出售商品。

（一）寄售的概念与性质

寄售是指货主先将准备销售的货物运往国外寄售地，委托当地代销人按照寄售协议规定的条件代为销售后，再由代销人同货主结算货款的一种贸易做法。

寄售是按双方签订的协议进行的。寄售人和代销人之间不是买卖关系，而是委托与受托关系，寄售协议属于行纪合同（信托合同）性质。按照我国《民法典》第三编合同中的解释，行纪合同是指行纪人接受委托人的委托，以自己的名义为委托人从事贸易活动，委托人支付报酬的合同。行纪人的权利、义务与代理人相似，但又有区别。两者最主要的区别在于，代理人在从事授权范围内的事务时，可以以委托人的名义，也可以以自己的名义，但行纪人只能以自己的名义处理行纪合同中规定的事务，而且行纪人同第三方从事的法律行为，不能直接对委托人发生效力。由此可见，寄售既不同于经销业务，又与一般的销售代理业务有区别。

（二）寄售的特点

与正常的出口销售相比，寄售具有以下特点。

（1）寄售人与代销人是委托代售关系。代销人只能根据寄售人的指示代为处置货物，在委托人授权范围内可以以自己的名义出售货物、收取货款并履行与买主订立的合同，但货物的所有权在其于寄售地售出之前仍属寄售人。

（2）寄售是由寄售人先将货物运至寄售地，然后再寻找买主。因此，它是凭实物进行的现货交易。

（3）寄售方式下，代销人不承担任何风险和费用，货物售出前的一切风险和费用均由寄售人承担。

（三）寄售协议的主要内容

寄售协议是寄售人和代销人之间就双方的权利、义务以及寄售业务中的有关问题签订的法律文件。寄售协议中一般应包括下列内容：协议性质，寄售地区，寄售商品的名称、规格、数量、作价方法，佣金的支付，货款的收付，还有保险的责任、费用的负担及代销人的其他义务等。为了订好寄售协议，必须妥善处理以下三个问题。

1. 寄售商品的作价方法

寄售商品的作价方法，大致有以下四种。

（1）规定最低限价。代销人在不低于最低限价的前提下，可以任意出售货物；否则，必须事先征得寄售人的同意。协议中还要明确该最低限价是含佣价还是净价。

（2）随行就市。代销人可在不低于当地市价的情况下出售寄售货物，寄售人不作限价。这种做法，使代销人有较大的自主权。

（3）销售前征得寄售人的同意。代销人在得到买主的递价后，立即征求寄售人意见，确认同意后，才能出售货物。也有的规定由寄售人根据代销人提供的行情报告，规定一定时期的销售价格，代销人据以对外成交。

（4）规定结算价格。货物售出后，双方依据协议中规定的价格进行结算。代销人实际出售货物的价格，寄售人不予干涉，其差额作为代销人的收入。这种做法，使代销人承担了一定的风险。

2. 佣金的问题

除采用规定结算价格方式外，寄售人都应支付给代销人一定数量的佣金，作为其提供服务的报酬。佣金结算的基础一般是发票净售价，通常解释为用毛售价减去有关费用（如已包括在售价之内），如商品及服务税、货物税、增值税、关税、包装费、保险费、仓储费、商业和数量折扣、退货的货款和延期付款的利息等。

关于佣金的支付时间和方法，做法各异。代销人可在货物售出后从所得货款中直接扣除代垫费用和应得佣金，再将余款汇给寄售人；也可先由寄售人收取全部货款，再按协议规定计算出佣金汇给代销人。佣金多以汇付方式支付，也有的采用托收方式。

3. 货款的收付

寄售方式下，货款一般是在货物售出后收回。寄售人和代销人之间通常采用记账的方法定期或不定期地进行结算，由代销人将货款汇给寄售人，或者由寄售人用托收方式向代销人收款。为保证收汇安全，有的在协议中加订"保证收取货款条款"，或在协议之外另订"保证收取货款协议"，由代销人提供一定的担保。

（四）寄售方式的优缺点

1. 寄售的优点

寄售方式对寄售人、代销人和买方来说都有明显的优点。

（1）对寄售人来说，寄售有利于开拓市场和扩大销路。寄售人通过寄售可以与实际用户建立关系，扩大贸易渠道，便于其了解和适应当地市场的需要，不断改进品质和包装。另外，寄售人还可根据市场供求情况掌握有利的推销时机，抢行应市，卖上好价。

（2）代销人在寄售方式中不需垫付资金，也不承担风险。因此，寄售方式有利于调动那些有推销能力、经营作风好但资金不足的客户的积极性。

（3）寄售是凭实物进行的现货买卖，买主看货成交，付款后即可提货。其大大节省了交易时间，减少了风险和费用，为买主提供了便利。

2. 寄售的缺点

对于寄售人来讲，采用寄售方式出口时有以下缺点。

（1）承担的贸易风险大。寄售人要承担货物售出前的一切风险，包括运输途中和到达目的地后货物的损失和灭失风险，货物价格下跌和不能售出的风险，以及代销人选择不当或资信不佳而导致的损失。

（2）资金周转期长，收汇不够安全。寄售方式下，货物售出前的一切费用开支均由委托人负担，而货款要等货物售出后才能收回，不利于其资金周转。此外，一旦代销人违反协议，也会给寄售人带来意料之外的损失。

第四节　对等贸易

一、对等贸易的含义及类型

对等贸易，又称对销贸易，是指在互惠的前提下，由两个或两个以上的贸易方达成协议，规定一方的进口产品可以部分或者全部以相对的出口产品来支付。

对销贸易不同于单边进出口，实质上是进口和出口相结合的方式，一方商品或劳务的出口必须以进口为条件，体现了互惠的特点，即相互提供出口机会。另外，在对销贸易方式下，一方从国外进口货物不是用现汇支付，而是用相对的出口产品来支付。这样做有利于保持国际收支平衡，对外汇储备较紧张的国家具有重要意义。

对销贸易有多种形式，如易货贸易、补偿贸易、反购或互购、转手贸易和抵销。但是，在我国对外经贸活动中采用较多的是易货贸易和补偿贸易。

对销贸易源自易货。它包含的各种交易形式都具有易货的基本特征，但又不是易货的简单再现，而是具有时代烙印和新的经济内涵。例如，抵销贸易即商品交换和资本流动融为一体，贸易活动和投资活动结合进行。

二、易货贸易

（一）易货贸易的形式

易货贸易在国际贸易实践中主要表现为狭义的易货和广义的易货。

狭义的易货是纯粹的以货换货方式，不用货币支付。其特征是交换商品的价值相等或相近，没有第三者参加，并且是一次性交易，履约期较短。这种传统的直接易货贸易是一种古老的贸易方式，可以追溯到很久以前。在作为一般等价物的货币出现之前，人们就是用这种方式交换各自的劳动产品的。但是，这种易货方式具有很大的局限性，在现代国际贸易中很少采用。

现代的易货贸易都是采用比较灵活的方式，即所谓的广义易货。这种易货方式主要有以下两种不同的做法。

1. 记账易货贸易

一方用一种出口货物交换对方出口的另一种货物，双方都将货值记账，互相抵冲，货款逐笔平衡，无须使用现汇支付。或者在一定时期内平衡（如有逆差，再以现汇或商品支付）。采用这种方式时，进出口可以同时进行，也可以先后进行，但一般说来，时间间隔都不会太长。例如，孟加拉国黄麻出口公司采取易货方式出口黄麻，要求双方都在银行开立账户，账户保持平衡。又如，中华人民共和国成立初期与斯里兰卡的米胶协议，中方以大米交换对方的橡胶。

2. 对开信用证方式

这是指进口和出口同时成交，金额大致相等，双方都采用信用证方式支付货款。也就是说，双方都开立以对方为受益人的信用证，并在信用证中规定一方开出的信用证要在收到对方开出的信用证时才生效。也可以采用保留押金方式，具体做法是先开出的信用证先生效，但是结汇后银行把款扣下，留作该受益人开回头证时的押金。需要说明的是，在这种做法下，虽然交易双方对开信用证并且有货币计价，但双方进行的仍然是以货换货的交易，而非现汇交易。先出口的一方出口后并不能得到信用证中以一定货币所表现的货款，而只是取得对方承诺供应的双方约定好的货物作为补偿，然后自己使用这些货物或再进行转售。因此，先出口方往往要求对方银行出具后出口方按期履约的担保，以保证其经济利益的按期实现。

（二）易货贸易的优缺点

1. 易货贸易的优点

易货贸易的突出优点在于它能促成外汇支付能力较弱的国家和企业间进行贸易，调剂余缺，从而有利于国际贸易的发展。此外，易货贸易还有利于以进带出或以出带进。由于易货贸易是进出口相结合的一种贸易方式，交易双方都以对方承诺购买自己的商品作为购买对方商品的条件。因此，当对方推销商品时，可以把对方同时购买自己的商品作为购买的交换条件，即以进口带动本国商品的出口；当对方急需我方商品时，可以要求对方也提供我方所需商品作为交换条件，即以出口带动进口。

2. 易货贸易的缺点

以直接易货为本质内容的易货贸易有一定的局限性。首先，易货贸易中进行交换的商品无论在数量、品质、规格等方面都必须是对方所需要的和可以接受的。在实际业务中，尤其是在当前的国际贸易中，商品种类繁多、规格复杂，从事国际贸易的商人专业化程度较高，要找到这种合适的交易伙伴有时是相当困难的。这就给易货贸易在国际贸易中的应用带来了一定的难度。其次，易货贸易的开展还要受到双方国家经济互补性的制约。一般而言，两国的经济发展水平、产业结构差异越大，其互补性也越强，产品交换的选择余地越大；反之，要交换彼此产品的难度则越大。各国的贸易实践已充分证实了这一点。由于上述种种局限性，这种单纯的物物交换方式在对销贸易中所占比例并不大。

三、补偿贸易

（一）补偿贸易的含义

补偿贸易，又称产品回购，是指在信贷基础上进行的、进口与出口相结合的贸易方式，即先进口设备，然后以回销产品和劳务所得价款分期偿还进口设备的价款及利息。

（二）补偿贸易的类型

按照用来偿付的标的的不同，我国当前开展的补偿贸易大体上可分为以下三类。

1. 直接产品补偿

双方在协议中约定，由设备供应方向设备进口方承诺购买一定数量或金额的由该设备直接生产出来的产品。这是补偿贸易最基本的做法。但是，这种做法有一定的局限性。它要求生产出来的直接产品及其质量必须是对方所需要的，或者在国际市场上有销路；否则，不易为对方所接受。

2. 间接产品补偿

当所交易的设备本身不生产物质产品，或设备所生产的直接产品非对方所需或在国际市场上不好销售时，可由双方根据需要和可能进行协商，用回购其他产品来代替。

3. 劳务补偿

这种做法常见于同来料加工和来件装配相结合的中小型补偿贸易中。按照这种做法，双方根据协议，往往由对方代我方购进所需的技术、设备，货款由对方垫付；我方按对方要求加工生产后，从应收的工缴费中分期扣还所欠款项。

在实践中，上述三种做法还可结合使用，即进行综合补偿。有时根据实际情况的需要，还可以部分用直接产品、其他产品或劳务补偿，部分由现汇支付等。

（三）补偿贸易的特征与作用

1. 补偿贸易的特征

（1）补偿贸易以信贷作为前提条件。在实际业务中，信贷可以表现为多种形式，但大量出现的是商品信贷，即设备的赊销。

（2）设备供应必须同时承诺回购设备进口方的产品或劳务。这是构成补偿贸易的必备条件。应当明确的是，在信贷基础上进行设备的进口并不一定构成补偿贸易。例如，在延期付款方式下，进口所需的大部分贷款是在双方约定的期限内分期摊付本金及利息，但是在这种方式下，贷款的偿还与产品的销售本身没有直接的联系。所以，尽管交易也是在信贷基础上进行的，但并不构成补偿贸易。可见，补偿贸易不仅要求设备供应方提供信贷，同时还要承诺回购对方的产品或劳务，以便对方用所得货款偿还贷款。这两个条件必须同时具备，缺一不可。

2. 补偿贸易的作用

（1）补偿贸易对设备进口方有以下作用。

① 补偿贸易是一种较好的利用外资的形式。我国目前之所以要开展补偿贸易，其目的之一就是想通过这种方式来利用国外资金，以弥补我国建设资金的不足。

②通过补偿贸易可以引进先进的技术和设备，发展和提高本国的生产能力，加快企业的技术改造，使产品不断更新及多样化，增强出口产品的竞争力。

③通过对方回购，还可在扩大出口的同时得到一个较稳定的销售市场和销售渠道。

（2）补偿贸易对设备供应方有以下作用。

①对于设备供应方来说，进行补偿贸易有利于解决进口方支付能力不足的问题，扩大出口。

②在当前市场竞争日益激烈的条件下，通过承诺回购义务增强己方的竞争优势，争

第十三章 常见的国际贸易方式

取贸易伙伴。在回购中取得较稳定的原材料来源，或从转售产品中获得利润都能为设备供应方带来好处。

（四）补偿贸易合同的主要内容

目前，我国对外签订的补偿贸易合同以及国外使用的产品回购合同，均没有统一的固定格式，其具体内容可以根据交易双方的意愿协商制定。双方可以经过磋商，先订立一个基本协议，确定各自在提供设备、信贷和回购方面的义务，然后根据该协议的有关规定，分别签订供应设备和回购产品或劳务的具体合同。但是，从我国补偿贸易实际业务来看，更常见的则是在一个合同中把上述内容全部包括进去，一一做出具体规定。不论采取什么方式，其具体内容一般应包括以下几个方面。

1. 有关技术及技术协助方面的规定

这部分的内容要根据设备的种类及性质而定，一般应包括设备的名称、型号、规格、性能和参数，同时应明确设备的安装责任，设备供应方应负责的技术协助（包括人员培训）以及质量保证及保证期限等内容。如果涉及专利或专有技术，还应明确规定设备供应方的有关保证。这样做可使双方的责任义务更加明确，减少以后产生纠纷的可能性。

2. 有关信贷的条件

这部分一般包括贷款金额、计价和结算货币、利率、偿还期限、偿还办法以及银行担保等内容。

3. 有关回购义务的规定

前已述及构成补偿贸易的条件之一是设备供应方承诺回购产品或劳务的义务。因此，在订立补偿贸易合同时，有关这方面的内容需要在合同中具体、明确地做出规定。这些规定主要应包括以下几个方面。

（1）回购产品的名称、品种、规格。在商订这些内容时，一定要做到明确、具体。如果双方约定用直接产品偿付，则应在合同中将产品的品质订明，作为以后履约的依据，避免日后双方在这一问题上产生分歧而影响回购义务的履行。如果双方约定用其他产品偿付，则应将产品的名称、品种、规格以及质量标准等在订立合同时明确、具体地做出规定。

（2）回购的额度。在回购交易中，设备供应方对设备进口方所承诺回购比例的大小，直接关系到其为设备进口方提供多大的偿还助力。在这方面，双方往往也存在着分歧。对于设备供应方来说，一般希望回购义务的比例越小越好；而对于设备进口方来说，则希望进行全额补偿，即愿意用产品的货款抵付全部设备的价款及利息。在实际业务中，具体的抵付额度通常取决于进口方对技术设备的需要程度、返销产品的供应能力、设备供应方推销设备的迫切程度，以及其他可能影响双方谈判地位的各种要素。

（3）回购产品的作价。对于期限较短（1~2 年）、金额较小且产品价格相对稳定的补偿贸易，有时可在合同中明确规定回购产品的价格。但是，补偿贸易的特点往往是金额较大、期限较长，有时甚至要持续 10~15 年。在这种情况下，一般不在合同中固定价格，只是规定作价的原则、作价时间、定价标准、定价方法及程序等。

（4）对回购产品销售地区的限制。回购的产品除有时自用外，多数情况下都是用于转售。在回购产品销售市场这一问题上，双方往往也存在着分歧。对于承诺回购的一方来说，总是希望尽量减少对回购货物转售的限制。如果要禁止回购方在最有吸引力的市场转售货物，那么在谈判时回购方往往会要求对方降低回购产品的价格。对于回购产品的供货方来说，通常是希望能对产品销售的地区加以限制。原因有两个：一是回购货物的转售不能冲击其正常贸易下已有的市场和渠道，二是不应在其已有代理销售关系的地区进行转售。此外，供货方也不希望在售后服务不健全的市场进行销售。

若设备涉及工业产权，则应对其产品的销售地区加以限制，以免出现侵权行为。

（五）进行补偿贸易应注意的问题

补偿贸易是一种比较复杂的交易，涉及贸易、信贷和生产多个业务，而且持续时间比较长，在履约期间往往会发生一些难以预料的变化。因此，进行一项补偿贸易，尤其是大型的补偿贸易，须特别注意以下几个问题：

（1）必须做好项目的可行性研究，立项时必须慎重考虑。

（2）准确计算贷款成本，合理安排偿还期。对于贷款成本，既要考虑利率的高低，又要考虑所使用的货币是软币还是硬币，还要考虑设备价格的高低。只有从这三个方面进行综合核算，才可能得到比较合乎实际的成本。

（3）正确处理补偿产品和正常出口产品的关系。原则上应该以不影响正常出口为前提进行补偿贸易，所以供货方必须在出口数量、销售市场和定价方面予以充分注意。

四、互购贸易

（一）互购贸易的概念及做法

互购，顾名思义就是交易双方互相购买对方的产品。互购贸易涉及两个既独立又相互联系的合同。在这种方式下，交易双方先签订一个合同，约定由先进口国（往往是发展中国家）用现汇购买对方的货物（机器、设备等），并由先出口国（通常为发达国家）在此合同中承诺在一定时期内买回头货；之后，双方还需要再签订一个合同，具体约定由先出口国用所得货款的一部分或全部从先进口国购买商定的回头货。

（二）互购贸易的特点

互购贸易的特点是两笔交易都用现汇支付，一般是通过信用证即期付款或付款交单来进行，有时也可采用远期信用证付款方式。它与一般交易的不同之处在于，先出口的一方在第一份合同中做出回购对方货物的承诺，从而把先后两笔不一定等值的现汇交易结合在一起。因此，先出口的一方除非是接受远期信用证，否则不存在垫付资金的问题；相反，其还可以在收到出口货款至支付进口回头货货款的这段时间里使用对方的资金，而且在随后的谈判中处于比较有利的地位。对先进口方来说，利用互购贸易有利于带动本国商品的出口；不过其非但得不到资金方面的好处，还要先付出一笔资金。另外，回购是先出口方对今后所做的承诺。这种承诺由于种种原因，往往只是一些原则性的承诺，有关商品的种类、规格、价格等合同具体内容，一般都留待以后具体磋商。这就难免会给以后的交易带来一定的不确定性。先进口方可能会面临这一承诺得不到履行的风险。

综上分析，互购贸易对于先出口方来说，无论从资金周转状况还是随后的谈判地位来衡量，都是比较有利的。在实践中，西方发达国家挟其技术上的优势，往往占有这种有利的地位而比较愿意采用这种做法。互购贸易已成为当前对销贸易的主要方式之一。

五、转手贸易

转手贸易，又叫三角贸易，这种方式要涉及两个以上当事人，内容复杂，是第二次世界大战结束后原经济互助委员会国家和许多国家签订的双边贸易协定和支付（清算）协定的产物。

众所周知，按照两国政府签订的双边贸易、支付（清算）协定进行的交易，都必须通过国家银行的特定账户的结算单位进行清算。结算单位不直接以现金折算，而是代表购买协议国制造的产品的购买力单位。在清算时，虽然都要使用一定货币计算和结账，但这种约定的货币都是不可兑换的。任何一方如有顺差，只要不超过一定限度，就只能由对方增加出口予以抵补。转手贸易则是专为使从事这种贸易的交易方取得可自由兑换的硬通货而产生的。

在国际贸易中，转手贸易主要有以下两种方式。

1. 简单的转手贸易

记账贸易下拥有顺差的一方为了加强其产品的竞争能力，往往将回购的货物运往国际市场，以低于市场的价格转售货物而取得硬通货。这实际上是一种简单的转手贸易。

2. 复杂的转手贸易

记账贸易下拥有顺差的一方，用该顺差以高于市场的价格从第三方（通常为某一西方企业）购进本来需用自由外汇才能换得的其所需的设备或其他产品，由该第三方用该顺差从记账贸易下的逆差国家购买约定的货物，在其他市场转售，最后取得硬通货。

在实践中，转手贸易的内容比较复杂，往往涉及许多方面，需要环环扣紧。因此，这种贸易通常不是一般商人可以完成的，而是由专门从事转手贸易的转手商来进行。他们都是资本雄厚、在许多国家和地区都有分支机构或专门销售网络的大贸易商，有的甚至是跨国企业的某一专门部门。

转手贸易的具体做法是拥有顺差的一方以一定的折扣（通常为2%~12%）将顺差转让给这些转手商，取得自由外汇，然后由转手商用该顺差从逆差国购买商品。通过一系列复杂的国际贸易，这些转手商最终得到能换回硬通货的货物。

六、抵销贸易

抵销贸易是20世纪80年代开始盛行的一种贸易方式。这种方式目前多见于军火和大型设备如飞机等的交易。

抵销贸易可以分为直接抵销和间接抵销两种类型。在直接抵销的情况下，先出口的一方同意从进口方处购买在出售给进口方的产品中所使用的零部件或与该产品有关的产品。有时，先出口方会对进口方生产这些零部件提供技术或资金支持。这种直接抵销有时也被称为工业参与或工业合作。在间接抵销的情况下，先出口方同意从进口方购买与其出口产品不相关的产品。

进入20世纪80年代后，随着对销贸易日益灵活和多样化，抵销已作为一种重要的方式出现在国际舞台。西方国家将其作为一种争夺大型工厂设备和技术许可交易的方法。它还可为先出口方提供长期有保证的能源产品、原料或工业制成品。同时，发达国家与发展中国家之间的军火、飞机等巨额交易也常用这种方式。其基本做法如下：军火出口方承诺购买进口方的有关零部件，或承诺将进口货款转化为资本在进口国兴办零部件工厂或其他工业，然后以分红的形式取得利润。如东道国实行外汇管制，也可以用利润购买当地产品进行出口实现利润的汇回。从本质上看，这种方式已突破了商品交换的范围，成了直接投资、通过贸易进一步推动生产国际化进程的一种特殊方式。进入 20 世纪 80 年代后期，这种通过抵销贸易进行的投资还进一步应用到旅游业、商业及其他能够获利的产业部门。20 世纪 90 年代以后，西方国家在项目投资和技术转让交易中，也将抵销贸易作为加强合作的手段。

需要指出的是，由于抵销贸易的客体往往是军火，尽管这类交易的批次少，但金额巨大。因此，它在对销贸易中占有相当大的比重。

七、对销贸易

对销贸易兴起于 20 世纪 60 年代至 70 年代，并以多样化的内容和形式迅速发展，适应了国际经济贸易在一定发展阶段的客观需要，对世界经济的持续发展，特别是国际贸易的稳定增长起到了积极的促进作用。这主要表现在以下几个方面。

1. 在不动用或少动用外汇的条件下进行进出口贸易

对销贸易这种独特的作用使一国在外汇支付能力缺乏时仍能保持或扩大进出口，保持或扩大其对外贸易的规模。从另一角度来讲，通过开展对销贸易，一个国家可以保持或增加其外汇储备，改善其国际收支状况。

2. 吸引国外的资金和技术

对销贸易中产品回购和抵销贸易等形式还具有吸引外国的资金和技术的作用，可以用来促进某些产业或部门的技术提高和生产发展。同时，这种融资的功能是除正常融资渠道外，一国吸引外国资本流入的又一种有效方法。

3. 带动某些产业的产品出口

对发展中国家而言，对销贸易可以促进本国产品，特别是工业制成品的出口，改善本国出口商品结构，也在一定程度上打破了发达国家的贸易壁垒。

对发达国家而言，通过对销贸易的方式提供回购承诺、信贷或投资等条件，可以增强其市场竞争力，促进一些用现汇方式难以销售的产品、技术、设备的出口，换取所需的原材料和零部件，对于维持和扩大本国的生产、就业具有显著作用。

4. 有助于各国建立更有效的产业合作

例如，在专业技术的转移和投资项目的执行过程中，通过回购和抵销贸易等形式的对销贸易安排，使合作各方的利益关系更趋密切和合理，从而形成更有效的合作形式。

5. 对销贸易中商品定价具有灵活性和隐蔽性

对销贸易形式下经济效益一般是进出口统括核算，以总体盈利为目标。这时，进口和出口的商品价格是通过两者相对的比价体现的。而在总体盈利的条件下，提高进口商品的价格，就使出口商品价格相对降低，从而加强出口国的竞争能力，比较隐蔽地补贴了出口。这种定价灵活性成为促进出口的一种手段。

与其他贸易形式一样，对销贸易有其自身的局限性和缺陷，从而给国际贸易中自由贸易发展和市场机制的发挥带来一定的负面影响。对销贸易的消极作用主要表现在其进出结合的形式带有浓厚的双边性和封闭性。对销贸易以限制性的措施来带动出口，冲破保护主义的壁垒，客观上却增强了保护主义。同时，在这种双边和封闭的模式下，市场机制的作用被削弱，决定贸易的主要因素不是商品的价格和质量，而是回购的承诺。这就不是按最佳价格、从最理想的市场购得最佳产品，也不是按理想价格把产品销往最佳的目标市场。这种模式可能使对销贸易难以实现最大的经济效益，对国际贸易格局和世界资源的合理配置产生消极影响。

第五节　国际加工贸易

20世纪90年代以来，我国的加工贸易有了迅速的发展，在国际市场上受到广泛关注。近年来，加工贸易在我国对外经济贸易活动的舞台上扮演着十分重要的角色。尽管"加工贸易"这一词语由于新闻媒体的广泛使用已为公众所熟悉，然而，在学术界却尚未形成统一和权威的解释。我国海关统计中使用的加工贸易概念包括来料加工和进料加工两种方式。除此之外，20世纪90年代末期，我国企业在海外投资中开展的境外加工贸易方式也被看作加工贸易的新形式。

一、来料加工

在我国，来料加工又称对外加工装配业务。广义的来料加工包括来料加工和来件装配两个方面，是指由外商提供一定的原材料、零部件、元器件，由我方按对方的要求进行加工或装配，成品交由对方处置，我方按照约定收取工缴费作为报酬。

（一）来料加工业务的性质

来料加工业务与一般进出口贸易不同。一般进出口贸易属于货物买卖，来料加工业务虽有原材料、零部件的进口和成品的出口，但却不属于货物买卖。因为原料和成品的所有权始终属于委托方，并未发生转移，我方只提供劳务并收取约定的工缴费。因此，可以说来料加工这种委托加工的方式属于劳务贸易的范畴，是以商品为载体的劳务出口。

（二）来料加工业务的作用

来料加工业务对我国有以下几个方面积极的作用。

（1）可以发挥本国的生产潜力，补充国内原材料的不足，为国家增加外汇收入。

（2）引进国外的先进技术和管理经验，有利于提高生产、技术和管理水平。

（3）有利于发挥我国劳动力众多的优势，增加就业机会，繁荣地方经济。

对委托方来说，来料加工业务可以降低其产品成本，增强市场竞争力，并有利于委托方所在国的产业结构调整。

（三）来料加工合同的主要内容及有关问题

来料加工合同包括三个部分：约首、本文和约尾。约首和约尾主要说明订约人的名称、订约宗旨、订约时间、合同的效力、有效期限、终止及变更办法等问题。本文部分是合同的核心部分，具体规定双方的权利和义务。在商谈合同的主要条款时，应注意下列几个问题。

1. 对来料、来件的规定

在来料加工业务中，能否按时、按质、按量交付成品很大程度上取决于委托方能否按时、按质、按量供料。因此，在合同中要明确规定来料、来件的质量要求、具体数量和到货时间。为了明确责任，一般同时规定验收办法、委托方未能按规定提供料件的处理办法，以及料件未按时到达造成承接方停工、生产中断的补救方法。

2. 对成品质量的规定

外商为了保证成品在国际市场上的销路，对成品的质量要求比较严格。因此，我方在签订合同时必须从自身的技术水平和生产能力出发妥善规定，以免交付成品时发生困难。质量标准一经确定，承接方就要按时、按质、按量交付成品，委托方则根据合同规定的标准验收。

3. 关于耗料率和残次品率的规定

耗料率又称原材料消耗定额，是指每单位成品消耗原材料的数额。残次品率是指不合格产品在全部成品中的比率。这两个指标如定得过高，则委托方必然要承担更高的成本，且成品的收入减少；如定得过低，则承接方难以完成。因此，这一问题的规定直接关系到双方的利害关系和能否顺利执行合同。一般委托方要求耗料不得超过一定的定额，否则由承接方负担；残次品不能超过一定比例，否则委托方有权拒收。

4. 关于工缴费标准的规定

工缴费是直接涉及合同双方利害关系的核心问题。由于加工装配业务本质上是一种劳务出口，所以工缴费的核定应以国际劳务价格为依据，同时要具有一定的竞争性，并考虑我国当前劳动生产率及其与国外的差距。

5. 对工缴费结算方式的规定

来料加工业务中关于工缴费的结算方法有两种：一是来料、来件和成品均不作价，单收加工费，由对方在我方交付成品后通过汇付、托收或信用证方式向我方支付；二是对来料、来件和成品分别作价，两者之间的差额即为工缴费。采用第二种方式时，我方应坚持先收后付的原则。我方开立远期信用证或以远期托收的方式对来料、来件付款，对方以即期信用证或即期托收方式支付成品价款。远期付款的期限要与加工周期和成品收款所需时间相衔接，并适当留有余地，以免垫付外汇。

6. 对运输和保险的规定

来料加工业务涉及两段运输——原料运进和成品运出，须在合同中明确规定由谁承担有关的运输责任和费用。由于原料和成品的所有权均属于外商，故运输的责任和费用也应由外商承担。但在具体业务中可灵活处理，我方也可代办某些运输事项。

其涉及的保险包括两段运输险以及货物加工期间存仓的财产险。同运输一样，从法律上讲，承接方只负责加工装配，保险应归委托方负责。但从实际业务过程看，由承接方投保较为方便，有时委托方也要求承接方代办保险，保险费可连同工缴费向委托方结算。如由我方代办保险，双方还应约定保险险别、保险金额等条件。

中国人民保险公司为适应来料加工业务发展的需要，开设了来料加工一揽子综合险。投保这一险别后，保险公司即承担了两段运输险和存仓财产险。

此外，来料加工合同还应订立工业产权的保证、不可抗力和仲裁等预防性条款。

二、进料加工

（一）进料加工的含义

进料加工一般是指从国外购进原料，加工生产出成品再销往国外。由于进口原料的目的是扶植出口，所以进料加工又被称为以进养出。目前，我国开展的以进养出业务，除包括进口轻工、纺织、机械、电子行业的原材料、零部件、元器件，将其加工、制造或装配成成品再出口外，还包括从国外引进农、牧、渔业的优良品种，经过种植或繁育成成品再出口。

进料加工与前面所讲到的来料加工有相似之处，即都是"两头在外"的加工贸易方式。但两者又有明显的不同，具体如下。

（1）来料加工在加工过程中未发生所有权的转移，原料运进和成品运出属于同一笔交易，原料供应者即成品接受者；而在进料加工中，原料进口和成品出口是两笔不同的交易，均发生了所有权的转移，原料供应者和成品购买者之间也没有必然的联系。

（2）在来料加工中，我方不用考虑原料的来源和成品销路，不担风险，只收取工缴费；而在进料加工中，我方赚取的是从原料到成品的附加价值，要自筹资金、自寻销路、自担风险、自负盈亏。

（二）进料加工的做法

进料加工的具体做法，归纳起来大致有以下三种。

（1）先签订进口原料的合同，加工出成品后再寻找市场和买主。这种做法的好处是进料时可选择适当时机，低价时购进，而且一旦签订出口合同，就可尽快安排生产，保证及时交货，交货期一般较短。但采取这种做法时，要随时了解国外市场动向，以保证所生产的产品能适销对路；否则，产品无销路，就会造成库存积压。

（2）先签订出口合同，再根据国外买方的订货要求从国外购进原料、加工生产，然后交货。这种做法包括来样进料加工，即由买方先提供样品，我方根据其样品的要求再从国外进口原料、加工生产。此种做法的优点是产品销路有保障，但要注意所需的原料来源必须落实；否则，影响成品质量或导致无法按时交货。

（3）对口合同方式。这种做法是与对方签订进口原料合同的同时签订出口成品的合同，原料的提供者也就是成品的购买者；但两个合同相互独立，分别结算。这样做，原料来源和成品销路均有保证，但适用面较窄，不易成交。在实际做法中，原料提供者与成品购买者可以不是同一个人。

（三）开展进料加工的意义

进料加工在我国并非一种新的贸易方式，但在改革开放的过程中，在中央政策的鼓励下有了较为迅速的发展，特别是在东部沿海地区发展较快。我国开展进料加工的意义主要表现在以下几个方面。

（1）有利于解决国内原材料紧缺的困难。其利用国外提供的资源发展出口商品生产，为国家创造外汇收入。有些不能出口的产品还可以满足国内市场的需要。

（2）开展进料加工可以更好地根据国际市场的需要和客户的要求组织原料进口和加工生产，特别是来样进料加工方式，有助于做到产销对路，避免盲目生产，减少库存积压。

（3）进料加工是将国外的资源和市场与国内生产能力相结合的国际大循环方式，也是国际分工的一种形式。通过开展进料加工，可以充分发挥我国劳动力价格相对低廉的优势，并有效利用相对过剩的加工能力，扬长避短，促进我国外向型经济的发展。

三、境外加工贸易

（一）境外加工贸易的含义

境外加工贸易是指我国企业在国外进行直接投资的同时，利用当地的劳动力开展加工装配业务，以带动和扩大国内设备、技术、原材料、零配件出口的一种国际经济合作方式。

可见，境外加工贸易是在国外进行投资办厂的基础上开展来料加工、进料加工或就地取材的一种新做法。

（二）开展境外加工贸易的必要性和可行性

我国企业开展境外加工贸易的时间很短，可以说是刚刚起步，还缺乏经验。但应该看到它是当前国民经济结构调整和培育新的出口增长点的一项重要战略措施。我国政府决定开展这项业务是经过深思熟虑的。开展境外加工贸易具有它的必要性和可行性。

1. 开展境外加工贸易的必要性

（1）我国与许多国家存在着双边贸易不平衡问题，影响贸易关系的发展。开展此项业务，有助于绕过贸易壁垒，通过保持和拓展东道国市场或发展向第三国出口，来缓解双边贸易不平衡的矛盾。

（2）我国某些行业的生产技术已经成熟，要想在劳工成本不断上升的压力下维持产品的国际竞争能力，必须将长线产品转移到相对落后的国家和地区，以此来支持本国产业结构的调整。

（3）为适应经济全球化的大趋势，我国企业需要走出国门，开展跨国经营，利用当地较低的生产和运输成本、现有的市场销售渠道以及其在区域经济一体化中的影响，获得较高的经济效益。

2. 开展境外加工贸易的可行性

（1）改革开放以来，我国的企业在开展加工贸易方面取得了丰富的经验，也培养了一大批管理人才，为企业走出国门打下了坚实的基础。

（2）对于在劳动力密集、技术层次较低、产品标准化的行业中开展加工装配业务，我国有着较强的竞争优势。经过近年来的不断努力，在一些科技含量较高的行业，我国企业也具备了参与国际竞争的实力。

（3）我国资源丰富，某些原材料（棉花、棉布等）在国内有库存积压，通过开展境外加工贸易，既有助于国产料件的出口，也解决了东道国资源不足的问题。

为了促进这项业务的开展，国家制定了一系列的鼓励措施。这些措施主要包括资金支持、外汇管理、出口退税、金融服务和政策性保险等。

（三）我国企业开展境外加工贸易的申报程序

中方投资额在 300 万美元（含）以下的境外加工贸易项目，由投资主体所在省、自治区、直辖市及计划单列市外经贸主管部门（含新疆生产建设兵团外经贸局，以下简称地方主管部门）核准。中方投资额在 300 万美元以上的境外加工贸易项目，由地方主管部门报商务部核准。

中央管理的企业及其所属企业在境外投资举办境外加工贸易项目，由中央企业总部报商务部核准。

境外加工贸易项目申报程序如下。

（1）由地方主管部门负责核准的境外加工贸易项目，地方主管部门收到境外加工贸易项目的申请后，应在征得我驻外使（领）馆经商参处（室）同意后核准。

（2）须商务部核准的境外加工贸易项目，由地方主管部门或中央企业总部征得我驻外使（领）馆经商参处（室）同意后，报商务部。

（3）地方主管部门核准或上报境外加工贸易项目，应会签地方经贸主管部门。地方经贸主管部门应于 5 个工作日内提出会签意见。

（4）需从境内购汇和汇出外汇的境外加工贸易项目，在报地方主管部门前，应由所在地外汇分局或外汇管理部按照《国家外汇管理局关于简化境外投资外汇资金来源审查有关问题的通知》的有关规定进行境外投资外汇资金来源审查。中方投资额在 300 万美元（含）以下项目的境外投资外汇资金来源审查，由投资主体所在地外汇分局或外汇管理部办理；中方投资额在 300 万美元以上的项目，由投资主体所在地外汇分局或外汇管理部初审后上报国家外汇管理局审查。

（四）开展境外加工贸易时应注意的问题

从我国一些大型企业开展这项业务的经验教训来看，应注意以下几个重要问题。

1. 做好人才方面的准备

国际市场的竞争关键是人才的竞争。我国的企业要想走出国门，并且在复杂多变的国际市场上站稳脚跟，必须有一大批精干的人才。这些人除要懂专业技术外，还必须具有从事外经贸业务的必要知识、熟练的外语技能，熟悉国际经贸法律和市场营销知识，而且尽可能是一专多能的复合型人才。当然，这主要靠长期的培养和选拔。此外，举办各种培训班也可以起到一定的作用。

2. 注意信息的积累

境外加工贸易是我国企业在国外进行直接投资的基础上开展起来的，即企业活动的主要场地是在国外。因此，能否很好地掌握当地的有关信息直接关系到这项业务的成败。企业在选定目标市场时一定要做充分的调查研究，了解有关信息，特别是与投资环境有关的当地法规、税收政策、文化背景、基础设施、自然条件以及工会情况等。只有在广泛收集信息的基础上进行科学的分析，才能减少盲目行动，降低投资风险。

3. 注意加强宏观管理

新生事物出现时要切忌一哄而起不计后果的倾向。这方面我国已有过不少教训。国家已颁布了关于开展境外加工贸易的文件，制定了鼓励措施，也提出了工作重点和基本原则。另外，还要制定出实施细则，以利于业务的发展。企业应在中央政策的指导下进行合理规划，做好项目的可行性研究，并努力做到四个结合：与扩大我国外贸出口相结合，与国内产业结构调整相结合，与国外市场需求相结合，与企业自身优势及投资能力相结合。此外，企业在选择目标市场时要避免扎堆，不搞无序竞争。

第六节　商品期货交易

期货交易是一种特殊的交易方式。早期的期货交易产生于 11 世纪至 14 世纪的欧洲，在 17 世纪的日本得到了发展。现代期货市场起源于 19 世纪后期的美国。

由于期货市场的价格变化和现货市场的价格变化均受商品供求关系的影响，因此，从事实际商品交易的人士（生产商、经销商、进出口商等）可以利用期货市场转移现货交易价格波动的风险，避免或减少商品价格波动带来的损失。

我国的外贸企业早已涉足国际期货市场，其既参考国际期货市场价格制定价格策略，也利用期货交易配合现货买卖进行套期保值。

一、期货交易的含义

期货交易是指在期货交易所内，按一定规章制度进行的期货合同的买卖。

现代期货交易是在期货交易所内进行的。目前，期货交易所已经遍布世界各地。美国、英国、日本、新加坡以及中国香港等地的期货交易所在国际期货市场上占有非常重要的地位。其中，交易量较大的著名交易所有芝加哥商品交易所、纽约商品交易所、伦敦金属交易所、东京工业品交易所、香港期货交易所以及新加坡的国际金融交易所等。

就商品期货交易而言，交易的品种基本上都是供求量较大、价格波动频繁的初级产品，如谷物、棉花、食糖、咖啡、可可、油料、活牲畜、木材、有色金属、原油，以及金、银等贵金属。

二、期货交易与现货交易的区别

现货交易是传统的货物买卖方式，交易双方可以在任何时间和地点，通过签订货物买卖合同达成交易。在进出口业务中，无论是即期交货还是远期交货，进出口商之间达成的交易均属于现货交易的范畴。而期货交易是以现货交易为基础发展起来的。在商品期货交易中，期货合同所代表的商品是现货交易市场中的部分商品，绝大多数的商品是不能以期货合同的方式进行交易的。在国际期货市场上交易的期货商品以农副产品、金属等初级产品为主。虽然两种市场的价格都要受到同一经济规律的制约，但是期货交易与现货交易还是存在着明显的区别。其主要表现在以下几个方面。

（1）交易的标的物不同。现货交易买卖的是实际货物，而期货交易买卖的是期货交易所制定的标准期货合同。

（2）成交的时间和地点不同。现货交易中交易双方可以在任何时间和任何地点来达成交易，而期货交易必须在期货交易所内根据交易所规定的开市时间进行交易。

（3）成交的形式不同。现货交易基本上是在封闭或半封闭的双方市场上私下达成的，交易双方在法律允许的范围内根据契约自主的原则签订买卖合同，合同条款是根据交易双方的情况而订立的，其内容局外人并不知道；而期货交易是在公开、多边的市场上通过减价或竞价的方式达成的，期货合同的条款是标准化的（除交易数量、交割月份和价格由交易双方达成），而且达成交易的信息（包括价格）是对外公布的。

（4）履约方式不同。在现货交易中，无论是即期现货交易还是远期现货交易，交易双方都要履行买卖合同所规定的义务，即卖方按合同规定交付实际货物，买方按规定支付货款。而在期货交易中，双方成交的是期货合同，卖方可以按期货合同的规定履行实际交货的义务，买方也可以按期货合同的规定接受实际货物。但是，期货交易所还规定，履行期货合同不一定要通过实际交割货物来进行，只要在期货合同到期前，即交易所规定的该合同最后交易日前，交易者做一笔方向相反、交割月份和数量与之前合同相同的期货交易，就可解除实际履行合同的义务。这就是期货市场上所称的对冲或平仓。值得注意的是，绝大多数期货交易并不涉及货物的实际交割。在美国，期货交易中实际货物交割的数量只占整个交易量的很小比例，约5%或以下。多数情况下，期货合同的履行被买卖期货合同差价的货币转移所代替。

（5）交易双方的法律关系不同。在现货交易中，交易双方达成交易就固定了双方的权利与义务。交易双方产生直接的货物买卖的法律关系，任何一方都不得擅自解除合同。而期货交易双方并不相互见面，合同履行也无需双方直接接触。清算所的替代功能使参加交易者通过有交易所会员资格的期货佣金商来代买或代卖期货合同，实际货物的交割、交易的清算和结算一律由清算所对交易双方负责。交易达成后，期货交易双方并不建立直接的法律关系。

（6）交易的目的不同。在现货交易中，交易双方的目的是转移货物的所有权：对卖方来说，是出售货物、取得货款；对买方来说，是取得具有一定经济价值的实际商品。而参加期货交易的双方，可以是企业，也可以是个人。不同的参加者进行期货交易的目的是不同的：有的是配合现货交易，利用期货交易转移价格变动的风险；有的是专门进行投机活动，取得相应的投资利润。

三、期货市场的构成

期货市场是指按一定的规章制度买卖期货合同的有组织的市场。期货交易就是在期货市场上进行的交易行为。

期货市场主要由期货交易所、期货佣金商和清算所等构成。

进出口商通常都是通过期货佣金商下单，由佣金商的指定场内经纪人在期货交易所执行，交易达成后所有合约都要通过清算所统一清算结算。

（一）期货交易所

期货交易所是具体买卖期货合同的场所。

期货交易所是在早期商品交易所的基础上演变而成的。早期商品交易所是进行特定商品买卖的场所，交易的内容为现货、路货或远期交货合同，涉及的主要是实际货物的买卖，所以这种有组织的交易所被称为"商品交易所"。如今随着期货市场的发展，期货交易的内容已不局限于具体的商品，交易所的规章制度与早期的商品交易所也大不一样。有些期货合同已经脱离了实物形态，新出现的从事期货交易的场所已经放弃了"商品交易所"的名称，历史悠久的交易所只不过是沿袭旧的名称而已。因此，人们将从事期货交易的场所统称为期货交易所，把包括期货交易所在内、涉及期货交易及其运行的组织结构称为期货市场。

期货交易所本身不参加期货交易，运营资金主要来源于创立之初的投资、会员费和收取的手续费。交易所的职能主要有以下几个。

（1）提供交易场地。

（2）制定标准交易规则。

（3）负责监督和执行交易规则。

（4）制定标准的期货合同。

（5）设立仲裁机构，解决交易争议。

（6）负责收集和向公众传播交易信息。

（二）期货佣金商

期货佣金商又称经纪行或佣金行，是代表金融、商业机构或一般公众进行期货交易的公司或个人组织，其目的就是从代理交易中收取佣金。

期货佣金商一般都是期货交易所的会员，有资格指令场内经纪人进行期货交易，或者本身就是期货交易所的会员。它是广大非会员参与期货交易的中介。期货佣金商以最高的诚信向期货交易所、清算所和客户负责。期货佣金商的主要业务包括以下几个方面。

（1）向客户提供完成交易指令的服务。

（2）作为客户进行期货交易的代理人，负责处理客户的保证金。

（3）记录客户的盈亏，并代理进行货物的实际交割。

（4）向客户提供期货交易的决策信息及咨询业务。

期货佣金商往往是如下机构：主要经营证券业务的大证券投资公司，专营期货交易的期货公司，从事实物交易的公司（生产商、中间商和进出口商等）。

（三）清算所

清算所是负责对期货交易所内买卖的期货合同进行统一交割、对冲和结算的独立机构。清算所是随期货交易的发展以及标准化期货合同的出现而设立的清算结算机构。在期货交易的发展中，清算所的创立完善了期货交易制度，保障了期货交易在期货交易所内的顺利进行，所以是期货市场运行机制的核心。

清算所的创立使得期货交易者在交易所内达成交易，却不建立通常货物买卖转移货物所有权的直接的法律关系。一旦期货交易达成，交易双方分别与清算所发生关系。清算所既是所有期货合同的买方，也是所有期货合同的卖方。这是因为清算所有特殊的"取代功能"。清算所这一功能得以实现是因为清算所的实力雄厚，而且实行了一套严格的无负债的财务运行制度——保证金制度。

保证金制度也称为押金制度，是指清算所规定的达成期货交易的买方或卖方应交纳履约保证金的制度。

清算所要求每一位会员都必须在清算所开立一个保证金账户，对每一笔交易会员都要按规定交纳一定数额的保证金。为防止出现违约，非会员也要向清算所会员交纳一定的保证金。

清算所规定的保证金分为初始保证金和追加保证金两种。

初始保证金是指货交易者在开始建立期货交易部位时要交纳的保证金。对于所交纳初始保证金的金额，世界各地不同期货交易所有不同的规定，通常按交易金额的一定百分比计收，一般为 5%～10%。该笔保证金一旦交纳，即存入清算所的保证金账户。

追加保证金是指清算所规定的在会员保证金账户金额短少时，为使保证金金额维持在初始保证金水平，而要求会员增加交纳的保证金。清算所为了防止出现负债情况，采取逐日盯市的原则，即用每日的清算价格对会员的净交易部位核算盈亏。当发生亏损，保证金账户金额下降时，清算所便要求会员必须交纳追加保证金。

清算所规定交纳追加保证金的目的是保证交易顺利进行，杜绝可能出现的违约现象。当会员净交易部位发生亏损时，清算所就向会员发出追加保证金的通知，一般要求在第二天开市前必须交纳；否则，清算所有权在第二天开市时，在期货交易所中，对违约客户已建立的交易部位按市价平仓或对冲，亏损部分由客户已交纳的保证金来弥补。

保证金制度使期货市场的整个运行机制更具有凝聚力，几乎达到了万无一失的地步。它使期货交易机制日趋完善，从而吸引更多的人来参加交易。

（四）期货交易的参加者

期货交易所一般不限制期货交易参加者，只要是愿意按交易规则进行期货交易的人，期货交易所都平等对待。参加期货交易者可以是任何个人或公司。但是，其参加期货交易的目的却不尽相同。按参加期货交易的目的划分，交易者可分为套期保值者和投机者两大类。

1. 套期保值者

套期保值者一般为实际商品的经营者、加工者和生产者。其主要目的是在现货市场中进行实际货物的买卖。为了保障现货交易的正常合理利润，其往往在期货市场上采取适当的套期保值策略来避免或减少价格波动风险带来的现货交易损失。

2. 投机者

投机者是指在期货市场上通过"买空卖空"或"卖空买空"方式，希望以较小的资金来博取利润的投资者。与套期保值者相反，投机者愿意承担期货价格变动的风险。一旦预测期货价格将上涨，投机者就会买进期货合同（或称"买空"或"多头"）；一旦预测期货价格将下跌，投机者就会卖出期货合同（或称"卖空"或"空头"）。待价格与自己预料的方向变化一致时，投机者再抓住机会进行对冲。通常，投机者在期货市场上要冒很大的风险。

四、套期保值

（一）套期保值的含义

套期保值，又称为海琴，是期货市场交易者将期货交易与现货交易结合起来进行的一种市场行为。其定义可概括为交易者在运用期货交易临时替代正常商业活动的同时，进行转移一定数量商品所有权的现货交易的做法。其目的就是要通过期货交易转移现货交易的价格波动风险，并获得这两种交易相配合的最大利润。

套期保值之所以能起到转移现货价格波动风险的作用，是因为同一种商品的实际货物市场价格和期货市场价格的变化趋势基本上是一致的，涨时同涨，跌时同跌。

因此，套期保值者经常在购入现货的同时在期货市场上出售期货，或在出售现货的同时买入期货。这样，其在期货市场和现货市场做了相反的交易，通常会出现一亏一盈的情况。套期保值者就是希望以期货市场的盈利来弥补实际货物交易中可能遭到的损失。

（二）套期保值的做法

套期保值者在期货市场上的做法有两种：卖期保值和买期保值。

1. 卖期保值

卖期保值是指套期保值者根据现货交易情况，先在期货市场上卖出期货合同（或称建立空头交易部位），然后再以多头进行平仓的做法。生产商在预售商品时，或加工商在采购原料时，为了避免价格波动的风险，经常采取卖期保值的做法。

2. 买期保值

与卖期保值恰好相反，买期保值是指套期保值者根据现货交易情况，先在期货市场上买入期货合同（或称建立多头交易部位），然后再以卖出期货合同进行平仓的做法。中间商在采购货源时，为避免价格波动、固定价格成本，经常采取买期保值的做法。

（三）实行套期保值应注意的问题

前面介绍了套期保值的一般做法和原理，然而这些都是理想化的套期保值。在实践中，影响现货市场和期货市场的因素较多，而且情况复杂，两个市场的价格变化趋势不可能百分之百保持一致；套期保值多数都不会达到上述理想化的结果。因此，在实践中要注意以下几个问题：

（1）套期保值虽然可以转移现货价格发生不利变动时的风险，但也排除了交易者从现货价格有利变化中取得额外盈利的机会。

（2）套期保值的效果往往取决于套期保值时和取消套期保值时实际货物和期货之间差价的变化，即基差的变化。

基差指的是在确定的时间内，某一具体的现货市场价格与期货交易所达成的期货价格之间的差额。计算公式为

$$基差 = 现货市场价格 - 期货市场价格$$

（3）期货合同都规定了固定的数量，每份合同代表一定量的期货商品。但是，在实物交易中，商品的数量是根据交易双方的意愿达成的，不可能与期货合同的要求完全一致。这就使得在采取套期保值的做法时，实物交易的数量与套期保值的数量不一致，从而会影响套期保值的效果。

 知识小结

经销是指进口商（经销商）与国外出口商（供货人）达成协议，承担在规定的期限和地域内购销指定商品的义务。按经销商权限的不同，经销方式可分为两种：一种是

独家经销，又称包销；另一种是一般经销，又称定销。

代理是许多企业在从事进出口业务时习惯采用的一种贸易做法。按委托人授权范围的大小，代理可分为总代理、独家代理和一般代理。

招标与投标是一种贸易方式的两个方面。招标是指招标人（买方）发出招标通知，说明拟采购的商品名称、规格、数量及其他条件，邀请投标人（卖方）在规定的时间、地点按照一定的程序进行投标的行为。投标是指投标人（卖方）应招标人的邀请，按照招标的要求和条件，在规定的时间内向招标人递价，争取中标的行为。

拍卖是由经营拍卖业务的拍卖行接受货主的委托，在规定的时间和场所，按照一定的章程和规则，以公开叫价的方法把货物卖给出价最高者的一种贸易方式。拍卖的出价方法有增价拍卖、减价拍卖和密封递价拍卖。

寄售是一种委托代售的贸易方式，也是国际贸易中为开拓商品销路、扩大出口而采用的一种通常做法。它与先出售后出运货物的一般贸易方式不同，其是先出运后出售商品。

对等贸易，又称对销贸易，是指在互惠的前提下，由两个或两个以上的贸易方达成协议，规定一方的进口产品可以部分或者全部以相对的出口产品来支付。对销贸易有多种形式，如易货贸易、补偿贸易、反购或互购、转手贸易和抵销。在我国对外经贸活动中采用较多的是易货贸易和补偿贸易。

期货交易是指在期货交易所内，按一定规章制度进行的期货合同的买卖。现代期货交易是在期货交易所内进行的。就商品期货交易而言，交易的品种基本上都是供求量较大、价格波动频繁的初级产品，如谷物、棉花、食糖、咖啡、可可、油料、活牲畜、木材、有色金属、原油，以及金、银等贵金属。

 引导案例分析

三利净水器公司受损失是由于其选用包销商不当。其选用的包销商缺乏经营能力，致使货物在包销期限内推销不出去。而三利净水器公司又不能在规定的包销区域内与其他客户发生业务往来。这就极大地影响了公司商品在该地区的销售，使该公司蒙受损失。

通过这个案例应吸取的教训：要慎重选择包销商；选择的包销商要信誉好、经营能力强、地理位置佳；包销期限不宜定得过长；应在包销协议中约定最低销售额及相关的鼓励措施；应该在包销期限内进行定期的监督检查，而不能等到包销期满后才查看业绩。

复习思考题

一、简答题

1. 采用经销方式出口应注意哪些问题？

2. 简述寄售的含义和作价方法。

3. 招标投标的基本做法是什么？

4. 简述对销贸易的含义及特点。

5. 开展补偿贸易时应注意哪些问题？

6. 试比较来料加工与进料加工的利弊。

7. 开展境外加工贸易应注意哪些事项？

二、计算分析题

1. 我国A公司根据埃及商人所提供的图纸生产出口机床一批。埃及商人又将这批机床转售给德国商人。机床进入德国后，德商被起诉，因为该机床侵犯了德国有效的专利权。法院令被告向专利权人赔偿损失。随后德商向埃商索取赔偿，而埃商又向A公司要求赔偿。请问A公司是否应承担责任？为什么？

2. B公司新研制出一种产品。为打开该产品的销路，B公司决定将该产品运往俄罗斯寄售。在代售方出售商品后，B公司收到对方的结算清单，其中包括商品在出售前所花费的有关费用的收据。请问寄售方式下，商品在出售前所花费的有关费用应由谁承担？为什么？

3. C公司在拍卖行经竞买获得精美瓷器一批。在商品拍卖时，拍卖条件中规定："买方对货物过目与不过目，卖方对货物的品质概不负责。"C公司在将这批瓷器通过公司所属商行销售时，发现有部分瓷器出现网纹，严重影响这部分商品的销售。该公司遂向拍卖行提出索赔，却遭到拍卖行的拒绝。请问拍卖行的拒绝是否合理？为什么？

参考文献

陈平，2018. 国际贸易实务［M］. 2 版. 北京：中国人民大学出版社.

陈文汉，2013. 国际贸易实务：项目教程［M］. 北京：中国铁道出版社.

陈岩，2014. 国际贸易单证教程［M］. 2 版. 北京：高等教育出版社.

傅龙海，2014. 信用证与 UCP 600［M］. 2 版. 北京：对外经济贸易大学出版社.

黎孝先，王健，2020. 国际贸易实务［M］. 7 版. 北京：对外经济贸易大学出版社.

卢晓晴，2013. 国际贸易实务［M］. 2 版. 北京：电子工业出版社.

马静，2014. 国际贸易实务［M］. 北京：清华大学出版社.

吴百福，徐小薇，聂清，2020. 进出口贸易实务教程［M］. 8 版 上海：格致出版社.

吴国新，毛小明，2014. 国际贸易实务［M］. 2 版. 北京：清华大学出版社.

夏冰，刘士祥，2015. 国际贸易实务［M］. 北京：对外经济贸易大学出版社.

夏合群，夏菲菲，胡爱玲，等，2020. 国际贸易实务模拟操作教程［M］. 4 版. 北京：
　对外经济贸易大学出版社.

徐进亮，李俊，丁涛，2015. 国际贸易单证实务与案例［M］. 北京：机械工业出版社.

徐景霖，2015. 国际贸易实务［M］. 10 版. 大连：东北财经大学出版社.

易露霞，陈新华，尤彧聪，2020. 国际贸易实务双语教程［M］. 5 版. 北京：清华大学
　出版社.

余庆瑜，2014. 国际贸易实务：原理与案例［M］. 北京：中国人民大学出版社.

张靓芝，2013. 国际贸易实务（英文版）［M］. 北京：对外经济贸易大学出版社.

朱占峰，2020. 报关实务［M］. 3 版. 北京：人民邮电出版社.

附录

附录 1 票据

ICC MODEL INTERNATIONAL SALE CONTRACT
（*Manufactured Goods Intended for Resale*）

A.Specific Conditions

These Specific Conditions have been prepared in order to permit the parties to agree the particular terms of their sale contract by completing the spaces left open or choosing（as the case may be）between the alternatives provided in this document. Obviously this does not prevent the parties from agreeing other terms or further details in box A- 16 or in one or more annexes.

Parties to the Contract

Seller:_____

（*name and address*）

*Contact Person:*_____

（*name and address*）

Buyer:_____

（*name and address*）

*Contact Person:*_____

（*name and address*）

A- 1 GOODS SOLD

_____

（*DESCRIPTION OF THE GOODS*）

If there is insufficient space parties may use an annex.

A-2 CONTRACT PRICE（ART. 4）

Currency: _____

amount in numbers:_____ amount in letters: _____

A-3 DELIVERY TERMS

Recommended terms（see Introduction of Incoterms 2000, §5）

☐**EXW** Ex Works named place:_____

☐**FCA** Free Carrier named place:_____

☐**FAS** Free Alongside Ship named port of shipment:_____

☐**FOB** Free On Board named port of shipment:_____

☐**CFR** Cost and Freight named port of destination:_____

☐**CIF** Cost Insurance and Freight named port of destination:_____

☐**CPT** Carriage Paid To named place of destination:_____

☐**CIP** Carriage and Insurance Paid To named place of destination:_____

☐**DAF** Delivered At Frontier named place:_____

☐**DES** Delivered Ex Ship named port of destination:_____

☐**DEQ** Delivered Ex Quay（duty paid） named port of destination:_____

☐**DDU** Delivered Duty Unpaid named place of destination:_____

☐**DDP** Delivered Duty Paid named place of destination:_____

☐**Other** delivery terms

CARRIER（where applicable）

name and adress: _____ contact person: _____

A-4 TIME OF DELIVERY

Indicate here the date or period（e.g. week or month）at which or within which the Seller must perform his delivery obligations according to clause A-4 of the respective Incoterm（see Introduction, §6）

_____

A-5 INSPECTION OF THE GOODS BY BUYER（ART. 3）

☐Before shipment place of inspection: _____

☐Other: _____

A-6 RETENTION OF TITLE（ART.7）

☐Yes ☐No

A-7 PAYMENT CONDITIONS（ART. 5）

☐Payment on open account（art. 5. 1）

Time for payment（if different from art. 5. 1）_____ days from date of invoice.

☐Open account backed by demand guarantee or standby letter of credit（art. 5. 5）

☐Payment in advance（art. 5. 2）

Date（if different from art. 5. 2）: _____ ☐Total price ☐___ % of the price

☐Documentary Collection（art. 5. 5）

☐D/P Documents against payment   ☐D/A Documents against acceptance

☐Irrevocable Documentary Credit（art. 5. 5）

☐confirmed   ☐Unconfirmed

Place of issue（if applicable）: _____

Place of confirmation（if applicable）: __

Credit available:

☐By payment at sight

☐By acceptance of drafts at ___ days

☐By deferred payment at ___ days

☐By negotiation

Partial shipments:

☐Allowed   ☐Not allowed

Transhipment:

☐Allowed   ☐Not allowed

Date on which the documentary credit must be nofified to seller

（if different from art. 5. 3）

☐____ days before date of delivery   ☐other: ____

☐other: _____

（e.g. cheque, bank draft, electronic funds transfer to designated bank account of seller）

A-8 DOCUMENTS

Indicate here documents to be provided by Seller. Parties are advised to check the Incoterm they have selected under A-3 of these Specific Conditions.（As concerns transport documents, see also Introduction, § 8）

☐Transport documents:

indicate type of transport document required _____

☐Commercial Invoice

☐Certificate of origin

☐Packing list

☐Certificate of inspection

☐Insurance document

☐Other: _____

A-9 CANCELLATION DATE

TO BE COMPLETED ONLY IF THE PARTIES WISH TO MODIFY ARTICLE 10. 3

If the goods are not delivered for any reason whatsoever（including force majeure）by （date）_____ the Buyer will be entitled to CANCEL THE CONTRACT IMMEDIATELY BY NO-TIFICATION TO THE SELLER.

A-10 LIABILITY FOR DELAY（art. 10. 1, 10. 4 AND 11. 3）

TO BE COMPLETED ONLY IF THE PARTIES WISH TO MODIFY ART. 10. 1, 10. 4 OR 11. 3

Liquidated damages for delay in delivery shall be:

☐___ % （*of price of delayed goods*）*per week, with a maximum of* ___ % （*of price of delayed goods*）*or:*

☐_____ （*specify amount*）

In case of termination for delay, Seller's liability for damages for delay is limited to ___ % *of the price of the non- delivered goods.*

A- 11 LIMITATION OF LIABILITY FOR LACK OF CONFORMITY （ART. 11. 5）

TO BE COMPLETED ONLY IF THE PARTIES WISH TO MODIFY ART. 11. 5.

Seller's liability for damages arising from lack of conformity of the goods shall be:

☐*limited to proven loss* （*including consequential loss, loss of profit, etc.*）*not exceeding __% of the contract price; or:*

☐*as follows* （*specify*）： _____

A- 12 LIMITATION OF LIABILITY WHERE NON- CONFORMING GOODS ARE RETAINED BY THE BUYER （ART. 11. 6）

TO BE COMPLETED ONLY IF THE PARTIES WISH TO MODIFY ART. 11. 6

The price abatement for retained non- conforming goods shall not exceed:

☐___% *of the price of such goods, or*

☐_____ （*specify amount*）

A- 13 TIME- BAR （Art. 11. 8）

TO BE COMPLETED ONLY IF THE PARTIES WISH TO MODIFY ART. 11. 8.

Any action for non- conformity of the goods （*as defined in article 11. 8*）*must be taken by the Buyer not later than* _____ *from the date of arrival of the goods at destination.*

A- 14（a）, A- 14（b） APPLICABLE LAW （Art. 1. 2）

TO BE COMPLETED ONLY IF THE PARTIES WISH TO SUBMIT THE SALE CONTRACT TO A NA- TIONAL

LAW INSTEAD OF CISG. The solution hereunder is not recommended （*see Introduction, § 3*）

（*a*）*This sales contract is governed by the domestic law of* _____ （*country*）

To be completed if parties wish to choose a law other than that of the seller for questions not covered by CISG

（*b*）*Any questions not covered by CISG will be governed by the law of*_____ （*country*）

A- 15 RESOLUTION OF DISPUTES （ART. 14）

The two solutions hereunder （*arbitration or litigation before ordinary courts*）*are alterna- tives: parties cannot choose both of them. If no choice is made, ICC arbitration will apply, according to art. 14*

☐*ARBITRATION*

☐*LITIGATION* （*ordinary courts*）

☐*ICC* （*according to art. 14. 1*）

In case of dispute the courts of

Place of arbitration _____

_____ (*place*) *shall have jurisdiction*

☐*Other* _____ (*specify*)

A- 16 OTHER

_____

_____

The present contract of sale will be governed by these Specific Conditions (to the extent that the relevant boxes have been completed) and by the ICC General Conditions of Sale (Manufactured Goods Intended for Resale) which constitute part B of this document.

SELLER _____

(*signature*)

BUYER _____

(*signature*)

place _____ *date* _____

place _____ *date* _____

B. General Conditions

Art. 1 GENERAL

1. 1 These General Conditions are intended to be applied together with the Specific Conditions (part A) of the International Sale Contract (Manufactured Goods Intended for Resale), but they may also be incorporated on their own into any sale contract. Where these General Conditions (Part B) are used independently of the said Specific Conditions (Part A), any reference in Part B to Part A will be interpreted as a reference to any relevant specific conditions agreed by the parties. In case of contradiction between these General Conditions and any specific conditions agreed upon between the parties, the specific conditions shall prevail.

1. 2 Any questions relating to this Contract which are not expressly or implicitly settled by the provisions contained in the Contract itself (i.e. these General Conditions and any specific conditions agreed upon by the parties) shall be governed:

1. by the United Nations Convention on Contracts for the International Sale of Goods (Vienna Convention of 1980, hereafter referred to as CISG), and

2. to the extent that such questions are not covered by CISG, by reference to the law of the country where the Seller has his place of business.

1. 3 Any reference made to trade terms (such as EXW, FCA, etc.) is deemed to be made to the relevant term of Incoterms published by the International Chamber of Commerce

1. 4 Any reference made to a publication of the International Chamber of Commerce is deemed to be made to the version current at the date of conclusion of the Contract.

1. 5 No modification of the Contract is valid unless agreed or evidenced in writing. However, a party may be precluded by his conduct from asserting this provision to the extent that the

other party has relied on that conduct.

ART. 2 CHARACTERISTICS OF THE GOODS

2. 1 It is agreed that any information relating to the goods and their use, such as weights, dimensions, capacities, prices, colours and other data contained in catalogues, prospectuses, circulars, advertisements, illustrations, price- lists of the Seller, shall not take effect as terms of the Contract unless expressly referred to in the Contract.

2. 2 Unless otherwise agreed, the Buyer does not acquire any property rights in software, drawings, etc. which may have been made available to him. The Seller also remains the ex- clusive owner of any intellectual or industrial property rights relating to the goods.

ART. 3 INSPECTION OF THE GOODS BEFORE SHIPMENT

If the parties have agreed that the Buyer is entitled to inspect the goods before shipment, the Seller must notify the Buyer within a reasonable time before the shipment that the goods are ready for inspection at the agreed place.

ART. 4 PRICE

4. 1 If no price has been agreed, the Seller's current list price at the time of the conclusion of the Contract shall apply. In the absence of such a current list price, the price generally charged for such goods at the time of the conclusion of the Contract shall apply.

4. 2 Unless otherwise agreed in writing, the price does not include VAT, and is not subject to price adjustment.

4. 3 The price indicated under A- 2（contract price）includes any costs which are at the Seller's charge according to this Contract. However, should the Seller bear any costs which, according to this Contract, are for the Buyer's account（e.g. for transportation or insurance under EXW or FCA）, such sums shall not be considered as having been included in the price under A- 2 and shall be reimbursed by the Buyer.

ART. 5 PAYMENT CONDITIONS

5. 1 Unless otherwise agreed in writing, or implied from a prior course of dealing between the parties, payment of the price and of any other sums due by the Buyer to the Seller shall be on open account and time of payment shall be 30 days from the date of invoice. The a- mounts due shall be transferred, unless otherwise agreed, by teletransmission to the Seller's bank in the Seller's country for the account of the Seller and the Buyer shall be deemed to have performed his payment obligations when the respective sums due have been received by the Seller's bank in immediately available funds.

5. 2 If the parties have agreed on payment in advance, without further indication, it will be assumed that such advance payment, unless otherwise agreed, refers to the full price, and that the advance payment must be received by the Seller's bank in immediately available funds at least 30 days before the agreed date of delivery or the earliest date within the a- greed delivery period. If advance payment has been agreed only for a part of the contract price, the payment conditions of the remaining amount will be determined according to the rules set forth in this article.

5. 3 If the parties have agreed on payment by documentary credit, then, unless otherwise a-greed, the Buyer must arrange for a documentary credit in favour of the Seller to be issued by a reputable bank, subject to the Uniform Customs and Practice for Documentary Credits published by the International Chamber of Commerce, and to be notified at least 30 days before the agreed date of delivery or at least 30 days before the earliest date within the a-greed delivery period. Unless otherwise agreed, the documentary credit shall be payable at sight and allow partial shipments and transhipments.

5. 4 If the parties have agreed on payment by documentary collection, then, unless otherwise agreed, documents will be tendered against payment（D/P）and the tender will in any case be subject to the Uniform Rules for Collections published by the International Chamber of Commerce.

5. 5 To the extent that the parties have agreed that payment is to be backed by a bank guarantee, the Buyer is to provide, at least 30 days before the agreed date of delivery or at least 30 days before the earliest date within the agreed delivery period, a first demand bank guarantee subject to the Uniform Rules for Demand Guarantees published by the International Chamber of Commerce, or a standby letter of credit subject either to such Rules or to the Uniform Customs and Practice for Documentary Credits published by the International Chamber of Commerce, in either case issued by a reputable bank.

ART. 6 INTEREST IN CASE OF DELAYED PAYMENT

6. 1 If a party does not pay a sum of money when it falls due the other party is entitled to interest upon that sum from the time when payment is due to the time of payment.

6. 2 Unless otherwise agreed, the rate of interest shall be 2% above the average bank short-term lending rate to prime borrowers prevailing for the currency of payment at the place of payment, or where no such rate exists at that place, then the same rate in the State of the currency of payment. In the absence of such a rate at either place the rate of interest shall be the appropriate rate fixed by the law of the State of the currency of payment.

ART. 7 RETENTION OF TITLE

If the parties have validly agreed on retention of title, the goods shall remain the property of the Seller until the complete payment of the price, or as otherwise agreed.

ART. 8 CONTRACTUAL TERM OF DELIVERY

Unless otherwise agreed, delivery shall be "Ex Works"（EXW）.

ART. 9 DOCUMENTS

Unless otherwise agreed, the Seller must provide the documents（if any）indicated in the applicable Incoterm or, if no Incoterm is applicable, according to any previous course of dealing.

ART. 10 LATE- DELIVERY, NON- DELIVERY AND REMEDIES THEREFOR

10. 1 When there is delay in delivery of any goods, the Buyer is entitled to claim liquidated

附
录

damages equal to 0. 5% or such other percentage as may be agreed of the price of those goods for each complete week of delay, provided the Buyer notifies the Seller of the delay. Where the Buyer so notifies the Seller within 15 days from the agreed date of delivery, damages will run from the agreed date of delivery or from the last day within the agreed period of delivery. Where the Buyer so notifies the Seller after 15 days of the agreed date of delivery, damages will run from the date of the notice. Liquidated damages for delay shall not exceed 5% of the price of the delayed goods or such other maximum amount as may be agreed.

10. 2 If the parties have agreed upon a cancellation date in Box A- 9, the Buyer may terminate the Contract by notification to the Seller as regards goods which have not been delivered by such cancellation date for any reason whatsoever (including a force majeure event).

10. 3 When article 10. 2 does not apply and the Seller has not delivered the goods by the date on which the Buyer has become entitled to the maximum amount of liquidated damages under article 10. 1, the Buyer may give notice in writing to terminate the Contract as regards such goods, if they have not been delivered to the Buyer within 5 days of receipt of such notice by the Seller.

10. 4 In case of termination of the Contract under art. 10. 2 or 10. 3 then in addition to any amount paid or payable under art. 10. 1, the Buyer is entitled to claim damages for any additional loss not exceeding 10% of the price of the non- delivered goods.

10. 5 The remedies under this article are exclusive of any other remedy for delay in delivery or non- delivery.

ART. 11 NON- CONFORMITY OF THE GOODS

11. 1 The Buyer shall examine the goods as soon as possible after their arrival at destination and shall notify the Seller in writing of any lack of conformity of the goods within 15 days from the date when the Buyer discovers or ought to have discovered the lack of conformity. In any case the Buyer shall have no remedy for lack of conformity if he fails to notify the Seller thereof within 12 months from the date of arrival of the goods at the agreed destination.

11. 2 Goods will be deemed to conform to the Contract despite minor discrepancies which are usual in the particular trade or through course of dealing between the parties but the Buyer will be entitled to any abatement of the price usual in the trade or through course of dealing for such discrepancies.

11. 3 Where goods are non- conforming (and provided the Buyer, having given notice of the lack of conformity in compliance with art. 11. 1, does not elect in the notice to retain them), the Seller shall at his option:

1.replace the goods with conforming goods, without any additional expense to the Buyer, or

2.repair the goods, without any additional expense to the Buyer, or

3. reimburse to the Buyer the price paid for the non-conforming goods and thereby terminate the Contract as regards those goods.

The Buyer will be entitled to liquidated damages as quantified under art. 10. 1 for each complete week of delay between the date of notification of the non-conformity according to art. 11. 1 and the supply of substitute goods under art. 11. 3(a) or repair under art. 11. 3 (b) above. Such damages may be accumulated with damages (if any) payable under art. 10. 1, but can in no case exceed in the aggregate 5% of the price of those goods.

11. 4 If the Seller has failed to perform his duties under art. 11. 3 by the date on which the Buyer becomes entitled to the maximum amount of liquidated damages according to that article, the Buyer may give notice in writing to terminate the Contract as regards the non-conforming goods unless the supply of replacement goods or the repair is effected within 5 days of receipt of such notice by the Seller.

11. 5 Where the Contract is terminated under art. 11. 3(c) or art. 11. 4, then in addition to any amount paid or payable under art. 11. 3 as reimbursement of the price and damages for any delay, the Buyer is entitled to damages for any additional loss not exceeding 10% of the price of the non-conforming goods.

11. 6 Where the Buyer elects to retain non-conforming goods, he shall be entitled to a sum equal to the difference between the value of the goods at the agreed place of destination if they had conformed with the Contract and their value at the same place as delivered, such sum not to exceed 15% of the price of those goods.

11. 7 Unless otherwise agreed in writing, the remedies under this art. 11 are exclusive of any other remedy for non-conformity.

11. 8 Unless otherwise agreed in writing, no action for lack of conformity can be taken by the Buyer, whether before judicial or arbitral tribunals, after 2 years from the date of arrival of the goods. It is expressly agreed that after the expiry of such term, the Buyer will not plead non-conformity of the goods, or make a counter-claim thereon, in defence to any action taken by the Seller against the Buyer for non-performance of this Contract.

ART. 12 COOPERATION BETWEEN THE PARTIES

12. 1 The Buyer shall promptly inform the Seller of any claim made against the Buyer by his customers or third parties concerning the goods delivered or intellectual property rights related thereto.

12. 2 The Seller will promptly inform the Buyer of any claim which may involve the product liability of the Buyer.

ART. 13 FORCE MAJEURE

13. 1 A party is not liable for a failure to perform any of his obligations in so far as he proves:

1. that the failure was due to an impediment beyond his control, and

2. that he could not reasonably be expected to have taken into account the impediment and

its effects upon his ability to perform at the time of the conclusion of the Contract, and

3.that he could not reasonably have avoided or overcome it or its effects.

13. 2 A party seeking relief shall, as soon as practicable after the impediment and its effects upon his ability to perform become known to him, give notice to the other party of such impediment and its effects on his ability to perform. Notice shall also be given when the ground of relief ceases.

Failure to give either notice makes the party thus failing liable in damages for loss which otherwise could have been avoided.

13. 3 Without prejudice to art. 10. 2, a ground of relief under this clause relieves the party failing to perform from liability in damages, from penalties and other contractual sanctions, except from the duty to pay interest on money owing as long as and to the extent that the ground subsists.

13. 4 If the grounds of relief subsist for more than six months, either party shall be entitled to terminate the Contract with notice.

ART. 14 RESOLUTION OF DISPUTES

14. 1 Unless otherwise agreed in writing, all disputes arising in connection with the present Contract shall be finally settled under the Rules of Arbitration of the International Chamber of Commerce by one or more arbitrators appointed in accordance with the said Rules.

14. 2 An arbitration clause does not prevent any party from requesting interim or conservatory measures from the courts.

Bill of lading

SHIPPER TIANJIN ZHAO YANG GARMENT CO., LTD. NO. 85 JIE FANG ROAD , TIANJIN 300025, P R .CHINA TEL: 0086- 022- 23134312 FAX: 0086- 022- 23134513		B/L NO.:180	

CONSIGNEE TO ORDER OF THE SHIPPER

NOTIFY PARTY TOSHU CORPORATION 12- 26, KYUTARO- MCHI 4- CHIOMECHUO- KU, OSAKA 561- 8317 JAPAN

COSCO
中国远洋运输（集团）公司
CHINA OCEAN
SHIPPING（GROUP）CO.
ORIGINAL

PLACE OF RECEIPT	OCEAN VESSEL YIFENG
VOYAGE NO.	PORT OF LOADING TIANJIN ,CHINA
PORT OF DISCHARGE YOKOHAMA,JAPAN	PLACE OF DELIVERY

Combined Transport
BILL OF LADING

MARKS & CONTAINER SEAL NO.	NOS.&KINDS OF PACKAGE & DESCRIPTION OF GOODS	G.W.	MEAS.
TOSHU YOUKOHAMA NO. 1- UP COBTATTON NO. GF0189,CY TO CY CONTAINERIZED	238 CARTONS OF MEN`S SHIRT CLEAN ON BOARD FREIGHT PREPAID	67378KGS	38. 08M3

TOTAL NUMBER OF CONTAINERS OR PACKAGES（IN WORDS）: SAY TWO HUNDRED AND THIRIY- EIGHT CARTONS ONLY				
FREIGHT&CHARGES	REVENUE TONS	RATE	PER	PREPAID
NUMBER OF ORIGINAL B（S）L		PLACE AND DATE OF ISSUE TIANJIN,CHINA		
DATE	BY			COSCO For the MASTER

国际贸易实务

Shipper（发货人） UNIVERSAL TRADJNG CO., LTD. RM. 120l- 1216 MAYLING PLAZA. 131 DONGFANG RD., SHANGHAI CHINA	D/R No.（编号） COS987672
consignee（收货人） TO ORDER	装货单
Notify Party（通知人） TIVOLI PRODUTS PLC BERSTOFSGADE 48, ROTTERDAM, THE NETHERLANDS PHONE NO:+（31）74 12 37 21	

pre- carriage by（前程运输）	Place of Receipt（收货地点）
Vessel（船名）Voy. No.（航次） PU HE 00l 1W	Port of loading（装货港） SHANGHAI

Port of discharge（卸货港） AMSTERDAM	Place of Delivery（交货地点）	Final Destination for the Merchant's Reference（目的地）

Container No. （集装箱号） COSU455961 COSU16S843 COSU784552 COSU358725	Seal No.（封志号） Marks & No. （标志与号码）	No. of cont-ainers or p'kgs （箱号或件数）	Kind of Packages: Description of Goods（包装种类与货名）	Gross Weight 毛 重（公斤）	Measurement 尺 码（立方米）
	CE/IMP. 087 CHRISTIAENS VIA AMSTERDAM CARTON NO. 1- 151 KB7900 CE/IMP. 087 CHRISTIAENS VIA AMSTERDAM CARTON NO. 1- 69 KP2273 CE/IMP. 087 CHRISTIAENS VIA AMSTERDAM CARTON NO. 1- 69 KB0278 F- TOYS 2200 GROBBENDONK VIA AMSTERDAM CARTONNO. 1- 135 KB0677 F- TOYS 2200 GROBBENDONK VIA AMSTERDAM CARTON NO. 1- 105 KC2048	930 CTNS	5 ITEMS OF PLUSH TOYS	8078. 2kg	129. 622 m³

TOTAL NUMBER OF CONTAINERS （IN WORDS） 集装箱数或件数合计(大写)	SAY NINE HUNDRED AND THIRTY CARTONS ONLYOR PACKAGES

FREIGHT & CHARGES （运费与附加费）	Revenue Tons （运费吨）	RATE （运费率）	Per （每）	Prepaid （运费预付）	Collect （到付）

Ex. Rate: （兑换率）	Prepaid at（预付地点）		Payable at（到付地点）	Place of Issue（签发地点）		
	Total Prepaid （预付总额）		No. of Original B(s)/L （正本提单份数）			
Service Type on receiving □- CY, □- CFS, □- DOOR			Service Type on Delivery □- CY, □- CFS, □- DOOR	Reefer- Temperature Required （冷藏温度）	F	C
TYPE OF GOODS	□Ordinary □Reefer （普通） （冷藏）		□Dangerous □Auto （危险品） （裸装车辆）	危险品	Class： Property： IMDG Code Page： UN No.	
	Liquid □Live Animal □Bulk □＿＿＿＿ （液体）（活动物） （散货）					
可否转船：PROHIBITED		可否分批：PROHIBITED		中华人民共和国上海海关 验讫放行专用章		
装期： 31- May- 98		效期： 21- Jun- 98				
金额： US $ 91061. 90						
制单日期： 16- Apr- 99						

PACKING LIST		
SELLER UNIVERSAL TRADING CO., LTD. RM. 1201- 1216 MAYLING PLAZA, 131 DONGFANG RD., SHANGHAI CRINA	INVOICE NO. 98 WHHD- 0042	INVOICE DATE 16- Apr- 98
	FROM SHANGHAI	TO AMSTERDAM
	TOTAL PACKAGES(IN WORDS) SAY NINE HUNDRED AND THIRTY CARTONS ONLY	
BUYER TIVOLI PRODUCTS PLC BERSTROFSGADE 48, ROT- TERDAM, THE NETHERLANDS	MARKS & NOS. As Per Invoice No.: 98 WYHD- 0042	

9) C/NOS.　10) NOS. & KINDS OF PKGS.　11) ITEM　12) QTY.　13) G.W.　14) N.W.　15) MEAS(m^3)

5 ITEMS OF PLUSH TOYS

9) C/NOS.	10) NOS. & KINDS OF PKGS.	11) ITEM	12) QTY.	13) G.W.	14) N.W.	15) MEAS(m^3)
1- 151	151 CTNS	KB7900	1280 PCS	1132. 5kg	755. 0kg	12. 485m^3
152- 220	69 CTNS	KP2273	4140 PCS	883. 2kg	345. 0kg	12. 420m^3
221- 690	470 CTNS	KB0278	1880 SETS	3760. 0kg	2585. 0kg	54. 990m^3
691- 825	135 CTNS	KB0677	1080 SETS	1147. 5kg	810. 0kg	24. 884m^3
826- 930	105 CTNS	KC2048	3150 PCS	1155. 0kg	892. 5kg	24. 843m^3
TATOL:	930 CTNS		114858 Units	8078. 2kg	5387. 5kg	129. 622m^3

PACKING IN NEUTRAL SEAWORTHY EXPORT CARTONS SUITABLE FOR LONG DISTANCE

OCEAN TRANSPORTATION.

TOTAL NUMBER OF PACKAGE :930 CARTONS (SAY NINE HUNDREDAND THIRTY CARTONS ONLY)

EACHITEM/PACKAGE	G.W.	N.W.	MEAS.(m^3)
KB7900	7. 5kg	5. 0kg	0. 083
KP2273	12. 8kg	5. 0kg	0. 180
KB0278	8. 0kg	5. 5kg	0. 117
KB0677	8. 5kg	6. 0kg	0. 185

16) ISSUED BY
UNIVERSAL TRADING CO., LTD.
17) SIGNATURE
×××

国际贸易实务

COMMERCIAL INVOICE

SELLER UNIVERSAL TRADING CO., LTD. RM. 1201-1216 MAYLING PLAZA, 131 DONGFANG RD., SHANGHAI CHINA	3) INVOICE NO. 98 WYHD-0042	4) INVOICE DATE 16-Apr-98
	5) L/C NO. AM/VA0515ILC	6) DATE 10-Apr-98
	7) ISSUED BY F.VAN LANSCHOT BANKIERS N. V., AMSTERDAM	
BUYER TIVOLI PRODUCTS PLC BERSTOFS-GADE 48 ROTTERDAM, THE NETHERLANDS	8) CONTRAVT NO. HY98-CS004	9) DATE 27-Mar-98
	10) FROM SHANGHAI	11) TO AMSTERDAM
	12) SHIPPED BY PU HE 0011W	13) PRICE TERM CIFC3% AMSTERDAM

14) MARKS 15) DESCRIPTION OF GOODS 16) QTY. 17) UNIT PRICE 18) AMOUNT

CIFC3% AMSTERDAM

CE/IMP. 087
CHRISTIAENS
VIA AMSTERDAM
CARTON NO. 1-151
KB7900
CE/IMP. 087
CHRISTIAENS
VIA AMSTERDAM
CARTON NO. 1-69
KP2273
CE/IMP. 087
CHRISTIAENS
VIA AMSTERDAM
CARTON NO. 1-69
KB0278
F-TOYS 2200
GROBBENDONK
VIA AMSTERDAM
CARTON NO. 1-135
KB0677
F-TOYS 2200
GROBBENDONK
VIA AMSTERDAM
CARTON NO. 1-105
KC2048

5 ITEMS OF PLUSH TOYS

KB7900 1208 PCS	US $ 9.30	US $ 11234.40
KP2273 4140 PCS	US $ 4.70	US $ 19458.00
KB0278 1880 SETS	US $ 13.30	US $ 25004.00
KB0677 1080 SETS	US $ 13.35	US $ 14418.00
KC2048 3150 PCS	US $ 6.65	US $ 20947.50
		US $ 91061.90

TOTAL AMOUNT IN WORDS: SAY U. S. DOLLARS NINETY ONE THOUSAND AND SIXTY ONE CENTS NINETY ONLY

TOTAL GROSS WEIGHT: 8078.2KGS
TOTAL PACKAGES: 930 CTNS

BENEFICIARY'S CONTRACT NUMBER: 98WY-004 AND THE BUYER'S ORDER NO.TIVOLI357(R)
LABEL: CE/IMP. 087 FOR ARTICLES KB7900, KP2273 AND KB0278 AND
LABEL: F-TOYS 2280 FOR ARTICLES KB0677 AND KC2048

ISSUED BY
UNIVERSAL TRADING CO., LTD.
SIGNATURE
×××

附录

ORIGINAL

1.Exporter	Certificate No.
2.Consignee	CERTIFICATE OF ORIGIN OF THE PEOPLE'S REPUBLIC OF CHINA
3.Means of transport and route	For certifying authority use only
4.Country/region of destination	

6.Marks and numbers	7.Number and kind of packages; description of goods	8.H.S.Code	9.Quantity	10. Number and date of invoice

11. Declaration by the exporter	12. Certification
The undersigned hereby declares that the above details and statements are correct, that all the goods were produced in China and that they comply with the Rules of Origin of the People's Republic of China.	It is hereby certified that the declaration by the export is correct.
Place and date.signature and stamp of authorized	Place and date, signature and stamp of certifying authority

国际贸易实务

附录 2　民法典 第三编合同

附录 3　联合国国际货物销售合同公约

附录 4　跟单信用证统一惯例（UCP 600）

附录 5　跟单信用证统一惯例关于电子交单的补充规则

附录6　跟单托收统一规则（第522号）

附录7　教学资源推荐